冶金专业教材和工具书经典传承国际传播工程
Project of the Inheritance and International Dissemination of Classical Metallurgical Textbooks & Reference Books

冶金工业出版社

普通高等教育“十四五”规划教材

工业智能模型基础

贺东风　冯　凯　主编

扫码看本书数字资源

北　京
冶　金　工　业　出　版　社
2024

内容提要

工业智能模型构建技术是工业领域智能制造的关键技术之一，数据挖掘及智能模型构建技术已逐渐成为工业生产领域工艺优化、质量控制、成本管理、效率提升等不可或缺的技术手段。本书系统讲解了数据挖掘及智能模型构建的基本理论和典型方法，结合工业生产过程智能模型应用案例的解构，一方面加深学生对基础知识的理解，另一方面重点培养学生解决复杂工业问题的能力。

本书为工程专业的本科生、研究生教学基础教材，也可供工业智能制造领域研发人员阅读参考。

图书在版编目(CIP)数据

工业智能模型基础/贺东风，冯凯主编．—北京：冶金工业出版社，2023.3（2024.1重印）

冶金专业教材和工具书经典传承国际传播工程　普通高等教育“十四五”规划教材

ISBN 978-7-5024-9454-4

Ⅰ.①工…　Ⅱ.①贺…　②冯…　Ⅲ.①智能制造系统—制造工业—高等学校—教材　Ⅳ.①F407.4

中国国家版本馆CIP数据核字(2023)第049106号

工业智能模型基础

出版发行　冶金工业出版社　　**电　　话**　(010)64027926

地　　址　北京市东城区嵩祝院北巷39号　　**邮　　编**　100009

网　　址　www.mip1953.com　　**电子信箱**　service@mip1953.com

责任编辑　刘小峰　赵缘园　美术编辑　彭子赫　版式设计　孙跃红

责任校对　范天娇　责任印制　窦　唯

三河市双峰印刷装订有限公司印刷

2023年3月第1版，2024年1月第2次印刷

787mm×1092mm　1/16；22.25印张；540千字；342页

定价59.00元

投稿电话　(010)64027932　投稿信箱　tougao@cnmip.com.cn

营销中心电话　(010)64044283

冶金工业出版社天猫旗舰店　yjgycbs.tmall.com

(本书如有印装质量问题，本社营销中心负责退换)

冶金专业教材和工具书
经典传承国际传播工程
总　　序

钢铁工业是国民经济的重要基础产业，为我国经济的持续快速增长和国防现代化建设提供了重要支撑，做出了卓越贡献。当前，新一轮科技革命和产业变革深入发展，中国经济已进入高质量发展新时代，中国钢铁工业也进入了高质量发展的新时代。

高质量发展关键在科技创新，科技创新离不开高素质人才。党的二十大报告指出："教育、科技、人才是全面建设社会主义现代化国家的基础性、战略性支撑。必须坚持科技是第一生产力、人才是第一资源、创新是第一动力，深入实施科教兴国战略、人才强国战略、创新驱动发展战略，开辟发展新领域新赛道，不断塑造发展新动能新优势。"加强人才队伍建设，培养和造就一大批高素质、高水平人才是钢铁行业未来发展的一项重要任务。

随着社会的发展和时代的进步，钢铁技术创新和产业变革的步伐也一直在加速，不断推出的新产品、新技术、新流程、新业态已经彻底改变了钢铁业的面貌。钢铁行业必须加强对科技进步、教育发展及人才成长的趋势研判、规律认识和需求把握，深化人才培养体制机制改革，进一步完善相应的条件支撑，持续增强"第一资源"的保障能力。中国钢铁工业协会《"十四五"钢铁行业人力资源规划指导意见》提出，要重视创新型、复合型人才培养，重视企业家培养，重视钢铁上下游复合型人才培养。同时要科学管理，丰富绩效体系，进一步优化人才成长环境，造就一支能够支撑未来钢铁行业高质量发展的人才队伍。

高素质人才来源于高水平的教育和培训，并在丰富多彩的创新实践中历练成长。以科技创新为第一动力的发展模式，需要科技人才保持知识的更新频率，站在钢铁发展新前沿去思考未来，系统性地将基础理论学习和应用实践学习体系相结合。要深入推进职普融通、产教融合、科教融汇，建立高等教育+职业教育+继续教育和培训一体化行业人才培养体制机制，及时把钢铁科技创新成果转化为钢铁从业人员的知识和技能。

一流的专业教材是高水平教育培训的基础，做好专业知识的传承传播是当代中国钢铁人的使命。20 世纪 80 年代，冶金工业出版社在原冶金工业部的领导支持下，组织出版了一批优秀的专业教材和工具书，代表了当时冶金科技的水平，形成了比较完备的知识体系，成为一个时代的经典。但是由于多方面的原因，这些专业教材和工具书没能及时修订，导致内容陈旧，跟不上新时代的要求。反映钢铁科技最新进展和教育教学最新要求的新经典教材的缺失，已经成为当前钢铁专业人才培养最明显的短板和痛点。

为总结、提炼、传播最新冶金科技成果，完成行业知识传承传播的历史任务，推动钢铁强国、教育强国、人才强国建设，中国钢铁工业协会、中国金属学会、冶金工业出版社于 2022 年 7 月发起了“冶金专业教材和工具书经典传承国际传播工程”（简称“经典工程”），组织相关高校、钢铁企业、科研单位参加，计划用 5 年左右时间，分批次完成约 300 种教材和工具书的修订再版和新编，以及部分教材和工具书的对外翻译出版工作。2022 年 11 月 15 日在东北大学召开了工程启动会，率先启动了高等教育和职业教育教材部分工作。

“经典工程”得到了东北大学、北京科技大学、河北工业职业技术大学、山东工业职业学院等高校，中国宝武钢铁集团有限公司、鞍钢集团有限公司、首钢集团有限公司、河钢集团有限公司、江苏沙钢集团有限公司、中信泰富特钢集团股份有限公司、湖南钢铁集团有限公司、包头钢铁（集团）有限责任公司、安阳钢铁集团有限责任公司、中国五矿集团公司、北京建龙重工集团有限公司、福建省三钢（集团）有限责任公司、陕西钢铁集团有限公司、酒泉钢铁（集团）有限责任公司、中冶赛迪集团有限公司、连平县昕隆实业有限公司等单位的大力支持和资助。在各冶金院校和相关钢铁企业积极参与支持下，工程相关工作正在稳步推进。

征程万里，重任千钧。做好专业科技图书的传承传播，正是钢铁行业落实习近平总书记给北京科技大学老教授回信的重要指示精神，培养更多钢筋铁骨高素质人才，铸就科技强国、制造强国钢铁脊梁的一项重要举措，既是我国钢铁产业国际化发展的内在要求，也有助于我国国际传播能力建设、打造文化软实力。

让我们以党的二十大精神为指引，以党的二十大精神为强大动力，善始善终，慎终如始，做好工程相关工作，完成行业知识传承传播的使命任务，支撑中国钢铁工业高质量发展，为世界钢铁工业发展做出应有的贡献。

中国钢铁工业协会党委书记、执行会长

2023 年 11 月

前　言

随着新一代信息技术、人工智能技术的发展和应用，智能制造已经成为工业领域的重点发展方向和研究命题。智能制造的核心是对信息资源的有效开发和高效利用，通过对工业生产过程数据资源的挖掘、建模和复用，支持生产过程决策的数字化、智能化。

工业智能模型构建技术是工业领域智能制造的关键技术之一。在工业体系整体向智能化转型升级的时代，数据超越土地、人力、资金成为了最重要的生产要素，模型是将数据转化为生产力的主要途径和手段。掌握了工业数据和模型的构建和应用能力，就可以占领市场竞争高地，获得更多的经营效益。随着工业企业数据采集系统的完善和工业大数据平台的推广应用，数据挖掘及智能模型构建技术将成为工业生产领域工艺优化、质量控制、成本管理、效率提升等不可或缺的技术手段。因此，推广工业生产数据挖掘和智能模型构建技术的教学工作，在典型工业领域的本科生、研究生教育中具有切实的必要性和重要意义。

作者近年来承担了北京科技大学冶金工程专业研究生课程“钢铁生产过程数据挖掘方法与应用”的教学工作，科研团队长期从事数据挖掘技术在钢铁行业应用的研究，具有一定的工业智能模型构建教学经验和数据挖掘实际应用经验。钢铁工业作为典型的工业领域，兼具流程制造业和离散制造业的典型特征。基于钢铁工业数据挖掘和智能模型的研究和教学成果，将共性的理论、方法和技术进行提炼、总结，汇编成本书。希望本书可以为各个工业领域数据挖掘和智能模型的教学提供支持和借鉴，助力工业领域智能制造人才的培养。

本书系统论述数据挖掘及智能模型构建的基本理论和典型方法，并结合工业生产过程智能模型的应用案例，力求理论体系完善、内容通俗易懂、案例符合生产实际；通过基础知识与应用案例相结合的方法，一方面加深学生对基础知识的理解，另一方面重点培养学生解决复杂工业问题的能力。本书为工程专业的本科生、研究生教学基础教材，也可供工业智能制造领域研发人员阅读参考。

本书遵循“从理论到实践”的编写原则。第1、2章介绍数理统计和概率论的基础理论知识，这是理解和应用数据挖掘和智能模型构建技术的基础；第3、4章是以数据为主要对象，介绍常用的数据挖掘和数据分析方法；第5、6章介绍以数据为基础的智能模型构建方法，包括经典的机器学习算法和前沿的人工智能算法；第7章介绍在线监测、过程控制、生产调度、终点预测、能源管理等工业实际生产场景中应用的智能模型和建模方法；附录给出了前面章节中主要分析方法和算法的Python代码实例。贺东风负责全书规划和统稿，并负责第4章、第5章、第7章的编写，冯凯负责第1~3章、第6章和附录的编写。

在教材编写过程中参考了国内外数理统计、概率论、数据挖掘、机器学习、人工智能等领域的经典教材和优秀专著，并参考了相关领域的学术研究成果和学位论文，在此表示衷心的感谢。北京科技大学冶金流程工程学实验室的胡正彪、罗银博、李宗华、钟浩、郭园征、李晓龙、宋成伟、马江浩、王子奇、鲁良涛、贺家伟等同学参与教材内容的资料收集、整理、编排、修改等工作，贺家伟、张子轶、秦梓杰、司源、郭静雪、杨柳等同学参与教材内容的校对工作，对他们的工作表示真诚的感谢。

由于作者水平所限，书中不足之处，恳请国内同行和广大读者批评指正。

作 者

2023年2月6日 北京

目　　录

1 概率论基础

本章课件

本章提要

本章从概率的定义出发，对其衍生的条件概率、全概率公式和独立事件进行了介绍；再从随机事件可能产生结果的角度，介绍了随机变量的两种形式及定义；然后介绍了马尔科夫链和马尔科夫决策过程的基本概念；最后以工业中存在的现象为例，介绍排队模型和可靠性理论。

1.1 概率

概率，又称“或然率”，反映随机事件出现的可能性大小。随机事件是指在相同条件下，可能出现也可能不出现的事件。例如，从一批有正品和次品的商品中，随意抽取一件，“抽得的是正品”就是一个随机事件。设对某一随机现象进行了 n 次试验与观察，其中 A 事件出现了 m 次，即其出现的频率为 m/n。经过大量反复试验，常有 m/n 越来越接近于某个确定的常数（此论断证明详见伯努利大数定律）。该常数即为事件 A 出现的概率，常用 $P(\mathrm{A})$ 表示。

柯尔莫哥洛夫于 1933 年给出了概率的公理化定义，如下：

设 E 是随机试验，S 是它的样本空间。对于 E 的每一事件 A 赋予一个实数，记为 $P(\mathrm{A})$，称为事件 A 的概率。这里 $P(\mathrm{A})$ 是一个集合函数，$P(\mathrm{A})$ 要满足下列条件：

(1) 非负性：对于每一个事件 A，有 $P(\mathrm{A})\geqslant 0$；

(2) 规范性：对于必然事件 A，有 $P(\mathrm{A})=1$；

(3) 可列可加性：设 A_1，A_2，…是两两互不相容的事件，即对于 $i\neq j$，$\mathrm{A}_i\cap \mathrm{A}_j=\varnothing$，($i$，$j$=1，2，…)，则有 $P(\mathrm{A}_1\cup \mathrm{A}_2\cup\cdots)=P(\mathrm{A}_1)+P(\mathrm{A}_2)+\cdots$。

概率基本性质：

(1) 由于事件的频数总是小于或等于试验的次数，所以频率为 0~1，从而任何事件的概率为 0~1，即 $0\leqslant P(\mathrm{A})\leqslant 1$。

(2) 每次试验中，必然事件一定发生，因此它的频率为 1，从而必然事件的概率为 1。

(3) 每次试验中，不可能事件一定不出现，因此它的频率为 0，从而不可能事件的概率为 0。

(4) 当事件 A 与 B 互斥时，A∪B 发生的频数等于 A 发生的频数与 B 发生的频数之和，从而 A∪B 的频率 $F_n(\mathrm{A}\cup \mathrm{B})=F_n(\mathrm{A})+F_n(\mathrm{B})$，由此得到概率的加法公式：$P(\mathrm{A}\cup \mathrm{B})=P(\mathrm{A})+P(\mathrm{B})$。

（5）设事件 A 与事件 B 是一个随机试验的两个事件，则有 $P(A\cup B)=P(A)+P(B)-P(A\cap B)$。

（6）若某事件发生当且仅当事件 A 发生或 B 发生，则称此事件为事件 A 与 B 的并事件，记作（$A\cup B$）。

（7）若某事件发生当且仅当事件 A 发生且 B 发生，则称此事件为事件 A 与 B 的交事件，记作（$A\cap B$）。

（8）若 $A\cap B$ 为不可能事件，$A\cup B$ 为必然事件，那么称事件 B 与事件 A 互为对立事件，其含义是：事件 A 与事件 B 在任何一次实验中有且仅有一个发生。

（9）特别地，若事件 B 与事件 A 互为对立事件，则 $A\cup B$ 为必然事件，$P(A\cup B)=1$。再由加法公式得到 $P(A)=1-P(B)$。

定理：设 A、B 是互不相容事件（$AB=\varnothing$），则：

$$P(A\cup B)=P(A)+P(B) \tag{1-1}$$

推论 1：设 A_1、A_2、…、A_n 互不相容，则：

$$P(A_1+A_2+\cdots+A_n)=P(A_1)+P(A_2)+\cdots+P(A_n) \tag{1-2}$$

推论 2：设 A_1、A_2、…、A_n 构成完备事件组，则：

$$P(A_1+A_2+\cdots+A_n)=1 \tag{1-3}$$

推论 3：若 B 包含 A，则：

$$P(B-A)=P(B)-P(A) \tag{1-4}$$

推论 4（广义加法公式）：对任意两个事件 A 与 B，有

$$P(A\cup B)=P(A)+P(B)-P(A\cap B) \tag{1-5}$$

1.1.1 条件概率

所谓条件概率，就是指在事件 B 发生的情况下，事件 A 发生的概率，用 $P(A|B)$ 来表示。

根据韦恩图 1-1，可以很容易理解，在事件 B 发生的情况下（右边区域），事件 A 也发生（事件 A 能发生，就只能是中间交集区域）的概率就是 $P(A\cap B)$ 除以 $P(B)$，即得在 B 的条件下 A 的概率公式为：

$$P(A|B)=\frac{P(A\cap B)}{P(B)} \tag{1-6}$$

因此可得出 $P(A\cap B)=P(A|B)P(B)$。同理可得 $P(A\cap B)=P(B|A)P(A)$，即得乘法公式 $P(A\cap B)=P(AB)=P(A|B)P(B)=P(B|A)P(A)$，可得条件概率另一种写法为：

$$P(A|B)=\frac{P(B|A)P(A)}{P(B)} \tag{1-7}$$

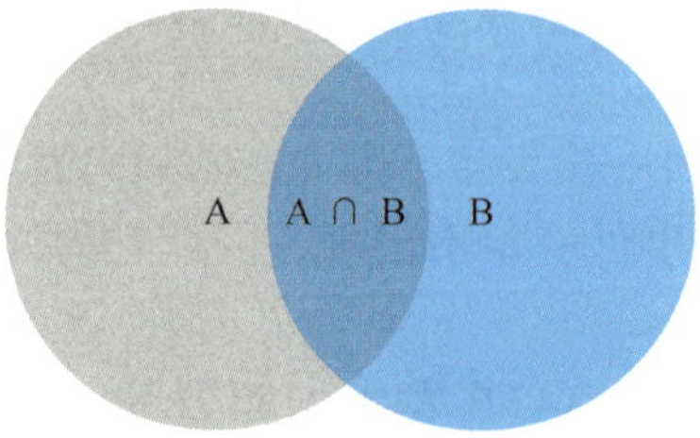

图 1-1　条件概率

对条件概率公式进行变形，可以得到如下形式：

$$P(A|B)=P(A)\frac{P(B|A)}{P(B)} \tag{1-8}$$

把 $P(A)$ 称为先验概率，即在 B 事件发生之前，我们对 A 事件概率的一个判断。$P(A|B)$称为后验概率，即在 B 事件发生之后，我们对 A 事件概率的重新评估。$P(B|A)/P(B)$ 称为“可能性函数”，这是一个调整因子，使得预估概率更接近真实概率。

后验概率=先验概率×调整因子

这就是贝叶斯推断（图 1-2）的含义。我们先预估一个先验概率，然后加入实验结果，看这个实验到底是增强还是削弱了先验概率，由此得到更接近事实的后验概率。

若事件推广到 n，设 B_1，B_2，…是样本空间 Ω 的一个划分，则对任一事件 $A(P(A)>0)$，有：

$$P(B_i|A)=\frac{P(B_i)P(A|B_i)}{\sum_{j=1}^{n}P(B_j)P(A|B_j)} \tag{1-9}$$

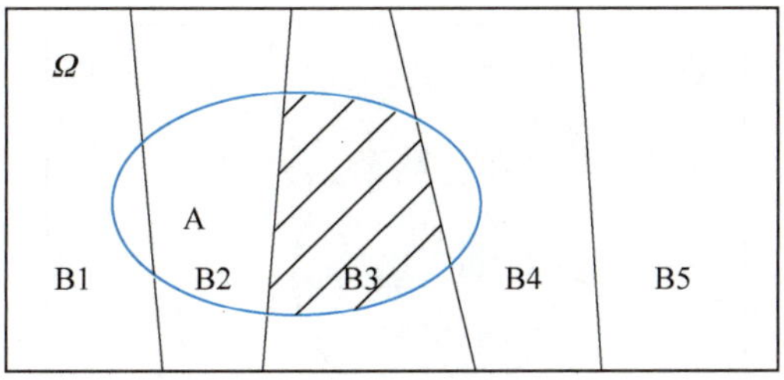

图 1-2　贝叶斯推断

式（1-9）中，B_i 常被视为导致试验结果 A 发生的“原因”，$P(B_i)$（$i=1，2，\cdots$）表示各种原因发生的可能性大小，故称先验概率；$P(B_i|A)$（$i=1，2，\cdots$）则反映当试验产生了结果 A 之后，再对各种原因概率的新认识，故称后验概率。

贝叶斯公式是建立在条件概率的基础上（指的是公式的分子部分）寻找事件发生的原因。可看出贝叶斯公式就是条件概率、乘法公式、全概率公式的组合，分子是条件概率的乘法公式，分母是全概率公式。

贝叶斯分类：利用贝叶斯判定准则来进行分类，首先要获得后验概率 $P(c|x)$，有了后验概率，表示某事发生了，并且它属于某一类别的概率，我们就可以对样本进行分类。若后验概率越大，说明某事物属于这个类别的可能性越大，我们越有理由把它归到这个类别下。

机器学习要实现的是基于有限的训练样本集尽可能准确地估计出后验概率 $P(c|x)$。主要有两种模型：一种是“判别式模型”，通过直接建模 $P(c|x)$ 来预测，其中决策树、BP 神经网络、支持向量机都属于判别式模型。另外一种是“生成式模型”，通过对联合概率模型 $P(x, c)$ 进行建模，然后再获得 $P(c|x)$。对于生成模型来说：

$$P(\mathrm{c}|x)=\frac{P(x,\ \mathrm{c})}{P(x)} \tag{1-10}$$

基于贝叶斯定理，可写为下式：

$$P(\mathrm{c}|x)=\frac{P(\mathrm{c})P(x|\mathrm{c})}{P(x)} \tag{1-11}$$

其中，$P(\mathrm{c})$ 是类先验概率，$P(x|\mathrm{c})$ 是样本 x 相对于类标记 c 的类条件概率，或称似然。$P(x)$ 是用于归一化的“证据因子”，对于给定样本 x，证据因子 $P(x)$ 与类标记无关。于是，估计 $P(\mathrm{c}|x)$ 的问题变为基于训练数据来估计 $P(\mathrm{c})$ 和 $P(x|\mathrm{c})$，对于条件概率 $P(x|\mathrm{c})$ 来说，它涉及 x 所有属性的联合概率。

先验概率 $P(\mathrm{c})$ 的估计较简单，条件概率的估计非常难，原因包括：概率密度函数包含了一个随机变量的全部信息、样本数据可能不多、特征向量 x 的维度可能很大等。解决的办法就是把估计完全未知的概率密度 $P(\mathrm{c}|x)$ 转化为估计参数。

1.1.2 全概率公式

假定样本空间 S，是两个事件 A 与 A′的和。

图 1-3 中，蓝色部分是事件 A，灰色部分是事件 A′，它们共同构成了样本空间 S。

图 1-3　样本空间 S

在这种情况下，事件 B 可以划分成两个部分，如图 1-4 所示。

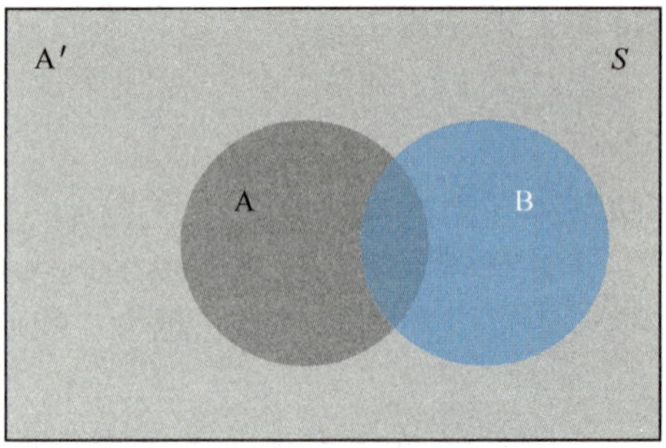

图 1-4　划分样本空间

$P(\mathrm{B})=P(\mathrm{A}\cap \mathrm{B})+P(\mathrm{A}'\cap \mathrm{B})$，同时有条件概率的乘法公式 $P(\mathrm{A}\cap \mathrm{B})=P(\mathrm{AB})=$

$P(A|B)P(B)=P(B|A)P(A)$，可得全概率公式 $P(B)=P(B|A)\ P(A)+P(B|A')\ P(A')$。

它的含义是，如果 A 和 A′ 构成样本空间的一个划分，那么事件 B 的概率，就等于 A 和 A′ 的概率分别乘以在这两个事件下 B 的条件概率之和。

同时也得到了条件概率的另一种写法为：

$$P(A|B)=\frac{P(B|A)P(A)}{P(B|A)P(A)+P(B|A')P(A')} \tag{1-12}$$

若事件推广到 n，如果事件组 B_1，B_2，…满足两两互斥，即 $B_i\cap B_j=\varnothing$，$i\neq j$，$(i,\ j=1,\ 2,\ \cdots)$，且 $P(B_i)>0$，$i=1,\ 2,\ \cdots$；$B_1\cup B_2\cup\cdots=\Omega$，则称事件组 B_1，B_2，…是样本空间 Ω 的一个划分。设 B_1，B_2，…是样本空间 Ω 的一个划分，A 为任意事件，则全概率公式为：

$$P(A)=\sum_{i=1}^{\infty}P(B_i)P(A|B_i) \tag{1-13}$$

它的含义是，如果 B_1，B_2，…，B_i 构成样本空间的一个划分，那么事件 A 的概率，就等于 B_1，B_2，…，B_i 的概率分别乘以在这些事件下 A 的条件概率之和。

全概率公式的意义在于，当直接计算 $P(A)$ 较为困难，而 $P(B_i)$，$P(A|B_i)$ $(i=1,\ 2,\ \cdots)$ 的计算较为简单时，可以利用全概率公式计算 $P(A)$。思想就是，将事件 A 分解成几个小事件，通过求小事件的概率，然后相加从而求得事件 A 的概率。而将事件 A 进行分割的时候，不是直接对 A 进行分割，而是先找到样本空间 Ω 的一个个划分 B_1，B_2，…，B_n，这样事件 A 就被事件 AB_1，AB_2，…，AB_n 分解成了 n 部分，即 $A=AB_1+AB_2+\cdots+AB_n$，每一 B_i 发生都可能导致 A 发生相应的概率是 $P(A|B_i)$，由加法公式得：

$$\begin{aligned}P(A)&=P(AB_1)+P(AB_2)+\cdots+P(AB_n)\\&=P(A|B_1)P(B_1)+P(A|B_2)P(B_2)+\cdots+P(A|B_n)P(B_n)\end{aligned} \tag{1-14}$$

1.1.3 独立事件

若事件 A 不影响事件 B 的发生，就说事件 A 与事件 B 之间存在某种“独立性”，称这两个事件独立，记为 $P(AB)=P(A)P(B)$，其对象可以是多个。

在古典概率中，从条件概率的角度来理解独立事件（图 1-5），是在条件 B 的情况下，A 发生的概率与之前相比不变。

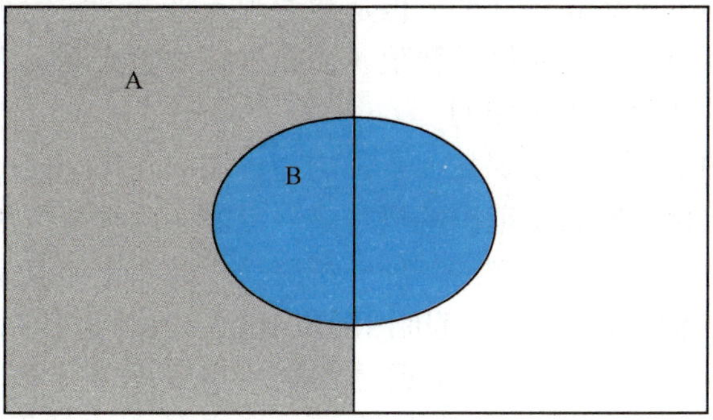

图 1-5 从条件概率理解独立事件

独立事件定义：

$$P(A|B)=\frac{P(AB)}{P(B)}=\frac{P(A)}{\Omega}=P(A) \tag{1-15}$$

所以我们常常理解成：如果两个事件互为独立事件，则 B 的发生对 A 没有影响。但并不是没有影响，只是影响没有体现在比例值上。

也有一种看法是，B 的发生让 A 的事件发生概率保持不变，保持不变本身也可以看作是一种影响。这种思路也可以理解成：B 发生的同时，A 跟着一起发生的概率等于全集中随机选取一个样本点属于 A 的概率。从这个角度来看，似乎独立事件也不是那么独立，条件概率值等于全集发生概率值，似乎还约束了两个事件之间的关系。

多事件的独立性，两两独立推不出相互独立。这是因为，样本点之间有重合，独立事件定义中的条件概率可以看作是对样本空间和事件 B 进行了等比例约束。这种约束，在多事件中，可能有重合的样本点，这就导致等比例约束被打破了。

1.2 随机变量

在做试验时，常常是相对于试验结果本身而言，我们主要还是对结果的某些函数感兴趣。例如，在掷骰子时，我们常常关心的是两颗骰子的点和数，而并不关心其实际结果，就是说，我们关心的也许是其点和数为 7，而并不关心其实际结果是否是（1，6）或（2，5）或（3，4）或（4，3）或（5，2）或（6，1）。我们关注的这些量称为随机变量。

随机变量表示随机试验各种结果的实值单值函数。随机事件不论与数量是否直接有关，都可以数量化，即都能用数量化的方式表达。

随机事件数量化的好处是可以用数学分析的方法来研究随机现象。例如某一时间内公共汽车站等车乘客人数、电话交换台在一定时间内收到的呼叫次数、灯泡的寿命等，都是随机变量的实例。

简单地说，随机变量是指随机事件的数量表现。例如，一批注入某种毒物的动物，在一定时间内死亡的只数；某地若干名男性健康成人中，每人血红蛋白量的测定值……另有一些现象并不直接表现为数量，例如人口的男女性别、试验结果的阳性或阴性等，但我们可以规定男性为 1，女性为 0，则非数量标志也可以用数量来表示。这些例子中所提到的量，尽管它们的具体内容是各式各样的，但从数学观点来看，它们表现了同一种情况，这就是每个变量都可以随机地取得不同的数值，而在进行试验或测量之前，我们要预言这个变量将取得某个确定的数值是不可能的。

随机变量在不同的条件下由于偶然因素影响，可能取各种不同的值，故其具有不确定性和随机性，但这些取值落在某个范围的概率是一定的，此种变量称为随机变量。随机变量可以是离散型的，也可以是连续型的。如分析测试中的测定值就是一个以概率取值的随机变量，被测定量的取值可能在某一范围内随机变化，具体取什么值在测定之前是无法确定的，但测定的结果是确定的，多次重复测定所得到的测定值具有统计规律性。随机变量与模糊变量的不确定性的本质差别在于，后者的测定结果仍具有不确定性，即模糊性。

一个随机试验的可能结果（称为基本事件）的全体组成一个基本空间 Ω。随机变量 x 是定义于 Ω 上的函数，即对每一基本事件 $\omega\in\Omega$，有一数值 $x(\omega)$ 与之对应。以掷一颗骰子的随机试验为例，它的所有可能结果共 6 个，分别记作 ω_1，ω_2，ω_3，ω_4，ω_5，ω_6。这时，$\Omega=\{\omega_1,\ \omega_2,\ \omega_3,\ \omega_4,\ \omega_5,\ \omega_6\}$，而出现的点数这个随机变量 x，就是 Ω 上的函数 $x(\omega_k)=k$，$k=1,\ 2,\ \cdots,\ 6$。又如设 $\Omega=\{\omega_1,\ \omega_2,\ \omega_3,\ \cdots,\ \omega_n\}$ 是要进行抽查的 n 个人的全体，那么随意抽查其中一人的身高和体重，就构成两个随机变量 X 和 Y，它们分别是 Ω 上的函数：$X(\omega_k)$ = "ω_k 的身高"，$Y(\omega_k)$ = "ω_k 的体重"，$k=1,\ 2,\ \cdots,\ n$。一般说来，一个随机变量所取的值可以是离散的（如掷一颗骰子的点数只取 1 到 6 的整数，电话台收到的呼叫次数只取非负整数），也可以充满一个数值区间，或整个实数轴（如液体中悬浮的微粒沿某一方向的位移）。

在研究随机变量的性质时，确定和计算它取某个数值或落入某个数值区间内的概率是特别重要的。因此，随机变量取某个数值或落入某个数值区间这样的基本事件的集合，应当属于所考虑的事件域。根据这样的直观想法，利用概率论公理化的语言，取实数值的随机变量的数学定义可确切地表述如下：

概率空间（Ω，F，P）上的随机变量 X 是定义于 Ω 上的实值可测函数，即对任意 $\omega\in\Omega$，$X(\omega)$ 为实数，且对任意实数 x，使 $X(\omega)\leqslant x$ 的一切 ω 组成的 Ω 的子集 $\{\omega:\ X(\omega)\leqslant x\}$ 是事件，也即是 F 中的元素。事件 $\{\omega:\ X(\omega)\leqslant x\}$ 常简记作 $\{X\leqslant x\}$，并称函数：

$$F(x)=P(X\leqslant x),\quad -\infty<x<\infty \tag{1-16}$$

为 X 的分布函数。

设 X，Y 是概率空间（Ω，F，P）上的两个随机变量，如果除去一个零概率事件外，$X(\omega)$ 与 $Y(\omega)$ 相同，则称 $X=Y$ 以概率 1 成立，也记作 $P(X=Y)=1$ 或 $X=Y$，$\alpha.s.$（$\alpha.s.$ 意为几乎必然）。

有些随机现象需要同时用多个随机变量来描述。例如对地面目标射击，弹着点的位置需要两个坐标才能确定，因此研究它要同时考虑两个随机变量。一般称同一概率空间（Ω，F，P）上的 n 个随机变量构成的 n 维向量 $X=(x_1,\ x_2,\ \cdots,\ x_n)$ 为 n 维随机向量。

1.2.1 离散随机变量

离散型随机变量即在一定区间内变量取值为有限个或可数个。例如某地区某年人口的出生数、死亡数，某药治疗某病病人的有效数、无效数等。设 X 是一个随机变量，如果它全部可能的取值只有有限个或可数无穷个，则称 X 为一个离散型随机变量。

设 x_1，x_2，…是随机变量 X 的所有可能取值，对每个取值 x_i，$X=x_i$ 是其样本空间 S 上的一个事件，为描述随机变量 X，还需知道这些事件发生的可能性（概率）。

定义：设离散型随机变量 X 的所有可能取值为 x_i（$i=1,\ 2,\ \cdots$），$P(X=x_i)=P_i$，$i=1,\ 2,\ \cdots$称为 X 的概率分布或分布律，也称概率函数。

常用表格形式来表示 X 的概率分布，如表 1-1 所示。

表 1-1　离散型随机变量

X	x_1	x_2	…	x_n	…
P	P_1	P_2	…	P_n	…

离散型随机变量要满足两个条件，设随机变量 X 可能取值为 a_1，a_2，…，a_n，则：

(1) $P(X=a_i)\geqslant 0$；

(2) $P(X=a_1)+P(X=a_2)+\cdots+P(X=a_n)=1$。

如果 X 是离散随机变量，具有概率质量函数 $p(x)$，那么 X 的期望值定义为 $E[X]=\sum_{x:\ p(x)>0} xp(x)$。换句话说，$X$ 的期望是 X 可能取的值的加权平均，每个值被 X 取此值的概率所加权。

离散型随机变量通常依据概率质量函数分类，主要分为：伯努利随机变量、二项随机变量、几何随机变量和泊松随机变量。

(1) 伯努利随机变量（0~1 分布）。若随机变量 X 只可能取 0 和 1，且它的分布列为 $P\{X=1\}=p$，$P\{X=0\}=1-p$（$0<p<1$），则称 X 服从参数为 p 的两点分布，记作 $X\sim B(1,\ p)$。其分布函数为：

$$P(x)=\begin{cases} p, & x=1 \\ 1-p, & x=0 \end{cases} \tag{1-17}$$

(2) 二项随机变量。若随机变量 X 的分布律为 $P(X=k)=C_n^k p^k(1-p)^{n-k}$，（$k=1,\ 2,\ \cdots,\ n$）且 $0<p<1$，则称 X 服从参数为 n，p 的二项分布，记作 $X\sim B(n,\ p)$。

(3) 泊松随机变量。若随机变量 X 所有可能取值为 0，1，2，…，它取各个值的概率为：

$$P(X=k)=\frac{\lambda^k}{k!}e^{-\lambda},\ k=0,\ 1,\ 2,\ \cdots \tag{1-18}$$

式中，$\lambda>0$ 是常数，则称 X 服从参数为 λ 的泊松分布，记为 $X\sim P(\lambda)$。

1.2.2 连续随机变量

连续型随机变量是指如果随机变量 X 的所有可能取值不可以逐个列举出来，而是取数轴上某一区间内的任一点的随机变量。例如某地区男性健康成人的身高值、体重值，一批传染性肝炎患者的血清转氨酶测定值等。

定义：对于随机变量 X，若存在一个非负的可积函数 $f(x)$，使得对任意实数 x，有 $F(x)=\int_{-\infty}^{x} f(t)\mathrm{d}t$，则称 X 为连续性随机变量。其中 $f(x)$ 为 X 的概率分布密度函数，简称概率密度记为 $X\sim f(x)$。

由定义可知，若 $f(x)$ 在点 x 连续，则有 $F'(x)=f(x)$；$f(x)$ 是可积的，则它的原函数 $F(x)$ 连续。对于任意两个实数 x_1，x_2（假设 $x_1<x_2$）都有：

$$P\{x_1<X\leqslant x_2\}=F(x_2)-F(x_1)=\int_{x_1}^{x_2} f(x)\mathrm{d}x \tag{1-19}$$

我们也可以定义连续随机变量的期望值。如果 X 是具有概率密度函数 $f(x)$ 的连续随机变量，那么 X 的期望就定义为 $E[X]=\int_{-\infty}^{\infty} x f_X(x)\,\mathrm{d}x$。

1.2.2.1 正态分布

正态分布是统计学中常见的一种分布，如学生考试成绩的人数分布等，表现为两边对称，是一种钟形的概率分布。正态分布的概率密度函数为：

$$f(x)=\frac{1}{\sigma\sqrt{2\pi}}\mathrm{e}^{-\frac{1}{2}\left(\frac{x-\mu}{\sigma}\right)^2} \tag{1-20}$$

正态分布的期望 $E(x)=\mu$，方差 $D(x)=\sigma^2$。$\mu=0$ 且 $\sigma=1$ 的正态分布，被称为标准正态分布（图 1-6）。它有对应的标准正态分布表，通过该表可以找到对应值累积的概率。正态分布转化为标准正态分布：正态分布 X，均值是 μ，标准差是 σ，定义为 $z=\frac{x-\mu}{\sigma}$。

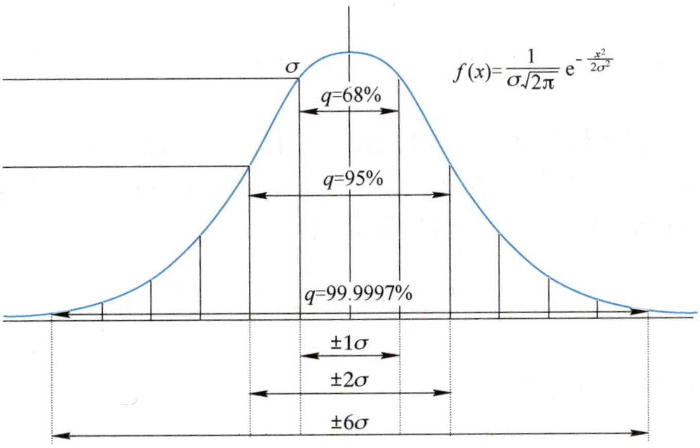

图 1-6 正态分布

正态分布来近似二项分布：当 n 足够大的时候，正态分布对于离散型二项分布能够很好地近似。计算区间 $\bar{x}\pm\sigma$、$\bar{x}\pm2\sigma$、$\bar{x}\pm3\sigma$，看落在区间内的百分比是否近似于 68%、95%、100%（切比雪夫法则和经验法则）。

1.2.2.2 均匀分布

均匀分布是指连续型随机变量所有可能出现值的出现概率都相同。其概率密度函数为：

$$f(x)=\frac{1}{b-a}(a\leqslant x\leqslant b) \tag{1-21}$$

均匀分布的期望 $E(x)=\frac{a+b}{2}$，方差 $D(x)=\frac{(b-a)^2}{12}$。

均匀分布在自然情况下比较少见，而人工栽种的有一定株行距的植物群落即是均匀分布。这表明 X 落在 $[a, b]$ 的子区间内的概率只与子区间长度有关，和子区间位置无关，

因此 X 落在 $[a,\ b]$ 的长度相等的子区间内的可能性是相等的，所谓的均匀指的就是这种等可能性。均匀分布概率密度函数如图 1-7 所示。

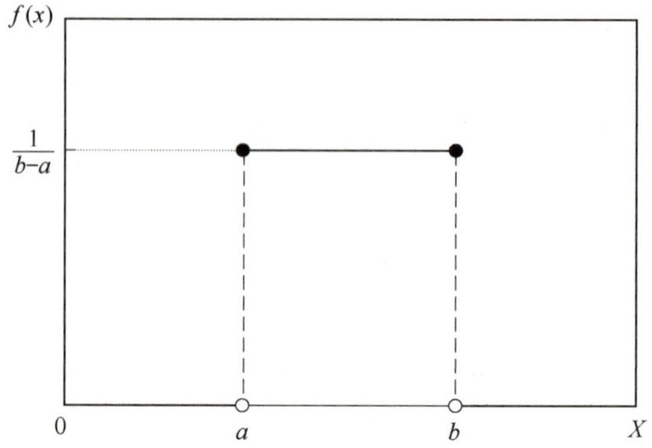

图 1-7　均匀分布概率密度函数

1.2.2.3　指数分布

指数分布通常用来表示随机事件发生的时间间隔，如旅客进机场的时间间隔、电子产品的寿命分布等。

指数分布的特征：无记忆性。比如灯泡的使用寿命服从指数分布，无论它已经使用了多长时间，假设为 s，只要还没有损坏，它能再使用一段时间 t 的概率与一件新产品使用时间 t 的概率是一样的。这个证明过程简单表示：

$$P(s+t|s)=\frac{P(s+t,\ s)}{P(s)}=\frac{F(s+t)}{F(s)}=P(t)$$

指数分布的概率密度函数为：

$$f(x)=\frac{1}{\theta}\mathrm{e}^{-x/\theta}(x>0) \tag{1-22}$$

指数分布的期望 $E(x)=\theta$，方差 $D(x)=\theta^2$。指数分布概率密度函数如图 1-8 所示。

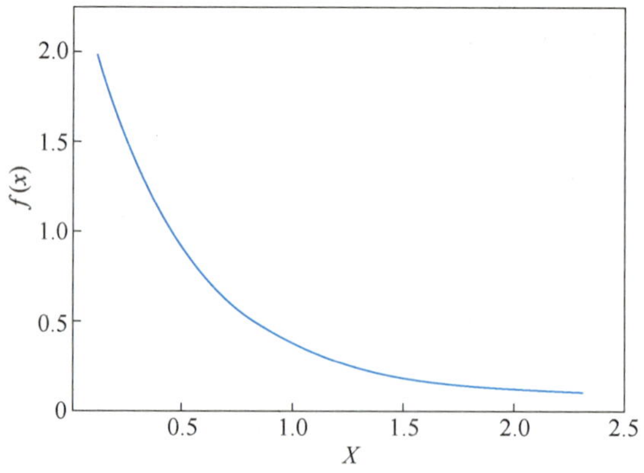

图 1-8　指数分布概率密度函数

1.3 马尔科夫链

马尔科夫链的提出来自俄国数学家安德雷·马尔科夫。马尔科夫在1906~1907年间发表的研究中为了证明随机变量间的独立性不是弱大数定律和中心极限定理成立的必要条件，构造了一个按条件概率相互依赖的随机过程，并证明其在一定条件下收敛于一组向量，该随机过程被后世称为马尔科夫链。

1931年，安德雷·柯尔莫哥洛夫在对扩散问题的研究中将马尔科夫链推广至连续指数集得到了连续时间马尔科夫链，并推出了其联合分布函数的计算公式。1957年，Richard Bellman通过离散随机最优控制模型首次提出了马尔科夫决策过程。1959~1962年，苏联数学家Eugene Borisovich Dynkin完善了柯尔莫哥洛夫的理论并通过Dynkin公式将平稳马尔科夫过程与鞅过程相联系。此后以马尔科夫链为基础，更复杂的马尔科夫模型（例如隐马尔科夫模型和马尔科夫随机场）被相继提出，并在模式识别等实际问题中得到应用。

马尔科夫链是一组具有马尔科夫性质的离散随机变量的集合。具体地，对概率空间（Ω，F，P）内以一维可数集为指数集（index set）的随机变量集合 $X=\{X_n: n>0\}$，若随机变量的取值都在可数集内：$X=s_i$，$s_i\in s$，且随机变量的条件概率满足如下关系：

$$P(X_{t+1}|X_t, \cdots, X_1)=P(X_{t+1}|X_t) \tag{1-23}$$

则 X 被称为马尔科夫链，可数集 $s\in\mathbf{Z}$ 被称为状态空间（state space），马尔科夫链在状态空间内的取值称为状态。上述的可数集是指每个元素都能与自然数集 **N** 的每个元素之间能建立一一对应的集合。

这里定义的马尔科夫链是离散时间马尔科夫链，其具有连续指数集的情形虽然被称为连续时间马尔科夫链，但在本质上是马尔科夫过程。常见地，马尔科夫链的指数集被称为“步”或“时间步”。

式（1-23）在定义马尔科夫链的同时定义了马尔科夫性质，该性质也被称为“无记忆性”，即 $t+1$ 步的随机变量在给定第 t 步随机变量后与其余的随机变量条件独立。在此基础上，马尔科夫链具有强马尔科夫性，即对任意的停时，马尔科夫链在停时前后的状态相互独立。马尔科夫链的一个常见例子是简化的股票涨跌模型：若一天中某股票上涨，则第二天该股票有概率 p 开始下跌，$1-p$ 继续上涨；若一天中该股票下跌，则明天该股票有概率 q 开始上涨，$1-q$ 继续下跌。该股票的涨跌情况是一个马尔科夫链，且定义中各个概念在例子中有如下对应。

随机变量：第 t 天该股票的状态；状态空间：“上涨”和“下跌”；指数集：天数。

条件概率关系：按定义，即便已知该股票的所有历史状态，其在某天的涨跌也仅与前一天的状态有关。

无记忆性：该股票当天的表现仅与前一天有关，与其他历史状态无关（定义条件概率关系的同时定义了无记忆性）。

停时前后状态相互独立：取出该股票的涨跌记录，然后从中截取一段，我们无法知道截取的是哪一段，因为截取点，即停时 t 前后的记录（$t-1$ 和 $t+1$）没有依赖关系。

马尔科夫链是概率论和数理统计中具有马尔科夫性质且存在于离散的指数集和状态空间内的随机过程。适用于连续指数集的马尔科夫链被称为马尔科夫过程，但有时也被视为马尔科夫链的子集，即连续时间马尔科夫链，与离散时间马尔科夫链相对应，因此马尔科夫链是一个较为宽泛的概念。

马尔科夫模型（表 1-2）分成 4 种：马尔科夫链、隐马尔科夫模型（HMM）、马尔科夫决策过程（MDP）和部分可观测马尔科夫决策过程（POMDP）。

表 1-2 马尔科夫模型

项 目	系统状态完全可被观测	系统状态不是完全可被观测
系统是自动的	马尔科夫链	隐马尔科夫模型
系统是受控的	马尔科夫决策过程	部分可观测马尔科夫决策过程

马尔科夫链可被应用于蒙特卡罗方法（蒙特卡罗方法是使用随机数或更常见的伪随机数来解决很多计算问题的方法）中，形成马尔科夫链蒙特卡罗，也被用于动力系统、化学反应、排队论、市场行为和信息检索的数学建模。此外，一些机器学习算法，例如隐马尔科夫模型、马尔科夫随机场和马尔科夫决策过程，以马尔科夫链为理论基础。

n 阶马尔科夫链拥有 n 阶的记忆性，可视为马尔科夫链的推广。类比马尔科夫链的定义，n 阶马尔科夫链满足如下条件：

$$P(X_{t+1}|X_t,\ \cdots,\ X_1)=P(X_{t+1}|X_t,\ \cdots,\ X_k),\ 1<k<t \tag{1-24}$$

按上式，传统的马尔科夫链可以认为是 1 阶马尔科夫链。由马尔科夫性质可得，将多个马尔科夫链作为组元可以得到 n 阶的马尔科夫链。

马尔科夫链中随机变量的状态随时间步的变化被称为演变或转移。这里介绍描述马尔科夫链结构的两种途径，即转移矩阵和转移图，并定义了马尔科夫链在转移过程中表现出的性质。

转移概率矩阵：一个系统的某些因素在转移中，第 n 次结果只受第 $n-1$ 的结果影响，即只与当前所处状态有关，而与过去状态无关。矩阵各元素都是非负的，并且各行元素之和等于 1，各元素用概率表示，在一定条件下是互相转移的，故称为转移概率矩阵。

马尔科夫链通常用于排队论和统计学中的建模，还可作为信号模型用于熵编码技术，如算法编码。马尔科夫链也有众多的生物学应用，特别是人口过程，可以帮助模拟生物人口过程的建模。隐蔽马尔科夫模型还被用于生物信息学，用以编码区域或基因预测。

1.3.1 马尔科夫决策过程

20 世纪 50 年代，R. 贝尔曼研究动态规划时和 L. S. 沙普利研究随机对策时已出现马尔科夫决策过程的基本思想。R. A. 霍华德（1960 年）和 D. 布莱克韦尔（1962 年）等人的研究工作奠定了马尔科夫决策过程的理论基础。1965 年，布莱克韦尔关于一般状态空间的研究和 E. B. 丁金关于非时齐（非时间平稳性）的研究，推动了这一理论的发展。1960 年以来，马尔科夫决策过程理论得到迅速发展，应用领域不断扩大。凡是以马尔科夫过程作为数学模型的问题，只要能引入决策和效用结构，均可应用这种理论。

马尔科夫决策过程是基于马尔科夫过程理论的随机动态系统的最优决策过程，用于在系统状态具有马尔科夫性质的环境中模拟智能体可实现的随机性策略与回报。马尔科夫决策过程是序贯决策的主要研究领域。它是马尔科夫过程与确定性的动态规划相结合的产物，故又称马尔科夫型随机动态规划，属于运筹学中数学规划的一个分支。

马尔科夫决策过程是指决策者周期地或连续地观察具有马尔科夫性的随机动态系统，序贯地做出决策。即根据每个时刻观察到的状态，从可用的行动集合中选用一个行动做出决策，系统下一步（未来）的状态是随机的，并且其状态转移概率具有马尔科夫性。决策者根据新观察到的状态，再做新的决策，依此反复地进行。马尔科夫性是指一个随机过程未来发展的概率规律与观察之前的历史无关的性质。马尔科夫性又可简单叙述为状态转移概率的无后效性。状态转移概率具有马尔科夫性的随机过程即为马尔科夫过程。马尔科夫决策过程又可看作随机对策的特殊情形，在这种随机对策中对策的一方是无意志的。马尔科夫决策过程还可作为马尔科夫型随机最优控制，其决策变量就是控制变量。

马尔科夫决策要求：

（1）能够检测到理想的状态。

（2）可以多次尝试（死了重来、输了重来等）。

（3）系统的下个状态只与当前状态信息有关，而与更早之前的状态无关。在决策过程中还和当前采取的动作有关。

马尔科夫决策过程是基于一组交互对象，即智能体和环境进行构建，所具有的要素包括状态、动作、策略和奖励。

智能体（agent）：马尔科夫决策过程中进行机器学习的代理，可以感知外界环境的状态进行决策、对环境做出动作并通过环境的反馈调整决策。

环境（environment）：马尔科夫决策过程模型中智能体外部所有事物的集合，其状态会受智能体动作的影响而改变，且上述改变可以完全或部分地被智能体感知。环境在每次决策后可能会反馈给智能体获得相应的奖励。

按定义，马尔科夫决策过程包含 5 个模型要素，状态（state）、动作（action）、策略（policy）、奖励（reward）和回报（return）。

状态是对环境的描述，在智能体做出动作后，状态会发生变化，且演变具有马尔科夫性质。马尔科夫决策过程所有状态的集合是状态空间。状态空间可以是离散或连续的。

动作是对智能体行为的描述，是智能体决策的结果。马尔科夫决策过程所有可能动作的集合是动作空间。动作空间可以是离散或连续的。

马尔科夫决策过程的策略是按状态给出动作的条件概率分布，在强化学习的语境下属于随机性策略。

奖励是智能体给出动作后环境对智能体的反馈，是当前时刻状态、动作和下个时刻状态的标量函数。

回报是奖励随时间步的积累，在引入轨迹的概念后，回报也是轨迹上所有奖励的总和。

马尔科夫决策过程按如图 1-9 所示方式进行组织：智能体对初始环境 s_0 进行感知，按策略 π 实施动作 a，环境受动作影响进入新的状态 s_1，并反馈给智能体一个奖励 。随后智能体基于 s_1 采取新的策略，与环境持续交互。

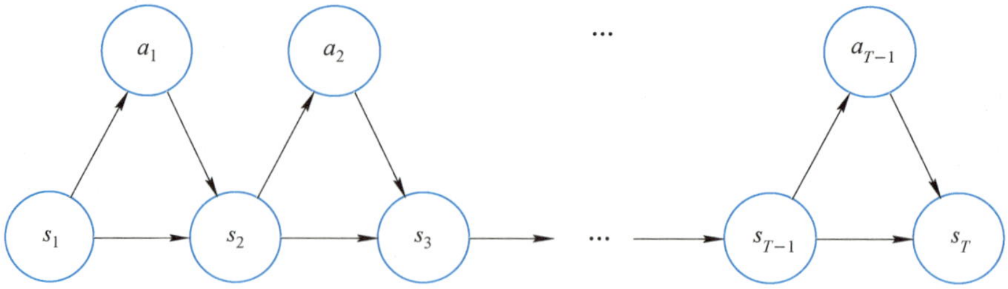

图 1-9　马尔科夫决策过程的图模型表示

衡量策略优劣的常用指标有折扣指标和平均指标。折扣指标是指长期折扣（把 t 时刻的单位收益折合成 0 时刻的单位收益的 βt（$\beta<1$）倍）期望总报酬；平均指标是指单位时间的平均期望报酬。采用平均指标的马尔科夫决策过程称为平均模型。当状态空间 S 和行动集 $A(i)$ 均为有限集时，对于平均指标存在最优的确定性平稳策略；当 S 和（或）$A(i)$ 不是有限的情况，必须增加条件，才有最优的确定性平稳策略。计算这种策略的算法也已研制出来。

采用折扣指标的马尔科夫决策过程称为折扣模型。若一个策略是 β 折扣最优的，则初始时刻的决策规则所构成的平稳策略对同一 β 也是折扣最优的，而且它还可以分解为若干个确定性平稳策略，它们对同一 β 都是最优的。

马尔科夫决策过程的指数集（index set）按时间步进行演化。时间步离散的马尔科夫决策过程被称为**离散时间马尔科夫决策过程**（descrete-time MDP），反之则被称为**连续时间马尔科夫决策过程**（continuous-time MDP），二者的关系可类比连续时间马尔科夫链与离散时间马尔科夫链。

在应用方面，马尔科夫决策过程被用于机器学习中强化学习（reinforcement learning）问题的建模。通过使用动态规划、随机采样等方法，马尔科夫决策过程可以求解使回报最大化的智能体策略，并在自动控制、推荐系统等主题中得到应用。

约束马尔科夫决策过程是对智能体施加了额外限制的马尔科夫决策过程，智能体不仅要实施策略和获得回报，而且还要确保环境状态的一些指标不超出限制。例如在基于马尔科夫决策过程的投资组合问题中，智能体除最大化投资回报，也要求限制投资风险；在交通管理中，智能体除了最大化车流量，也要求限制车辆的平均延迟和特定路段的车辆通行种类。

模糊马尔科夫决策过程是使用模糊动态规划求解的马尔科夫决策过程模型，求解方法属于值函数算法，其中策略评估部分与传统的动态规划方法相同，但策略改进部分使用了模糊推理，即值函数被用作模糊推理的输入，策略的改进是模糊推理系统的输出。

在一些设定中，智能体无法完全观测环境的状态，只能知道部分状态的观测值，被称为部分可观察马尔科夫决策过程。比如在自动驾驶中，智能体只能感知传感器采集的有限的环境信息。与马尔科夫决策过程相比，部分可观察马尔科夫决策过程包含两个额外的模型要素：智能体的观测概率和观测空间。

1.3.2　隐马尔科夫链

隐马尔科夫模型作为一种统计分析模型，创立于 20 世纪 70 年代，80 年代得到了传播和发展，成为信号处理的一个重要方向，现已成功地用于语音识别、行为识别、文字识别以及故障诊断等领域。

隐马尔科夫模型是马尔科夫链的一种，它的状态不能直接观察到，但能通过观测向量序列观察到，每个观测向量都是通过某些概率密度分布表现为各种状态，每一个观测向量是由一个具有相应概率密度分布的状态序列产生的。所以，隐马尔科夫模型是一个双重随机过程——具有一定状态数的隐马尔科夫链和显示随机函数集。自 20 世纪 80 年代以来，隐马尔科夫模型被应用于语音识别，取得重大成功。到了 90 年代，隐马尔科夫模型还被引入计算机文字识别和移动通信核心技术“多用户的检测”。隐马尔科夫模型在生物信息科学、故障诊断等领域也开始得到应用。

在简单的马尔科夫模型（如马尔科夫链）中，所述状态是直接可见的观察者，因此状态转移概率是唯一的参数。在隐马尔科夫模型中，状态是不直接可见的，但输出依赖于该状态下，是可见的。每个状态通过可能的输出记号有了可能的概率分布。因此，通过一个隐马尔科夫模型产生标记序列提供了有关状态的一些序列的信息。注意，“隐藏”指的是，该模型经其传递的状态是序列，而不是模型的参数；即使这些参数是精确已知的，我们仍把该模型称为一个“隐藏”的马尔科夫模型。

隐马尔科夫模型（HMM）可以用 5 个元素来描述，包括 2 个状态集合和 3 个概率矩阵：

（1）**隐含状态 S**：这些状态之间满足马尔科夫性质，是马尔科夫模型中实际所隐含的状态。这些状态通常无法通过直接观测而得到。

（2）**可观测状态 O**：在模型中与隐含状态相关联，可通过直接观测而得到。

（3）**初始状态概率矩阵 Π**：表示隐含状态在初始时刻 $t=1$ 的概率矩阵。

（4）**隐含状态转移概率矩阵 A**：描述了 HMM 模型中各个状态之间的转移概率。

其中，$A_{ij}=P(S_j|S_i)$，$1\leqslant i, j\leqslant N$，表示在 t 时刻、状态为 S_i 的条件下，在 $t+1$ 时刻状态是 S_j 的概率。

（5）**观测状态转移概率矩阵 B**：令 N 代表隐含状态数目，M 代表可观测状态数目，则：

$B_{ij}=P(O_i|S_j)$，$1\leqslant i\leqslant M$，$1\leqslant j\leqslant N$，表示在 t 时刻，隐含状态是 S_j 条件下，观察状态为 O_i 的概率。

总结：一般地，可以用 $\lambda=(A, B, \Pi)$ 三元组来简洁地表示一个隐马尔科夫模型。隐马尔科夫模型实际上是标准马尔科夫模型的扩展，添加了可观测状态集合和这些状态与隐含状态之间的概率关系。

在实际应用中，人们常关注隐马尔科夫模型的三个基本问题。

（1）**评估问题**：给定模型 $\lambda=(\Pi, A, B)$，如何计算其产生观测序列的概率 $P(y|\lambda)$。换而言之，如何评估模型与观测序列的匹配程度（采用 forward 算法）。

（2）**解码问题**：给定模型 $\lambda=(\Pi, A, B)$ 和观测序列，如何找到与此观测序列最匹配的隐状态序列（采用 Viterbi 算法）。

（3）**学习问题**：给定观测序列，如何调整模型参数 $\lambda=(\Pi, A, B)$ 使得该序列出现的概率 $P(x|\lambda)$ 最大。换而言之，如何训练模型使其能最好地描述观测数据（采用 forward-backward 算法）。

下面用一个简单的例子来阐述。

假设有三个不同的骰子（图 1-10）。第一个骰子是平常见的骰子（称这个骰子为 D6），6 个面，每个面（1，2，3，4，5，6）出现的概率是 1/6。第二个骰子是个四面体（称这个骰子为 D4），每个面（1，2，3，4）出现的概率是 1/4。第三个骰子有八个面（称这个骰子为 D8），每个面（1，2，3，4，5，6，7，8）出现的概率是 1/8。

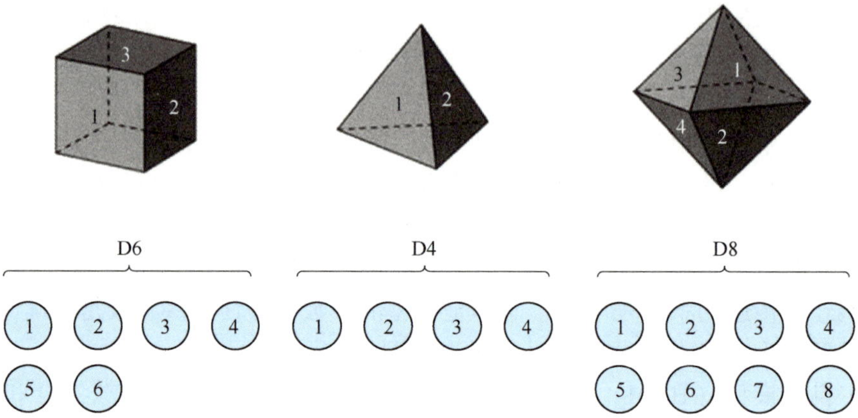

图 1-10 不同形状的骰子

假设我们开始掷骰子，先从三个骰子里挑一个，挑到每一个骰子的概率都是 1/3。然后掷骰子，得到一个数字，（1，2，3，4，5，6，7，8）中的一个。不停地重复上述过程，会得到一串数字，每个数字都是（1，2，3，4，5，6，7，8）中的一个。例如我们可能得到这么一串数字（掷骰子 10 次）：1 6 3 5 2 7 3 5 2 4。这串数字叫做可见状态链。但是在隐马尔科夫模型中，不仅仅有这么一串可见状态链，还有一串隐含状态链。在这个例子里，这串隐含状态链就是你用的骰子的序列。比如，隐含状态链有可能是：D6 D8 D8 D6 D4 D8 D6 D6 D4 D8。

一般来说，隐马尔科夫模型中说到的马尔科夫链其实是指隐含状态链，因为隐含状态（骰子）之间存在转换概率。在我们这个例子里，D6 的下一个状态是（D4，D6，D8）的概率都是 1/3。D4，D8 的下一个状态是（D4，D6，D8）的转换概率也都一样是 1/3。这样设定是为了最开始容易说清楚，但是我们其实是可以随意设定转换概率的。比如，我们可以这样定义，D6 后面不能接 D4，D6 后面是 D6 的概率是 0.9，是 D8 的概率是 0.1。隐马尔科夫模型示意图如图 1-11 所示。

同样地，尽管可见状态之间没有转换概率，但是隐含状态和可见状态之间有一个概率叫做输出概率。就我们的例子来说，六面骰（D6）产生 1 的输出概率是 1/6。产生（2，3，4，5，6）的概率也都是 1/6。我们同样可以对输出概率进行其他定义。比如，有一个被赌场动过手脚的六面骰子，掷出来是 1 的概率更大，是 1/2，掷出来是（2，3，4，5，6）的概率是 1/10。

隐马尔科夫模型分别解决 3 种问题：

（1）知道骰子有几种（隐含状态数量），每种骰子是什么（转换概率），根据掷骰子

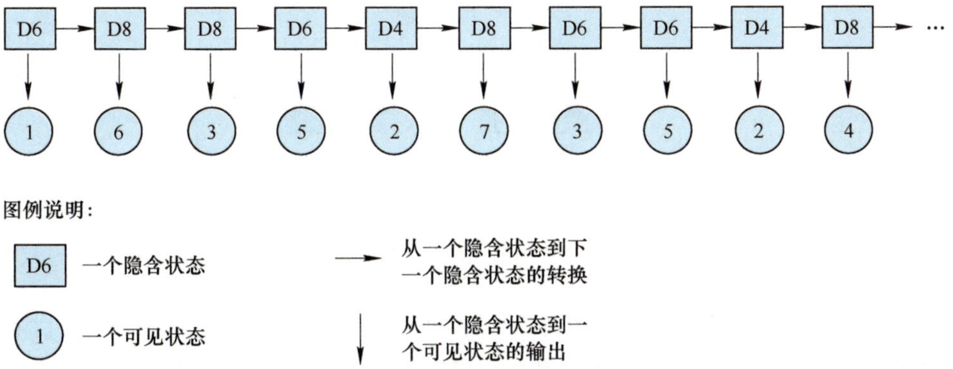

图 1-11　隐马尔科夫模型示意图

掷出的结果（可见状态链），我想知道每次掷出来的都是哪种骰子（隐含状态链）。

（2）还是知道骰子有几种（隐含状态数量），每种骰子是什么（转换概率），根据掷骰子掷出的结果（可见状态链），我想知道掷出这个结果的概率。

（3）知道骰子有几种（隐含状态数量），不知道每种骰子是什么（转换概率），观测到很多次掷骰子的结果（可见状态链），我想反推出每种骰子是什么（转换概率）。

1.4 排队模型

1.4.1 排队理论

日常生活中存在大量有形和无形的排队或拥挤现象，如旅客购票排队、市内电话占线等现象。排队论的基本思想是 1910 年丹麦电话工程师 A. K. 埃尔朗在解决自动电话设计问题时开始形成的，当时称为话务理论。他在热力学统计平衡理论的启发下，成功地建立了电话统计平衡模型，并由此得到一组递推状态方程，从而导出著名的埃尔朗电话损失率公式。自 20 世纪初以来，电话系统的设计一直在应用这个公式。50 年代初，美国数学家关于生灭过程的研究、英国数学家 D. G. 肯德尔提出嵌入马尔科夫链理论，以及对排队队形的分类方法，为排队论奠定了理论基础。在这以后，L. 塔卡奇等人又将组合方法引进排队论，使它更能适应各种类型的排队问题。70 年代以来，人们开始研究排队网络和复杂排队问题的渐近解等，成为研究现代排队论的新趋势。

排队理论是研究系统随机聚散现象和随机服务系统工作过程的数学理论和方法，又称随机服务系统理论，为运筹学的一个分支。

排队系统又称服务系统。服务系统由服务机构和服务对象（顾客）构成。服务对象到来的时刻和对他服务的时间（即占用服务系统的时间）都是随机的。排队系统（图 1-12）包括 3 个组成部分：输入过程、排队规则和服务机构。

输入过程考察的是顾客到达服务系统的规律。它可以用一定时间内顾客到达数或前后两个顾客相继到达的间隔时间来描述，一般分为确定型和随机型两种。例如，在生产线上加工的零件按规定的间隔时间依次到达加工地点，定期运行的班车、班机等都属于确定型输入。随机型的输入是指在时间 t 内顾客到达数 $n(t)$ 服从一定的随机分布。

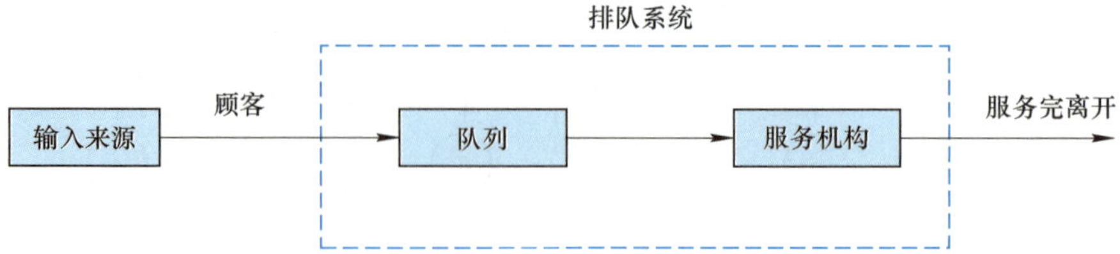

图 1-12 排队系统

排队规则分为等待制、损失制和混合制 3 种。当顾客到达时，所有服务机构都被占用，则顾客排队等候，即为等待制。在等待制中，为顾客进行服务的次序可以是先到先服务，或后到先服务，或是随机服务和有优先权服务（如医院接待急救病人）。如果顾客来到后看到服务机构没有空闲立即离去，则为损失制。有些系统因留给顾客排队等待的空间有限，因此超过所能容纳人数的顾客必须离开系统，这种排队规则就是混合制。

服务机构可以是一个或多个服务台。多个服务台可以是平行排列的，也可以是串连排列的。服务时间一般也分成确定型和随机型两种。例如，自动冲洗汽车的装置对每辆汽车冲洗（服务）时间是相同的，因而是确定型的。而随机型服务时间则服从一定的随机分布。

如果按照排队系统 3 个组成部分的特征的各种可能情形来分类，则排队系统可分成无穷多种类型，因此只能按主要特征进行分类。一般是以相继顾客到达系统的间隔时间分布、服务时间的分布和服务台数目为分类标志。现代常用的分类方法是英国数学家 D. G. 肯德尔提出的分类方法，即用肯德尔记号 X/Y/Z 进行分类。X 处填写相继到达间隔时间的分布；Y 处填写服务时间分布；Z 处填写并列的服务台数目。

各种分布符号有：*M*——负指数分布；*D*——确定型；*Ek*——*k* 阶埃尔朗分布；*GI*——一般相互独立分布；*G*—— 一般随机分布等。这里 k 阶埃尔朗分布是指 $\{x_i\}$（$i=1, 2, \cdots, k$），为相互独立且服从相同指数分布的随机变量时，$\sum_{i=1}^{k} x_i$ 服从自由度为 $2k$ 的 χ^2 分布。例如，*M/M/*1 表示顾客相继到达的间隔时间为负指数分布、服务时间为负指数分布和单个服务台的模型。*D/M/C* 表示顾客按确定的间隔时间到达、服务时间为负指数分布和 *C* 个服务台的模型。至于其他一些特征，如顾客为无限源或有限源等，可在基本分类的基础上另加说明。

研究排队系统问题的主要目的是研究其运行效率，考核服务质量，以便据此提出改进措施。通常评价排队系统优劣有 6 项数量指标。

(1) 系统负荷水平 ρ：它是衡量服务台在承担服务和满足需要方面能力的尺度；

(2) 系统空闲概率 P_0：系统处于没有顾客来到要求服务的概率；

(3) 队长：系统中排队等待服务和正在服务的顾客总数，其平均值记为 L_S；

(4) 队列长：系统中排队等待服务的顾客数，其平均值记为 L_g；

(5) 逗留时间：一个顾客在系统中停留时间，包括等待时间和服务时间，其平均值记为 W_S；

（6）等待时间：一个顾客在系统中排队等待时间，其平均值记为 W_g。$M/M/1$ 排队系统是一种最简单的排队系统。

排队模型是研究排队的规律，大多用于随机服务系统中。由于在生产、经济、社会活动中许多问题都可以转化为排队问题，因此排队模型涉及范围十分广泛。当队员和服务员个数较多以及顾客的到达规律和服务规律复杂时，排队问题往往很难用数学方法求解，此时可用模拟法求解。

1.4.2 排队网络

排队网络又称排队图示评审技术，它是随机服务系统理论与 GERT 网络技术相结合的一种网络模型，用于解决 GERT 网络模型难以准确描述的需考虑排队的网络问题，即某节点的实现条件不仅要求前面的活动完成，而且同时要求有一定的流量，或者说进入某活动前需要排队等待。如生产线作业、购货服务、货物待运、机器维修以及医院就诊等。

排队网络是指多个排队系统互相连接所组成的网络，其中任何一个排队系统所服务完的顾客可加入其他的排队系统继续接受服务，或者离开整个排队网络。排队网络与排队系统的本质区别在于：在排队网络中，一个顾客一般要在多个服务台处接受服务，而在排队系统中，一个顾客只在一个服务台处接受服务。在一些严格的条件下，排队网络与排队系统在理论上没有太大的区别，但在计算方面，排队网络中求解一些问题的计算量非常大。

一个排队网络是由多个服务机构组成的系统。排队网络中的顾客根据一定的路由机制在服务台之间转移或离开网络。顾客可能属于不同的类型，这意味着他们可能有不同的路由机制，不同的服务时间分布，或不同的服务优先级。排队网络可以分为 3 种类型：开放网络、封闭网络或混合网络。在一个开放网络中，顾客从网络外部到达该网络并最终离开该网络；在一个封闭网络中，顾客在不同服务机构之间转移而没有顾客的到达或离开；一个混合网络对某些类型的顾客是开放的，而对其他类型的顾客是封闭的。

排队网络是一个比较复杂的服务系统，在此系统中经常需要讨论多个队列的互联问题，如顾客流的分开与合并，队列的串、并联组合等。

一个简单的排队网络通常包含多个节点，每个节点代表一个服务站（例如计算机系统中的处理单元（CPU 或 I/O 设备）或者是通信系统中的某些网络节点（交换机或路由器），每个服务站中包括一个队列（该队列中可以有一个或多个服务员）。其中互联的线条表示顾客流。

通常排队网络可分为如下 3 种基本类型：

（1）开环网络（open networks）：至少有一个来自外部的输入顾客流和至少一个输出到外部的输出顾客流。开环网络可用于表示一个具有来自外部的到达和从内部离开的事务处理系统。

（2）闭环网络（closed networks）：所有顾客永远在网络内循环流动，此时网络中顾客数目为常数。闭环网络可用于模拟多程序级别维持恒定情况下的批量类型的工作负荷。

（3）混合网络（mixed networks）：如果所研究的排队网络对某类顾客是开放的，而对其他类顾客是关闭的。混合网络可用于同时表示计算机系统中的事务处理性和批量类型的工作负荷。

用网络模型分析问题的步骤为：将实际问题用网络模型描述，明确节点特性，找出突出反映排队问题的节点；计算网络；分析评价，做出决策。求解的目的是掌握整个网络系统排队现象的统计规律，研究系统的运行效率，估计服务质量，决定改进措施，寻找系统处于稳定的高效的工作状态。

排队网络模型在生产调度、计算和通信系统优化等方面有重要应用。随机仿真试验仍是一种主要研究途径，最近发展了一些基于仿真的统计优化技术，有望达到实用的目的。

1.5 可靠性理论

可靠性理论是研究系统运行可靠性的普遍数量规律以及对其进行分析、评价、设计和控制的理论和方法。大型复杂系统运行是否可靠，可靠程度多大，是大系统设计中的一个很重要的问题，系统的组成部分越多，关系越复杂，系统运行的可靠性就越低。影响可靠性的因素是什么，可靠性自身的规律如何，选用怎样的指标评价系统的可靠性，如何提高系统的可靠性等，都是可靠性理论研究的问题或内容。它以概率论和数理统计为主要研究工具。可靠性理论产生于第二次世界大战，而对其进行系统性的研究则是在 20 世纪 50 年代进行的。到了 60 年代，它已广泛应用于许多技术领域，并形成了这门理论的实践性学科——可靠性工程。还发展出一种对系统出现故障的原因进行研究的学科——故障物理学。

运用概率统计和运筹学的理论和方法，对单元或系统的可靠性做定量研究。它是可靠性理论的基础之一。所谓可靠性，是指单元或由单元组成的系统在一定条件下完成其预定功能的能力。单元是元件、器件、部件、设备等的泛称。单元或系统的功能丧失，无论其能否修复，都称之为失效。可靠性理论即以失效现象为其研究对象，因而涉及工程设计、失效机理的物理和化学分析、失效数据的收集和处理、可靠性的定量评定以及使用、维修和管理等范围。

可靠性就是系统在时间 t 内不失效的概率 $P(t)$。如果 T 为系统从开始工作到首次发生故障的时间，系统无故障工作的概率有下式：$P(t)=P(T>t)$。

$P(t)$ 具有下面 3 条性质：

(1) $P(t)$ 为时间的递减函数；

(2) $0 \leqslant P(t) \leqslant 1$；

(3) $P(t=0)=1$；$P(t=\infty)=0$。

系统或设备的可靠性是一个与时间有密切关系的量，使用时间越长，系统越不可靠。

可靠性研究的意义：

(1) 提高系统或产品的可靠性，防止故障和事故发生。

(2) 提高系统或产品的可靠性，能使产品总费用降低。

(3) 提高系统或产品的可靠性，能提高设备的使用率。

(4) 提高系统或产品的可靠性，能提高企业信誉，提高经济效益。

寿命数据的收集和分析是可靠性定量评定的基础。主要讨论寿命分布类型的确定及其参数估计。由于寿命试验费钱、费时，试验常常不能等到所有受试样本都失效时才结束，此外，现场数据中可能有中途失去观察的情形，因此获得的寿命数据往往是不完全的样本。

在实际中以下的寿命分布最常使用：

（1）指数分布：适用于描述某些电子元器件使用期的寿命。

（2）韦布尔分布：由于韦布尔分布的参数适应范围大，已广泛用于描述金属疲劳、真空管、轴承等的寿命。

研究寿命分布的共同性质，需要引入寿命分布类的概念。若对任意固定的 $x \geqslant 0$，$P(x \mid t)$ 是 $t \geqslant 0$的递增函数，即在同样长的时间间隔 x 中，单元失效的概率随年龄 t 增加，则 P 称为属于失效率递增类，记为 $P \in \mathrm{IFR}$。当 $r(t)$ 存在时，$P \in \mathrm{IFR}$ 等价于 $r(t)$ 递增。相仿地，可定义失效率递减类，以及失效率平均递增或递减类等。

许多实际系统都可抽象成网络。例如计算机互联网络、通信网络、输油输气网络等。假定一个网络的顶点和边只有正常和失效两种状态，而失效是互相独立的，且已知每个顶点和边正常的概率。从某一顶点能把信息发送到另一个指定的顶点的概率，称为网络的可靠度。在网络可靠度的计算中，因其结构复杂而必须寻找简化网络的方法以及有效的算法，并比较不同算法的优劣。近年来已出现了不少较好的算法，关于计算的复杂性问题也有进展。

复杂系统可靠性分析：一个由 1000 个单元组成的系统是常见的，若每个单元的可靠度为 0.999，单元间彼此独立，任一单元失效均使系统失效，则系统的可靠度相当之低。因此为提高系统的可靠度（可用度），可采用备件并联工作等手段，或者在系统中引入修理和更换。讨论的问题有：已知系统的结构、单元的寿命和修复（或更换）时间分布、系统中修理工数目和修理规则等，研究系统可靠性的定量指标或者探讨如何合理确定修理工数目或修理规则，使某个目标函数达到最优。通过数学模型，使用马尔科夫过程、马尔科夫更新过程、补充变量法等分析方法进行研究，其处理手法与排队论相近。

在可靠性工程中，很重视对现场使用的数据和试验数据的收集与交换。许多国家都有全国性的数据收集与交换组织，建立有各种数据库。这是因为数据是可靠性设计和可靠性研究的基础。在整个可靠性工程中，都是通过可靠性数据和信息反馈来改进产品的可靠性。关于可靠性理论的应用如下。

（1）**可靠性设计**：可靠性设计是应用可靠性理论、技术和设计参数的统计数据，在给定的可靠性指标下，对零件、部件、设备或系统进行的设计。目的是提高产品的质量，包括提高产品的性能指标及可靠性指标，使产品在规定的使用条件、使用时间及完成规定功能时，其失效率最小，维修性好，有效度高，经济效益好，经济寿命期长。

（2）**可靠性预测**：可靠性预测是可靠性设计的重要内容之一，它是一种预报方法，在设计阶段即从所得的失效率数据预报零件、部件和系统实际可能达到的可靠度，预计这些零件、部件和系统在规定的条件下和规定的时间内完成规定功能的概率。在设备设计的初期，及时完成可靠性预计工作，可以了解该设备中各零件、部件之间可靠度的相互关系，找出提高整个设备可靠度的有效途径。

（3）**可靠性优化设计**：可靠性优化设计是将系统规定的容许失效概率合理地分配给该系统的零件、部件，又称系统的可靠性分配。在可靠性设计中采用最优化方法进行系统的可靠性分配，是当前可靠性研究的重要方向之一。

在可靠性设计中有时采用冗余设计法或储备法。冗余法或储备法是在系统中配置作储备用的零件或设备，当原用零件或设备出现故障时，储备件立即替换上去。并联冗余即并行工作储备法是使完成同一职能的一批零件、部件或设备同时（并行）工作，且当其中某个或部分失效时，其余的仍能保证系统的正常工作。在系统设计中采用储备法，可成倍地提高系统的可靠度。对系统储备的分配，也广泛地采用最优化方法。

（4）**可靠性教育与管理**：可靠性教育与管理是研究如何推行可靠性活动的一门学科，是一门保证科学。

思考题

1. 简述条件概率的定义和计算方法。
2. 简述通过全概率公式求解事件 A 概率的方法。
3. 常见的离散随机变量有哪些，其分布函数是什么？
4. 常见的连续随机变量有哪些，其期望是什么？
5. 试思考马尔科夫决策过程的工业应用。
6. 简述可靠性的定义和意义。

参考文献

[1] 邓集贤．概率论及数理统计［M］. 4 版．北京：高等教育出版社，2009.
[2] SheldonM. Ross. 应用随机过程：概率模型导论［M］. 北京：人民邮电出版社，2007.
[3] 陈六新．概率论与随机过程［M］. 北京：清华大学出版社，2013.
[4] 王玉孝．概率论与随机过程［M］. 北京：北京邮电大学出版社，2003.
[5] 费勒．概率论及其应用［M］. 3 版．北京：人民邮电出版社，2006.
[6] 欧贵兵，刘清国．概率统计及其应用［M］. 北京：科学出版社，2007.
[7] 南京大学金陵学院大学数学教研室．概率论与数理统计简明教程［M］. 南京：东南大学出版社，2014.
[8] 盛骤．概率论与数理统计［M］. 3 版．北京：高等教育出版社，2001.
[9] 曾勇，董丽华，马建峰．排队现象的建模、解析与模拟［M］. 西安：西安电子科技大学出版社，2011.

2 数理统计基础

本章课件

本章提要

本章首先介绍数理统计的基本概念和定义，以及常用统计量的计算方法和常用分布的特征函数；然后从统计量出发，介绍点估计和区间估计的基本概念和方法；最后强调假设检验的概念，介绍了正态总体参数的假设检验、Pearson 检验法和似然比检验的思想。

2.1 基本概念

2.1.1 总体、个体、样本

用数理统计方法研究某个实际问题时，往往把所研究对象的全体称为总体，而把组成总体的每个基本单位称为个体。例如，某天生产的袋装水泥组成一个总体，则每袋水泥就称为个体；又例如某一批灯泡组成一个总体，则每个灯泡就称为个体。但是，在数理统计中，所感兴趣的并不是个体的所有方面，而是它的某一项或某几项指标，这些指标是随机变量。例如，对袋装水泥这个总体而言，水泥装包量是感兴趣的指标，其指标是一个随机变量；对一批灯泡这个总体而言，灯泡寿命是感兴趣的指标，寿命指标是一个随机变量；对某高校本科生组成的这个总体而言，除了对大学生身高指标感兴趣外，还对大学生月消费指标感兴趣，这些指标都是随机变量。因此，对总体的研究实际上就归结为对表征总体中个体指标的随机变量的研究。常常用大写字母 X、Y 等表示总体，以说明对总体中个体的哪方面指标感兴趣，也称总体 X、总体 Y 等。由于总体 X 是随机变量，所以它有分布函数 $F(x)$，为了方便也常常说总体 $F(x)$，或某分布总体，如正态总体 $N(\mu, \sigma^2)$、两点分布总体 $B(1, p)$、Poisson 总体 $P(\lambda)$ 等。

在对总体进行研究中，当总体包含的个体数量相当多时，或需要对个体进行破坏性试验或费时耗资时，往往可行的方法是从总体中抽取一定数量的部分个体来进行观察研究，即抽取容量为 n 的样本来做统计推断，此过程称为**抽样**（也称取样、采样）。数理统计的基本任务就是通过抽样结果来推断总体的统计规律，因此要求抽样结果要尽可能多地反映总体特征。这就要对抽样方法加上一定的限制。容易想到，如果总体中每个个体被抽到的机会是均等的，并且在抽取一个个体后，总体的成分不改变，那么，抽得的个体就能很好地反映总体的情况。

对总体，把在相同条件下对随机变量 X 进行的 n 次重复独立观察，称为 n 次简单随机抽样，简称简单抽样。用 X_i 表示第 i 次观察结果，那么对总体 X 的 n 次重复独立观察所得结

果记为 X_1，X_2，…，X_n。由于 $X_i(i=1, 2, \cdots, n)$ 是对总体的第 i 次独立的观察，它的可能取值在总体 X 可能取值范围中随机取得，因此每个 X_i 都是一个与总体 X 有相同分布的随机变量，且 X_1，X_2，…，X_n 相互独立，称随机变量 X_1，X_2，…，X_n 为来自总体 X 的简单随机样本，常常也简称为简单样本，甚至是样本。样本中个体的数目 n 称为样本的容量。

在实际应用中，抽取简单随机样本的方法很简单。例如，从有限总体中抽样，每抽一个个体后，放回搅匀，再抽取下一个个体，这种有放回抽样所得的样本，就是简单随机样本。对于无限总体，由于放回与否并不改变总体构成成分，因此可采用无放回抽样方式。但须注意，对有些有限总体，实际问题不允许采用有放回抽样方式，例如一批产品次品率的检验等，往往采用无放回抽样方式，如果样本容量相对于总体所包含的个体数量而言很小，这时可将无放回抽样近似地看成是有放回抽样，因为抽取个数相对于个体总数而言是很小的，所以可以认为每次抽取都是在近似相同的条件下完成的。

样本既然是随机变量，就有一定的概率分布，这个概率分布就称为样本分布。样本分布是样本所受随机性影响的最完整的描述。要决定样本分布，就要根据观察值的具体指标的性质（这往往涉及有关的专业知识），以及对抽样方式和对试验进行方式的了解，此外常常还必须加一些人为的假定。样本分布是用来估计总体分布的。样本分布有区别于总体分布，它是从总体中按一定的分组标志选出来的部分样本容量。

2.1.2 统计量和充分统计量

我们知道样本是总体的代表和反映，样本是对总体进行统计分析和推断的依据，但在进行统计分析和推断时，却很少直接使用样本所提供的原始数据，而是要对这些数据进行加工、提炼，把样本中所包含的有关总体的信息提取出来。这个过程反映在数学上实际是构造样本的函数，这便产生了所谓的统计量。

定义：设 X_1，X_2，…，X_n 为来自总体 X 的简单样本，若样本的函数 $T(X_1, X_2, \cdots, X_n)$ 中不包含任何未知参数，则称此函数为统计量。

下面介绍几个常用的统计量。设 X_1，X_2，…，X_n 是来自总体 X 的简单样本。

（1）统计量 $\overline{X} = \frac{1}{n}\sum_{i=1}^{n} X_i$ 称为样本均值，它反映了样本的平均取值，描述了样本数理统计的集中取值趋势。

（2）统计量 $S^2 = \frac{1}{n-1}\sum_{i=1}^{n}(X_i - \overline{X})^2$ 称为样本方差（均方差），它描述了样本取值的分散程度大小，称 S 为样本标准差。

（3）统计量 $A_k = \frac{1}{n}\sum_{i=1}^{n} X_i^k (k = 1, 2, \cdots)$ 称为样本 k 阶原点矩。

样本中包含关于总体的信息可分为两部分：其一是关于总体结构的信息，即反映总体分布的结构；其二是关于总体中未知参数的信息，这是由于样本的分布中包含了总体分布中的未知信息。我们对信息的加工只会减少，不会增多，即统计量具有压缩数据功能，但会凸显我们需要的信息。那么一个好的统计量应该能将样本中包含未知参数的全部信息提取出来，即样本加工不损失未知参数的信息称为充分性。如何将这一想法用数学形式表示呢？费希尔在 1922 年提出了一个重要概念——充分统计量。粗略地说，充分统计量就是不损失信息的统计量，在简化统计问题中是非常重要的概念，也是经典统计和贝叶斯统计中为数不多的相一致的观点之一。

对于给定的统计推断问题，包含了原样本中关于该问题的全部有用信息的统计量。对于未知参数的估计问题，保留了原始样本中关于未知参数 θ 的全部信息的统计量，就是充分统计量。数学上，设（X_1，X_2，…，X_e）是来自总体 X 的一个随机样本，$T=T$（X_1，X_2，…，X_e）是一统计量。若在 $T=t$ 的条件下，样本的条件分布与未知参数 θ 无关，则称统计量 T 是 θ 的充分统计量。例如：样本均值 X 是总体样本数学期望的充分统计量。

2.1.3 统计模型

统计模型指以概率论为基础，采用数学统计方法建立的模型。有些过程无法用理论分析方法导出其模型，但可通过试验测定数据，经过数理统计法求得各变量之间的函数关系，称为统计模型。常用的数理统计分析方法有最大事后概率估算法、最大似然率辨识法等。常用的统计模型有一般线性模型、广义线性模型和混合模型。统计模型的意义在对大量随机事件的规律性做推断时仍然具有统计性，因而称为统计推断。

统计模型是一组数学模型，它包含了一组关于样本数据的假设。统计模型通常以相当理想化的形式表示数据生成过程。统计模型所体现的假设由一组概率分布来描述，其中一些概率分布被假定为充分近似于对特定数据集进行采样的分布。

统计模型是一类特殊的数学模型。统计模型与其他数学模型的区别在于统计模型是非确定性的。因此，在通过数学方程式指定的统计模型中，一些变量不具有特定的值，而是具有概率分布，即一些变量是随机的。

2.1.4 统计推断

统计推断，是指根据带随机性的观测数据（样本）以及问题的条件和假定（模型），而对未知事物以概率形式表述的推断。统计推断是通过样本推断总体的统计方法。总体是通过总体分布的数量特征即参数（如期望和方差）来反映的。因此，统计推断包括：对总体的未知参数进行估计；对关于参数的假设进行检查；对总体进行预测预报等。科学的统计推断所使用的样本，通常通过随机抽样方法得到。

个体是总体的一部分，局部的特性能反映全局的特点，但是，由于总体的不均匀性和样本的随机性，又使得样本不能精确地反映总体。因此，抽取部分个体经分析得出有关总体的结论存在着差错和不可靠。从理论上讲有两种途径可以消除和减少这种差错。

（1）尽量均匀：总体是要研究的未知事物，往往不可能改变它的均匀性，当能够使其达到理想的均匀时，就已经完全掌握了它，没有研究的必要了。

（2）确保抽样代表性：采取适当的抽样方法确保抽样的“代表性”，可有效地控制和提高统计推断的可靠性和正确性。随机抽样的方法很多，常用的有以下几种。

1）简单随机抽样：是指抽样过程应独立进行并且总体中每个个体被抽到的机会均等。随机抽样不是随便抽取，随便抽取容易受到个人好恶的影响。为实现随机化，可采取抽签、掷随机数骰子或查随机数值表等办法。

2）周期系统抽样：又叫等距抽样或机械抽样，即将总体按顺序编号，用抽签或查随机数值表的方法确定首件，进而按等距原则依次抽取样本。这种方法特别适用于流水线上取样，操作简便，实施起来不易出现差错。但抽样起点一经确定，整个样本就完全固定。对总体质量特性含有某种周期性变化，而当抽样间隔恰好与质量特性变化周期吻合时，就可能得到一个偏差很大的样本。

3）**分层抽样法**：从一个可以分成不同层次的总体中，按规定比例从不同层中随机抽取个体的方法。当不同设备、不同环境生产同一种产品时，由于条件差别产品质量可能有较大差异，为了使所抽取的样本具有代表性，可以将不同条件下生产的产品组成组，使同一组内产品质量均匀，然后在各组内按比例随机抽取样品合成一个样本。这种抽样方法得到的样本代表性比较好，抽样误差较小，缺点是抽样手续较繁杂，常用于产品质量检验。

4）**整群抽样法**：先将总体按一定方式分成多个群，然后随机地抽取若干群并由这些群中的所有个体组成样本。这种抽样方法实施方便，但样本来自个别群体而不能均匀分布在总体中，因而代表性差，抽样误差较大。

统计推断是从总体中抽取部分样本，通过对抽取部分所得到的带有随机性的数据进行合理的分析，进而对总体做出科学的判断，它是伴随着一定概率的推测。统计推断的基本问题可以分为两大类：一类是参数估计问题；另一类是假设检验问题。在质量活动和管理实践中，人们关心的是特定产品的质量水平，如产品质量特性的平均值、不合格品率等。这些都需要从总体中抽取样本，通过对样本观察值分析来估计和推断，即根据样本来推断总体分布的未知参数，称为参数估计。参数估计有两种基本形式：点估计和区间估计。假设检验是用来判断样本与样本、样本与总体的差异，是由抽样误差引起还是本质差别造成的统计推断方法。显著性检验是假设检验中最常用的一种方法，也是一种最基本的统计推断形式，其基本原理是先对总体的特征做出某种假设，然后通过抽样研究的统计推理，对此假设应该被拒绝还是接受做出推断。常用的假设检验方法有 Z 检验、t 检验、χ^2 检验、F 检验等。

统计推断的一个基本特点是：其所依据的条件中包含有带随机性的观测数据。以随机现象为研究对象的概率论，是统计推断的理论基础。

2.1.5 经验分布函数

如果总体的分布函数 $F(x)$ 未知，如何利用样本来推断总体 X 的分布函数是数理统计要解决的一个重要问题。分布函数 $F(x)=P\{X\leqslant x\}$ 描述事件 $\{X\leqslant x\}$ 发生的概率，由 Bernoulli 大数定律知频率稳定于概率，因此可以通过对事件 $\{X\leqslant x\}$ 进行独立重复观测，用频率来近似概率不失为一种合理的处理方法。

定义：设样本 x_1，x_2，…，x_n 的顺序统计量为 $x_{(1)}$，$x_{(2)}$，…，$x_{(n)}$，对任意实数 $x(x\in\mathbf{R})$ 定义函数：

$$F_n(x)=\frac{v_n(x)}{n}=\begin{cases}0, & x<x_{(1)}\\ \dfrac{k}{n}, & x_{(k)}\leqslant x<x_{(k+1)},\quad k=1,2,\cdots,n-1\\ 1, & x\geqslant x_{(n)}\end{cases}\tag{2-1}$$

称 $F_n(x)$ 为总体 X 的**经验分布函数**。相应地，称总体的分布函数 $F(x)$ 为**理论分布函数**。

样本分布函数的图像也是类似于离散型随机变量分布函数的图像，是一条跳跃式上升的阶梯形曲线，在每个间断点 $x_{(k)}$ 处跳跃。若样本观测值的各分量 x_1，x_2，…，x_n 不重复，则每一跃度为 $1/n$；若某一分量重复 m 次，则在该分量处跃度为 m/n。

经典统计推断主要的思想就是用样本来推断总体的状态，因为总体是未知的，我们只能通过多次试验的样本（即实际值）来推断总体。经验分布函数是在这一思想下的一种方法，通过样本分布函数来估计总体的分布函数。

2.1.6 特征函数

统计量是对总体 X 的分布函数或数字特征进行统计推断的基础，因此往往需要获得统计量 $T(x_1, x_2, \cdots, x_n)$ 的分布，这是数理统计学的基本问题之一。通常称统计量的分布为抽样分布。设总体 X 的分布函数 $F(x)$ 已知，$T(x_1, x_2, \cdots, x_n)$ 是统计量。若对自然数 n，如能求出统计量 $T(x_1, x_2, \cdots, x_n)$ 的分布函数，则称这个分布为统计量 $T(x_1, x_2, \cdots, x_n)$ 的精确分布。

对于一些重要的特殊情形，例如总体 X 服从正态分布，一些常见统计量的精确分布是可以获得的，它们是估计理论、假设检验及方差分析等的基础。为此，先介绍随机变量的特征函数，它是研究随机变量的一种重要工具，在概率论的许多理论证明中有着广泛的应用。

常见分布的特征函数：

（1）二项分布 $B(n, p)$ 的特征函数为 $\varphi(t) = [pe^{it} + (1-p)]^n$；

（2）Poisson 分布 $P(\lambda)$ 的特征函数为 $\varphi(t) = \exp\{\lambda(e^{it} - 1)\}$；

（3）正态分布 $N(\mu, \sigma^2)$ 的特征函数为 $\varphi(t) = \exp\left(i\mu t - \dfrac{1}{2}\sigma^2 t^2\right)$。

在数理统计中，常用的分布除了正态分布外，还有所谓的三大分布：χ^2 分布、t 分布及 F 分布，下面分别予以介绍。

2.1.6.1 χ^2 分布

定义：设 X_1，X_2，…，X_n 是相互独立的随机变量，且 $X_i \sim N(0, 1)$ $(i=1, 2, \cdots, n)$，则称随机变量 $\chi^2 = X_1^2 + X_2^2 + \cdots + X_n^2$ 所服从的分布是自由度为 n 的 χ^2 分布，记为 $\chi^2 \sim \chi^2(n)$。

χ^2 分布的概率密度函数为：

$$f(x) = \begin{cases} \dfrac{1}{2^{\frac{n}{2}}\Gamma\left(\dfrac{n}{2}\right)} x^{\frac{n}{2}-1} e^{-\frac{x}{2}}, & x > 0 \\ 0, & x \leqslant 0 \end{cases} \tag{2-2}$$

$\Gamma(\cdot)$ 表示的是一个 Gamma 函数，它是整数 k 的封闭形式。

χ^2 分布的密度函数形状如图 2-1 所示。

2.1.6.2 t 分布

定义：设 $X \sim N(0, 1)$，$Y \sim \chi^2(n)$，且 X 与 Y 相互独立，则称随机变量 $T = \dfrac{X}{\sqrt{Y/n}}$ 所服从的分布是自由度为 n 的 t 分布，记为 $T \sim t(n)$。

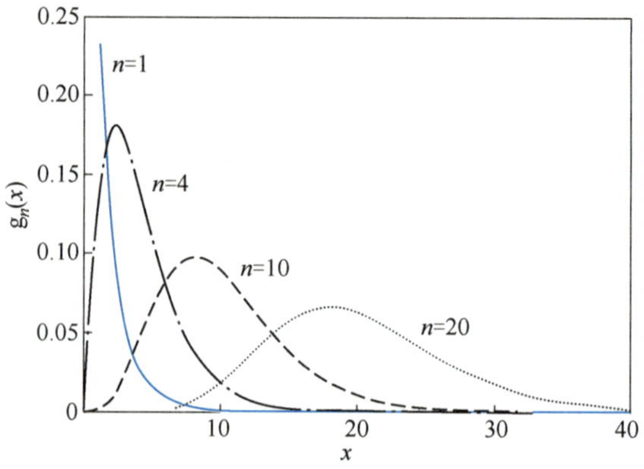

图 2-1　χ^2 分布的概率密度函数

t 分布也称为 Student 分布，是由英国统计学家 W. S. Gosset（1876～1937）于 1908 年在吉尼斯酿酒厂担任酿酒化学技师时发现的。由于酿酒厂规定禁止发表有关酿酒过程变化性的研究成果，所以他以“Student”的笔名发表了论文。

$t(n)$ 分布的概率密度函数为：

$$f(t)=\frac{\Gamma\left(\frac{n+1}{2}\right)}{\sqrt{n\pi}\,\Gamma\left(\frac{n}{2}\right)}\left(1+\frac{t^2}{n}\right)^{-\frac{n+1}{2}} \tag{2-3}$$

该密度函数的图形如图 2-2 所示。

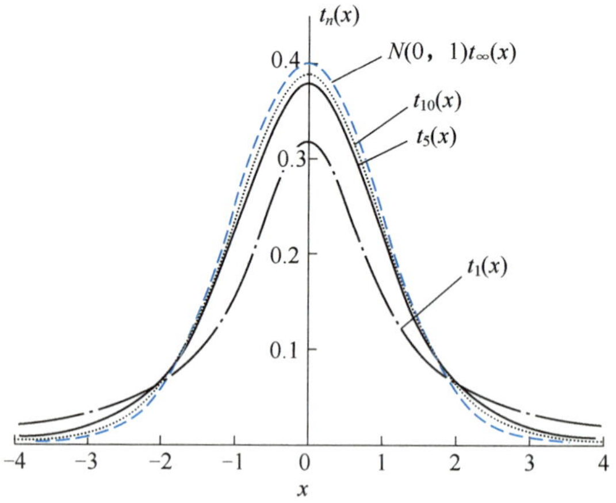

图 2-2　$t(n)$ 分布的概率密度函数

t 分布的密度函数与标准正态分布 $N(0, 1)$ 密度很相似，它们都是关于原点对称，单峰偶函数，在 $x=0$ 处达到极大。但 t 分布的峰值低于 $N(0, 1)$ 的峰值，t 分布的密度函数尾部都要比 $N(0, 1)$ 的两侧尾部粗一些。

2.1.6.3 F 分布

定义：设 $X \sim \chi^2(n_1)$，$Y \sim \chi^2(n_2)$，且 X 与 Y 相互独立，则称随机变量 $F = \dfrac{X/n_1}{Y/n_2}$ 所服从的分布是自由度为（n_1，n_2）的 F 分布，记为 $F \sim F(n_1, n_2)$。

$F \sim F(n_1, n_2)$ 分布的概率密度函数为：

$$f(z) = \begin{cases} \dfrac{\Gamma\left(\dfrac{n_1+n_2}{2}\right)}{\Gamma\left(\dfrac{n_1}{2}\right)\Gamma\left(\dfrac{n_2}{2}\right)}\left(\dfrac{n_1}{n_2}\right)\left(\dfrac{n_1}{n_2}z\right)^{\frac{n_1}{2}-1}\left(1+\dfrac{n_1}{n_2}z\right)^{-\frac{n_1+n_2}{2}}, & z > 0 \\ 0, & z \leqslant 0 \end{cases} \tag{2-4}$$

F 分布的密度函数如图 2-3 所示。

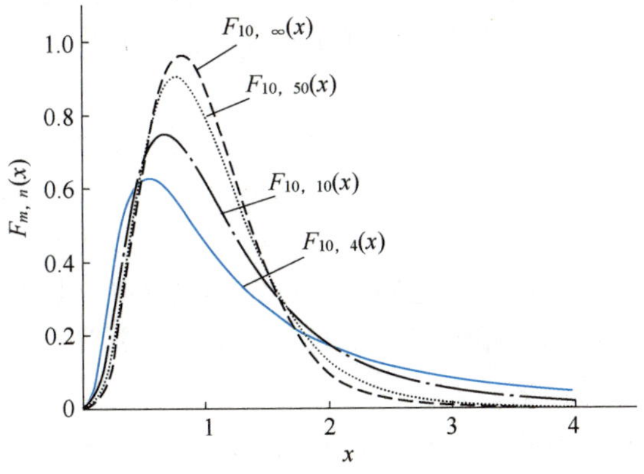

图 2-3 F 分布的概率密度函数

2.2 参数估计

参数估计是对来自总体的样本 x_1，x_2，…，x_n 构造合适的统计量 $T(x_1, x_2, \cdots, x_n)$，作为参数 $q(\theta)$ 的估计，记为 $\hat{q}(x_1, x_2, \cdots, x_n) = T(x_1, x_2, \cdots, x_n)$，也简记为 $\hat{q}(x) = T(x)$，其中 $x = (x_1, x_2, \cdots, x_n)$。

2.2.1 点估计

点估计是用样本统计量来估计总体参数，因为样本统计量为数轴上某一点值，估计的结果也以一个点的数值表示，所以称为点估计。

由样本数据估计总体分布所含未知参数的真值，所得到的值，称为**估计值**。点估计的精确程度用置信区间表示。

当母群的性质不清楚时，我们须利用某一量数作为估计数，以帮助了解母数的性质。如样本平均数乃是母群平均数 μ 的估计数。当只用一个特定的值，即数线上的一个点，作为估计值以估计母数时，就叫做点估计。

点估计目的是依据样本 $X=(X_1, X_2, \cdots, X_i)$ 估计总体分布所含的未知参数 θ 或 θ 的函数 $g(\theta)$。一般 θ 或 $g(\theta)$ 是总体的某个特征值，如数学期望、方差、相关系数等。

点估计的常用方法有矩估计法、极大似然法、最小二乘法等。

2.2.1.1 矩估计法

矩估计法，也称“矩法估计”，就是利用样本矩来估计总体中相应的参数。样本矩是模拟总体数字特征构造的统计量，样本矩主要包括样本均值、未修正样本方差、样本（修正）方差、样本 k 阶原点矩和样本 k 阶中心距。矩估计法的基本步骤：首先推导涉及相关参数的总体矩（即所考虑的随机变量的幂的期望值）的方程。然后取出一个样本并从这个样本估计总体矩。接着使用样本矩取代（未知的）总体矩，解出感兴趣的参数。从而得到那些参数的估计。

矩估计方法是由 K. Pearson（1857～1936）在 20 世纪初较早提出的一种参数估计方法。由大数定律可知，若总体的矩存在，则样本矩依概率几乎必然收敛于相应的总体矩。这说明只要总体矩存在，就可以用相应的样本矩作为总体矩的合理估计，进而求出参数的估计。

矩估计法的优点是既直观又简便，尤其是对总体的数学期望和方差进行估计时，并不要求知道总体的分布，也就是说无论总体服从何种分布，只要总体的二阶矩存在，都可以用样本均值作为总体数学期望的估计，用样本二阶中心矩作为总体方差的矩估计，因而矩估计法适用面较广。不过，这恰恰也是矩估计法的不足之处，因为样本矩与总体分布的具体表达式无关，因此当总体的分布形式已知时，矩估计法并没有充分利用总体分布形式所提供的有关参数的信息。具体估计方法如下：

设 X 为随机变量，对任意正整数 k 和常数 A，称 $E((X-A)^k)$ 为随机变量 X 的 k 阶矩。

（1）当常数 $A=0$，称 $E(X^k)$ 为随机变量 X 的 k 阶原点矩，记为 $M_k=E(X^k)$，当 $k=1$ 时，$M_1=E(X)=\mu$；

（2）当常数 $A=E(X)$，将 $V_k=E[X-E(X)]^k$ 称为 $E(X)$ 为中心的 k 阶中心矩，当 $k=2$ 时，$V_2=E[X-E(X)]^2=\delta^2$。

所以，称一阶原点矩为随机变量 X 的数学期望，二阶中心矩为随机变量 X 的方差。

2.2.1.2 极大似然法

极大似然估计法是求点估计的另一种常用方法之一，它的基本思想是由德国统计学家 C. F. Gauss（1777～1855）在 1821 年首先提出的，然而这种方法通常归功于英国统计学家 R. A. Fisher（1890～1962），其原因是 1922 年他重新发现了这种方法，并首先证明了它的一些优良性质。极大似然估计法的直观思想是：若在一次试验中，某个试验结果发生，则一般认为试验条件对这个结果的发生有利，也就是说这个结果发生的机会最大。

它是建立在极大似然原理的基础上的一个统计方法，极大似然原理的直观想法是，一个随机试验如有若干个可能的结果 A，B，C，…，若在一次试验中，结果 A 出现了，那么可以认为试验条件对 A 的出现有利，也即出现的概率 $P(A)$ 较大。

极大似然估计，只是一种概率论在统计学的应用，它是参数估计的方法之一。说的是已知某个随机样本满足某种概率分布，但是其中具体的参数不清楚，参数估计就是通过若干次试验，观察其结果，利用结果推出参数的大概值。极大似然估计建立在这样的思想上：已知某个参数能使这个样本出现的概率最大，我们当然不会再去选择其他小概率的样本，所以干脆就把这个参数作为估计的真实值。可通过一个简单的例子理解极大似然估计：

某个同学与一位猎人一起外出打猎，一只野兔从前方窜过，只听一声枪响，野兔应声倒下。如果要你推测是谁打中的呢？你就会想，只发一枪就打中，猎人命中的概率一般大于这位同学命中的概率，看来这一枪是猎人射中的。

以上这个例子所作的推断就已经体现了极大似然法的基本思想。

2.2.2 区间估计

前面讨论了参数的点估计问题，用合适的统计量估计未知参数。例如，常用样本均值 x 作为总体均值 μ 的估计，由于样本是随机变量，因此估计 x 随着样本的变化而改变，这样 x 取值与客观存在的 μ 的真值相比总有偏差。对于一组样本观察值而言，我们仅仅得到的是 x 的一个具体数值。那么自然要问这个估计值 x 与 μ 的真值相比，可信程度如何？这是点估计无法回答的。为此，希望构造一个由统计量 $T_1(x)$ 和 $T_2(x)$ 构成的随机区间 $[T_1(x), T_2(x)]$ 作为参数 μ 的估计，称其为 μ 的区间估计，并要求这个区间以较大的概率包含参数的真值。这就是本节要介绍的区间估计，它在一定意义上解决了上述问题。

区间估计是在点估计的基础上，给出总体参数估计的一个区间范围，该区间通常由样本统计量加减估计误差得到。与点估计不同，进行区间估计时，根据样本统计量的抽样分布可以对样本统计量与总体参数的接近程度给出一个概率度量。

定义：设总体的分布族为 $\{P_\theta: \theta \in \Theta\}$，其中 θ 是一维参数。若存在两个统计量 $T_1(x)$ 和 $T_2(x)$，对给定的 $\alpha(0<\alpha<1)$ 有：

$$P_\theta\{T_1(x_1, x_2, \cdots, x_n) \leqslant \theta \leqslant T_2(x_1, x_2, \cdots, x_n)\} \geqslant 1-\alpha \tag{2-5}$$

对所有的 $\theta \in \Theta$ 都成立，则称随机区间 $[T_1, T_2]$ 为参数 θ 的置信水平为 $1-\alpha$ 的置信区间，称 T_1 为置信下限，称 T_2 为置信上限，称 $1-\alpha$ 为置信水平或置信度。

区间估计是从点估计值和抽样标准误差出发，按给定的概率值建立包含待估计参数的区间。其中这个给定的概率值称为**置信度**或置信水平，这个建立起来的包含待估计参数的区间称为**置信区间**，指总体参数值落在样本统计值某一区内的概率；而置信区间是指在某一置信水平下，样本统计值与总体参数值间误差范围。置信区间越大，置信水平越高。划定置信区间的两个数值分别称为**置信下限**和**置信上限**。

区间估计的直观意义可解释为：若反复抽取 m 个样本，每个样本的容量为 n，就可得到 m 个区间 $[T_1, T_2]$，而这 m 个区间未必都包含 θ 的真值。根据 Bernoulli 大数定律，在这 m 个区间中包含 θ 真值的至少约占 $(1-\alpha)\%$，不包含 θ 真值的最多约占 $\alpha\%$，亦即随机区间包含参数 θ 真值的频率近似地至少为 $1-\alpha$。例如，若取 $\alpha=0.05$，$m=100$，则可获得 100 个区间，在这些区间中至少有 95 个包含 θ 的真值，而不包含 θ 真值的最多是 5 个。此时，若推断"区间 $[T_1, T_2]$ 包含参数 θ 的真值"，那么这种推断犯错误的概率不会超过 α，也就是说随机区间 $[T_1, T_2]$ 至少以 $1-\alpha$ 的概率包含着参数 θ，这是参数 θ 的区间估计的本质所在。值得注意的是，并非说参数 θ 至少以 $1-\alpha$ 的概率落入随机区间 $[T_1, T_2]$，因为参数 θ 的真值是客观存在的，是不变的。

2.3 假设检验

所谓的假设检验是先假设总体的分布形式或总体的参数具有某种特征，然后利用样本提供的信息来推断所提出假设的正确性。这种处理问题的方法称为假设检验。

凡在总体分布形式已知的前提下，对总体 X 的分布中的参数所提出的检验问题统称为参数假设检验问题。否则，若总体 X 的分布形式未知，则称有关的假设检验问题为非参数假设检验问题。

一般地，设总体 X 的参数分布族为 $\{p(x;\theta):\theta\in\Theta\}$，关于总体分布中的参数 θ 的推测 $\theta\in\overline{\Theta}\subset\Theta$ 称为假设，记为 $H:\theta\in\overline{\Theta}$，其中 $\overline{\Theta}$ 是参数空间 Θ 的非空子集。如果 $\overline{\Theta}$ 仅包含一个参数，即 $\overline{\Theta}=\{\theta_0\}$，则称 H 为简单假设，否则称为复合假设。

在一个假设检验中，常常涉及到两个假设，所要检验的假设称为原假设或零假设，记为 H_0。而与 H_0 不相容的假设称为备择假设或对立假设，记为 H_1。对参数分布族 $\{p(x;\theta):\theta\in\Theta\}$ 而言，原假设和备择假设这对矛盾的统一体 $H_0:\theta\in\Theta_0$，$H_1:\theta\in\Theta_1$，称为假设检验问题。

检验一个假设就是根据某一法则在原假设和备择假设之间做出选择，而基于样本 x_1，x_2，…，x_n 做出拒绝 H_0 或接受 H_0 所依赖的法则称为检验。假设检验问题当中的检验是不等式 $|z|\geqslant c$，这个不等式实际上将样本空间划分为两部分：

$$W=\left\{(x_1,x_2,\cdots,x_n):\frac{|\bar{x}-\mu_0|}{\dfrac{\sigma}{\sqrt{n}}}\geqslant c\right\}$$

$$W^c=\left\{(x_1,x_2,\cdots,x_n):\frac{|\bar{x}-\mu_0|}{\dfrac{\sigma}{\sqrt{n}}}<c\right\} \tag{2-6}$$

检验法则是：若 $(x_1,x_2,\cdots,x_n)\in W$，则拒绝 H_0，否则，由 $(x_1,x_2,\cdots,x_n)\in W^c$ 就接受 H_0。

由此可见，一个检验就等同于样本空间两个互不相交的子集 W 和 W^c，当 $(x_1,x_2,\cdots,x_n)\in W$ 时就拒绝 H_0，认为备择假设 H_1 成立，而当 $(x_1,x_2,\cdots,x_n)\in W^c$ 时就接受 H_0，认为 H_0 成立。称 W 为拒绝域，W^c 为接受域。这样，给定一个检验，其实等价于给定其拒绝域。

为了确定拒绝域，往往根据问题的直观背景，寻找合适的统计量 $T(x)$，当 H_0 为真时，要能由统计量 $T(x)$ 确定出拒绝域 W，这个能从样本空间中划分出拒绝域的统计量 $T(x)$ 称为检验统计量。

在假设检验中，为了便于描述拒绝域以及数学理论上的需要，有必要引入函数：

$$\varphi(x)=\begin{cases}1, & x\in W\\0, & x\notin W\end{cases} \tag{2-7}$$

它是拒绝域上的示性函数，称其为检验函数。当 $\varphi(x)=1$ 时，拒绝 H_0；当 $\varphi(x)=0$ 时，接受 H_0。这种检验称为非随机化检验。而随机化检验是先定义取值于区间 [0, 1] 的样本的函数 $\varphi(x)$，当获得样本 x 后，计算函数值 $\varphi(x)$，然后以 $p=\varphi(x)$ 为成功的概率作 Binomial 试验，若试验成功就拒绝 H_0，否则就接受 H_0。

在假设检验中做出拒绝或接受原假设推断的依据是样本。由于样本的随机性和局限性，进行检验时不可避免地会出现误判而犯错误，这种可能犯的错误分为两类。

其一，当原假设 H_0 本来成立时，样本观察值却落入拒绝域 W，我们错误地拒绝了 H_0，这种错误通常称为第一类错误或"弃真"的错误，其概率为：

$$\alpha(\theta)=P_\theta\{x\in W\},\ \theta\in\Theta_0 \tag{2-8}$$

其二，当原假设 H_0 本来不成立时，样本观察值却落入接受域 W^c，我们错误地接受了 H_0，从而犯了"取伪"错误，称之为第二类错误，其概率为：

$$\beta(\theta)=P_\theta\{x\notin W\}=1-P_\theta\{x\in W\},\ \theta\in\Theta_1 \tag{2-9}$$

在实际问题中，犯两类错误所造成的影响往往是不一样的，例如需要检验病人是否患有某种疾病。若取原假设是该病人患此种疾病，则第二类错误，即无病当作有病，造成使用不必要的昂贵检查和药品而引起病人的痛苦和经济上的浪费。但第一类错误，即有病当作无病就有可能导致该病人死亡。因此在检验病人患某种疾病的假设时，自然希望尽量减少犯两类错误的机会，以免对病人造成重大影响，也就是说在做检验时要求尽可能减少犯两类错误概率。然而，由前述解释可知，当样本容量固定时，要减少犯第一类错误的概率，往往就会增大犯第二类错误的概率；反之，若要减少犯第二类错误的概率，就会增大犯第一类错误的概率。这就是说当样本容量固定时，不可能同时减少犯两类错误的概率。这是一对不可调和的矛盾。当然尽量增大样本容量，可同时使犯两类错误的概率都变小，而增大样本容量在很多实际问题中是不现实的。解决此矛盾的普遍做法是 Neyman-Pearson 假设检验原理。

Neyman-Pearson 假设检验原理是控制犯第一类错误的概率在给定的范围内，寻找检验使得犯第二类错误的概率尽可能小，就是使检验的势尽可能大。这样就是在给定一个较小的数 $\alpha(0<\alpha<1)$ 下，一般取为 0.01、0.05、0.1 等，在满足：

$$P_\theta\{x\in W\}=E_\theta(\varphi(x))\leqslant\alpha,\ \theta\in\Theta_0 \tag{2-10}$$

的检验函数类中，寻找使式：

$$E_\theta(\varphi(x))=P_\theta\{x\in W\},\ \theta\in\Theta_1 \tag{2-11}$$

尽可能大的检验函数。

2.3.1 正态总体参数的假设检验

正态分布是一种常用分布，有关正态分布总体参数的假设检验是实际问题中经常遇到的。下面介绍单个正态总体情形的检验。

2.3.1.1 总体均值检验

设 x_1，x_2，…，x_n是来自正态总体 $N(\mu,\sigma^2)$ 的简单样本，其中 σ^2 已知，考虑假设检验问题 H_0：$\mu=\mu_0$，H_1：$\mu\neq\mu_0$。获得其检验统计量为 $z=\dfrac{\bar{x}-\mu_0}{\dfrac{\sigma}{\sqrt{n}}}$，当原假设 H_0 成立时，有 $z\sim N(0,1)$，显著性水平 α 下的拒绝域为：

$$W=\{(x_1, x_2, \cdots, x_n): |z| \geqslant z_{1-\frac{\alpha}{2}}\} \tag{2-12}$$

其中，$z_{1-\frac{\alpha}{2}}$ 为标准正态分布的 $1-\dfrac{\alpha}{2}$ 的分位数，或简记为 $W=\{z: |z| \geqslant z_{1-\frac{\alpha}{2}}\}$。

由于样本均值 x 是总体均值 μ 的一致最小方差无偏估计，当原假设 H_0 成立，即总体的均值 $\mu=\mu_0$ 时，x 应在 μ_0 附近，且不应太大。否则若 x 过分大就应拒绝 H_0，因此拒绝域的形式为 $W=\{(x_1, x_2, \cdots, x_n): \bar{x} \geqslant c\}$，其中常数 c 是待定的常数。

在许多实际问题中，正态总体的方差 σ^2 往往是未知的，此时可以考虑使用样本方差 S^2 来估计总体的未知方差 σ^2。用样本标准差 S 替换 z 中的 σ，可获得统计量 $\dfrac{\bar{x}-\mu_0}{\frac{S}{\sqrt{n}}}$。

2.3.1.2 总体方差检验

考虑如下假设检验问题 H_0：$\sigma^2=\sigma_0^2$，H_1：$\sigma^2 \neq \sigma_0^2$，对于正态总体 $N(\mu, \sigma^2)$，首先考虑总体均值 μ 未知的情形。此时，我们知道样本方差 S^2 是总体方差 σ^2 的一致最小方差无偏估计，S^2 的大小在一定程度上可以反映出 σ^2 的大小，因此当原假设 H_0 成立时，S^2 应该与 σ_0^2 相差不会太大。比较 S^2 与 σ_0^2 相差程度可以用 $|S^2-\sigma_0^2|$ 与 0 比较或 $\dfrac{S^2}{\sigma_0^2}$ 与 1 比较来完成。

但是统计量 $|S^2-\sigma_0^2|$ 的分布不易获得，同时也不是常见的已知分布。为了利用已知分布来确定拒绝域，选用两者之比 $\dfrac{S^2}{\sigma_0^2}$ 较恰当。

当原假设 H_0 成立，即总体方差 $\sigma^2=\sigma_0^2$ 时，$\dfrac{S^2}{\sigma_0^2}$ 比值应接近 1，即 $\dfrac{S^2}{\sigma_0^2}$ 不应太大，也不应太小。若 $\dfrac{S^2}{\sigma_0^2}$ 比值过大或过小，就有理由怀疑原假设 H_0 的正确性，从而拒绝 H_0。到底大到什么程度或小到什么程度时就拒绝 H_0，可通过设置两个限 c_1 和 $c_2(c_2>c_1)$ 来实现，这样拒绝域的形式为：

$$W=\left\{(x_1, x_2, \cdots, x_n): \frac{S^2}{\sigma_0^2} \leqslant c_1\right\} \cup \left\{(x_1, x_2, \cdots, x_n): \frac{S^2}{\sigma_0^2} \geqslant c_2\right\} \tag{2-13}$$

其中，c_1、c_2 为两个待定的常数。

2.3.2 Pearson 检验法

在许多实际问题中，常常事先并不知道总体的分布类型，这就要根据抽取的样本所提供的信息，对总体分布的各种假设进行检验。称总体分布未知时所进行的假设检验为非参数假设检验。本节主要介绍检验分布类型和列联表独立性的常用非参数方法——Pearson 检验法，通常也称为 χ^2 拟合检验法。

2.3.2.1 总体分布的 χ^2 拟合检验

设总体 X 的分布函数为 $F(x)$，$F_0(x)$ 为完全指定的分布函数，不包含任何未知参数，

x_1，x_2，…，x_n 是来自总体 X 的简单样本。现在的问题是如何从所抽取的样本来检验假设 H_0：$F(x)=F_0(x)$。

注意这里只有一个原假设，而没有备择假设，原因是 H_0 不成立，即总体的分布函数不是所推测的 $F_0(x)$ 时，总体的分布到底是何种分布无法限定，因此推断的结果只能是是否接受原假设 H_0。

基于频率稳定于概率，可以直观理解χ^2 拟合检验的思想。把随机试验结果的全体 Ω 分成 k 个互不相容的事件 A_1，A_2，…，A_k，即 $A_iA_j=\varnothing$，$i\neq j$，i，$j=1$，2，…，k，且 $\bigcup\limits_{j=1}^{k}A_j=\Omega$。于是在假设 H_0 下，就可以计算事件 A_i 发生的概率 $p_i=P\{A_i\}$，$i=1$，2，…，k。同时，由试验结果又可计算事件 A_i 发生的频率 $\dfrac{f_i}{n}$，其中 f_i 表示事件 A_i 在 n 次试验中发生的次数。对于给定的分法 A_1，A_2，…，A_k，根据大数定律，当样本容量 n 越来越大时，频率 $\dfrac{f_i}{n}$ 稳定于概率 p_i，因此 $\dfrac{f_i}{n}$ 与 p_i 之间的差异程度可以反映出 $F_0(x)$ 是否为总体的真实分布。英国统计学家 K. Pearson 于 1900 年首先提出衡量这种差异程度的统计量 $\chi^2=\sum\limits_{i=1}^{k}\dfrac{(f_i-np_i)^2}{np_i}$，因此通常也称统计量$\chi^2$ 为 Pearson 统计量。

直观上，若 $F_0(x)$ 是总体的真实分布，则由频率稳定于概率可知统计量χ^2 应有取偏小值的趋势，也就是说当 H_0 成立时，反映差异程度的χ^2 取值应该不会太大，否则若χ^2 取值过大，就应该怀疑 H_0 的正确性，从而拒绝 H_0，认为总体的分布不是 $F_0(x)$。因此，可以用统计量χ^2 作为检验假设 H_0 正确性的检验统计量。为了进行检验，还需知道χ^2 的概率分布，下面的定理给出了它的渐近分布。

根据以上描述，总结检验假设 H_0 的χ^2 拟合检验法如下：

（1）把实轴 $(-\infty,\ +\infty)$ 分成 k 个互不相交的区间 $A_i=(a_i,\ a_{i+1}]$，$i=1$，2，…，k，其中 a_1 和 a_{k+1} 可分别取 $-\infty$ 和 $+\infty$。区间的划分方法应视具体情况而定。

（2）计算概率：

$$p_i=P\{X\in A_i\}=F_0(a_{i+1})-F_0(a_i),\ i=1,\ 2,\ \cdots,\ k$$

并计算 np_i，称为理论频数。

（3）计算样本观察值 x_1，x_2，…，x_n 落在区间 $A_i=(a_i,\ a_{i+1}]$ 中的个数 f_i（$i=1$，2，…，k），称为实际频数。

（4）计算χ^2 的值。

（5）对于给定的显著性水平 α，查表可得临界值$\chi^2_{1-\alpha}(k-1)$。

（6）作出推断。拒绝域为 $W=\{(x_1,\ x_2,\ \cdots,\ x_n):\chi^2\geqslant\chi^2_{1-\alpha}(k-1)\}$。所以，当$\chi^2\in W$ 时，拒绝 H_0，否则就接受 H_0。

上述χ^2 拟合检验法可以用来检验总体是否服从任何一个预先给定的分布，而预先给定的分布可以是离散型的，也可以是连续型的。

2.3.2.2 二维列联表的独立性检验

在实际问题中，常常要考察二维总体，或一维总体中个体的两个指标 X 与 Y。例如患慢性气管炎与吸烟习惯，色盲与性别，某种感冒药的疗效与年龄等，需要检验指标 X 与 Y

之间是否相互独立，这可以由χ^2 拟合检验来完成，这种检验也称列联表独立性检验。

一般地，设有两个指标 X 与 Y，需要检验的假设为 H_0：X 与 Y 相互独立。为此，将两个指标 X 与 Y 的取值范围分别分成 r 和 s 个互不相交的类 A_1，A_2，…，A_r 和 B_1，B_2，…，B_s，从总体中抽取容量为 n 的简单样本，用 n_{ij}表示样本中既属于 A_i 类，又属于 B_j 类的个体数，称其为频数。令 $n_{i\cdot} = \sum_{j=1}^{s} n_{ij}$，$n_{\cdot j} = \sum_{i=1}^{r} n_{ij}$，显然 $n = \sum_{i=1}^{r}\sum_{j=1}^{s} n_{ij}$。将 rs 个数 n_{ij}列成二维列表，如表 1-1 所示，称为 $r\times s$ 列联表。

表 2-1　$r\times s$ 列联表

X	Y					
	B_1	…	B_j	…	B_s	$\sum$
A_1	n_{11}	…	n_{1j}	…	n_{1s}	$n_{1\cdot}$
⋮	⋮		⋮		⋮	⋮
A_i	n_{i1}	…	n_{ij}	…	n_{is}	$n_{i\cdot}$
⋮	⋮		⋮		⋮	⋮
A_r	n_{r1}	…	n_{rj}	…	n_{rs}	$n_{r\cdot}$
$\sum$	$n_{\cdot 1}$	…	$n_{\cdot j}$	…	$n_{\cdot s}$	n

如果记：

$$p_{ij} = P\{X \in A_i, \ Y \in B_j\}, \ i = 1, 2, \cdots, r; \ j = 1, 2, \cdots, s$$

$$p_{i\cdot} = P\{X \in A_i\}, \ i = 1, 2, \cdots, r$$

$$p_{\cdot j} = P\{Y \in B_j\}, \ j = 1, 2, \cdots, s$$

显然有：

$$p_i = \sum_{j=1}^{s} p_{ij}, \ p_j = \sum_{i=1}^{r} p_{ij}$$

$$\sum_{i=1}^{r} p_i = 1, \ \sum_{j=1}^{s} p_j = 1$$

当假设 H_0 成立时，有 $p_{ij} = p_{i\cdot}p_{\cdot j}$，所以列联表中独立性检验实际上是检验假设

$$H_0: \ p_{ij} = p_{i\cdot}p_{\cdot j}, \ i = 1, 2, \cdots, r; \ j = 1, 2, \cdots, s \tag{2-14}$$

此时可以用χ^2 拟合检验法来进行检验。

2.3.3 似然比检验

前面从分析问题的直观背景出发，针对不同的假设检验问题给出了不同的检验方法。本节在前面讨论的基础上提出一种构造检验方法的较为一般的似然比检验方法。

设 x_1，x_2，…，x_n 是来自密度函数（或分布列）为 $p(x; \theta)(\theta \in \Theta)$ 的总体的简单样本，考虑简单原假设对简单备择假设的检验问题：

$$H_0: \theta = \theta_0,\ H_1: \theta = \theta_1(\theta_1 > \theta_0) \tag{2-15}$$

其中，θ_0 和 θ_1 已知。构造检验上述假设检验问题一个比较直观，且自然的方法是考虑似然比：

$$\lambda(x) = \frac{p(x_1, x_2, \cdots, x_n; \theta_1)}{p(x_1, x_2, \cdots, x_n; \theta_0)} \tag{2-16}$$

其中，x 表示样本点 $(x_1, x_2, \cdots, x_n)$。由于 θ_0 和 θ_1 是已知的，所以 $\lambda(x)$ 是一个统计量，称其为似然比统计量。根据小概率事件推断原理，当 H_0 成立时，$\lambda(x)$ 有取偏小值的趋势，而当 $\lambda(x)$ 取值过分大时，就有理由怀疑假设 H_0 的正确性，拒绝原假设 H_0，否则，接受原假设 H_0。因此，拒绝域的形式为 $W = \{(x_1, x_2, \cdots, x_n): \lambda(x) \geqslant c\}$，其中临界值 c 由 $P_{\theta_0}\{\lambda(x) \geqslant c\} \leqslant \alpha$ 来确定，α 是给定的显著性水平。称这种检验方法为似然比检验法，简称似然比检验。

似然比统计量是 $\lambda(x)$，拒绝域形式 $W = \{(x_1, x_2, \cdots, x_n): \lambda(x) \geqslant c\}$，在作统计推断时需要利用犯第一类错误的概率不超过显著性水平 α 来确定待定常数 c。一般情形下，似然比统计量的精确分布很难获得，这导致拒绝域 $W = \{x: \lambda(x) \geqslant c\}$ 中的临界值 c 不易直接求得。有三种方法可以解决此问题。

其一，化简 $\lambda(x)$ 使其成为某个具有常见分布的统计量 $T(x)$ 的函数，如 $T(x)$ 服从标准正态分布、χ^2 分布等，再设法求出由 $T(x)$ 确定的拒绝域的临界值。

其二，可以证明，在一定的条件下，$2\ln\lambda(x)$ 极限分布是 χ^2 分布。因而，当样本容量 n 很大时，利用 χ^2 分布可给出 c 的近似值。

其三，利用 Monte-Carlo 模拟获得临界值 c 的近似值。

思考题

1. 试简述统计量与充分统计量的区别。
2. 本章介绍的几种常见分布，其概率密度函数的形状为什么？
3. 点估计和区间估计分别适用于何种情况？
4. 什么是置信度，标准正态分布的置信区间是什么？
5. 简述正态总体参数的假设检验所构造的几种统计量。

参考文献

[1] 陆璇．数理统计基础［M］．北京：清华大学出版社，1998.
[2] 茆诗松，王静龙，濮晓龙．高等数理统计［M］．北京：高等教育出版社，2006.
[3] 韦来生．数理统计［M］．2 版．北京：科学出版社，2015.
[4] 孙海燕．数理统计［M］．北京：北京航空航天大学出版社，2016.

3 数据分析方法基础

本章课件

本章提要

本章首先介绍回归分析研究的主要问题以及回归分析的分类；然后从对数据波动的分析出发，介绍方差分析和正交试验设计的基本思想；再以判别研究对象类型归属为例，介绍 Bayes 判别和 Fisher 判别两种判别分析方式。之后介绍了多种随机变量间的相关分析方法以及时间序列分析的基本原理。最后，介绍了优化建模的基本思想和数学过程。

3.1 回归分析

在统计学中，回归分析（regression analysis）指的是确定两种或两种以上变量间相互依赖的定量关系的一种统计分析方法。它旨在通过对一个或多个自变量（predictor variables）和因变量（response variable）之间的关系，来预测因变量的值。

回归分析按照涉及的变量的多少，分为一元回归和多元回归分析；按照因变量的多少，可分为简单回归分析和多重回归分析；按照自变量和因变量之间的关系类型，可分为线性回归分析和非线性回归分析。线性回归分析假设自变量和因变量之间存在线性关系，而非线性回归分析则假设自变量和因变量之间存在非线性关系。

在大数据分析中，回归分析是一种预测性的建模技术，这种技术通常用于预测分析，时间序列模型以及发现变量之间的因果关系。例如，司机的鲁莽驾驶与道路交通事故数量之间的关系，最好的研究方法就是回归。

回归分析研究的主要问题是：

（1）确定 Y 与 x 间的定量关系表达式，这种表达式称为回归方程；

（2）对求得的回归方程的可信度进行检验；

（3）判断自变量 x 对因变量 Y 有无影响；

（4）利用所求得的回归方程进行预测和控制。

回归分析的主要内容为：

（1）从一组数据出发，确定某些变量之间的定量关系式，即建立数学模型并估计其中的未知参数。估计参数的常用方法是最小二乘法。

（2）对这些关系式的可信程度进行检验。

（3）在许多自变量共同影响着一个因变量的关系中，判断哪个（或哪些）自变量的影响是显著的，哪个（或哪些）自变量的影响是不显著的，将影响显著的自变量加入模型中，而剔除影响不显著的变量，通常用逐步回归、向前回归和向后回归等方法。

（4）利用所求的关系式对某一生产过程进行预测或控制。回归分析的应用是非常广泛的，统计软件包使各种回归方法计算十分方便。

回归分析法的步骤如下：

（1）根据自变量与因变量的现有数据以及关系，初步设定回归方程；

（2）求出合理的回归系数；

（3）进行相关性检验，确定相关系数；

（4）在符合相关性要求后，即可根据已得的回归方程与具体条件相结合，来确定事物的未来状况，并计算预测值的置信区间。

在回归分析中，把变量分为两类。一类是因变量，它们通常是实际问题中所关心的一类指标，通常用 Y 表示；而影响因变量取值的另一类变量称为自变量，用 x 来表示。

一般来说，回归分析是通过规定因变量和自变量来确定变量之间的因果关系，建立回归模型，并根据实测数据来求解模型的各个参数，然后评价回归模型是否能够很好地拟合实测数据；如果能够很好地拟合，则可以根据自变量作进一步预测。

用回归分析法进行预测首先要对各个自变量作出预测。若各个自变量可以由人工控制或易于预测，而且回归方程也较为符合实际，则应用回归预测是有效的，否则就很难应用。

为使回归方程较能符合实际，首先应尽可能定性判断自变量的可能种类和个数，并在观察事物发展规律的基础上定性判断回归方程的可能类型；其次，力求掌握较充分的高质量统计数据，再运用统计方法，利用数学工具和相关软件从定量方面计算或改进定性判断。

3.1.1 一元线性回归

一元线性回归是分析只有一个自变量（自变量 x 和因变量 Y）线性相关关系的方法。例如，一个经济指标的数值往往受许多因素影响，若其中只有一个因素是主要的，起决定性作用，则可用一元线性回归进行预测分析。

一元线性回归分析预测法，是根据自变量 x 和因变量 Y 的相关关系，建立 x 与 Y 的线性回归方程进行预测的方法。例如：市场现象一般是受多种因素的影响，而并不是仅仅受一个因素的影响。所以应用一元线性回归分析预测法，必须对影响市场现象的多种因素作全面分析。只有当诸多的影响因素中，确实存在一个对因变量影响作用明显高于其他因素的变量，才能将它作为自变量，应用一元相关回归分析市场预测法进行预测。

一元线性回归分析法的预测模型为：

$$Y_t = ax_t + b \tag{3-1}$$

式中，x_t 为 t 期自变量的值；Y_t 为 t 期因变量的值；a、b 为一元线性回归方程的参数。

建立模型步骤：

（1）选取一元线性回归模型的变量；

（2）绘制计算表和拟合散点图；

（3）计算变量间的回归系数及其相关的显著性；

（4）回归分析结果的应用。

模型的检验：

（1）经济意义检验：根据模型中各个参数的经济含义，分析各参数的值是否与分析对象的经济含义相符；

（2）回归标准差检验；

（3）拟合优度检验；

（4）回归系数的显著性检验。

一元线性回归方程参数的估计：

最理想的回归直线应该尽可能从整体来看最接近实际观察点，即散点图 3-1 中各点到回归直线的垂直距离——因变量的实际值与相应的回归估计值的离差整体来说为最小。由于离差有正有负，正负会相互抵消，通常采用观测值与对应估计值之间的离差平方总和来衡量全部数据总的离差大小。因此，回归直线应满足的条件是：全部观测值与对应的回归估计值的离差平方的总和为最小，即最小平方法或最小二乘法。

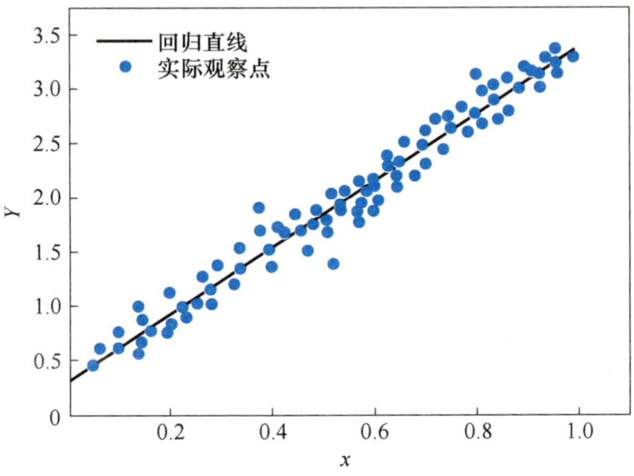

图 3-1　一元线性回归

在给定了 x 和 Y 的样本观察值之后，离差平方总和的大小依赖于 a 和 b 的取值，客观上总有一对 a 和 b 的数值能够使离差平方总和达到最小。

3.1.2 多元线性回归

在回归分析中，如果有两个或两个以上的自变量，就称为多元回归。事实上，一种现象常常是与多个因素相联系的，由多个自变量的最优组合共同来预测或估计因变量，比只用一个自变量进行预测或估计更有效，更符合实际。因此多元线性回归比一元线性回归的实用意义更大。

社会经济现象的变化往往受到多个因素的影响，因此，一般要进行多元回归分析，我们把包括两个或两个以上自变量的回归称为多元线性回归。多元线性回归的基本原理和基本计算过程与一元线性回归相同，但由于自变量个数多，计算相当麻烦，一般在实际中应用时都要借助统计软件。

设 y 为因变量，x_1，x_2，…，x_k 为自变量，并且自变量与因变量之间为线性关系时，则多元线性回归模型为：

$$y = b_0 + b_1x_1 + \cdots + b_kx_k + e \tag{3-2}$$

式中，b_0 为常数项；b_1，b_2，…，b_k 为回归系数。b_1 为 x_1，x_2，…，x_k 固定时，x_1 每增

加一个单位对 y 的效应，即 x_1 对 y 的偏回归系数；同理 b_2 为 x_1，x_2，…，x_k 固定时，x_2 每增加一个单位对 y 的效应，即 x_2 对 y 的偏回归系数等。如果两个自变量 x_1，x_2 同一个因变量 y 呈线相关时，可用二元线性回归模型描述为：

$$y = b_0 + b_1x_1 + b_2x_2 + e \tag{3-3}$$

建立多元线性回归模型时，为了保证回归模型具有优良的解释能力和预测效果，应首先注意自变量的选择，其准则是：

（1）自变量对因变量必须有显著的影响，并呈密切的线性相关；

（2）自变量与因变量之间的线性相关必须是真实的，而不是形式上的；

（3）自变量之间应具有一定的互斥性，即自变量之间的相关程度不应高于自变量与因变量之间的相关程度；

（4）自变量应具有完整的统计数据，其预测值容易确定。

多元线性回归模型的参数估计，同一元线性回归方程一样，也是在要求误差平方和（$\sum e$）最小的前提下，用最小二乘法求解参数。

3.1.3 非线性回归

非线性回归是一种统计方法，用于对因变量与一个或多个自变量之间的关系进行建模。与假设自变量和因变量之间存在线性关系的线性回归不同，非线性回归允许变量之间存在更复杂的关系。在非线性回归中，因变量和自变量之间的关系使用非线性函数（例如多项式函数、指数函数或对数函数）建模。

非线性回归的主要优点是它允许更灵活地建模变量之间的复杂关系。然而，解释结果和确定模型的有效性也可能更加困难，因为变量之间的关系可能不容易理解。

总的来说，非线性回归可以成为对数据中的复杂关系进行建模的强大工具，但重要的是要仔细考虑模型的假设并适当地解释结果。

在社会现实经济生活中，很多现象之间的关系并不是线性关系，对这种类型现象的分析预测一般要应用非线性回归预测，通过变量代换，可以将很多的非线性回归转化为线性回归。因而，可以用线性回归方法解决非线性回归预测问题。

对于无法通过初等数学变换转化为线性回归模型的非线性经济变量关系，必须直接用非线性变量关系进行分析。

选择回归函数的具体形式应遵循以下原则：

（1）函数形式应与回归对象的基本理论相一致；

（2）方程有较高的拟合优度；

（3）函数的形式尽可能简单。

处理可线性化处理的非线性回归的基本方法是，通过变量变换，将非线性回归转化为线性回归，然后用线性回归方法处理。假定根据理论或经验，已获得输出变量与输入变量之间的非线性表达式，但表达式的系数是未知的，要根据输入输出的 n 次观察结果来确定系数的值。按最小二乘法原理来求出系数值，所得到的模型为非线性回归模型。

对实际科学研究中常遇到不可线性处理的非线性回归问题，提出了一种新的解决方法。该方法是基于回归问题的最小二乘法，在求误差平方和最小的极值问题上，应用了最优化方法中对无约束极值问题的一种数学解法——单纯形法。应用结果证明，这种非线性回归的方法算法比较简单，收敛效果和收敛速度都比较理想。

在熟练掌握最小二乘法的情况下，解决上述问题的关键是确定曲线类型和怎样将其转化为线性模型。确定曲线类型一般从两个方面考虑：一是根据专业知识，从理论上推导或凭经验推测；二是在专业知识无能为力的情况下，通过绘制和观测散点图确定曲线大体类型。

3.2 方差分析与正交试验设计

3.2.1 方差分析

方差分析（analysis of variance，ANOVA），又称“变异数分析”，是 R. A. Fisher 发明的，用于两个及两个以上样本均数差别的显著性检验。由于各种因素的影响，研究所得的数据呈现波动状。造成波动的原因可分成两类，一类是不可控的随机因素，另一类是研究中施加的对结果形成影响的可控因素。

方差分析的基本思想是：通过分析研究不同来源的变异对总变异的贡献大小，从而确定可控因素对研究结果影响力的大小。

方差分析的基本原理是认为不同处理组的均数间的差别基本来源有两个：

（1）实验条件，即不同的处理造成的差异，称为**组间差异**。用变量在各组的均值与总均值之偏差平方和的总和表示，记作 SSb，组间自由度 dfb。

（2）随机误差，如测量误差造成的差异或个体间的差异，称为**组内差异**，用变量在各组的均值与该组内变量值之偏差平方和的总和表示，记作 SSw，组内自由度 dfw。

总偏差平方和 $SSt=SSb+SSw$。

组内 SSw、组间 SSb 除以各自的自由度（组内 $dfw=n-m$，组间 $dfb=m-1$，其中 n 为样本总数，m 为组数），得到其均方 MSw 和 MSb。

一种情况是处理没有作用，即各组样本均来自同一总体，$MSb/MSw\approx 1$。另一种情况是处理确实有作用，组间均方是由于误差与不同处理共同导致的结果，即各样本来自不同总体。那么，$MSb>>MSw$（远远大于）。MSb/MSw 比值构成 F 分布。用 F 值与其临界值比较，推断各样本是否来自相同的总体。

方差分析的基本步骤如下：

（1）建立检验假设；

（2）计算检验统计量 F 值；

（3）确定 P 值并做出推断结果。

方差分析的假定条件为：

（1）各处理条件下的样本是随机的。

（2）各处理条件下的样本是相互独立的，否则可能出现无法解析的输出结果。

（3）各处理条件下的样本分布必须为正态分布，否则使用非参数分析。

（4）各处理条件下的样本方差相同，即具有齐效性。

方差分析的假设检验：

假设有 K 个样本，如果原假设 H_0 样本均数都相同，K 个样本有共同的方差 σ ，则 K 个样本来自具有共同方差 σ 和相同均值的总体。

如果经过计算，组间均方远远大于组内均方，则推翻原假设，说明样本来自不同的正态总体，说明处理造成均值的差异有统计意义。否则承认原假设，样本来自相同总体，处理间无差异。

方差分析的应用条件：

（1）各样本是相互独立的随机样本；

（2）各样本分布均为正态分布；

（3）各样本的总体方差相等，即具有方差齐效性；

（4）在不满足正态性时可以用非参数检验。

方差分析主要用途：

（1）均数差别的显著性检验；

（2）分离各有关因素并估计其对总变异的作用；

（3）分析因素间的交互作用；

（4）方差齐效性检验。

方差分析表（analysis of variance table）是指为了便于进行数据分析和统计判断，按照方差分析的过程，将有关步骤的计算数据，例如差异来源、离差平方和、自由度、均方和 F 检验值等指标数值逐一列出，以方便检查和分析的统计分析表。方差分析表如表 3-1 所示。

表 3-1 方差分析表

差异来源	离差平方和 SS	自由度	均方 MS	F 值
组间	SSA	$k-1$	MSA	MSA/MSE
组内	SSE	$n-k$	MSE	—
全部	SST	$n-1$	—	—

3.2.2 正交试验设计

正交试验设计，是指研究多因素多水平的一种试验设计方法。根据正交性从全面试验中挑选出部分有代表性的点进行试验，这些有代表性的点具有均匀分散、齐整可比的特点。正交试验设计是分式析因设计的主要方法，即以多因素（两个或两个以上）为研究对象，探求各因素的主效应和因素间的交互效应。

当试验涉及的因素在 3 个或 3 个以上，而且因素间可能有交互作用时，试验工作量就会变得很大，甚至难以实施。针对这个困扰，正交试验设计无疑是一种更好的选择。正交试验设计的主要工具是正交表，试验者可根据试验的因素数、因素的水平数以及是否具有交互作用等需求查找相应的正交表，再依托正交表的正交性从全面试验中挑选出部分有代表性的点进行试验，可以实现以最少的试验次数达到与大量全面试验等效的结果，因此应用正交表设计试验是一种高效、快速而经济的多因素试验设计方法。

正交试验设计的基本思想：以进行一个 3 因素、每个因素有 3 个水平的试验为例。

如果做全面试验，需做 $3^3=27$ 次。

若从 27 次试验中选取一部分试验，常将 A 和 B 分别固定在 A_1 和 B_1 水平上，与 C 的 3 个水平进行搭配，$A_1B_1C_1$，$A_1B_1C_2$，$A_1B_1C_3$。做完这 3 次试验后，若 $A_1B_1C_3$ 最优，则取定 C_3 这个水平，让 A_1 和 C_3 固定，再分别与 B 因素的 3 个水平搭配，$A_1B_2C_3$，$A_1B_3C_3$。这 2 次试验做完以后，若 $A_1B_2C_3$ 最优，取定 B_2，C_3 这两个水平，再做两次试验 $A_2B_2C_3$，$A_3B_2C_3$，然后一起比较，若 $A_3B_2C_3$ 最优，则可断言 $A_3B_2C_3$ 是我们欲选取的最佳水平组合。这样仅做了 7 次试验就选出了最佳水平组合。

我们发现，这些试验结果都分布在立方体的一角，代表性较差，所以按上述方法选出的试验水平组合并不是真正的最佳组合。

如果进行正交试验设计，利用正交表安排试验，对于 3 因素 3 水平的试验来说，需要做 9 次试验，用“△”表示，标在图 3-2 中。如果每个平面都表示一个水平，共有 9 个平面，可以看到每个平面上都有 3 个“△”点，立方体的每条直线上都有一个“△”点，并且这些“△”点是均衡地分布着，因此这 9 次试验的代表性很强，能较全面地反映出全面试验的结果，这就是正交实验设计所特有的均衡分散性。我们正是利用这一特性来合理地设计和安排试验，以便通过尽可能少的试验次数，找出最佳水平组合。

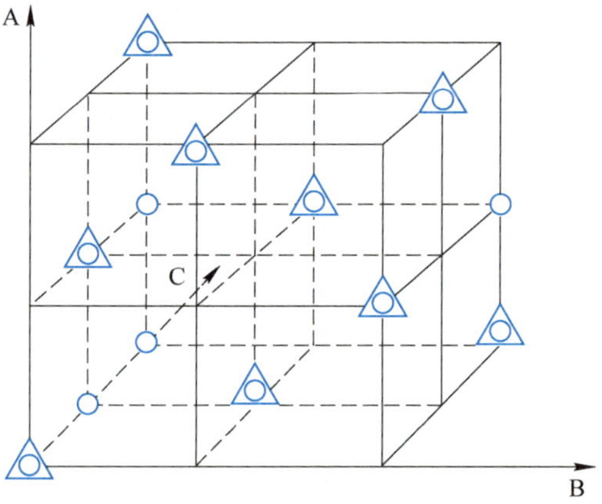

图 3-2 正交试验

日本著名的统计学家田口玄一将正交试验选择的水平组合列成表格，称为正交表。例如做一个 3 因素 3 水平的实验，按全面实验要求，须进行 $3^3=27$ 种组合的实验，且尚未考虑每一组合的重复数。若按 $L9(3)$ 正交表安排实验，只需做 9 次，按 $L18(3)$ 正交表进行 18 次实验，显然大大地减少了工作量。因而正交实验设计在很多领域的研究中已经得到广泛应用。

正交表是一整套规则的设计表格，用 L 为正交表的代号，n 为试验的次数，t 为水平数，c 为列数，也就是可能安排最多的因素个数。例如 $L9(3^4)$ 它表示需做 9 次实验，最多可观察 4 个因素，每个因素均为 3 水平。一个正交表中也可以各列的水平数不相等，我们称它为混合型正交表，如 $L8(4^1\times2^4)$，此表的 5 列中，有 1 列是为 4 水平，4 列为 2 水平。

正交表的性质：

（1）每一列中，不同的数字出现的次数是相等的。例如在两水平正交表中，任何一列都有数码“1”与“2”，且任何一列中它们出现的次数是相等的；如在3水平正交表中，任何一列都有“1”“2”“3”，且在任一列的出现数均相等。

(2) 任意两列中数字的排列方式齐全而且均衡。例如在两水平正交表中，任何两列(同一横行内)有序对共有4种：(1，1)、(1，2)、(2，1)、(2，2)。每种对数出现次数相等。在3水平情况下，任何两列（同一横行内）有序对共有9种，(1，1)、(1，2)、(1，3)、(2，1)、(2，2)、(2，3)、(3，1)、(3，2)、(3，3)，且每对出现数也均相等。

以上两点充分地体现了正交表的两大优越性，即“均匀分散性，整齐可比”。通俗地说，每个因素的每个水平与另一个因素每个水平各碰一次，这就是正交性。

选择正交表的原则：

(1) 应满足正交表的总自由度大于等于需要考虑的全部因素及其交互作用项的自由度之和。

(2) 从误差估计的精度方面考虑，当表中各列都排满，并且不想做重复试验时，只能用影响较小的一个或几个因素或交互作用项的均方来作为误差均方的估计值，显然，对误差估计的精度不高。

(3) 必须考虑不应使主效应与不可忽略的交互作用混杂。

正交试验设计的关键在于试验因素的安排。通常，在不考虑交互作用的情况下，可以自由地将各个因素安排在正交表的各列，只要不在同一列安排两个因素即可（否则会出现混杂）。但是当要考虑交互作用时，就会受到一定的限制，如果任意安排，将会导致交互效应与其他效应混杂的情况。

在完成试验收集完数据后，将要进行的是极差分析。

极差分析就是在考虑A因素时，认为其他因素对结果的影响是均衡的，从而认为，A因素各水平的差异是由于A因素本身引起的。用极差法分析正交试验结果应引出以下几个结论：

(1) 在试验范围内，各列对试验指标的影响从大到小排队。

某列的极差最大，表示该列的数值在试验范围内变化时，使试验指标数值的变化最大。所以各列对试验指标的影响从大到小的排队，就是各列极差的数值从大到小的排队。

(2) 试验指标随各因素的变化趋势。

(3) 使试验指标最好的适宜的操作条件（适宜的因素水平搭配）。

(4) 对所得结论和进一步研究方向的讨论。

理论上，如果各因素都不受其他因素的水平变动影响，那么，把各因素的优水平简单地组合起来就是较好试验条件。但是，实际上选取较好生产条件时，还要考虑因素的主次，而且，有些因素间各水平的联合指配对指标也产生影响，这种联合搭配作用称为交互作用。而交互作用应该在试验设计时考虑到。

正交试验的设计过程：

(1) 确定试验因素及水平数；

(2) 选用合适的正交表；

(3) 列出试验方案及试验结果；

(4) 对正交试验设计结果进行分析，包括极差分析和方差分析；

（5）确定最优或较优因素水平组合。

为了便于理解正交试验过程，用一个简单的实例来说明。例：某网站推出了不同规格的电脑，基本信息如表 3-2 所示。

表 3-2 不同规格电脑基本信息

尺寸	S
	M
	L
颜色	黑
	白
	灰
价格/元	3500
	3800
	4200

想了解哪种方案销售量最佳，在不使用正交表的情况下进行测试，尝试所有可能的方案总共 3×3×3＝27 种。这样做当然可以，但是出于时间、成本的考虑，不能把每种情况都实现，那么有没有更省时，更高效的方案呢？因此，通过正交试验来确定最佳的方案，具体步骤如下：

第一步：确定因素和水平。

因素是指作为研究对象的参数或指标。水平是一个因素的可取值。例如，性别有两个取值，即男性和女性，因此有两个水平。从上面的表格中可知，本次试验共确定 3 个因素分别是尺寸、颜色、价格，各因素分别对应 3 个水平。具体如表 3-3 所示。

表 3-3 因素和水平划分

因 素	水 平
尺寸	S
	M
	L
颜色	黑
	白
	灰
价格/元	3500
	3800
	4200

第二步：制作成正交试验表格。

正交表的制作可以通过 SPSSAU 系统获得，图 3-3 为进入 SPSSAU 系统的操作界面。

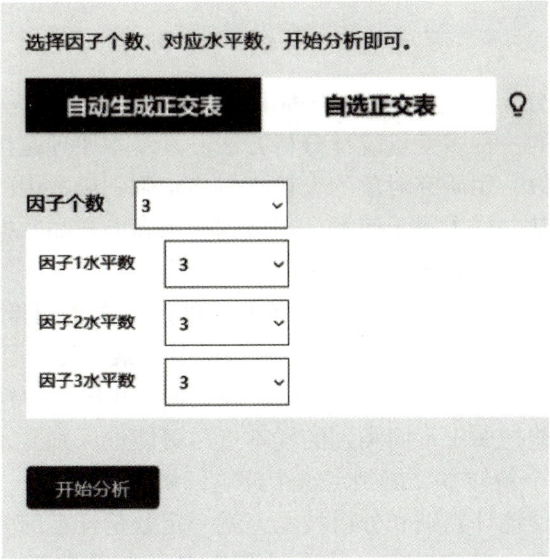

图 3-3 系统操作界面

得到的正交试验表如表 3-4 所示。

表 3-4 正交试验表

编 号	因子 1	因子 2	因子 3
1	1	1	1
2	2	2	1
3	3	3	1
4	3	2	2
5	2	1	2
6	1	3	2
7	1	2	3
8	2	3	3
9	3	1	3

通过正交设计我们将 27 种方案减少至 9 种，可以极大简化试验次数。

第三步：实施试验。

选定正交表，将试验因素与各因素水平代入正交表中。按设计的试验方案进行试验。

第四步：试验结果分析。

分析不同试验结果，确定最佳的组合方案。

3.3 判别分析

判别分析又称“分辨法”，是在分类确定的条件下，根据某一研究对象的各种特征值判别其类型归属问题的一种多变量统计分析方法。其基本原理是按照一定的判别准则，建立一个或多个判别函数，用研究对象的大量资料确定判别函数中的待定系数，并计算判别指标。据此即可确定某一样本属于何类。当得到一个新的样品数据，要确定该样品属于已知类型中哪一类，这类问题属于判别分析问题。

距离判别问题的数学描述：设有 n 个样本，对每个样本测得 p 项指标（变量）的数据，已知每个样本属于 k 个类别 G_1，G_2，…，G_k 中的某一类，且它们的分布函数分别为 $F_1(x)$，$F_2(x)$，…，$F_k(x)$。我们希望利用这些数据，找出一种判别函数，使得这一函数具有某种最优性质，能把属于不同类别的样本点尽可能地区别开来，并对测得同样 p 项指标（变量）数据的一个新样本，能判定这个样本归属于哪一类。

判别分析，是一种统计判别和分组技术，就一定数量样本的一个分组变量和相应的其他多元变量的已知信息，确定分组，并通过其他多元变量信息，对所属的样本进行判别分组。

解决问题：已知某种事物有几种类型，现在从各种类型中各取一个样本，由这些样本设计出一套标准，使得从这种事物中任取一个样本，可以按这套标准判别它的类型。

根据判别中的组数，可以分为两组判别分析和多组判别分析；根据判别函数的形式，可以分为线性判别和非线性判别；根据判别式处理变量的方法不同，可以分为逐步判别、序贯判别等；根据判别标准不同，可以分为距离判别、Fisher 判别、Bayes 判别法等。

判别分析通常都要设法建立一个判别函数，然后利用此函数来进行评判，判别函数主要有两种，即**线性判别函数**（linear discriminant function）和**典则判别函数**（canonical discriminate function）。线性判别函数是指对于一个总体，如果各组样品互相对立，且服从多元正态分布，就可建立线性判别函数。典则判别函数是原始自变量的线性组合，通过建立少量的典则变量可以比较方便地描述各类之间的关系，例如可以用画散点图和平面区域图直观地表示各类之间的相对关系等。

进行判别分析需要满足的条件是：

（1）每一个判别变量都不能是其他判别变量的线性组合；

（2）各个判别变量之间具有多元正态分布，即控制 $N-1$ 个变量为固定值时，第 N 个变量满足正态分布；

（3）满足（2）条件时，使用参数法计算判别函数，否则使用非参数法计算判别函数。

判别分析时，通常需要将数据分为两部分。一部分是训练模型数据，另一部分是验证模型数据。首先通过训练集数据训练拟合出一个模型。接着再利用另一部分验证模型效果。如果在测试集数据上也表现良好，那么说明拟合模型非常好。后面可以利用此模型预测其他“没有确定类别”的数据，来预测新数据的类别情况。

建立判别函数的方法一般有四种：全模型法、向前选择法、向后选择法和逐步选择法。

（1）全模型法是指将用户指定的全部变量作为判别函数的自变量，而不管该变量是否对研究对象显著或对判别函数的贡献大小。此方法适用于对研究对象的各变量有全面认识的情况。如果未加选择地使用全变量进行分析，则可能产生较大的偏差。

（2）向前选择法是从判别模型中没有变量开始，每一步把一个对判别模型的判断能力贡献最大的变量引入模型，直到没有被引入模型的变量都不符合进入模型的条件时，变量引入过程结束。当希望较多变量留在判别函数中时，使用向前选择法。

（3）向后选择法与向前选择法完全相反。它是把用户所有指定的变量建立一个全模型。每一步把一个对模型的判断能力贡献最小的变量剔除模型，直到模型中的所用变量都符合留在模型中的条件时，剔除工作结束。在希望较少的变量留在判别函数中时，使用向后选择法。

（4）逐步选择法是一种选择最能反映类之间差异的变量子集，建立判别函数的方法。它是从模型中没有任何变量开始，每一步都对模型进行检验，将模型外对模型的判别贡献最大的变量加入模型中，同时也检查在模型中是否存在“由于新变量的引入而对判别贡献变得不太显著”的变量，如果有，则将其从模型中剔除。以此类推，直到模型中的所有变量都符合引入模型的条件，而模型外所有变量都不符合引入模型的条件为止，则整个过程结束。

判别方法是确定待判样品归属于哪一组的方法，可分为参数法和非参数法，也可以根据资料的性质分为定性资料的判别分析和定量资料的判别分析。此处给出的分类主要是根据采用的判别准则分出几种常用方法。

（1）最大似然法：用于自变量均为分类变量的情况，该方法建立在独立事件概率乘法定理的基础上，根据训练样品信息求得自变量各种组合情况下样品被分为任何一类的概率。当新样品进入时，则计算它被分到每一类中去的条件概率（似然值），概率最大的那一类就是最终评定的归类。

（2）距离判别：其基本思想是由训练样品得出每个分类的重心坐标，然后对新样品求出它们离各个类别重心的距离远近，从而归入离得最近的类。也就是根据个案离母体远近进行判别。最常用的距离是马氏距离，偶尔也采用欧式距离。距离判别的特点是直观、简单，适合于对自变量均为连续变量的情况下进行分类，且它对变量的分布类型无严格要求，特别是并不严格要求总体协方差阵相等。

（3）Fisher 判别：又称典则判别，是根据线性 Fisher 函数值进行判别，使用此准则要求各组变量的均值有显著性差异。该方法的基本思想是投影，即将原来在 R 维空间的自变量组合投影到维度较低的 D 维空间去，然后在 D 维空间中再进行分类。投影的原则是使得每一类的差异尽可能小，而不同类间投影的离差尽可能大。Fisher 判别的优势在于对分布、方差等都没有任何限制，应用范围比较广。另外，用该判别方法建立的判别方差可以直接用手工计算的方法进行新样品的判别，这在许多时候是非常方便的。

（4）Bayes 判别：许多时候用户对各类别的比例分布情况有一定的先验信息，也就是用样本所属分类的先验概率进行分析。比如客户对投递广告的反应绝大多数都是无回音，如果进行判别，自然也应当是无回音的居多。此时，Bayes 判别恰好适用。Bayes 判别就是根据总体的先验概率，使误判的平均损失达到最小而进行的判别。其最大优势是可以用于多组判别问题。但是适用此方法必须满足三个假设条件，即各种变量必须服从多元正态分布、各组协方差矩阵必须相等、各组变量均值均有显著性差异。

对于判别分析，用户往往很关心建立的判别函数用于判别分析时的准确度如何。通常的效果验证方法如自身验证、外部数据验证、样品二分法、交互验证、Bootstrap 法。

判别分析与聚类分析的功能差不多，区别在于，聚类分析之前，没有人知道具体怎么分类，分了哪几大类。而判别分析是已经把类别给分好，要做的是把没有分好类的数据观测，按照之前分好的类再进行分类。这里不同于生活中常见的分类——先有具体的分类逻辑。所以判别分析的难点在于先由分好类的数据观测找到一个或者多个判别函数，然后对未进行分类的观测按照该判别公式进行分类。

3.3.1 Bayes 判别

贝叶斯判别是在最大似然法的基础上，将先验概率加以考虑，计算后验概率，可用于指标为定性资料的两类或多类判别，是根据贝叶斯准则进行判别分析的一种多元统计分析法。

贝叶斯判别规则是把某特征矢量（x）落入某类集群的条件概率当成分类判别函数（概率判别函数），x 落入某集群的条件概率最大的类为 X 的类别，这种判决规则就是贝叶斯判别规则。贝叶斯判别规则是以错分概率或风险最小为准则的判别规则。

贝叶斯最小错误率判别：要确定 x 是属于 ω_1 类还是 ω_2 类，要看 x 是来自于 ω_1 类的概率 $P(\omega_1|x)$ 大还是来自 ω_2 类的概率 $P(\omega_2|x)$ 大。

在很多情况下，单纯地考虑后验概率的最小错误率，会带来更多的损失和风险，为了体现这种风险，我们对贝叶斯公式进行加权修正。当考虑到对于某一类的错误判别要比另一类的判别更为关键时，就需要把最小错误概率的贝叶斯判别做一些修正，提出条件平均风险 $r_j(x)$。

对于 M 类问题，如果观察样本被判定属于 ω_i 类，则条件平均风险为：

$$r_j(x) = \sum_{i=1}^{M} L_{ij} p(x|\omega_i) P(\omega_i) \tag{3-4}$$

其中，L_{ij} 称为将本应属于 ω_i 类的模式判别成属于 ω_i 类的是非代价。

3.3.2 Fisher 判别

Fisher 判别法是根据方差分析的思想建立起来的一种能较好区分各个总体的线性判别法，由 Fisher 在 1936 年提出。该判别方法对总体的分布不做任何要求。

Fisher 判别法是一种投影方法，把高维空间的点向低维空间投影。在原来的坐标系下，可能很难把样品分开，而投影后可能区别明显。一般说，可以先投影到一维空间（直线）上，如果效果不理想，再投影到另一条直线上（从而构成二维空间），依此类推。每个投影可以建立一个判别函数。将高维度空间的样本投影到低维空间上，使得投影后的样本数据在新的子空间上有最小的类内距离，以及最大的类间距离，使得在该子空间上有最佳的可分离性。

Fisher 判别（图 3-4）分析的基本思想：选取适当的投影方向，将样本数据进行投影，使得投影后各样本点尽可能分离开来，即：使得投影后各样本类内离差平方和尽可能小，而使各样本类间的离差平方和尽可能大。

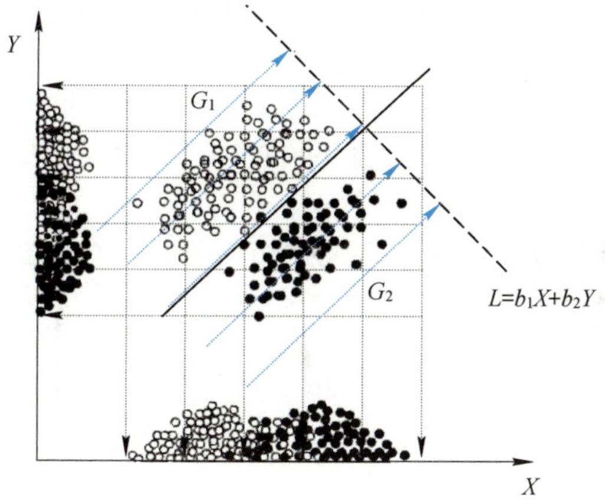

图 3-4　Fisher 判别

Fisher 判别法的优缺点：

（1）在一定程度上能够克服数据高维距离度量无效性带来的困扰，但维度越高，带来的后续计算越困难；

（2）通过投影一方面使得数据更加集中，另一方面，维度的降低更容易进行判别；

（3）矩阵求逆及特征向量计算使得计算量加大；

（4）对于多个类的分类标准，需要两两抽取分类准则。

3.4 相关分析

相关分析是研究两个或两个以上处于同等地位的随机变量间的相关关系的统计分析方法。例如，人的身高和体重之间、空气中的相对湿度与降雨量之间的相关关系都是相关分析研究的问题。相关分析与回归分析之间的区别：回归分析侧重于研究随机变量间的依赖关系，以便用一个变量去预测另一个变量；相关分析侧重于发现随机变量间的种种相关特性。相关分析在工农业、水文、气象、社会经济和生物学等方面都有应用。

相关分析就是对总体中确实具有联系的标志进行分析，它是描述客观事物相互间关系的密切程度，并用适当的统计指标表示出来的过程。例如，在一段时期内出生率随经济水平上升而上升，这说明两个指标间是正相关关系；而在另一时期，随着经济水平进一步发展，出现出生率下降的现象，两个指标间就是负相关关系。

为了确定相关变量之间的关系，首先应该收集一些数据，这些数据应该是成对的。例如，每人的身高和体重。然后在直角坐标系上描述这些点，这一组点集称为“散点图”。

根据散点图，当自变量取某一值时，因变量对应为一概率分布，如果对于所有的自变量取值的概率分布都相同，则说明因变量和自变量是没有相关关系的。反之，如果自变量的取值不同，因变量的分布也不同，则说明两者是存在相关关系的。

两个变量之间的相关程度通过相关系数 r 来表示。相关系数 r 的值在-1 和 1 之间，但可以是此范围内的任何值。正相关时，r 值在 0 和 1 之间，散点图是斜向上的，这时一个变量增加，另一个变量也增加；负相关时，r 值在−1 和 0 之间，散点图是斜向下的，此时一个变量增加，另一个变量将减少。r 的绝对值越接近 1，两变量的关联程度越强，r 的绝对值越接近 0，两变量的关联程度越弱。

r 的计算方法有三种。一是 Pearson 相关系数：对定距连续变量的数据进行计算。二是 Spearman 相关系数：根据原始数据的排序位置进行求解。三是 Kendall 相关系数：计算的对象是分类变量。

（1）按相关的程度分为完全相关、不完全相关和不相关（图 3-5）。

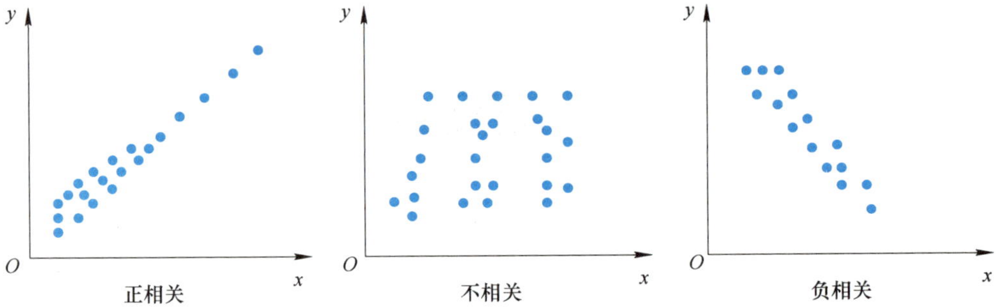

图 3-5　相关程度

1）两种依存关系的标志，其中一个标志的数量变化由另一个标志的数量变化所确定，则称完全相关，也称函数关系。

2）两个标志彼此互不影响，其数量变化各自独立，称为不相关。

3）两个现象之间的关系，介乎完全相关与不相关之间称不完全相关。

（2）按相关的方向分为正相关和负相关。

1）正相关指相关关系表现为因素标志和结果标志的数量变动方向一致。

2）负相关指相关关系表现为因素标志和结果标志的数量变动方向是相反的。

（3）按相关的形式分为线性相关和非线性相关。

（4）按影响因素的多少分为单相关和复相关。

1）如果研究的是一个结果标志同某一因素标志相关，就称单相关。

2）如果分析若干因素标志对结果标志的影响，称为复相关或多元相关。

相关分析与回归分析在实际应用中有密切关系。然而在回归分析中，所关心的是一个随机变量 Y 对另一个（或一组）随机变量 X 依赖关系的函数形式。而在相关分析中，与所讨论的变量的地位一样，分析侧重于随机变量之间的种种相关特征。例如，以 X、Y 分别记小学生的数学与语文成绩，感兴趣的是二者的关系如何，而不在于由 X 去预测 Y。

确定相关关系的存在，相关关系呈现的形态和方向，相关关系的密切程度，其主要方法是绘制相关图表和计算相关系数。

（1）相关表。编制相关表前首先要通过实际调查取得一系列成对的标志值的资料作为相关分析的原始数据。

相关表的分类：简单相关表和分组相关表。单变量分组相关表：自变量分组并计算次数，而对应的因变量不分组，只计算其平均值；该表特点：使冗长的资料简化，能够更清晰地反映出两变量之间相关关系。双变量分组相关表：自变量和因变量都进行分组而制成的相关表，这种表形似棋盘，故又称棋盘式相关表。

（2）相关图。利用直角坐标系第一象限，把自变量置于横轴上，因变量置于纵轴上，而将两变量相对应的变量值用坐标点形式描绘出来，用以表明相关点分布状况的图形。相关图被形象地称为相关散点图。因素标志分了组，结果标志表现为组平均数，所绘制的相关图就是一条折线，这种折线又叫相关曲线。

（3）相关系数。

1）相关系数是按积差方法计算的，同样以两变量与各自平均值的离差为基础，通过两个离差相乘来反映两变量之间相关程度。

2）确定相关关系的数学表达式。

3）确定因变量估计值误差的程度。

讨论两个定序变量间的相关的程度与方向，又称等级相关。例如，研究夫妇双方文化程度的相关等。等级相关系数有 R 系数和 γ 系数。R 系数计算方法与简单直线相关系数相同。英国统计学家 C. E. 斯皮尔曼从 R 系数中推导出简捷式，称斯皮尔曼等级相关系数：R 的绝对值越大，变量间的等级相关程度越大。

相关分析广泛地应用于大数据分析，同时还是偏最小二乘法的基础。但是由于它依赖于数据的线性表示，当数据无法线性表示时，经典相关分析就无法使用，此时可以利用核函数的思想，将数据映射到高维后，再关联分析的思想降到一维，求对应的相关系数和线性关系。

3.4.1 主成分分析

皮尔逊（Pearson，1901）、霍特林（Hotelling，1933）都对主成分的发展作出了贡献，霍特林的推导模式被视为主成分模型的成熟标志。主成分分析被广泛应用于区域经济发展评价、服装标准制定、满意度测评、模式识别、图像压缩等许多领域。

在用统计分析方法研究多变量的课题时，变量个数太多就会增加课题的复杂性。人们自然希望变量个数较少而得到的信息较多。在很多情形，变量之间是有一定的相关关系的，当两个变量之间有一定相关关系时，可以解释为这两个变量反映此课题的信息有一定的重叠。主成分分析是对于原先提出的所有变量，将重复的变量（关系紧密的变量）删去多余，建立尽可能少的新变量，使得这些新变量是两两不相关的，而且这些新变量在反映课题的信息方面尽可能保持原有的信息。

设法将原来变量重新组合成一组新的互相无关的几个综合变量，同时根据实际需要从中可以取出几个较少的综合变量，尽可能多地反映原来变量的信息的统计方法，叫做主成分分析（图 3-6）或称主分量分析，也是数学上用来降维的一种方法。主成分分析通过正交变换将一组可能存在相关性的变量转换为一组线性不相关的变量，转换后的这组变量叫主成分。主成分分析首先是由 K. 皮尔森（Karl Pearson）对非随机变量引入的，而后 H. 霍特林将此方法推广到随机向量的情形。

主成分分析的目标是通过某种线性投影，将高维的数据映射到低维的空间中，并期望在所投影的维度上数据的信息量最大（方差最大），以此使用较少的数据维度，同时保留住较多的原数据点的特性。它借助于一个正交变换，将其分量相关的原随机向量转化成其

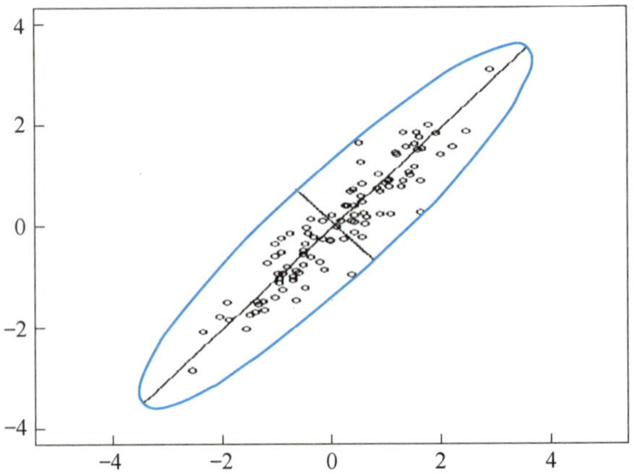

图 3-6 主成分分析

分量不相关的新随机向量，这在代数上表现为将原随机向量的协方差阵变换成对角形阵，在几何上表现为将原坐标系变换成新的正交坐标系，使之指向样本点散布最开的正交方向，然后对多维变量系统进行降维处理，使之能以一个较高的精度转换成低维变量系统，再通过构造适当的价值函数，进一步把低维系统转化成一维系统。

主成分分析降维的目的是在尽量保证“信息量不丢失”的情况下，对原始特征进行降维，也就是尽可能将原始特征往具有最大投影信息量的维度上进行投影。将原特征投影到这些维度上，使降维后信息量损失最小。

主成分分析的原理是设法将原来变量重新组合成一组新的相互无关的几个综合变量，同时根据实际需要从中可以取出几个较少的总和变量，尽可能多地反映原来变量的信息。

主成分分析主要有以下几个方面的作用：

（1）主成分分析能降低所研究的数据空间的维数。即用研究 m 维的 Y 空间代替 p 维的 X 空间（$m<p$），而低维的 Y 空间代替高维的 X 空间所损失的信息很少。

（2）可通过因子负荷的结论，弄清 X 变量间的某些关系。

（3）多维数据的一种图形表示方法。我们知道当维数大于 3 时便不能画出几何图形，多元统计研究的问题大都多于 3 个变量。要把研究的问题用图形表示出来是不可能的。然而，经过主成分分析后，我们可以选取前两个主成分或其中某两个主成分，根据主成分的得分，画出 n 个样品在二维平面上的分布情况，由图形可直观地看出各样品在主分量中的地位，进而还可以对样本进行分类处理，可以由图形发现远离大多数样本点的离群点。

（4）由主成分分析法构造回归模型。即把各主成分作为新自变量代替原来自变量做回归分析。

（5）用主成分分析筛选回归变量。回归变量的选择有着重要的实际意义，为了使模型本身易于做结构分析、控制和预报，好从原始变量所构成的子集合中选择最佳变量，构成最佳变量集合。用主成分分析筛选变量，可以用较少的计算量来选择量，获得选择最佳变量子集合的效果。

进行主成分分析主要步骤如下：

（1）指标数据标准化；

（2）指标之间的相关性判定；
（3）确定主成分个数；
（4）确定主成分表达式；
（5）确定主成分命名。

主成分分析法优点：

（1）可消除评估指标之间的相关影响。因为主成分分析法在对原始数据指标变量进行变换后形成了彼此相互独立的主成分，而且实践证明指标间相关程度越高，主成分分析效果越好。

（2）可减少指标选择的工作量，对于其他评估方法，由于难以消除评估指标间的相关影响，所以选择指标时要花费不少精力，而主成分分析法由于可以消除这种相关影响，所以在指标选择上相对容易些。

（3）主成分分析中各主成分是按方差大小依次排列顺序的，在分析问题时，可以舍弃一部分主成分，只取前面方差较大的几个主成分来代表原变量，从而减少了计算工作量。用主成分分析法作综合评估时，由于选择的原则是累计贡献率不小于85%，不至于因为节省了工作量却把关键指标漏掉而影响评估结果。

主成分分析法缺点：

（1）在主成分分析中，首先应保证所提取的前几个主成分的累计贡献率达到一个较高的水平，其次对这些被提取的主成分必须都能够给出符合实际背景和意义的解释。

（2）主成分的解释其含义一般多少带有点模糊性，不像原始变量的含义那么清楚、确切，这是变量降维过程中不得不付出的代价。

（3）当主成分的因子负荷的符号有正有负时，综合评价函数意义就不明确。

为了便于理解主成分分析，用一个简单的实例来说明。

例：在制定服装标准的过程中，对128名成年男子的身材进行了测量，每人测得的指标中含有这样6项：身高（x_1）、坐高（x_2）、胸围（x_3）、手臂长（x_4）、肋围（x_5）和腰围（x_6）。所得样本相关系数矩阵（对称矩阵）列于表3-5。

表3-5 相关系数矩阵表

指标	x_1	x_2	x_3	x_4	x_5	x_6
x_1	1.000	0.79	0.36	0.76	0.25	0.51
x_2	0.79	1.000	0.31	0.55	0.17	0.35
x_3	0.36	0.31	1.000	0.35	0.64	0.58
x_4	0.76	0.55	0.35	1.000	0.16	0.38
x_5	0.25	0.17	0.64	0.16	1.000	0.63
x_6	0.51	0.35	0.58	0.38	0.63	1.000

本案例相当于直接把第一、二步骤计算好，但是我们在建模的时候得到的是最原始的数据（每一列是指标，每一行是样本）。

经过计算，相关系数矩阵的特征值、相应的特征向量以及贡献率列于表3-6。

表 3-6 相关特征信息表

特征向量	a_1	a_2	a_3	a_4	a_5	a_6
x_1：身高	0.469	-0.365	0.092	-0.122	-0.080	-0.786
x_2：坐高	0.404	-0.397	0.613	0.326	0.027	0.443
x_3：胸围	0.394	0.397	-0.279	0.656	0.405	-0.125
x_4：手臂长	0.408	-0.365	-0.705	-0.108	-0.235	0.371
x_5：肋围	0.337	0.569	0.164	-0.019	-0.731	0.034
x_6：腰围	0.427	0.308	0.119	-0.661	0.490	0.179
特征值	3.287	1.406	0.459	0.426	0.295	0.126
贡献值	0.548	0.234	0.077	0.071	0.049	0.021
累计贡献值	0.548	0.782	0.859	0.930	0.979	1.000

从表中可以看到前三个主成分的累计贡献率达 85.9%，因此可以考虑只取前面三个主成分，它们能够很好地概括原始变量。

$$F_1 = 0.469X_1 + 0.404X_2 + 0.394X_3 + 0.408X_4 + 0.337X_5 + 0.427X_6 \quad (3\text{-}5)$$

$$F_2 = -0.365X_1 - 0.397X_2 + 0.397X_3 - 0.365X_4 + 0.569X_5 + 0.308X_6 \quad (3\text{-}6)$$

$$F_3 = 0.092X_1 + 0.613X_2 - 0.279X_3 - 0.705X_4 + 0.164X_5 + 0.119X_6 \quad (3\text{-}7)$$

其中，X_i 为标准化后的指标，X_i 分别为身高、坐高、胸围、手臂长、肋围和腰围。

第一主成分 F_1 对所有（标准化）原始变量都有近似相等的正载荷，故称第一主成分为（身材）大小成分。

第二主成分 F_2 在 X_3、X_5 和 X_6 上有中等程度的正载荷，而在 X_1、X_2 和 X_4 上有中等程度的负载荷，称第二主成分为形状成分（或胖瘦成分）。

第三主成分 F_3 在 X_2 上有大的正载荷，在 X_4 上有大的负载荷，而在其余变量上的载荷都较小，可称第三主成分为臂长成分。

3.4.2 因子分析

因子分析是指研究从变量群中提取共性因子的统计技术，最早由英国心理学家 C. E. 斯皮尔曼提出。他发现学生的各科成绩之间存在着一定的相关性，一科成绩好的学生，往往其他各科成绩也比较好，从而推想是否存在某些潜在的共性因子，或称某些一般智力条件影响着学生的学习成绩。因子分析可在许多变量中找出隐藏的具有代表性的因子，将相同本质的变量归入一个因子，可减少变量的数目，还可检验变量间关系的假设。因子分析的方法约有 10 多种，如重心法、影像分析法、最大似然解、最小平方方法、阿尔法抽因法、拉奥典型抽因法等。

因子分析的思想是通过变量（或样品）的相关系数矩阵（相似系数矩阵）内部结构的研究，找出能控制所有变量（或样品）的少数几个随机变量去描述多个变量（或样品）之间相关（相似）关系。这样因子分析一方面可简化观测系统，简化原始变量结构，再现变量之间的内在联系，达到降维的目的；另一方面可对原始变量进行分类，把相关性较高，即联系比较紧密的变量归为同一类，而不同类的变量之间的相关性较低。

因子分析通过研究众多变量之间的内部依赖关系，探求观测数据中的基本结构，并用少数几个假想变量来表示其基本的数据结构。这几个假想变量能够反映原来众多变量的主要信息。原始的变量是可观测的显在变量，而假想变量是不可观测的潜在变量，称为因子。

因子分析的主要目的是用来描述隐藏在一组测量到的变量中的一些更基本的，但又无法直接测量到的隐性变量（latent variable，latent factor）。比如，如果要测量学生的学习积极性，课堂中的积极参与，作业完成情况，以及课外阅读时间可以用来反映积极性。而学习成绩可以用期中、期末成绩来反映。在这里，学习积极性与学习成绩无法直接用一个测度测准，它们必须用一组测度方法来测量，然后把测量结果结合起来，才能更准确地把握。换句话说，这些变量无法直接测量。可以直接测量的可能只是它所反映的一个表征，或者是它的一部分。在这里，表征与部分是两个不同的概念。表征是由这个隐性变量直接决定的。隐性变量是因，而表征是果，比如学习积极性是课堂参与程度（表征测度）的一个主要决定因素。

因子分析是社会研究的一种有力工具，但不能肯定地说一项研究中含有几个因子，当研究中选择的变量变化时，因子的数量也要变化。此外对每个因子实际含义的解释也不是绝对的。

因子分析的方法有两类。一类是探索性因子分析法，另一类是验证性因子分析。探索性因子分析不事先假定因子与测度项之间的关系，而让数据“自己说话”。主成分分析和共因子分析是其中的典型方法。验证性因子分析假定因子与测度项的关系是部分知道的，即哪个测度项对应于哪个因子，虽然我们尚且不知道具体的系数。

因子分析步骤：

（1）选择分析的变量：用定性分析和定量分析的方法选择变量，因子分析的前提条件是观测变量间有较强的相关性，因为如果变量之间无相关性或相关性较小的话，它们不会有共享因子，所以原始变量间应该有较强的相关性。

（2）计算所选原始变量的相关系数矩阵：相关系数矩阵描述了原始变量之间的相关关系。可以帮助判断原始变量之间是否存在相关关系，这对因子分析是非常重要的，因为如果所选变量之间无关系，作因子分析是不恰当的。

（3）提取公共因子：确定因子求解的方法和因子的个数。因子个数的确定可以根据因子方差的大小，只取方差大于1（或特征值大于1）的那些因子，因为方差小于1的因子其贡献可能很小。或者按照因子的累计方差贡献率来确定，一般认为要达到60%才能符合要求。

（4）因子旋转：通过坐标变换使每个原始变量在尽可能少的因子之间有密切的关系，这样因子的实际意义更容易解释，也更容易为每个潜在因子赋予有实际意义的名字。

（5）计算因子得分：求出各样本的因子得分，有了因子得分值，则可以在许多分析中使用这些因子，例如以因子的得分作聚类分析的变量，作回归分析中的回归因子。

（6）根据因子得分值进行进一步分析：因子分析通常是从计算变量的相关矩阵开始的，所以要先计算变量间的相关矩阵来进行因素分析适合度检验。若发现变量间的相关度普遍偏低，如大部分相关系数的绝对值低于0.3且没有通过显著性检验，则说明这些变量间的结构松散，也很难得到有效的公共因子或实现对数据的简化，就不适合因子分析。

基于变量间的相关，还可以变换出其他一些适合度检验的方法，常用的有三种：巴特利特球形检验（Bartlett-test of sphericity）、反像相关矩阵检验（anti-image correlation matrix）、取样适合度检验（Kaiser-Meyer-Olkin measure of sampling adequacy）。

探索性因子分析有一些局限性。第一，它假定所有的因子都会影响测度项。在实际研究中，我们往往会假定因子之间没有因果关系，所以可能不会影响另外一个因子的测度项。第二，探索性因子分析假定测度项残差之间是相互独立的。实际上，测度项的残差之间可以因为单一方法偏差、子因子等因素而相关。第三，探索性因子分析强制所有的因子为独立的。这虽然是求解因子个数时不得不采用的权宜之计，却与大部分的研究模型不符。最明显的是，自变量与因变量之间是应该相关的，而不是独立的。这些局限性就要求有一种更加灵活的建模方法，使研究者不但可以更细致地描述测度项与因子之间的关系，而且可以对这个关系直接进行测试。而在探索性因子分析中，一个被测试的模型往往不是研究者理论中的确切的模型。

3.4.3 典型相关分析

在概率论中，研究两个变量之间的线性相关情况时，提出了相关系数这个概念。做一下推广，如果研究一个变量和多个随机变量之间的线性相关关系时，提出了全相关系数（或者复相关系数）的概念。然后，在1936年，有个叫Hotelling的数学家，又进一步做了推广，研究多个随机变量和多个随机变量之间的线性相关关系，提出了经典相关分析的理论。

典型相关分析（canonical correlation analysis），是对互协方差矩阵的一种理解，是利用综合变量对之间的相关关系来反映两组指标之间的整体相关性的多元统计分析方法。它的基本原理是：为了从总体上把握两组指标之间的相关关系，分别在两组变量中提取有代表性的两个综合变量 U_1 和 V_1（分别为两个变量组中各变量的线性组合），利用这两个综合变量之间的相关关系来反映两组指标之间的整体相关性。

为了研究两组变量 $X=(X_1, X_2, \cdots, X_n)$ 和 $Y=(Y_1, Y_2, \cdots, Y_m)$ 之间的相关关系，采用类似于主成分分析的方法，在两组变量中，分别选取若干有代表性的变量组成有代表性的综合指标，通过研究这两组综合指标之间的相关关系，来代替这两组变量间的相关关系，这些综合指标称为典型变量。

要研究两组变量之间的相关关系，有两种方法：（1）列出一张表，就像研究协方差矩阵一样，这张表中包含两组变量任意两个变量之间的相关关系。然后，基于这张相关系数表进行分析。（2）像主成分分析一样，在每一组变量中，都选取若干综合指标，这些综合指标是由变量线性组合而成的。通过研究两组综合指标之间的关系来研究变量之间的线性关系。

由于典型相关分析涉及较大量的矩阵计算，其方法的应用在早期曾受到相当的限制。但随着当代计算机技术及其软件的迅速发展，弥补了应用典型相关分析中的困难，因此它的应用开始走向普及化。

典型相关分析的用途很广。在实际分析问题中，当面临两组多变量数据，并希望研究两组变量之间的关系时，就要用到典型相关分析。例如，为了研究扩张性财政政策实施以后对宏观经济发展的影响，就需要考察有关财政政策的一系列指标如财政支出总额的增长率、财政赤字增长率、国债发行额的增长率、税率降低率等与经济发展的一系列指标如国内生产总值增长率、就业增长率、物价上涨率等两组变量之间的相关程度。

又如，为了研究宏观经济走势与股票市场走势之间的关系，就需要考察各种宏观经济指标如经济增长率、失业率、物价指数、进出口增长率等与各种反映股票市场状况的指标如股票价格指数、股票市场融资金额等两组变量之间的相关关系。再如，工厂要考察所使用原料的质量对所生产的产品质量的影响，就需要对所生产产品的各种质量指标与所使用的原料的各种质量指标之间的相关关系进行测度。再如在分析影响居民消费因素时，我们可以将劳动者报酬、家庭经营收入、转移性收入等变量构成反映居民收入的变量组，而将食品支出、医疗保健支出、交通和通信支出等变量构成反映居民支出情况的变量组，然后通过研究两变量组之间关系来分析影响居民消费因素情况。

典型相关分析有助于综合地描述两组变量之间典型的相关关系。其条件是，两组变量都是连续变量，都必须服从多元正态分布。

3.5 时间序列分析

时间序列是按时间顺序的一组数字序列。时间序列的特点：

（1）现实的、真实的一组数据，而不是数理统计中做实验得到的。既然是真实的，它就是反映某一现象的统计指标，因而，时间序列背后是某一现象的变化规律。

（2）动态数据。

时间序列建模基本步骤是：

（1）用观测、调查、统计、抽样等方法取得被观测系统时间序列动态数据。

（2）根据动态数据作相关图，进行相关分析，求自相关函数。

相关图能显示出变化的趋势和周期，并能发现跳点和拐点。跳点是指与其他数据不一致的观测值。如果跳点是正确的观测值，在建模时应考虑进去，如果是反常现象，则应把跳点调整到期望值。拐点则是指时间序列从上升趋势突然变为下降趋势的点。如果存在拐点，则在建模时必须用不同的模型去分段拟合该时间序列，例如采用门限回归模型。

（3）辨识合适的随机模型，进行曲线拟合，即用通用随机模型去拟合时间序列的观测数据。对于短的或简单的时间序列，可用趋势模型和季节模型加上误差来进行拟合。对于平稳时间序列，可用通用 ARMA 模型（自回归滑动平均模型）及其特殊情况的自回归模型、滑动平均模型或组合 ARMA 模型等来进行拟合。对于非平稳时间序列则要先将观测到的时间序列进行差分运算，化为平稳时间序列，再用适当模型去拟合这个差分序列。

时间序列分析是定量预测方法之一。它包括一般统计分析（如自相关分析、谱分析等），统计模型的建立与推断，以及关于时间序列的最优预测、控制与滤波等内容。经典的统计分析都假定数据序列具有独立性，而时间序列分析则侧重研究数据序列的互相依赖关系。后者实际上是对离散指标的随机过程的统计分析，所以又可看作是随机过程统计的一个组成部分。例如，记录了某地区第一个月，第二个月，…，第 N 个月的降雨量，利用时间序列分析方法，可以对未来各月的雨量进行预报。

时间序列分析基本思想：根据系统的有限长度的运行记录（观察数据），建立能够比较精确地反映序列中所包含的动态依存关系的数学模型，并借以对系统的未来进行预报。

时间序列分析基本原理：

（1）承认事物发展的延续性。应用过去数据，就能推测事物的发展趋势。

（2）考虑到事物发展的随机性。任何事物发展都可能受偶然因素影响，为此要利用统计分析中加权平均法对历史数据进行处理。

时间序列依据其特征，有以下几种表现形式，并产生与之相适应的分析方法：

（1）长期趋势变化：受某种基本因素的影响，数据依时间变化时表现为一种确定倾向，它按某种规则稳步地增长或下降。使用的分析方法有移动平均法、指数平滑法、模型拟合法等。

（2）季节性周期变化：受季节更替等因素影响，序列依一固定周期规则性的变化，又称商业循环。采用的方法：季节指数。

（3）循环变化：周期不固定的波动变化。

（4）随机性变化：由许多不确定因素引起的序列变化。

时间序列分析主要有确定性变化分析和随机性变化分析。其中，确定性变化分析包括趋势变化分析、周期变化分析、循环变化分析。随机性变化分析有 AR、MA、ARMA 模型等。

（1）确定性时序分析。

确定性时序分析的目的：克服其他因素的影响，单纯测度出某一个确定性因素对序列的影响；推断出各种确定性因素彼此之间的相互作用关系及它们对序列的综合影响。

时间序列趋势分析目的：有些时间序列具有非常显著的趋势，我们分析的目的就是要找到序列中的这种趋势，并利用这种趋势对序列的发展做出合理的预测。

常用方法：趋势拟合法和平滑法。

趋势拟合法：把时间作为自变量，相应的序列观察值作为因变量，建立序列值随时间变化的回归模型的方法。包括线性拟合和非线性拟合。线性拟合的使用场合为长期趋势呈现出线性特征的场合；非线性拟合的使用场合为长期趋势呈现出非线性特征的场合。其参数估计的思想是把能转换成线性模型的都转换成线性模型，用线性最小二乘法进行参数估计。

平滑法是进行趋势分析和预测时常用的一种方法。它是利用修匀技术，削弱短期随机波动对序列的影响，使序列平滑化，从而显示出长期趋势变化的规律。

时间序列预测法可用于短期预测、中期预测和长期预测。根据对资料分析方法的不同，又可分为：简单序时平均数法、加权序时平均数法。

简单平均数法：也称算术平均法。即把若干历史时期的统计数值作为观察值，求出算术平均数作为下期预测值。这种方法基于下列假设："过去这样，今后也将这样"，把近期和远期数据等同化和平均化，因此只能适用于事物变化不大的趋势预测。如果事物呈现某种上升或下降的趋势，就不宜采用此法。

加权平均数法：把各个时期的历史数据按近期和远期影响程度进行加权，求出平均值，作为下期预测值。

（2）随机性变化分析。

随机时间序列模型是指仅用它的过去值及随机扰动项所建立起来的模型。一个随机时间序列可以通过一个自回归移动平均过程生成，即该序列可以由其自身的过去或滞后值以及随机扰动项来解释。

如果该序列是平稳的，即它的行为并不会随着时间的推移而变化，那么我们就可以通过该序列过去的行为来预测未来。这也正是随机时间序列分析模型的优势所在。

时间序列分析常用在国民经济宏观控制、区域综合发展规划、企业经营管理、市场潜量预测、气象预报、水文预报、地震前兆预报、农作物病虫灾害预报、环境污染控制、生态平衡、天文学和海洋学等方面。主要应用包括以下几个方面：

（1）系统描述：根据对系统进行观测得到的时间序列数据，用曲线拟合方法对系统进行客观的描述。

（2）系统分析：当观测值取自两个以上变量时，可用一个时间序列中的变化去说明另一个时间序列中的变化，从而深入了解给定时间序列产生的机理。

（3）预测未来：一般用 ARMA 模型拟合时间序列，预测该时间序列未来值。

（4）决策和控制：根据时间序列模型可调整输入变量使系统发展过程保持在目标值上，即预测到过程要偏离目标时便可进行必要的控制。

时间序列有三种基本模式：

（1）平稳性/随机性（stationarity）：当数据没有明显的模式特征时，我们认为它是平稳的，Y 值在一个范围内随着时间上下浮动。

一组平稳的数据意味着它在一段时间内围绕在一个范围内上下浮动，要达到平稳，需要达到三个条件：1）期望值（均值）为常数；2）方差为常数；3）只要 K 固定，任意两个相隔 K 个时间段的数据组的协方差相同。

平稳的序列中随机变量会大量地减少，因此有助于我们进行预测。平稳化序列是时间序列中重要的一步，这一步在对数据建模之前就应该完成。

（2）趋势性（trend）：当 Y 值在一段时间内随着时间有明显的向上或者向下的趋势的时候，我们认为有趋势性。

在时间序列中，趋势分为确定性趋势和随机性趋势两种，确定性趋势从直观上讲是指序列的趋势不是变幻莫测，而是可以用一条趋势线来拟合的，当去除掉趋势的部分后，该序列就变成平稳的序列，这也是上述“趋势平稳”的意思；现实中还会有一种时间序列是随机性趋势的，趋势无法通过单一的趋势性描绘，在不同时间，趋势是随机变化的，这种情况下单位根过程则是一种有效的刻画工具。

（3）季节性（seasonarity）：当 Y 值在某个固定的时间内，有明显的波动，我们认为存在季节性。举个例子，降雨量大的时间通常在春夏两季，而在秋冬两季则明显减少。

在时间序列预测的过程中，我们首先要判断数据是否具有上述的特征，除去上述趋势性和季节性的特征，使其达到平稳状态，这一点对于准确地预测数据有至关重要的作用。

3.6 优化建模基础

在使用数据集去估计模型的参数，那么这个数据集我们称为训练数据集，简称训练集。在回归问题中使用训练集估计模型的参数的原则一般都是使得我们的损失函数在训练集达到最小值，其实在实际问题中我们是可以让损失函数在训练集最小化为 0。如在线性回归中，通过加入非常多的高次项，使得模型在训练集的每一个数据点都恰好位于曲线上，那这时候模型在训练集的损失值也就是误差为0。

我们建立模型并不是为了在已有的数据集，也就是训练集上效果表现非常优异，而是希望模型在未知且情况复杂的测试数据上表现优异，称这样的未出现在训练集的未知数据集为测试数据集，简称测试集。

在回归中，我们最常用的评价指标为均方误差，即：

$$MSE = \frac{1}{N}\sum_{i=1}^{N}(y_i - \hat{f}(x_i))^2 \tag{3-8}$$

其中，$\hat{f}(x_i)$ 是样本 x_i 应用建立的模型 $\hat{f}$ 预测的结果。如果我们所用的数据是训练集上的数据，那么这个误差为训练均方误差；如果我们使用测试集的数据计算的均方误差，就称为测试均方误差。

当我们的模型的训练均方误差达到很小时，测试均方误差反而很大，但是我们寻找的最优的模型是测试均方误差达到最小时对应的模型，因此基于训练均方误差达到最小选择模型本质上是行不通的。模型在训练误差很小，但是测试均方误差很大时，称这种情况为模型的过拟合。

一般而言，我们并不关心模型在训练集上的训练均方误差，关心的是模型面对未知的样本集，即测试集上的测试误差，我们的目标是使得建立的模型在测试集上的测试误差最小。但是，在模型建立阶段，我们是不能得到测试数据的，比如在模型未上线之前是不能拿到未知且真实的测试数据来验证我们的模型的。

偏差-方差的权衡：测试均方误差的期望值可以分解为 $\hat{f}(x_0)$ 的方差、$\hat{f}(x_0)$ 的偏差平方和误差项 ε 的方差。为了使得模型的测试均方误差达到最小值，也就是同时最小化偏差的平方和方差。由于偏差平方和方差本身是非负的，因此测试均方误差的期望不可能会低于误差的方差，因此这个量在我们的任务确定后是无法改变的，也叫做不可约误差。

模型的方差是：用不同的数据集去估计 f 时，估计函数的改变量。我们希望得到一个稳定的模型，也就是在不同的样本集估计的模型都不会相差太大，即要求 f 的方差越小越好。一般来说，模型的复杂度越高，f 的方差就会越大。

模型的偏差是：为了选择一个简单的模型去估计真实函数所带入的误差。偏差度量了学习算法的期望预测与真实结果的偏离程度，即刻画了学习算法本身的拟合能力。偏差度量的是单个模型的学习能力，而方差度量的是同一个模型在不同数据集上的稳定性。

偏差-方差分解的说明：泛化性能是由学习算法的能力、数据的充分性以及学习任务本身的难度所共同决定的。给定学习任务，为了取得好的泛化性能，则需使偏差较小，即能够充分拟合数据，并且使方差较小，即使得数据扰动产生的影响小。

一般而言，增加模型的复杂度，会增加模型的方差，但是会减少模型的偏差，我们要找到一个方差-偏差的权衡，使得测试均方误差最小。

优化建模的目标是选择一个测试误差达到最小的模型。但是实际上很难对实际的测试误差作精确的计算，因此要对测试误差进行估计，估计的方式有两种：训练误差修正与交叉验证。

(1) 训练误差修正。模型越复杂，训练误差越小，测试误差先减后增。因此，我们先构造一个特征较多的模型使其过拟合，此时训练误差很小而测试误差很大，这时加入关于特征个数的惩罚。因此，当训练误差随着特征个数的增加而减少时，惩罚项因为特征数量的增加而增大，抑制了训练误差随着特征个数的增加而无休止地减小。

（2）交叉验证。前面讨论的对训练误差修正得到测试误差的估计是间接方法，而交叉验证则是对测试误差的直接估计。交叉验证比训练误差修正的优势在于能够给出测试误差的一个直接估计。在这里介绍 K 折交叉验证：把训练样本分成 K 等份，然后用 $K-1$ 个样本集当作训练集，剩下的一份样本集为验证集去估计由 $K-1$ 个样本集得到的模型的精度，这个过程重复 K 次取平均值得到测试误差的一个估计：

$$CV_{(K)}=\frac{1}{K}\sum_{i=1}^{K}MSE_i \tag{3-9}$$

在测试误差能够被合理地估计出来以后，就可以从所有特征中选择有效特征，使得对应模型的测试误差的估计最小。

控制方差的方法，还可以将原始的特征空间投影到一个低维的空间实现变量的数量变少，如将二维的平面投影至一维空间。

所谓的降维就是指采用某种映射方法，将原高维空间中的数据点映射到低维度的空间中。降维的本质是学习一个映射函数 f：$x\rightarrow y$，其中 x 是原始数据点的表达，目前最多使用向量表达形式。y 是数据点映射后的低维向量表达，通常 y 的维度小于 x 的维度（当然提高维度也是可以的）。f 可能是显式的或隐式的、线性的或非线性的。目前大部分降维算法处理向量表达的数据，也有一些降维算法处理高阶张量表达的数据。之所以使用降维后的数据表示是因为在原始的高维空间中，包含有冗余信息以及噪声信息，降低了准确率；而通过降维，我们希望减少冗余信息所造成的误差，提高识别（或其他应用）的精度，又或者希望通过降维算法来寻找数据内部的本质结构特征。在很多算法中，降维算法成为了数据预处理的一部分。

思考题

1. 简述多元线性回归模型的数学表达。
2. 方差分析的基本思想是什么，有哪些应用条件？
3. 简述正交试验的设计过程。
4. Fisher 判别的基本思想是什么，有哪些优缺点？
5. 简述主成分分析的主要步骤。
6. 均方误差的定义是什么，怎样修正模型误差？

参考文献

[1] 梅长林，范金城. 数据分析方法 [M]. 北京：高等教育出版社，2006.
[2] 周志华，王珏. 机器学习及其应用 [M]. 北京：清华大学出版社，2009.
[3] 于秀林. 多元统计分析 [M]. 北京：中国统计出版社，2006.

4 数据挖掘与数据分析

本章课件

本章提要

本章介绍了数据挖掘的概念和在学科中的应用；再从数据的角度，介绍了数据的类型、质量和数据之间的相异度、相似度的概念，并给出了数据预处理的基本方法；然后，本章以数据挖掘在工业中的应用方式为例，介绍了各种数据分析方法的基本原理、核心算法和应用案例。常见的数据分析方法包括分类分析、聚类分析、关联分析等。

4.1 概 述

随着科学理论和技术手段的发展，科学研究的范式不断扩展，2007 年图灵奖得主以及关系型数据库的鼻祖吉姆·格雷（Jim Gray）在加州山景城召开的美国国家研究委员会-计算机科学与电信委员会（NRC-CSTB）大会上发表了“科学方法的革命”的演讲，提出将科学研究分为四类范式，依次为实验归纳、模型推演、仿真模拟和数据密集型科学发现。

大家熟知的伽利略“两个铁球同时着地”的故事是典型的第一范式——实验归纳。牛顿在前人观察和试验基础上，设定“足够光滑”“时间足够长”等条件，通过演算进行归纳总结，得出三大运动定律，这就是第二范式——模型推演。随着计算机技术和计算科学的发展，人们越来越多地利用计算机模拟和仿真复杂系统的过程，例如核试验模拟、天气预报等，这都是第三范式——仿真模拟。第三范式是在首先提出理论，或者在理论的指导下，进行计算模拟，由此验证理论或者得到具体的运行规律和优化参数。第四范式——数据密集型科学发现（data intensive scienfic discovery）的核心是利用已有的大量数据，通过计算得到以前未知的理论。

从某种程度来说，第四范式放弃了以前科学研究最重要的部分——因果关系，转而关注相关关系。对于复杂系统来说，因果关系是难以分析明了的，分析因果对于计算机是无能为力的，而从海量数据中分析相关关系则是其优势所在。计算机科学家和哲学家朱迪亚·珀尔（Judea Pearl）在其著作《为什么：因果关系的新科学》（The Book of Why：The New Science of Cause and Effect）中甚至提出因果关系不是客观存在的，是人的主观假设，而相关关系才是客观存在。关于因果关系和相关关系，不同的专家有不同的观点，但是通过大数据技术获得新知识，从而指导人的实践，已经成为研究热门，并且相关技术已成功应用于商业、工业等领域，产生了巨大的效益。

20 世纪 90 年代，计算机技术和计算机网络技术开始迅速发展，数据及信息的外延也进一步扩大，由传统的纸质文献、文档数据扩增为视频、音频、图形、图像、电子档案等多种类型，不仅使信息的表现形式更加多样化，而且还使信息的产生速度发生了质的飞跃。以互联网为例，对比人的互联网，随着物联网、工业互联网的发展，数据的产生量将急剧增加，科学家预计2025年全球每天产生的数据量将达到491EB（1EB约等于10亿GB）。互联网技术的出现使人们的信息交互和合作变得更加容易，进而实现万物互联，并使信息量呈指数式增长，如何从大量信息中提取有用信息变得困难，也更加迫切。因而数据挖掘作为从大量数据中寻找其规律的技术，进而使统计学、数据库技术和人工智能技术的综合显得非常重要。

4.1.1 什么是数据挖掘？

简单地说，数据挖掘是从大量数据中提取或“挖掘”知识，该术语实际上有点用词不当。注意，从矿石或沙子中挖掘黄金称作黄金挖掘，而不是砂石挖掘。这样，数据挖掘应当更正确地命名为“从数据中挖掘知识”。挖掘是一个很生动的术语，它抓住了从大量的、未加工的材料中发现少量金块这一过程的特点（图4-1）。这样，这种用词不当携带了“数据”和“挖掘”，成了流行的选择。还有一些术语，具有和数据挖掘类似，但稍有不同的含义，如数据库中知识挖掘、知识提取、数据/模式分析、数据考古和数据捕捞。

图4-1 数据挖掘：在你的数据中搜索知识

许多人把数据挖掘视为另一个常用的术语“数据库中知识发现（knowledge discovery in database，KDD）”。而另一些人只是把数据挖掘视为数据库中知识发现过程的一个基本步骤。知识发现过程如图4-2所示，由以下步骤组成：

（1）数据清理（消除噪声或不一致数据）。

（2）数据集成（多种数据源可以组合在一起）。

（3）数据选择（从数据库中提取与分析任务相关的数据）。

（4）数据转换（数据转换或统一成适合挖掘的形式，如通过汇总或聚集操作）。

（5）数据挖掘（基本步骤，使用智能方法提取数据模式）。

（6）模式评估（根据某种兴趣度度量，识别提供知识的真正有趣的模式）。

（7）知识表示（使用可视化和知识表示技术，向用户提供挖掘的知识）。

数据挖掘是知识发现过程的一个步骤。然而，在工业界、媒体和数据库研究界，“数据挖掘”比较长的术语“数据库中知识发现”更流行。因此，在本书中，我们选用术语——数据挖掘。采用数据挖掘的广义观点：数据挖掘是从存放在数据库、数据仓库或其他信息库中的大量数据中挖掘有趣知识的过程。

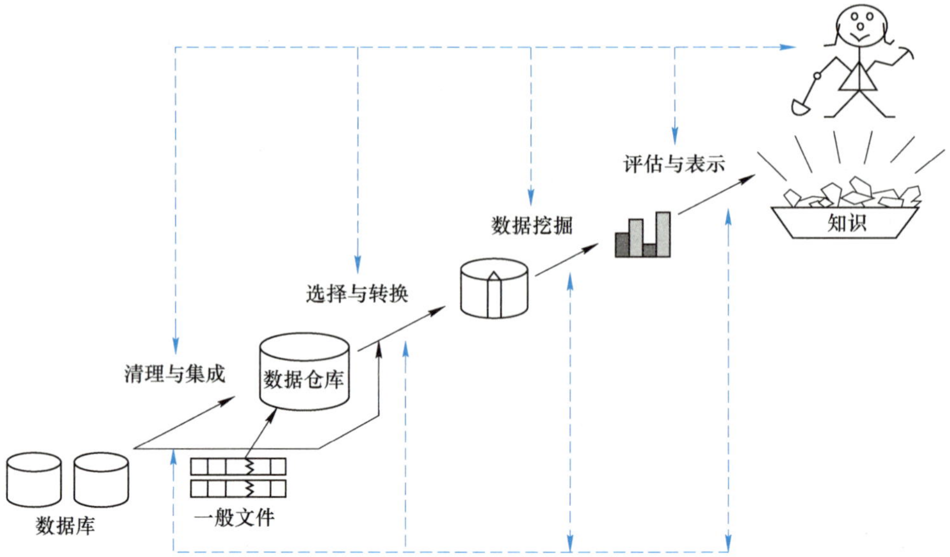

图 4-2 知识发现的流程

数据挖掘涉及多学科技术的集成（图 4-3），包括数据库技术、统计学、机器学习、高性能计算、模式识别、神经网络、数据可视化、信息提取、图像与信号处理和空间数据分析。在本书讨论数据挖掘时，我们采用数据库观点，即着重强调大型数据库中有效的和可规模化的数据挖掘技术。通过数据挖掘，可以从数据库提取有价值的知识、规律或高层次信息，并可以从不同角度观察或浏览。发现的知识可以用于决策、过程控制、信息管理、查询处理等。因此，数据挖掘被信息产业界认为是数据库系统重要的前沿之一，是信息产业有前途的交叉学科。

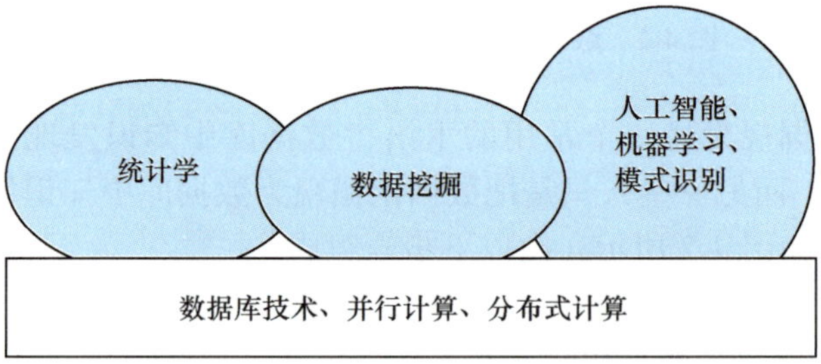

图 4-3 数据挖掘汇集了许多学科的知识

4.1.2 数据挖掘任务

通常，数据挖掘任务分为下面的两大类。

（1）预测任务。这些任务的目标是根据其他属性的值，预测特定属性的值。被预测的属性一般称目标变量（target variable）或因变量（dependent variable），而用来做预测的属性称为说明变量（explanatory variable）或自变量（independent variable）。

（2）描述任务。其目标是导出概括数据中潜在联系的模式（相关、趋势、聚类、轨迹和异常)。本质上，描述性的数据挖掘任务通常是探查性的，并且常常需要后处理技术验证和解释结果。

预测建模（predictive modeling）涉及以说明变量函数的方式为目标变量建立模型。有两类预测建模任务：**分类**（classification），用于预测离散的目标变量；**回归**（regression），用于预测连续的目标变量。例如，预测一个 Web 用户是否会在网上书店买书是分类任务，因为该目标变量是二值的，而预测某股票的未来价格则是回归任务，因为价格具有连续值属性。两项任务目标都是训练一个模型，使目标变量预测值与实际值之间的误差达到最小。预测建模可以用来确定顾客对产品促销活动的反应，预测地球生态系统的扰动，或根据检查结果判断病人是否患有某种疾病。

关联分析（association analysis）用来发现描述数据中强关联特征的模式，所发现的模式通常用蕴涵规则或特征子集的形式表示。由于搜索空间是指数规模的，关联分析的目标是以有效化方式提取最有价值的模式。关联分析的应用包括找出具有相关功能的势因组、识别用户一起访问的 Web 页面、理解地球气候系统不同元素之间的联系等。

聚类分析（cluster analysis）旨在发现紧密相关的观测值组群，使得与属于不同簇的观测值相比，属于同一簇的观测值相互之间尽可能类似。聚类可用来对相关的顾客分组、找出显著影响地球气候的海洋区域以及压缩数据等。

异常检测（anomaly detection）的任务是识别其特征显著不同于其他数据的观测值。这样的观测值称为**异常点**（anomaly）或**离群点**（outlier）。异常检测算法的目标是发现真正的异常点，而避免错误地将正常的对象标注为异常点。换言之，一个好的异常检测器必须具有高检测率和低误报率。异常检测的应用包括检测欺诈、网络攻击、疾病的不寻常模式、生态系统扰动等。

4.1.3 数据挖掘系统的分类

数据挖掘是一个交叉科学领域，受多个学科影响（图 4-4），包括数据库系统、统计学、机器学习、可视化、信息科学和其他学科。此外，依赖于所用的数据挖掘方法，可以使用其他学科的技术，如神经网络、模糊/粗糙集理论、知识表示、归纳逻辑程序设计和高性能计算。依赖于所挖掘的数据类型或给定的数据挖掘应用，数据挖掘系统也可能集成空间数据分析、信息提取、模式识别、图像分析、信号处理、计算机图形学、Web 技术、经济或心理学领域的技术。

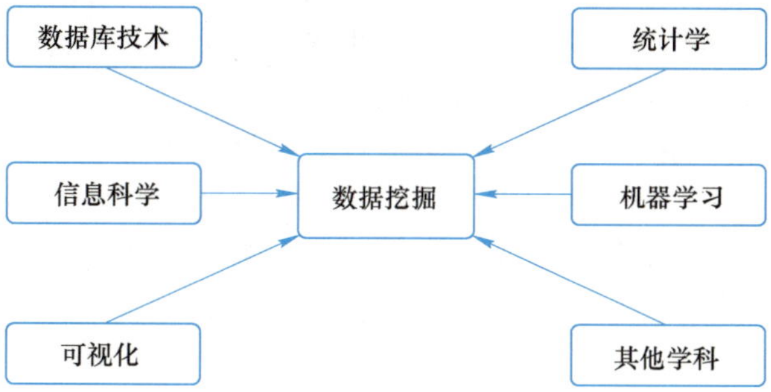

图 4-4 数据挖掘受多学科的影响

数据挖掘源于多个学科，因此数据挖掘研究就产生了大量的、各种不同类型的数据挖掘系统。这样，就需要对数据挖掘系统给出一个清楚的分类。这种分类可以帮助用户区分数据挖掘系统，确定适合其需要的数据挖掘系统。根据不同的标准，数据挖掘系统可以分类如下。

根据挖掘的数据库类型分类： 数据库系统本身可以根据不同的标准（如数据模型、数据或所涉及的应用类型）分类，每一类可能需要自己的数据挖掘技术。这样，数据挖掘系统就可以相应分类。

例如，如果根据数据模型分类，我们可以有关系的、事务的、面向对象的、对象-关系的或数据仓库的数据挖掘系统。如果根据所处理的数据的特定类型分类，我们有空间的、时间序列的、文本的、多媒体的或 WWW 数据挖掘系统。

根据挖掘的知识类型分类： 根据数据挖掘的功能，如特征、区分、关联、聚类、局外者、趋势和演化分析、偏差分析、类似性分析等分类。一个全面的数据挖掘系统应当提供多种/或集成的数据挖掘功能。

此外，数据挖掘系统可以根据所挖掘的知识的粒度或抽象层进行区分，包括泛化知识（在高抽象层）、原始层知识（在原始数据层）或多层知识（考虑若干抽象层）。一个先进的数据挖掘系统应当支持多抽象层的知识发现。

数据挖掘系统还可以分类为挖掘数据规律（通常出现的模式）和数据反规律（如例外或局外者）。一般地，概念描述、关联分析、分类、预测和聚类挖掘数据规律，这些方法能帮助检测局外者，并将局外者作为噪声排除。

根据所用的技术分类： 这些技术可以根据用户交互程度（例如，自动系统、交互探查系统、查询驱动系统等），或所用的数据分析方法（例如，面向数据库或数据仓库的技术，机器学习、统计、可视化、模式识别、神经网络等）描述。复杂的数据挖掘系统通常采用多种数据挖掘技术，或采用有效的、集成的技术，结合一些方法的优点。

根据应用分类： 例如，有些数据挖掘系统可能特别适合财政、电讯、DNA、股票市场、email 等。不同的应用通常需要集成对于该应用特别有效的方法。因此，普通的、全能的数据挖掘系统可能并不适合特定领域的挖掘任务。

4.1.4 数据挖掘在工业中的应用

利用不同数据挖掘形式，解决工业企业实际工作中的各种问题，并对相应的管理信息做出重要决策，进而提高企业的工作效率和竞争力。在工业大数据背景下，适用于企业发展的数据挖掘技术形式包括聚类分析法、分类推测法、关联分析法和特征对比法四种，数据挖掘技术在工业企业的应用方式如图 4-5 所示。

（1）**聚类分析法的应用。** 聚类分析简单来说就是将工业企业的数据和参数进行智能化归类处理，聚类分析过程中，技术人员利用数据挖掘技术，将企业的客户数据、材料数据及员工数据等分别分为相近类和异性类，并从各个分类中选取最优数据进行深层次挖掘，从而实现同一类型数据的最大化相近管理，使企业的数据管理方式更为清晰、具体。

（2）**分类推测法的应用。** 利用分类推测法进行数据管理时，技术人员通过将企业的数据及参数按照共同之处进行划分，例如客户对企业的购物满意度及客户类型等，先对客

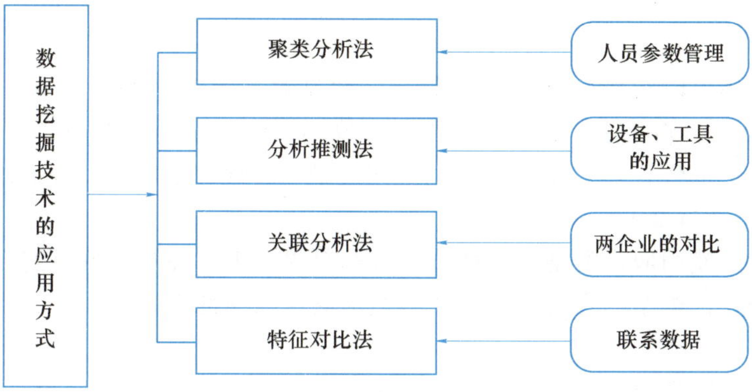

图 4-5　数据挖掘技术应用方式

户的购买倾向进行预测，进而根据客户的购买需求进行分类，并对客户进行智能化管理，从市场中找到客户购买需求的核心因素，从而获得更多有效的客户信息，实现企业的智能化数据处理。

（3）**关联分析法的应用**。由于工业企业数据信息量较大、数据类型复杂，因此对其数据进行管理时是非常有难度的，而数据挖掘技术正是以其隐蔽性的管理过程实现企业的数据处理。关联分析的方式是指对企业的数据及参数进行提取后，对其数据特征进行分析，并对数据特征进行识别，从而及时反映出企业的有效数据信息，进而提升企业的经济效益。对于更具专业性和准确性的数据来说，更要用关联分析的方式进行数据管理，只有充分利用关联分析方式的优势，才能为企业挖掘到更大的潜在客户群体，切实保证企业的经济效益得到落实和提高。

（4）**特征对比法的应用**。特征对比是将企业的共性数据和异类数据分别进行归类分析后，提炼出两组数据的共性特征，通过分析整组数据的共性特征得出企业的发展优势。特征对比法在企业应用当中的优势在于可以对数据和参数进行归类整理，其数据挖掘范围是极其宽泛的，只要保证互联网连接，就可在全网范围内进行数据挖掘，以实现企业的大数据处理。这一过程中为了防止企业的数据流失，还可以利用数据挖掘技术，对客户数据进行提取分析，并从中挖掘客户喜好，有针对地寻找解决办法。利用特征对比分析方式，能够直观了解客户需求，进而推动企业的高效发展。

4.2 数　据

根据应用的不同，数据挖掘的对象可以是各种各样的数据，这些数据可以通过各种形式存储，如数据库、数据仓库、数据文件、流数据、多媒体、网页等。既可以集中存储在数据存储库中，也可以分布在世界各地的网络服务器上。通常将数据集视为待处理的数据对象的集合。由于历史原因，数据对象有多个别名，如记录、点、行、向量、案例、样本、观测等。数据对象也是对象，因此，可以用刻画对象基本特征的属性进行描述。属性也有多个别名，如变量、特征、字段、维、列等。

4.2.1 数据的类型

通常，数据集可以看作数据对象的集合。数据对象有时也叫作记录、点、向量、模式、事件、案例、样本、观测或实体。数据对象用一组刻画对象基本性（如物体质量或事件发生时间）的属性描述。属性有时也叫作变量、特性、字段、特征或维。

4.2.1.1 属性与度量

本节我们考虑使用何种类型的属性描述数据对象，来处理描述数据的问题。首先定义属性，然后考虑属性类型的含义，最后介绍经常遇到的属性类型。

A 什么是属性

我们先详细地定义属性。

定义： 属性（attribute）是对象的性质或特性，它因对象而异，或随时间而变化。

例如，眼球颜色因人而异，而物体的温度随时间而变。注意：眼球颜色是一种符号属性，具有少量可能的值｛棕色，黑色，蓝色，绿色，淡褐色，……｝，而温度是数值属性，可以取无穷多个值。

追根溯源，属性并非数字或符号。然而，为了讨论和精细地分析对象的特性，我们为它们赋予了数字或符号。为了用一种明确定义的方式做到这一点，我们需要测量标度。

定义： 测量标度（measurement scale）是将数值或符号值与对象的属性相关联的规则（函数）。

形式上，测量过程是使用测量标度将一个值与一个特定对象的特定属性相关联。这看上去有点抽象，但是任何时候，我们总在进行这样的测量过程。例如，踏上浴室的磅秤称体重；将人分为男女；清点会议室的椅子数目，确定是否能够为所有参会者提供足够的座位。在所有这些情况下，对象属性的“物理值”都被映射到数值或符号值。

有了这些背景，现在我们可以讨论属性类型，这对于确定特定的数据分析技术是否适用于某种具体的属性是一个重要的概念。

B 属性类型

从前面的讨论显而易见，属性的性质不必与用来度量它的值的性质相同。换句话说，用来代表属性的值可能具有不同于属性本身的性质，并且反之亦然。我们用个例子解释。

例如，雇员年龄和 ID 号，与雇员有关的两个属性是 ID 和年龄，这两个属性都可以用整数表示。然而，谈论雇员的平均年龄是有意义的，但是谈论雇员的平均 ID 却毫无意义。的确，我们希望 ID 属性所表达的唯一方面是它们互不相同。因而，对雇员 ID 的唯一合法操作就是判定它们是否相等。但在使用整数表示雇员 ID 时，并没暗示有此限制。对于年龄属性而言，用来表示年龄的整数的性质与该属性的性质大同小异。尽管如此，这种对应仍不完备，例如，年龄有最大值，而整数没有。

属性的类型告诉我们，属性的哪些性质反映在用于测量它的值中。知道属性的类型是重要的，因为它告诉我们测量值的哪些性质与属性的基本性质一致，从而使得我们可以避免诸如计算雇员的平均 ID 这样的愚蠢行为。注意，通常将属性的类型称作测量标度的类型。

C 属性的不同类型

一种指定属性类型的有用（和简单）的办法是确定对应于属性基本性质的数值的性

质。例如，长度的属性可以有数值的许多性质。按照长度比较对象，确定对象的排序，以及谈论长度的差和比例都是有意义的。数值的如下性质（操作）常常用来描述属性。

（1）**相异性**：= 和 ≠。

（2）**序**：<、≤、>和≥。

（3）**加法**：+和-。

（4）**乘法**：×和 /。

给定这些性质，我们可以定义四种属性类型：**标称**（nominal）、**序数**（ordinal）、**区间**（interval）和**比率**（ratio）。表 4-1 给出这些类型的定义，以及每种类型上有哪些合法的统计操作等信息。每种属性类型拥有其上方属性类型上的所有性质和操作。因此，对于标称、序数和区间属性合法的任何性质或操作，对于比率属性也合法。换句话说，属性类型的定义是累积的。当然，对于某种属性类型合适的操作，对其上方的属性类型就不一定合适。

表 4-1　不同属性类型

属性类型		描　述	例　子	操　作
分类的（定性的）	标称	标称属性的值仅仅是不同的名字，即标称值只提供足够的信息以区分对象（=，≠）	邮政编码、雇员 ID 号、眼球颜色、性别	众数、熵、列联相关、χ^2 检验
	序数	序数属性的值提供足够的信息确定对象的序（<，>）	矿石硬度（好，较好，最好）、成绩、街道号码	中值、百分位、秩相关、游程检验、符号检验
数值的（定量的）	区间	对于区间属性，值之间的差是有意义的。即存在测量单位（+，-）	日历日期、摄氏或华氏温度	均值、标准差、皮尔逊相关、t 和 F 检验
	比率	对于比率变量，差和比率都是有意义的（*，/）	绝对温度、货币量、计数、年龄、质量、长度、电流	几何平均、调和平均、百分比变差

D　用值的个数描述属性

区分属性的一种独立方法是根据属性可能取值的个数来判断。

离散的（discrete）：离散属性具有有限个值或无限可数个值。这样的属性可以是分类的，如邮政编码和 ID 号，也可以是数值的，如计数。通常，离散属性用整数变量表示。二元属性（binary attribute）是离散属性的一种特殊情况，并只接受两个值，如真/假、是/否、男/女或 0/1。通常，二元属性用布尔变量表示，或者用只取两个值 0 或 1 的整型变量表示。

连续的（continuous）：连续属性是取实数值的属性。如温度、高度或质量等属性。通常，连续属性用浮点变量表示。实践中，实数值只能用有限的精度测量和表示。

从理论上讲，任何测量标度类型（标称的、序数的、区间的和比率的）都可以与基于属性值个数的任意类型（二元的、离散的和连续的）组合。然而，有些组合并不常出现，或者没有什么意义。例如，很难想象一个实际数据集包含连续的二元属性。通常，标称和序数属性是二元的或离散的，而区间和比率属性是连续的。然而，**计数属性**（count attribute）是离散的，也是比率属性。

E 非对称的属性

对于非对称的属性（asymmetric attribute），出现非零属性值是重要的。考虑这样一个数据集，其中每个对象是一个学生，而每个属性记录学生是否选修大学的某个课程。对于某个学生，如果他选修了对应于某属性的课程，该属性取值 1，否则取值 0。由于学生只选修所有可选课程中的很小一部分，这种数据集的大部分值为 0。因此，关注非零值将更有意义、更有效。否则，如果在学生们不选修的课程上作比较，则大部分学生都非常相似。只有非零值才重要的二元属性是非对称的二元属性。

4.2.1.2 数据集的类型

数据集的类型有多种，并且随着数据挖掘的发展与成熟，还会有更多类型的数据集将用于分析。本节我们介绍一些很常见的类型。为方便起见，我们将数据集的类型分成三组：记录数据、基于图形的数据和有序的数据。这些分类不能涵盖所有的可能性，肯定还存在其他的分组。

A 数据集的一般特性

在提供特定类型数据集的细节之前，我们先讨论适用于许多数据集的三个特性，它们对数据挖掘技术具有重要影响，它们是维度、稀疏性和分辨率。

维度（dimensionality）：数据集的维度是数据集中的对象具有的属性数目。低维度数据往往与中、高维度数据有质的不同。确实，分析高维数据有时会陷入所谓维灾难（curse of dimensionality）。正因为如此，数据预处理的一个重要动机就是减少维度，称为维归约（dimensionality reduction）。这些问题在本章的后面会更深入地讨论。

稀疏性（sparsity）：有些数据集，如具有非对称特征的数据集，一个对象的大部分属性上的值都为 0；在许多情况下，非零项还不到 1%。实际上，稀疏性是一个优点，因为只有非零值才需要存储和处理。这将节省大量的计算时间和存储空间。此外，有些数据挖掘算法仅适合处理稀疏数据。

分辨率（resolution）：常常可以在不同的分辨率下得到数据，并且在不同的分辨率下数据的性质也不同。例如，在几米的分辨率下，地球表面看上去很不平坦，但在数十公里的分辨率下却相对平坦。数据的模式也依赖于分辨率。如果分辨率太高，模式可能看不出，或者掩埋在噪声中；如果分辨率太低，模式可能不出现。例如，几小时记录一下气压变化可以反映出风暴等天气系统的移动；而在月的标度下，这些现象就检测不到。

B 记录数据

许多数据挖掘任务都假定数据集是记录（数据对象）的汇集，每个记录包含固定的数据字段（属性）集。对于记录数据的大部分基本形式，记录之间或数据字段之间没有明显的联系，并且每个记录（对象）具有相同的属性集。记录数据通常存放在平展文件或关系数据库中。关系数据库当然不仅仅是记录的汇集，它还包含更多的信息，但是数据挖掘一般并不使用关系数据库的这些信息。更确切地说，数据库是查找记录的方便场所。

事务数据或购物篮数据：事务数据（transaction data）是一种特殊类型的记录数据，其中每个记录（事务）涉及一系列的项。考虑一个杂货店。顾客一次购物所购买的商品的集合就构成一个事务，而购买的商品是项。这种类型的数据称为购物篮数据（market basket data），因为记录中的项是顾客“购物篮”中的商品。事务数据是项的集合的集族，但是也能将它视为记录的集合，其中记录的字段是非对称的属性。这些属性常常是二元的，指出商品是否已买。更一般地，这些属性还可以是离散的或连续的，例如表示购买的商品数量或购买商品的花费。

数据矩阵：如果一个数据集族中的所有数据对象都具有相同的数值属性集，则数据对象可以看作多维空间中的点（向量），其中每个维代表对象的一个不同属性。这样的数据对象集可以用一个 $m \times n$ 的矩阵表示，其中 m 行，一个对象一行；n 列，一个属性一列（也可以将数据对象用列表示，属性用行表示）。这种矩阵称为数据矩阵（data matrix）或模式矩阵（pattern matrix）。数据矩阵是记录数据的变体，但是，由于它由数值属性组成，可以使用标准的矩阵操作对数据进行变换和处理，因此，对于大部分统计数据，数据矩阵是一种标准的数据格式。

稀疏数据矩阵：稀疏数据矩阵是数据矩阵的一种特殊情况，其中属性的类型相同并且是非对称的，即只有非零值才是重要的。事务数据是仅含 0、1 元素的稀疏数据矩阵的例子。另一个常见的例子是文档数据。特别地，如果忽略文档中词（术语）的次序，则文档可以用词向量表示，其中每个词是向量的一个分量（属性），而每个分量的值是对应词在文档中出现的次数。文档集合的这种表示通常称为文档-词矩阵（document-term matrix）。

C 基于图形的数据

有时，图形可以方便而有效地表示数据。我们考虑两种特殊情况：图形捕获与数据对象之间的联系，以及数据对象本身用图形表示。

带有对象之间联系的数据：对象之间的联系常常携带重要信息。在这种情况下，数据常常用图形表示。一般把数据对象映射到图的节点，而对象之间的联系用对象之间的链和诸如方向、权值等链性质表示。考虑万维网上的网页，页面上包含文本和指向其他页面的链接。为了处理搜索查询，Web 搜索引擎收集并处理网页，提取它们的内容。然而，众所周知，指向或出自每个页面的链接包含了大量该页面与查询相关程度的信息，因而必须考虑。

具有图形对象的数据：如果对象具有结构，即对象包含具有联系的子对象，则这样的对象常常用图形表示。例如，化合物的结构可以用图形表示，其中节点是原子，节点之间的链是化学键。图形表示可以确定何种子结构频繁地出现在化合物的集合中，并且查明这些子结构中是否有某种子结构与诸如熔点或生成热等特定的化学性质有关。

D 有序数据

时序数据：时序数据（sequential data）也称时间数据（temporal data），可以看作记录数据的扩充，其中每个记录包含一个与之相关联的时间。考虑存储事务发生时间的零售事务数据。时间信息可以帮助我们发现“万圣节前夕糖果销售达到高峰”之类的模式。

时间也可以与每个属性相关联。例如，每个记录可以是一位顾客的购物历史，包含不同时间购买的商品列表。使用这些信息，就有可能发现“购买 DVD 播放机的人趋向于在其后不久购买 DVD”之类的模式。

序列数据：序列数据（sequence data）是一个数据集合，它是各个实体的序列，如词或字母的序列。除没有时间戳之外，它与时序数据非常相似，只是有序序列考虑项的位置。例如，动植物的遗传信息可以用称作基因的核苷酸的序列表示。与遗传序列数据有关的许多问题都涉及由核苷酸序列的相似性预测基因结构和功能的相似性。

时间序列数据：时间序列数据（time series data）是一种特殊的时序数据，其中每个记录都是一个时间序列（time series），即一段时间以来的测量序列。例如，金融数据集可能包含各种股票每日价格的时间序列对象。在分析时间数据时，重要的是要考虑时间自相关（temporal autocorrelation），即如果两个测量的时间很接近，则这些测量的值通常非常相似。

空间数据：有些对象除了其他类型的属性之外，还具有空间属性，如位置或区域。空间数据的一个例子是从不同的地理位置收集的气象数据。空间数据的一个重要特点是空间自相关性（spatial autocorrelation），即物理上靠近的对象趋向于在其他方面也相似。这样，地球上相互靠近的两个点通常具有相近的气温和降水量。

E　处理非记录数据

大部分数据挖掘算法都是为记录数据或其变体设计的。通过从数据对象中提取特征，并使用这些特征创建对应于每个对象的记录，针对记录数据的技术也可以用于非记录数据。考虑前面介绍的化学结构数据。给定一个常见的子结构集合，每个化合物都可以用一个具有二元属性的记录表示，这些二元属性指出化合物是否包含特定的子结构。这样的表示实际上是事务数据集，其中事务是化合物，而项是子结构。

在某些情况下，容易用记录形式表示数据，但是这类表示并不能捕获数据中的所有信息。考虑这样的时间空间数据，它由空间网格每一点上的时间序列组成。通常这种数据存放在数据矩阵中，其中每行代表一个位置，而每列代表一个特定的时间点。然而，这种表示并不能明确地表示属性之间存在的时间联系以及对象之间存在的空间联系。但并不是说这种表示不合适，而是说分析时必须考虑这些联系。例如，在使用数据挖掘技术时，假定属性之间在统计上是相互独立的并不是一个好主意。

4.2.2 数据的质量

数据挖掘使用的数据常常是为其他用途收集的，或者在收集时未明确其目的。因此，数据挖掘常常不能“在数据源头控制质量”。相比之下，统计学的实验设计或调查往往其数据质量都达到了一定的要求。由于无法避免数据质量问题，因此数据挖掘着眼于两个方面：数据质量问题的检测和纠正；使用可以容忍低质量数据的算法。第一步的检测和纠正，通常称作**数据清理**（data cleaning）。

4.2.2.1　测量和数据收集问题

期望数据完美是不现实的。由于人的错误、测量设备的限制或数据收集过程的漏洞都可能导致问题。数据的值乃至这个数据对象都可能会丢失。在有些情况下，可能有不真实的或重复的对象，即对应于单个“实际”对象出现了多个数据对象。例如，对于一个最近住过两个不同地方的人，可能有两个不同的记录。即使所有的数据都不缺，并且“看上去很好”，也可能存在不一致，如一个人身高 2m，但体重只有 2kg。

在下面几节，关注数据测量和收集方面的数据质量问题。先定义测量误差和数据收集错误，然后考虑涉及测量误差的各种问题：噪声、伪像、偏倚、精度和准确率。最后讨论可能同时涉及测量和数据收集的数据质量问题：离群点、遗漏和不一致的值、重复数据。

A 测量误差和数据收集错误

测量误差（measurement error）是指测量过程中导致的问题。一个常见的问题是：在某种程度上，记录的值与实际值不同。对于连续属性，测量值与实际值的差称为误差（error）。**数据收集错误**（data collection error）是指诸如遗漏数据对象或属性值，或不当地包含了其他数据对象等错误。例如，一种特定种类动物研究可能包含了相关种类的其他动物，它们只是表面上与要研究的种类相似。测量误差和数据收集错误可能是系统的也可能是随机的。

我们只考虑一般的错误类型。在特定的领域，总有些类型的错误是常见的，并且常常有很好的技术来检测并纠正这些错误。例如，人工输入数据时键盘录入错误是常见的，因此许多数据输入程序具有检测技术，并且通过人工干预纠正这类错误。

B 噪声和伪像

噪声是测量误差的随机部分。其值可能涉及被扭曲或加入了谬误对象。图 4-6 显示了被随机噪声干扰前后的时间序列。如果在时间序列上添加更多的噪声，形状将会消失。图 4-6 显示了三组添加一些噪声点前后的数据集。注意，有些噪声点与非噪声点混在一起。

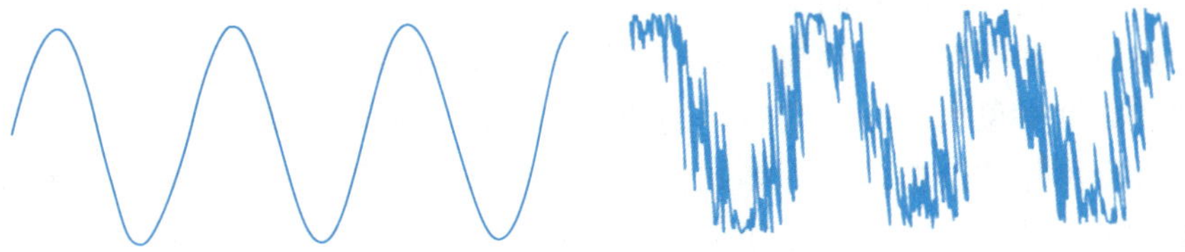

图 4-6 时间序列中的噪声

“噪声”通常用于包含时间或空间分量的数据。在这些情况下，可以使用信号或图像处理技术降低噪声，从而帮助发现可能“淹没在噪声中”的模式。尽管如此，完全消除噪声通常是困难的，而许多数据挖掘工作都关注设计鲁棒算法（robust algorithm），即在噪声干扰下也能产生可以接受的结果。

数据错误可能是更确定性现象的结果，如一组照片在同一地方出现条纹。数据的这种确定性失真常称为**伪像**（artifact）。

C 精度、偏倚和准确率

在统计学和实验科学中，测量过程和结果数据的质量用精度和偏倚度量。给出标准的定义，随后简略加以讨论。对下面的定义，假定对相同的基本量进行重复测量，并使用测量值集合计算均值（平均值），作为实际值的估计。

度（precision）：（同一个量的）重复测量值之间的接近程度。

偏倚（bias）：测量值与被测量值之间的系统的偏差。

准确率（accuracy）：测量值与实际值之间的接近度。

准确率依赖于精度和偏倚，但是由于它是一个一般化的概念，因此没有用这两个量表达准确率的公式。

准确率的一个重要方面是**有效数字**（significant digit）的使用，其目标是仅使用数据精度所能确定的数字位数表示测量或计算结果。例如，对象的长度用最小刻度为毫米的米尺测量时，我们只能记录最接近毫米的长度数据，这种测量的精度为±0.5mm。

D 离群点

离群点（outlier）是在某种意义上具有不同于数据集中其他大部分数据对象特征的数据对象，或是相对于该属性的典型值来说不寻常的属性值。我们也称其为**异常**（anomalous）对象或异常值。有许多定义离群点的方法，并且统计学和数据挖掘已经提出了很多不同的定义。此外，区别噪声和离群点这两个概念是非常重要的。离群点可以是合法的数据对象或值。因此，不像噪声，离群点本身有时是人们感兴趣的对象。例如欺诈和网络攻击检测中，目标就是从大量正常对象和事件中发现不正常的对象和事件。

E 遗漏值

一个对象遗漏一个或多个属性的情况并不少见。有时可能会出现信息收集不全的情况。例如有的人拒绝透露年龄或体重。还有些情况下，某些属性并不能用于所有对象，例如表格通常存在条件选择部分，仅当填表人以特定的方式回答问题的时候，条件选择部分才需要填写。但为简单起见存储了表格的所有字段。无论何种情况，在数据分析时都应当考虑遗漏值。

有许多处理遗漏值的策略（和这些策略的变种），每种策略可能适用于特定的情况。这些策略在下面列出，同时我们指出它们的优缺点。

删除数据对象或属性：一种简单而有效的策略是删除具有遗漏值的数据对象。然而，即使不完整的数据对象也包含一些有用的信息，并且，如果许多对象都有遗漏值，则很难甚至不可能进行可靠的分析。尽管如此，如果某个数据集只有少量的对象具有遗漏值，则忽略它们可能是合算的。一种与之相关的策略是删除具有遗漏值的属性。然而，做这件事要小心，因为被删除的属性可能对分析是至关重要的。

估计遗漏值：有时，遗漏值可以可靠地估计。例如，在考虑以大致平滑的方式变化的、具有少量但分散的遗漏值的时间序列时，遗漏值可以使用其他值来估计（插值）。另举一例，考虑一个具有许多相似数据点的数据集，与具有遗漏值的点邻近的点的属性值常常可以用来估计遗漏的值。如果属性值是连续的，则可以使用最近邻的平均属性值；如果属性值是分散的，则可以取最近邻中最常出现的属性值。为了更具体地解释，考虑地面站记录的降水量，对于未设地面站的区域，降水量可以使用邻近地面站的观测值估计。

在分析时忽略遗漏值：许多数据挖掘方法都可以修改、忽略遗漏值。例如，假定正在对数据对象聚类，需要计算各对数据对象间的相似性。如果其中某对的一个对象或两个对象都有某些属性有遗漏值，则可以仅使用没有遗漏值的属性来计算相似性。当然，这种相似性只是近似的，除非整个属性数据很少，或者遗漏值的数量很大，否则这种误差影响不大。同样地，许多分类方法都可以修改，便于处理遗漏值。

F 不一致的值

数据可能包含不一致的值。比如地址字段列出了邮政编码和城市名，但实际上该邮政编码区域并不包含在对应的城市中。可能是人工录入该信息时颠倒了两个数字，或许是在手写体扫描时读错了一个数字。无论导致不一致的原因是什么，重要的是能检测出来，并且可能的话，纠正这种错误。

有些不一致类型容易检测，例如人的身高不应当是负的。有些情况下，可能需要查阅外部信息源，例如当保险公司处理赔偿要求时，它将对照顾客数据库核对赔偿单上的姓名与地址。

检测到不一致后，有时可以对数据进行更正。产品代码可能有“校验”数字，或者可以通过一个备案的已知产品代码列表，复核产品代码；如果发现它不正确但接近一个已知代码，则纠正它。纠正不一致需要额外的或冗余的信息。

G 重复数据

数据集可能包含重复或几乎重复的数据对象。许多人都收到过重复的邮件，因为它们以稍微不同的名字多次出现在数据库中。为了检测并删除这种重复，必须处理两个主要问题。首先，如果两个对象实际代表同一个对象，则对应的属性值必然不同，必须解决这些不一致的值；其次，需要避免意外地将两个相似但并非重复的数据对象合并在一起。数据**去重复**（deduplication）通常用来表示处理这些问题的过程。

在某些情况下，两个或多个对象在数据库的属性度量上是相同的，但是仍然代表不同的对象。这种重复是合法的。但是如果某些算法设计中没有专门考虑这些属性可能相同的对象，则可能导致问题。

4.2.2.2 关于应用的问题

数据质量问题也可以从应用角度考虑，表达为“数据是高质量的，如果它适合预期的应用”。特别是对工商业界，数据质量的这种提议非常有用。

时效性：有些数据收集后就开始老化。比如说，如果数据提供正在发生的现象或过程的快照，如顾客的购买行为或 Web 的浏览模式，则快照只代表有限时间内的真实情况。如果数据已经过时，则基于它的模型和模式也已经过时。

相关性：可用的数据必须包含应用所需要的信息。考虑构造一个模型，预测交通事故发生率。如果忽略了驾驶员的年龄和性别信息，那么除非这些信息可以间接地通过其他属性得到，否则模型的精度可能是有限的。

确保数据集中的对象相关不太容易。一个常见问题是抽样偏倚。指样本包含的不同类型的对象与它们在总体中出现情况不成比例。例如调查数据只反映调查做出相应的那些人的意见。由于数据分析的结果只反映现有的数据，抽样偏倚通常导致不正确的分析。

关于数据的知识：理想情况下，数据集附有描述数据的文档。例如，如果文档表明若干属性是强相关的，则说明这些属性可能提供了高度冗余的信息，我们可以决定只保留一个。然而，如果文档很糟糕，例如，它没有告诉我们特定字段上的遗漏值用-9999 指示，则我们的数据分析就可能出问题。其他应该说明的重要特性是数据精度、特征的类型、测量的刻度和数据的来源。

4.2.3 数据预处理

数据预处理是数据挖掘的重要步骤，数据挖掘者的大部分精力都要花在预处理阶段。

4.2.3.1 聚集

聚集（aggregation）就是将两个或者多个对象合并为单个对象。一般来说，定量数据通常通过求和或平均值的方式进行聚集，定性数据通常通过汇总进行聚集。聚集通过数据规约来减少数据量，所导致的较小数据集只需要较少内存和处理时间的开销，因此，可以使用开销更大的数据挖掘算法。另外，聚集使用高层数据视图，起到了范围或度量转换的作用。

4.2.3.2 抽样

如果处理全部数据的开销太大，数据预处理可以使用抽样，只选择数据对象的子集进行分析。使用抽样可以压缩数据量，因此，能够使用效果好但开销较大的数据挖掘算法。由于抽样是一个统计过程，好的抽样方案就是确保以很高的概率得到有代表性的样本，即样本近似地具有与原数据相同的性质。

抽样方式有多种，最简单的抽样是让选取每一个数据作为样本的概率都相同，这称为简单随机抽样，又分为有放回抽样和无放回抽样两种形式，前者是从 N 个数据中以概率 $1/N$ 分别随机抽样取出 n 个数据行，构成样本子集；后者与有放回抽样的过程相似，但每次都要删除原数据集中已经抽取出来的数据行。

当整个数据集由差异较大的数据行构成时，简单随机抽样可能无法抽取到不太频繁出现的数据行，这会导致得到的样本不具代表性。分层抽样（stratified sampling）尽量利用事先掌握的信息，充分考虑保持与样本结构和总体结构的一致性以提高样本的代表性。其步骤是，先将数据集按某种特征分为若干不相交的层，然后再从每一层中进行简单随机抽样，从而得到具有代表性的抽样数据子集。

4.2.3.3 维度归约

维度是指数据集中属性的数目。维度归约（dimension reduction）是一种数学方法，用于减少高维数据的维数，以便更容易分析和理解数据。在维度归约中，可以将原始数据从高维空间映射到低维空间，以便更好地探索数据之间的关系和结构。维度归约的方法有很多种，其中比较常用的方法包括主成分分析（PCA）、因子分析、独立成分分析（ICA）等。

维度归约可以去除不相关的属性并降低噪声，维度降低会使许多数据挖掘的算法变得更好，还能消除维灾难带来的负面影响。维灾难是指，随着维度的增加，数据在它所占的空间越来越稀疏，对于分类问题，这意味着可能没有足够数据对象来创建模型，对于聚类问题，点之间的密度和距离的定义将失去意义。因此，对于高维数据，许多分类和聚类等学习算法的效果都不理想。维度归约使模型的属性更少，因而可以产生更容易理解的模型。

4.2.3.4 属性选择

除维度归约外，降低维度的另一种方法是仅使用属性的一个子集。表面看来似乎这种方法更容易丢失信息，但很多情况下，数据集存在冗余或不相关的属性。其中，冗余属性是指某个属性包含了其他属性中的部分或全部信息，不相关属性是指对于手头数据挖掘任务几乎完全没有用处的信息。属性选择是指从数据集中选择最具代表性的属性子集，删除冗余或不相关的属性，从而提高数据处理的效率，使模型更容易理解。

最简单的属性选择方法是使用常识或领域知识，以消除一些不相关或冗余属性，但是，选择最佳属性子集通常需要系统的方法。理想属性选择方法是，将全部可能的属性子集作为数据挖掘学习算法的输入，然后选取能产生最好结果的子集。这种方法反映了对最终使用的数据挖掘算法的目的和偏爱。但是，由于 n 个属性子集的数量多达 $2n$ 个，大部分情况下行不通。因此，需要考虑三种标准属性选择方法：嵌入、过滤和包装。

嵌入方法（embedded approach）将属性选择作为数据挖掘算法的一部分。在挖掘算法运行期间，算法本身决定使用哪些属性以及忽略哪些属性。决策树算法通常使用这种方法。

过滤方法（filter approach）在运行数据挖掘算法之前，使用独立于数据挖掘任务的方法进行属性选择，即先过滤数据集产生一个属性子集。

包装方法（wrapper approach）将学习算法的结果作为评价准则的一部分，其使用类似于前文介绍的理想算法，但通常无法枚举出全部可能的子集以找出最佳属性子集。

根据属性选择过程是否需要使用类别信息，属性选择可以分为有监督属性选择和无监督属性选择。前者通过度量类别信息和属性之间的相互关系来确定属性子集，后者不使用类别信息，使用聚类方法评估属性贡献度，来确定属性子集。

4.2.3.5 属性创建

通过对数据集中旧的属性进行处理，创建新的数据集，这样能更有效地获取重要的信息。由于通常新数据集的维度比原数据集少，因此，可以获得维度归约带来的好处。属性创建有三种方法：属性提取、映射数据到新空间和属性构造。

属性提取是指由原始数据创建新的属性。例如，对照片数据进行处理，提取一些较高层次的特征，诸如与人脸高度相关的边和区域等，就可以使用更多的分类技术。

映射数据到新空间，是指使用一种完全不同的视角挖掘数据可能揭示重要而有趣的特征，诸如与人脸高度相关的边和区域等，就可以使用更多的分类技术。

当原始数据集的属性含有必要信息，但其形式不适合数据挖掘算法的时候，可以使用属性构造，将一个或多个原来的属性构造出新的属性。

4.2.3.6 离散化和二元化

有的数据挖掘算法，尤其是某些分类算法，要求数据是分类属性的形式。发现关联模式的算法要求数据是二元属性的形式。因此，需要进行属性变换，将连续属性转换为分类属性或离散化（discretization），将连续和离散属性转换为一个或多个二元属性称为二元化（binarization）。

连续属性离散化为分类属性分为两个子任务：决定需要多少个分类值，以及如何确定将连续属性映射到这些分类值中。因此，离散化问题就是决定选择多少个分割点，以及确定分割点的位置。利用少数分类值标签替换连续属性的值，从而减少和简化原来的数据。

根据是否使用类别信息，可以将离散化技术分为两类：使用类别信息的称为有监督的离散化，反之称为无监督的离散化。

等宽和等频离散化是两种常用的无监督的离散化方法。等宽（equal width）离散化将属性的值域划分为相同宽度的区间，区间的数目由用户指定。这种方式常常会造成实例分布不均匀。等频（equal frequency）离散化也称为等深（equal depth）离散化，它试图将相同数量的对象放进每个区间，区间的数目由用户指定。

4.2.3.7 变量变换

变量变换（variable transformation）也称为属性变换，是指用于变量的所有值的变换。下面讨论两种重要的变量变换：简单函数变换和规范化。

简单函数变换是使用一个简单数学函数分别作用于每一个值。在统计学中，使用平方根、对数变换和倒数变换等变量变换常用于将不具有高斯分布的数据变换为具有高斯分布的数据。

变量的标准化（standardization）是使整个值的集合具有特定的性质。例如，假如 $\bar{x}$ 是某个属性的均值，S_x 是其标准差，则变换公式为 $x' = \frac{x - \bar{x}}{S_x}$。创建一个具有均值0 和标准差1 的新的变量。由于均值和标准差受离群点的影响较大，因此，通常可修正上述变换。例如，用中位数（median）替代均值，用绝对标准差替代标准差等。

4.2.4 数据的相异度和相似度

4.2.4.1 数据对象之间的相异度

我们从讨论距离（距离是具有特定性质的相异度）开始，然后给出一些更一般的相异度类型的例子。

首先给出一些例子，然后使用距离的常见性质正式地介绍距离。一维、二维、三维或高维空间中有两个点 x 和 y 之间的**欧几里得距离**（Euclidean distance）d 由如下熟悉的公式定义：

$$d(x, y) = \sqrt{\sum_{k=1}^{n} (x_k - y_k)^2} \tag{4-1}$$

其中，n 是维数，而 x_k 和 y_k 分别是 x 和 y 的第 k 个属性值（分量）。我们用图 4-7、表 4-2 和表 4-3 解释该公式，它们展示了这个点集、这些点的 x 和 y 坐标以及包含这些点之间距离的距离矩阵（distance matrix）。

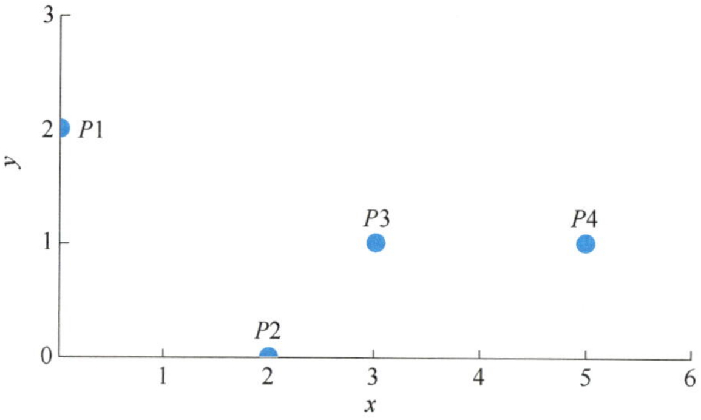

图 4-7 四个二维点

表 4-2 四个点的 x 和 y 坐标

点	x 坐标	y 坐标
$P1$	0	2
$P2$	2	0
$P3$	3	1
$P4$	5	1

表 4-3 四个点的欧几里得距离矩阵

点	P1	P2	P3	P4
P1	0.0	2.8	3.2	5.1
P2	2.8	0.0	1.4	3.2
P3	3.2	1.4	0.0	2.0
P4	5.1	3.2	2.0	0.0

上述公式给出的欧几里得距离可以用闵可夫斯基距离（Minkowski distance）来推广：

$$d(x,\ y) = \left(\sum_{k=1}^{n} |x_k - y_k|^r\right)^{1/r} \tag{4-2}$$

其中，r 是参数。下面是闵可夫斯基距离的三个最常见的例子。

$r=1$，城市街区（也称曼哈顿、出租车、$L1$ 范数）距离。一个常见的例子是汉明距离（Hamming distance），它是两个具有二元属性的对象（即两个二元向量）之间不同的二进制位个数。

$r=2$，欧几里得距离（$L2$ 范数）。

$r=\infty$，上确界（L_{max}或 $L\infty$ 范数）距离。这是对象属性之间的最大距离。更为正式地，$L\infty$ 的定义如下式：

$$d(x,\ y) = \lim_{r\to\infty}\left(\sum_{k=1}^{n} |x_k - y_k|^r\right)^{1/r} \tag{4-3}$$

注意不要将参数 r 与维数（属性数）n 混淆。欧几里得距离、曼哈顿距离和上确界距离是对 n 的所有值（1，2，3，…）定义的，并且指定了将每个维（属性）上的差组合成总距离的不同方法。

表 4-4 和表 4-5 给出数据的 $L1$ 距离和 $L\infty$ 距离的邻近度矩阵。注意，所有的距离矩阵都是堆成的。

表 4-4 四个点的 $L1$ 距离矩阵

点	P1	P2	P3	P4
P1	0.0	4.0	4.0	6.0
P2	4.0	0.0	2.0	4.0
P3	4.0	2.0	0.0	2.0
P4	6.0	4.0	2.0	0.0

表 4-5 四个点的 $L\infty$ 距离矩阵

点	P1	P2	P3	P4
P1	0.0	2.0	3.0	5.0

续表 4-5

点	$P1$	$P2$	$P3$	$P4$
$P2$	2.0	0.0	1.0	3.0
$P3$	3.0	1.0	0.0	2.0
$P4$	5.0	3.0	2.0	0.0

距离具有一些众所周知的性质。如果 $d(x, y)$ 是两个点 x 和 y 之间的距离，则如下性质成立。

（1）非负性。对于所有 x 和 y，$d(x, y) \geqslant 0$；仅当 $x = y$ 时 $d(x, y) = 0$。

（2）对称性。对于所有 x 和 y，$d(x, y) = d(y, x)$。

（3）三角不等式。对于所有 x，y 和 z，$d(x, z) \leqslant d(x, y) + d(y, z)$。

满足以上三个性质的测度称为度量（metric）。

4.2.4.2 数据对象之间的相似度

对于相似度，三角不等式（或类似的性质）通常不成立，但是对称性和非负性通常成立。更明确地说，如果 $s(x, y)$ 是数据点 x 和 y 之间的相似度，则相似度具有如下典型性质。

（1）仅当 $x = y$ 时 $s(x, y) = 1(0 \leqslant s \leqslant 1)$。

（2）对于所有 x 和 y，$s(x, y) = s(y, x)$（对称性）。

对于相似度，没有与三角不等式对应的一般性质。然而，有时可以将相似度简单地变换为一种度量距离。稍后讨论的余弦相似性度量和 Jaccard 相似性度量就是两个例子。此外，对于特定的相似性度量，还可能在两个对象相似性上导出本质上与三角不等式类似的数学约束。

例如，考虑一个实验，实验中要求人们对屏幕上快速闪过的一小组字符进行分类。该实验的混淆矩阵（confusion matrix）记录每个字符被分类为自己的次数和被分类为另一个字符的次数。例如，假定“0”出现了 200 次，它被分类为“0” 160 次，而被分类为“o” 40 次。类似地，“o”出现 200 次并且分类为“o” 170 次，但是分类为“0”只有 30 次。如果取这些计数作为两个字符之间相似性的度量，则得到一种相似性度量，但这种相似性度量不是对称的。在这种情况下，通过选取 $s'(x, y) = s'(y, x) = \frac{s(x, y) + s(y, x)}{2}$，相似性度量可以转换成对称的，其中 s' 是新的相似性度量。

4.3 分类分析

4.3.1 分类的定义

分类是数据挖掘中一种非常重要的方法，它的目的是学会一个分类函数或者分类模型，该模型能把数据库中的数据集映射到给定类别中的某一类别。分类在土壤检测、教育、交通分流等行业具有广泛的应用。

给定一个数据库 $D=\{t_1, t_2, t_3, \cdots, t_n\}$ 和一组类 $C_j=(x_{j1}, x_{j2}, \cdots, x_{jd})^{\mathrm{T}}$，分类问题是去确定一个映射 f：$D \rightarrow C$，每个元组 t_i 被分配到一个类中。一个类 C_j 包含映射到该类中的所有元组，即 $C_j=\{t_i \mid f(t_i)=C_j, 1 \leqslant i \leqslant n, t \in D\}$。

为了理解分类的定义，将通过例子来说明。老师根据分数把学生分成 A、B、C、D、E 五类，这只需要简单的分界线（60，70，80，90）就可以实现，如表 4-6 所示。

表 4-6 学生分数分类示意

条 件	类 别	条 件	类 别
90≤成绩	A	60≤成绩<70	D
80≤成绩<90	B	成绩<60	E
70≤成绩<80	C		

在上面的定义和例子中，获悉分类就是从数据库到一组类别的映射。其中，分类的类别是被事先定义好、没有交叉的。如何将数据库中每一个实例进行精准地分配给对应的类别，关键是要构建一个分类器。分类的目的是通过分析输入的数据，提炼出精准的数学模型，为每一个实例找到准确的类别。

4.3.2 分类的步骤

一般地，数据的分类过程有两步：建模和分类。

（1）创建一个模型，描述给定的数据类集或概念集的分类器。

这是学习步，它主要是通过分析或从训练集“学习”来构造分类器。训练集是被用来确定模型的，由元组和对应的类标号组成。元组 X 为 n 维属性向量 $X=\{x_1, x_2, x_3, \cdots, x_n\}$，分别描述元组在 n 个数据库属性 $A_1, A_2, A_3, \cdots, A_n$ 上的 n 个度量。假设每个元组 X 都属于一个事先定义好的类，由被叫作类标号属性的数据库属性确定。它不同于无指导的学习，那里每个实例所属哪一类不知道，要学习的类集合或数量也可能不知道。类标号的属性是离散的和没有顺序的，它的每个值代表对应的类。在进行分类时，数据元组也称作样本、数据点或对象。

（2）使用模型进行分类。

在进行分类前，要先评估一下上一步得到的模型的准确率。如果模型的分类准确率可以接受，那么就可以用训练得到的模型对未知的实例或对象进行分类，为它们找到准确的类标号。下面举一个具体的例子说明分类的过程。

例：给出一个顾客有关信用的数据库，可以根据他们的信誉度来识别顾客。首先需要学习建立一个数学模型，之后通过分析待测顾客的数据学习得到的分类模型可以用来预测新顾客的信誉度，从而判定他是否可以购买保险。图 4-8 给出了数据进行分类的过程。

图 4-8 显示了分类的两个过程：（1）建立一个模型。用分类算法分析训练数据。（2）使用模型进行分类。利用测试得到的模型对未知的实例或对象进行分类，来找到准确的类标号。

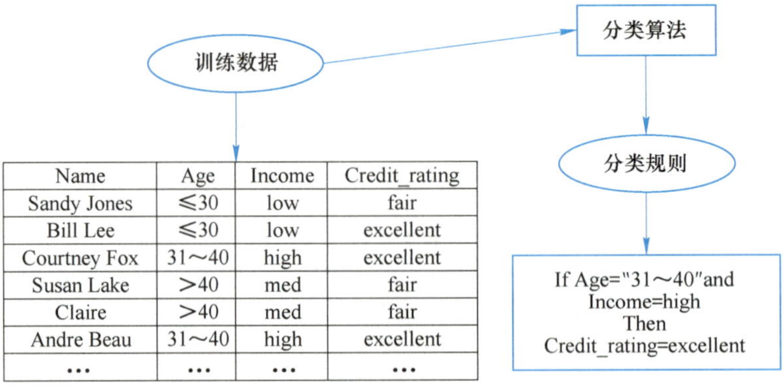

Name	Age	Income	Credit_rating
Sandy Jones	≤30	low	fair
Bill Lee	≤30	low	excellent
Courtney Fox	31～40	high	excellent
Susan Lake	>40	med	fair
Claire	>40	med	fair
Andre Beau	31～40	high	excellent
…	…	…	…

(a) 建立一个模型

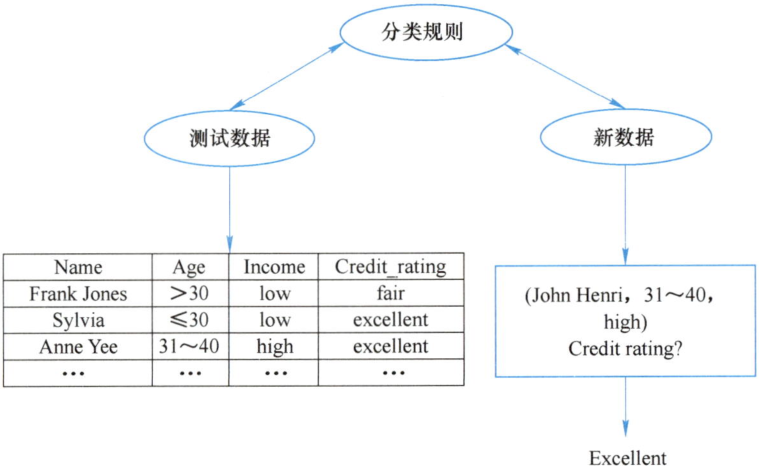

Name	Age	Income	Credit_rating
Frank Jones	>30	low	fair
Sylvia	≤30	low	excellent
Anne Yee	31～40	high	excellent
…	…	…	…

(b) 使用模型进行分类

图 4-8 数据分类过程

4.3.3 分类算法

基于分类器的个数划分，分类算法可以分为单一分类算法和集成分类算法。

4.3.3.1 单一分类算法

单一分类算法是指基于一个基学习器的分类算法，常用的单一分类方法主要包括决策树、朴素贝叶斯、人工神经网络、支持向量机分类等。

Breiman 等（1984 年）提出了早期的决策树分类算法（CART 算法），其使用树结构算法将数据分成离散类。Quinlan（1993 年）在信息增益的基础上，提出了 ID3 算法和 C4.5 算法。决策树算法的核心思想是从一系列无规则、无顺序的实例中推理出“树”形结构的分类规则，找出属性和类别间的关系，并分类未知类别数据。该算法采用自上而下的递推算法，通过对决策树中的各个节点进行属性对比并判断，从而得出各个节点向下的分支，并在叶节点得到结论。

Maron 和 Kuhns（1960 年）在贝叶斯理论的基础上，提出了基于概率统计的简单贝叶斯算法，这是一种利用先验概率预测后验概率的算法，选取后验概率最大的类为样本最终所属类。

神经网络是一种基于网络拓扑关系的算法，它能够模拟大脑的结构和功能，从而构成一个高效的操作模式。在此模型中，许多节点（即“神经元”“单元”）彼此连接，组成了一个网络（神经网络），用于对信息进行处理。神经网络一般都要经过训练，这是网络的学习过程。该学习过程可以通过训练网络中的节点连接权值来实现对目标的分类，从而实现对目标属性的正确识别。常用的有 BP 网络、RBF 网络等。

支持向量机分类法（SVM）是 1995 年由 Cortes 和 Vapnik 提出的，是一种二分类算法。该方法的核心思想是寻找一种能够区分两类样本的最佳超平面，使两类样本间的边界距离最大，从而解决非线性、高维数和局部极小等问题。

4.3.3.2 集成分类算法

实际应用的复杂性和数据的多样性往往使得单一的分类方法不够有效。因此，学者们对多种分类方法的融合即集成学习进行了广泛的研究。Hansen 和 Salamon 提出了新的机器学习方法——集成学习。随着数据结构复杂、数据量大、数据质量参差不齐等问题愈加突出，集成学习成为了大数据分析的强有力工具。

集成学习算法尝试连续调用单一学习算法，得到不同的基学习器，并根据某些规则或方法，组合基学习器，达到解决同一问题的目的，以显著提高学习系统的泛化能力。组合多个基学习器主要采用（加权）投票法，故有可能会降低单一分类器的误差，得到准确率更高的集成分类器。常见的集成算法如下所示。

Breiman（1996 年）最早提出 Bagging 方法。首先，利用自助法抽样的方式对原始训练集进行采样，获得多个训练样本集。其次，基于这些样本集分别训练基分类器。最后，将这些基分类器按照某种规则或方法组合起来，得到最终的集成分类器。基分类器的组合规则一般是按照投票过半或少数服从多数的原则。

2001 年，Breiman 提出了随机森林（RF）算法，该方法是基于决策树的集成学习。RF 算法将 CART 算法构建的没有剪枝的分类决策树作为基分类器，将 Bagging 和随机特征选择结合起来，增加决策树模型的多样性。该算法的基本思想是：首先，利用 Bootstrap 方法从原始样本集中抽取训练集。其次，基于每个训练集拟合一个决策树分类器。最后，所有的决策树（基分类器）针对某样本的类别开始投票，获得最多票数的类别即为这个样本的最终类别。随机森林算法不用对数据预处理，能够很好地容忍噪声和异常值，只选择最重要的特征，适用于高维或大样本的情况以及高维小样本的问题。

Schapire 和 Freundfenbi 最早提出了两种 Boosting 算法。利用重赋权法迭代训练基分类器，并采用序列式线性加权方式来组合基分类器。而 Boosting 算法在应用时需要事先知道弱分类算法分类正确率的下限，这在实际中难以确定。Freund 等（1997 年）基于 Boosting 思想进一步提出了 AdaBoost 算法。其原理是：首先，对训练集中每个样本都赋予相同的初始权重，训练得到第一个基分类器。其次，根据第一个基分类器的识别准确率重新调整每个样本的权重，在第一次训练中，被错误分类的样本获得更高的权重，从而确保被错误分类的样本在下一次学习中能够被正确分类。最后，重复上述步骤，直至获得足够好的分类器。

随机森林模型和 AdaBoost 模型是机器学习类模型中集成思想的代表，可以很好地处理高维数据的分类问题，通过组合多个基分类器获得较高的分类效果。其模型理论基础如下。

（1）随机森林模型。随机森林是目前机器学习方法中预测效果较优的集成算法，属于有监督学习。该算法在决策树训练过程中又引入了随机特征选择，如图 4-9 所示。

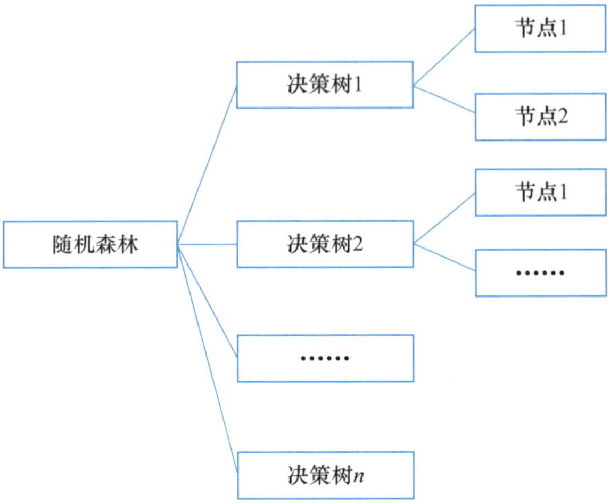

图 4-9　随机森林模型

随机森林的重要参数主要有两个。第一是建立决策树的总数，随着决策树总数的增多，随机森林对训练集的预测更加准确，但对测试集预测效果的提升会趋于平缓，模型训练的效率也会下降。第二是设置每棵决策树随机选择特征变量的数量，当这一参数较小时，模型在预测集的泛化能力较强，但预测准确性较低；随着参数增大，模型对训练集的拟合愈加准确，但过拟合的风险也随之上升。

（2）AdaBoost 模型。AdaBoost 算法先对同个训练集拟合多个分类器，再根据分类模型的分类效果计算各个模型的误差，将多个分类模型线性组合成一个最终分类模型。假设训练集 $D=\{(x_1,y_1),(x_2,y_2),\cdots,(x_n,y_n)\}$，初始时样本等权重开始迭代，得到多个弱分类器 $h_m(x)$。计算每个弱分类器 $h_m(x)$ 的分类误差率 e_m 与话语权 α_m：

$$e_m=\sum_{i=1}^{N}w_{mi}I(h_m(x)\neq y_i) \tag{4-4}$$

$$\alpha_m=\frac{1}{2}\ln\frac{1-e_m}{e_m} \tag{4-5}$$

e_m 越小的弱分类器话语权越大，即其在最终分类模型中的比重越大，根据每个分类模型在最终模型中的比重进行线性组合，得到最终模型。

$$H(x)=\mathrm{sign}\left(\sum_{m=1}^{M}\alpha_m h_m(x)\right) \tag{4-6}$$

4.3.4 应用案例——基于提升小波和 SVM 分类的炼钢物料识别

在炼钢厂，多种炼钢物料都是共用一条皮带输送线分别实时传送，这些物料依赖于皮带上的电子秤进行总量计算，但是无法实现不同种类物料的分别计量。随着企业对物料精细化计量以实现原料平衡和成本核算的需求大大加强，多种物料需要分别精确计算，然而前提是必须能够实时、准确地识别出皮带上物料的种类。

基于钢厂实际需求，主要分析炼钢原料中铁矿石、球团矿、焦炭 3 种物料和空载的传送带 4 类图像，物料原始图像和对应灰度图如图 4-10 所示。

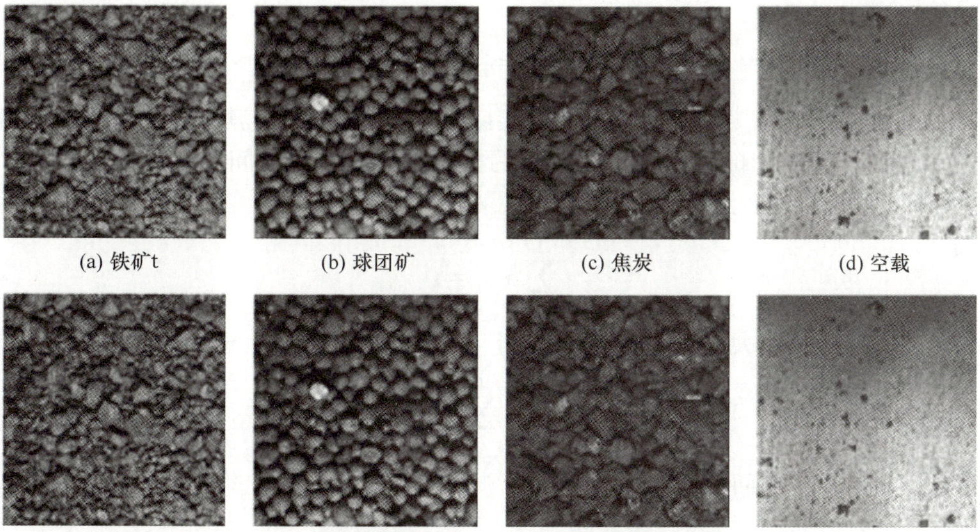

(a) 铁矿t　(b) 球团矿　(c) 焦炭　(d) 空载

(e) 铁矿　(f) 球团矿　(g) 焦炭　(h) 空载

图 4-10　4 类物料原始图像 (a)～(d)和对应的灰度图(e)～(h)

4 类图像在颜色、边缘、纹理等特征上都存在差异。在颜色上，铁矿石种类多颜色不固定，传送带常沾染物料的颜色而不固定，且处理彩色图像的运算量会较大；若提取图像的边缘信息，提取算子与每一个像素都要多次相乘和相加，类似于卷积，计算量较大，实时性不好；3 种物料图像中存在许多重复性的边缘，构成纹理信息，成为图像的重要特征。通过提升算法“塔式”分解，考虑到实际应用中实时性要求，仅提取小波各频带系数的一、二阶统计量：最大值、最小值、均值和方差作为各子频带的纹理能量测度共同组成图像的特征向量。4 个特征向量计算公式分别如下：

$$M_a = \max(x_k(i,\ j)) \tag{4-7}$$

$$M_i = \min(x_k(i,\ j)) \tag{4-8}$$

$$E_k = \frac{1}{M \times N}\sum_{i=1}^{M}\sum_{i=1}^{N} x_k(i,\ j) \tag{4-9}$$

$$V_k = \frac{1}{M \times N}\sum_{i=1}^{M}\sum_{i=1}^{N} (x_k(i,\ j) - E_k)^2 \tag{4-10}$$

式中，$x_k(i,\ j)$ 为第 k 个子频带的小波系数；$M\times N$ 为小波域各子频带的大小。

小波变换使图像的各类特征趋于分离开来，低频子带概略表现了图像的灰度信息，高频和次高频子带提取图像边缘信息，各个频带都不同程度地反映着纹理的差异。小波域准确的统计特征提取十分必要，为下一步使用 SVM 进行图像分类做好准备。

支持向量机的基本思想是构造一个两类问题的最优分类函数（最优分类超平面），使两类尽量无错误地分开，并使两类间的间隔最大。用拉格朗日法求解这个二次规划问题，解中只有少部分拉格朗日乘子不为零，对应的样本为支持向量，通过对支持向量进行训练，使对它们的分类等价于对整个数据集的分类。学习样本线性可分情况下可定义如下的决策函数：

$$d(x) = \operatorname{sgn}(<w, x> + b) = \operatorname{sgn}\left(\sum_{i=1}^{l} \alpha_i y_i <x, x_i> + b\right) \tag{4-11}$$

式中，l 为样本数量；x 为任意样本；x_i 为支持向量；w 为权向量其维数等于特征空间的维数；b 为偏置量；$d(x)$ 的符号决定了向量的类别。要实现分类间隔 $2/|w|$ 最大化，则要求 $|w|$ 最小。用拉格朗日法求解此优化问题，即在约束条件

$$\sum_{i=1}^{l} \alpha_i y_i = 0 \tag{4-12}$$

求式（4-13）的最大值：

$$W(\alpha) = \sum_{i=1}^{l} \alpha_i - \frac{1}{2} \sum_{i,\ j=1}^{l} y_i y_j \alpha_i \alpha <x_i, x_j> \tag{4-13}$$

按式（4-14）取权向量：

$$w^* = \sum_{i=1}^{l} y_i \alpha_i^* x_i \tag{4-14}$$

可以实现分类间隔最大化的最优超平面，式中，$\alpha=(\alpha_1, \alpha_2, \cdots, \alpha_n)^{\mathrm{T}}$，$\alpha_i \geqslant 0$ 为拉格朗日乘子，最后根据决策函数公式求出 b。

如果学习样本非线性可分，可以通过非线性映射（核函数 $K(x, x_i)$），转换成另一个高维空间的线性可分问题。具体实现可使用 $K(x, x_i)$ 代替决策函数公式中的内积 $<x, x_i>$ 使决策函数变为：

$$d(x) = \operatorname{sgn}\left(\sum_{i=1}^{l} \alpha_i y_i K <x, x_i> + b\right) \tag{4-15}$$

此处采用的是径向基核函数 $K(x, x_i) = \exp\{-|x - x_i|^2/\sigma^2\}$。支持向量机在解决小样本、非线性及高维模式识别中表现出许多特有的优势，并能够推广应用到函数拟合等其他机器学习问题中。

为验证上述识别方法，首先在钢厂采集大量的 3 类物料图片和空载图片，根据采集的图像，在实验室建立了仿真实验系统实现物料图像的自动识别。根据实际需求，实验中使用球团矿、铁矿、焦炭、空载 4 类样本图像共计 4000 张，每类图像 1000 张，训练图像与测试图像比例为 1∶1，图像大小取 256×256 像素。针对 4000 张图片首先使用 DB4 小波提升算法对图像做 3 级塔式分解，然后提取每个子频带的最大值、最小值、均值和方差，组成 40 维的向量作为图像的特征矢量，并按照 libSVM 所要求的形式依次保存在训练文本和测试文本里，记录提取所有图像的特征矢量使用的时间为 295s，提取一张图片特征的平均时间是 0.074s，然后利用 libSVM2.88 对所提取的物料特征进行分类，实验结果如表 4-7 所示。

表 4-7 结果对比

项　目	图像特征提取平均时间/s	识别准确率/%
多维特征空间聚类法	无	92.5
快速边缘检测法	8	无
基于提升小波 SVM 分类	0.074	99.15

为了验证方法的可行性，将文献［13］中聚类算法和模糊理论相结合的多维特征空间的模糊聚类法的识别准确率、文献［14］中提出的一种快速模糊边缘检测算法图像特征提取时间，与基于提升小波 SVM 分类的识别方法的结果进行对比。从实验结果可以看出，基于提升小波 SVM 分类的识别方法在准确率上要好于多维特征空间聚类法，其特征提取平均时间比快速边缘检测时间要少很多。

4.4 聚类分析

4.4.1 理论简介

聚类分析是把一堆数据样本，按照某种原则，将其进行划分为不同的类别或集群，它是在一种无监督过程中的搜索集群过程，也是一种能够通过观察学习探索的分析过程，根据划分中集群的样本有的可能具有相似性，有的可能具有很大的差异，并且人们在给这些数据样本集群进行划分的过程中，并没有给出分类的标准，然而通过这种聚类分析的过程能够自动对样本数据集进行分类。

聚类分析是数据挖掘的主要任务之一，是通过观察看到每一簇数据集群的特征，并且能够通过特定集群对数据样本进行进一步分析。聚类分析是一种探索性的分析，在分类的过程中，不需要事先确定分类标准，而是让数据自由组合，自由分配，聚类分析所使用的方法不同，常常会得到不同的结论，“一千个人心中有一千个哈姆雷特”，不同的研究者对于同一组数据进行分析时，所得到聚类结果也会不一样。

聚类算法在工作的时候不需要数据标签就可以发现数据中暗含的数据关系和数据结构，不同的潜在数据结构可以对应一个簇类。因此，站在机器学习的角度来说，聚类是一种无监督学习方式。

聚类的用途有以下几方面：

(1) 发现具有类似功能的基因组；

(2) 信息检索；

(3) 识别不同类型的抑郁症；

(4) 检测疾病的时间和控件分布；

(5) 客户分析；

(6) 工艺分析；

(7) 产品质量分析。

数据聚类正在蓬勃发展，有贡献的研究领域包括数据挖掘、统计学、机器学习、空间数据库技术、生物学以及市场营销。由于数据库中收集了大量的数据，聚类分析已经成为数据挖掘研究领域中一个非常活跃的研究课题。

作为统计学的一个分支，聚类分析已经被广泛地研究了许多年，主要集中在基于距离的聚类分析。基于 k-means（k-平均值）、k-medoids（k-中心）和其他一些方法的聚类分析工具已经被加入许多统计分析软件包或系统中，例如 S-Plus、SPSS 及 SAS。在机器学习领域，聚类是无监督学习（unsupervised learning）的一个例子。与分类不同，聚类和无监督学习不依赖预先定义的类和训练样本。由于这个原因，聚类是通过观察学习，而不是通过例子学习。在概念聚类（conceptual clustering）中，一组对象只有当它们可以被一个概念描述时才形成一个簇。这不同于基于几何距离来度量相似度的传统聚类。概念聚类由两个部分组成：发现合适的簇；形成对每个簇的描述。在这里，追求较高类间相似度和较低类间相似度的指导原则仍然适用。

4.4.2 相似性计算

样本间的相似性一般用距离函数（或相似度函数）表示。目前为止，还没有发现一个适用于所有聚类任务的距离函数。在实际应用中，针对不同的问题应用不同的相似性度量方法。

设样本空间为 X，给定两样本 $X_i=(x_{i1}, x_{i2}, \cdots, x_{id})^{\mathrm{T}}$，$X_j=(x_{j1}, x_{j2}, \cdots, x_{jd})^{\mathrm{T}}$，常采用的距离定义如下。

（1）欧氏距离。

$$d_{ij}=\|x_i-x_j\|_2=\left(\sum_{l=1}^{d}|x_{il}-x_{jl}|^2\right)^{1/2},\quad \forall x_i,\ x_j\in X \tag{4-16}$$

（2）曼哈顿距离。

$$d_{ij}=\|x_i-x_j\|_1=\sum_{l=1}^{d}|x_{il}-x_{jl}|,\quad \forall x_i,\ x_j\in X \tag{4-17}$$

（3）马氏距离。

$$d_{ij}=[(x_i-x_j)^{\mathrm{T}}\sigma^{-1}(x_i-x_j)]^{1/2},\quad \forall x_i,\ x_j\in X \tag{4-18}$$

其中，σ 表示多维随机变量的协方差矩阵。

（4）切比雪夫距离。

$$d_{ij}=\|x_i-x_j\|_\infty=\max|x_{il}-x_{jl}|,\quad \forall x_i,\ x_j\in X \tag{4-19}$$

（5）闵可夫斯基距离。

$$d_{ij}=\|x_i-x_j\|_\alpha=\left(\sum_{l=1}^{d}|x_{il}-x_{jl}|^\alpha\right)^{1/\alpha},\quad \forall x_i,\ x_j\in X \tag{4-20}$$

闵可夫斯基距离是用于度量两个向量之间距离的一种方法。它是欧几里得距离和曼哈顿距离的一般化形式，可用于处理多维空间的数据。其中，α 是一个变参数，当 $\alpha=1$ 时，为曼哈顿距离；当 $\alpha=2$ 时，为欧氏距离；当 $\alpha\to\infty$ 时，为切比雪夫距离。

在聚类算法中，除了定义样本间的距离之外，还需要衡量两种类型的距离：簇间距离（inter-cluster distance）；样本和簇之间的距离。簇间距离描述两个簇之间的差异，而样本和簇之间的距离描述一个样本和一个簇之间的差异。

4.4.3 主要聚类方法的分类

目前在文献中存在大量的聚类算法。算法的选择取决于数据的类型，聚类的目的和应用。如果聚类分析被用作描述或探查的工具，可以对同样的数据尝试多种算法，以发现数据可能揭示的结果。

大体上，主要的聚类算法可以划分为如下几类。

4.4.3.1 基于划分的聚类

给定一个 n 个对象或元组的数据库，一个划分方法构建数据的 k 个划分，每个划分表示一个聚类，并且 $k \leqslant n$。也就是说，它将数据划分为 k 个组，同时满足如下的要求：(1) 每个组至少包含一个对象；(2) 每个对象必须属于且只属于一个组。注意在某些模糊划分技术中第二个要求可以放宽。

给定 k，即要构建的划分的数目，划分方法首先创建一个初始划分。然后采用一种迭代的重定位技术，尝试通过对象在划分间移动来改进划分。一个好的划分的一般准则是：在同一个类中的对象之间的距离尽可能小，而不同类中的对象之间的距离尽可能大。还有许多其他划分质量的评判准则。

为了达到全局最优，基于划分的聚类会要求穷举所有可能的划分。实际上，绝大多数应用采用了以下两个比较流行的启发式方法：(1) k-means 算法，在该算法中，每个簇用该簇中对象的平均值来表示。(2) k-medoids 算法，在该算法中，每个簇用接近聚类中心的一个对象来表示。这些启发式聚类方法对在中小规模的数据库中发现球状簇很适用。为了对大规模的数据集进行聚类，以及处理复杂形状的聚类，基于划分的方法需要进一步地扩展。

4.4.3.2 基于层次的聚类

层次的方法对给定数据集合进行层次的分解。根据层次的分解如何形成，层次的方法可以被分为凝聚的或分裂的方法。凝聚的方法，也称为自底向上的方法，一开始将每个对象作为单独的一个组，然后继续合并相近的对象或组，直到所有的组合并为一个（层次的最上层），或者达到一个终止条件。分裂的方法，也称为自顶向下的方法，一开始将所有的对象置于一个簇中。在迭代的每一步中，一个簇被分裂为更小的簇，直到最终每个对象在单独的一个簇中，或者达到一个终止条件。

这两种方法的聚类过程如图 4-11 所示。

层次划分方法常常将数据集建成一棵聚类树，然后根据聚类方式决定是对聚类树采用凝聚法还是采用分裂法。我们通常有两种方法来提高层次聚类的工作质量：(1) 在进行层次划分的时候，仔细分析对象之间的连接，例如 Chameleon 的算法（图 4-12）。(2) 先用层次聚类法将数据集分为一些微簇（microclusters），然后混合使用其他的凝聚方法对这些微簇进行宏聚类（macroclustering），如 BIRCH 中用的迭代重定位等。

层次方法的缺陷在于，一旦一个步骤（合并或分裂）完成，它就不能被撤销。这个严格规定是有用的，由于不用担心组合数目的不同选择，计算代价会较小。

4.4.3.3 基于密度的聚类

绝大多数划分方法基于对象之间的距离进行聚类。这样的方法只能发现球状的簇，而在发现任意形状的簇上遇到了困难。随之提出了基于密度的另一类聚类方法，其主要思想是：只要邻近区域的密度（对象或数据点的数目）超过某个阈值，就继续聚类。也就是

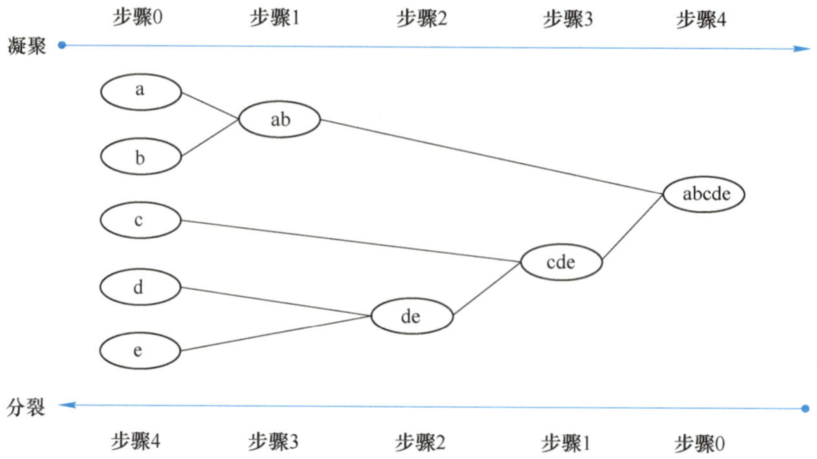

图 4-11 凝聚法和分裂法示意图

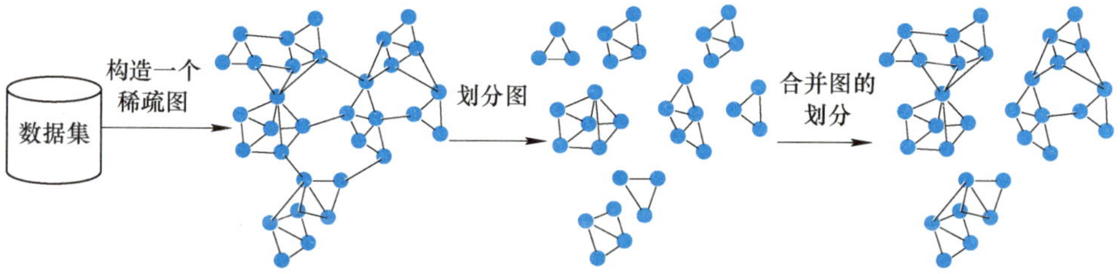

图 4-12 Chameleon 算法工作示意图

说，对给定类中的每个数据点，在一个给定范围的区域中必须包含至少某个数目的点。这样的方法可以用来过滤“噪声”数据，发现任意形状的簇。

DBSCAN 是一个有代表性的基于密度的方法，它根据一个密度阈值来控制簇的增长。OPTICS 是另一个基于密度的方法，它为自动的、交互的聚类分析计算一个聚类顺序。

4.4.3.4 基于网格的聚类

基于网格的方法把对象空间量化为有限数目的单元，形成了一个网格结构。所有的聚类操作都在这个网格结构（即量化的空间）上进行。这种方法的主要优点是它的处理速度很快，其处理时间独立于数据对象的数目，只与量化空间中每一维的单元数目有关。其核心步骤是：

（1）对网格进行划分；

（2）对数据按照各个网格单元内数据的特点进行压缩；

（3）根据小单元内数据的特点对是否为高密度网格单元进行判断；

（4）最后将相连的高密度网格单元判别为聚类簇。

STING 是基于网格方法的一个典型例子。STING 算法的核心思想：第一步先划分一些层次，每个层次上根据概念或者维度分成不同的小单元，此处数据的每一个分辨率都和每一个层次相对应。它每一个前面一层的小单元到后面一层时都会被继续分成不同的小单元，对于每个小单元来说，计算出它的统计信息是必要的，从而能够得出小单元内数据的分布。得到此结构，优点就是查询变得十分容易，比方说当需要查询拥有特定性质的样本，按照得出的结构，自上而下，由小单元的统计信息计算查询每个小单元的置信区间，目的是找出这一层最大的那个小单元，而后往下一层，按照顺序一直到最下面一层。如此的优点是：全部的样本不必都计算，每进行到下一层算法都会丢弃无关的样本，计算量将会变得越来越小，那么速度就会越来越快。STING 算法运用属性空间的多个维度的网格数据结构，把目标空间划分为多个小单元网格。该算法使用多个小单元网格来存储不同层次的数据，并将这些小单元网格组织成一个层次结构。各低一层的小单元网格是由其各高层的单元网格划分得到的。

CLIQUE（clustering in quest）算法是有着网格聚类和密度聚类两种思想的一种聚类方法，所以它既能够发现任意形状的簇，又能处理海量数据。算法核心思想：第一步扫描全部网格；第二步从发现的首个密集网格入手进行扩充，原则是如果一个网格是密集的而且和已经知道的密集区域内的网格相邻，那么就把这个网格和这个密集区域合并；第三步合并这些密集网格后，算法再继续扫描剩下的网格并重复第二步，直到所有网格被遍历。这种聚类算法优点是：最高维的子空间能够自动地被发现，这些子空间中有着高密度的聚类，而且数据的输入顺序对其没有影响，没有必要设定数据分布任何规则，此算法和输入数据的大小呈线性相关，增大数据的维数，此算法具有良好的伸缩性。这种聚类算法的缺点在于：只适用于普通集合的聚类算法，在高维数据集合中效率极低。

4.4.3.5 基于模型的聚类

基于模型的方法为每个簇假定了一个模型，寻找数据对给定模型的最佳匹配。一个基于模型的算法可能通过构建反映数据点空间分布的密度函数来定位聚类。它也基于标准的统计数字自动决定聚类的数目，考虑“噪声”数据和孤立点，从而产生健壮的聚类方法。

4.4.4 聚类算法

4.4.4.1 划分聚类算法

给定一个包含 n 个数据对象的数据库，以及要生成的簇的数目 k，一个划分类的算法将数据对象组织为 k 个划分（$k \leq n$），其中每个划分代表一个簇。通常会采用一个划分准则（经常称为相似度函数，similarity function）。例如距离，以便在同一个簇中的对象是“相似的”，而不同簇中的对象是“相异的”。

算法：k-means

输入：簇的数目 k 和包含 n 个对象的数据库。

输出：k 个簇，使平方误差最小。

方法：

（1）选择 k 个点作为初始质心点；

（2）repeat；

（3）将每个店指派到最近的质心，形成 k 个簇；

（4）重新计算每个簇的质心；

（5）until 质心不发生变化（或仅 1%点改变簇）。

基于质心的技术：k-means 方法作为典型的划分方法，介绍如下。

A 算法基本思想

k-means 算法是一种简单的迭代型聚类算法，以两点之间的距离衡量两个点的相似性，将给定的数据计算处理并划分到 k 个类中，聚类中心为各分类中所有元素的中心。选择欧几里得距离作为相似度计算指标，聚类目标是使得各类的聚类平方和最小，即最小化，公式如下：

$$\min J = \sum_{j=1}^{k} \sum_{i=1}^{n_t} \| x_i^t - u_j \|^2 \tag{4-21}$$

式中，k 为聚类数量；u_j 表示第 j 类的聚类中心；x_i^t 表示第 $t(t=1, 2, \cdots, k)$ 类中的 i 个元素。

为了使得算法收敛，在迭代计算过程中，应使聚类中心在较小的邻域内变化，避免聚类中心变化过大导致算法迭代多次不能求得解。

B 基本原理

假定给定数据样本 X，包含了 K 个对象 $X=\{X_1, X_2, \cdots, X_K\}$，其中每个对象都具有 d 个维度的属性。k-means 算法的目标是将所有对象依据与 k 个聚类中心的距离大小，将每个对象划归到与它最近的聚类中心的簇中，计算每一个对象到每一个聚类中心的距离采用欧几里得计算方法，公式如下：

$$\mathrm{dis}(X_i, u_t) = \sqrt{\sum_{l=1}^{d} (X_{il} - u_{tl})^2} \quad (t = 1, 2, \cdots, K) \tag{4-22}$$

式中，X_i 为聚类对象；u_t 为聚类中心。

k-means 算法定义聚类中心就是每个类中所有对象在各个维度上的均值，其计算公式如下：

$$u_t = \frac{\sum_{t=1}^{k} \sum_{j=1}^{n} \sum_{i=1}^{m} X_I^t}{n_t} \quad (t = 1, 2, \cdots, K) \tag{4-23}$$

式中，n_t 为第 t 个类簇中的对象的个数。

C 算法流程

k-means 方法的流程是一个反复迭代的过程，算法分为四个步骤：

（1）选定数据空间中的 k 个点，代表初始选定的 k 个聚类中心。

（2）对于样本中的数据对象，根据它们与这些聚类中心的距离，按距离聚类中心最近的原则，将数据点划归到与它最近的一个聚类中心。

（3）更新聚类中心：将每个类别中所有对象所对应的均值作为该类别的聚类中心，计算目标函数的值。

（4）当各类中的成员不再发生改变，则聚类完成，输出聚类结果，否则，返回（2）继续执行。

k-means 聚类算法流程如图 4-13 所示。

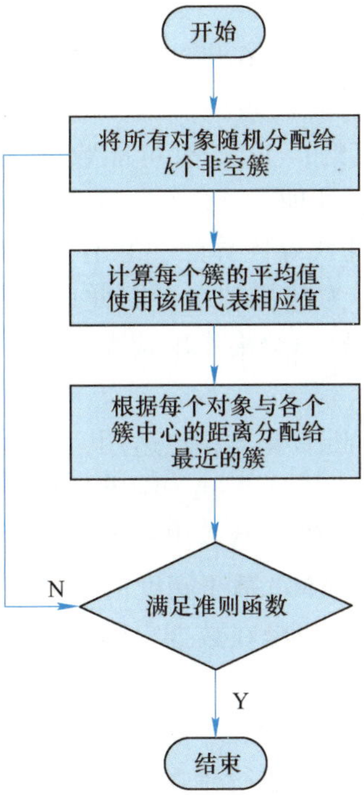

图 4-13 *k*-means 算法流程图

假设有一组二维数据点，当 $k=3$ 时，*k*-means 聚类算法流程如图 4-14 所示。

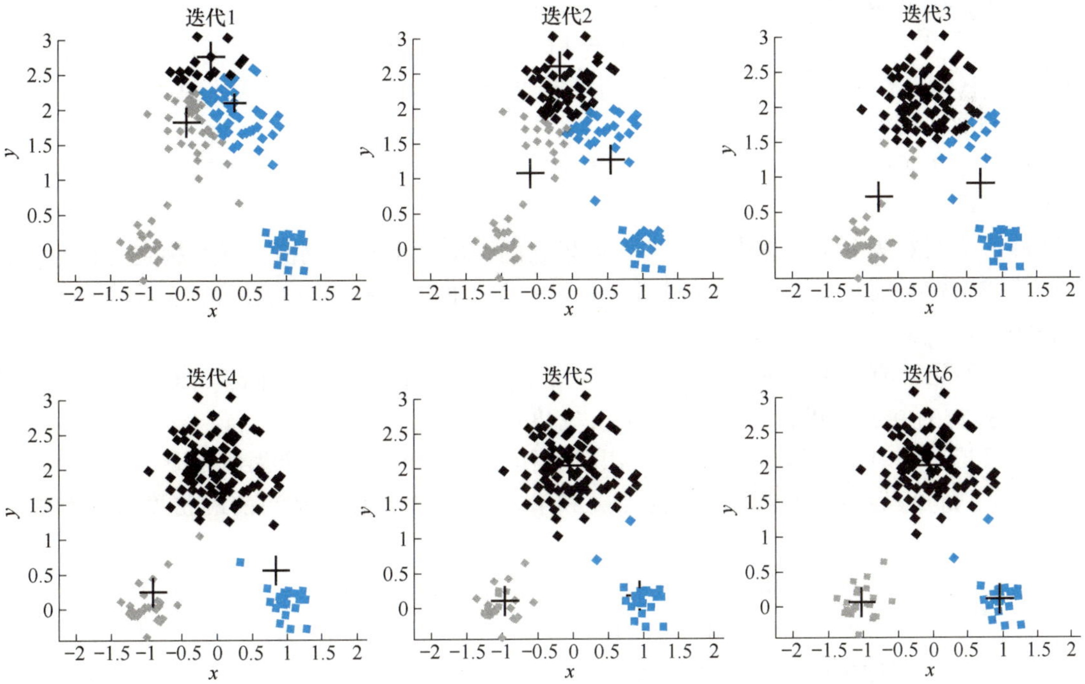

图 4-14 *k*-means 聚类算法流程示意图

D *k*-means 聚类算法优缺点

优点：（1）效率高，如图 4-14 中 6 步即可完成聚类；（2）适用于规则形状的聚类（类内是近似正态分布）。

缺点：（1）*k* 值是主观确定的；（2）有可能收敛到局部最优点；（3）对噪点敏感（均值对离群点敏感）；（4）不能处理非球形簇、不同尺寸和不同密度的簇。

k-means 算法是一种典型的迭代寻优算法，它有着思想简单、操作简便的优点，但是该算法由于初始聚类中心的选择为随机选取，因此该算法也存在容易陷入局部最优的缺点，需要多次迭代，由决策者对聚类结果作出判断。

4.4.4.2 密度聚类算法

划分聚类算法一般来说对于凸形聚类簇更适用，可是并不能做到适用于任意形状的聚类簇，这时还需要其他有效的聚类算法。基于密度的聚类算法按照区域疏密程度不同即根据区域密度来划分，这样聚类簇能够显然看出，孤立点也容易分离出，对于空间型数据的聚类比较适用。以下将介绍 DBSCAN：基于密度的带噪声数据应用的空间聚类。

基于密度的聚类算法其基本思想是在数据空间中寻找具有一定密度的区域，并将这些区域划分为簇。

DBSCAN 是一种典型的密度聚类算法，有着广泛的应用，同时对密度聚类的研究有着十分重要的影响。使用 DBSCAN 算法进行聚类需要设定两个重要参数，分别是距离阈值 ε 和密度阈值 k。

ε 近邻（ε-neighborhood）作为基于密度的聚类方法中最重要的一个概念，其定义如下：

对于一个数据点 $x \in X$ 的 ε 近邻为：

$$N_{\varepsilon}(x) = \{y \in x \mid \text{dist}(x, y) \leqslant \varepsilon\} \tag{4-24}$$

其中，$\text{dist}(x, y)$ 表示两点间的距离，对于数据集中的任意一点 y，其与 x 之间的距离小于距离阈值，则称 y 是 x 的 ε 近邻。

密度：对于一个数据点 $x \in X$，以其为圆心，并以密度阈值为半径所画圆形区域内点的个数。

核心点：对于一个数据点 $x \in X$，如果它的密度大于密度阈值，那么称它为核心点。

直接密度可达：对于 $x \in X$，满足 $x \in N_{\varepsilon}(y)$，同时数据点 y 是核心点，那么就称从 y 直接密度可达 x。

密度可达：有一组数据点 $\{p_1, p_2, \cdots, p_n\}$，$p_1 = x$，$p_n = y$，有 p_i（$i = 1, 2, \cdots, n-1$），若从 p_i 直接密度可达 p_{i+1}，那么称 x 密度可达 y。

密度连接：对于数据点 $z \in X$，若其在当前的密度阈值和距离阈值之下，从 z 密度可达 x 和 y，那么就可以说这两个数据点 x 和 y 密度连接（必须是当前的密度阈值和距离阈值）。

对于 DBSCAN 算法，簇类可以说是一组具有高密度的连接点。由此有如下定义。

簇类：在给定的密度阈值和距离阈值下，一个簇类 C 应该具有以下两个性质：

（1）x 和 y 都是数据集中的点，若有 $x \in C$，同时又从 x 到 y 密度可达，那么 $y \in C$。

（2）x 和 y 都是数据集中的点，若有 $x \in C$ 且 $y \in C$，那么有 x 和 y 是密度连接的。

边界点：边界点是属于某一簇类的，但是它不是核心点。

噪声点：某一数据点不属于任何簇类，那么该点为噪声点。

特别需要注意的是，密度连接是一个对称关系，但是直接密度可达对于任意两点并不一定是对称的，对称的情况只出现在所选取的点都是核心点，如果有一个不是，那这种对称关系就不存在。同样的情况，对于密度可达来说也是适用的。

DBSCAN 所划分的簇类必然包含至少一个核心点，该算法在工作的时候，首先需要在当前的密度阈值和距离阈值之下找到所有的核心点，之后算法从任意一个核心点 x 开始，找到从 x 出发的所有直接密度可达点，将这些点划为一个簇，若这些点中包含有其他核心点 y，那么就找到所有从 y 出发的直接密度可达点，将这些点也归为之前的簇类中。然后从还没有被划分簇类的核心点开始，重新执行上述过程，直到所有的核心都被分到了某个簇中，到此算法结束，没有被划分到某一个簇类的非核心点就是噪声点。

优点：(1) 聚类结果直观，把高密度的区域连成一片形成簇，形成很多高密度区，容易进行结果分析；(2) 该方法具有一定的抗噪特性；(3) 不需要事先知道聚类的数量；(4) 数据库中样本顺序不影响最后结果的准确度。

缺点：(1) 对于高维数据的不敏感；(2) 灵活度较差，不能很好地展现数据集变化的密度；(3) 类间差距大以及样本的密度不均匀对于聚类效果会有很大影响。

4.4.5 应用案例

4.4.5.1 聚类分析方法在连铸坯定尺定重切割数据采集系统的应用

连铸坯定尺定重切割数据采集系统通过采集称量钢坯时电子秤连续发送的串口数据来确定每个钢坯的质量。由于钢坯称重时受到秤架的动态升降对传感器有机械稳定性和重复性影响，导致电子秤在称量钢坯时会产生三类数据。第一类为在钢坯与电子秤在接触时有个缓冲的过程，电子秤读取的质量数据会从 0 开始连续增长，此时的数据小于钢坯实际质量；第二类数据是在钢坯从捞钢车上滑落到电子秤上时受重力加速度影响获取的数值，往往会大于真实的钢坯质量；第三类数据为钢坯稳定的放置在电子秤上时产生的质量数据，为钢坯的真实数据。某个连铸坯称重过程中连铸机定尺定重切割数据采集系统采集到的大于 100kg（由于钢坯质量不可能为 100kg 以下，所以对 100kg 以下的数据进行分析没有意义）的数据如表 4-8 所示。

表 4-8 数据采集系统采集到的大于 100kg 数据

序　号	数　据	序　号	数　据	序　号	数　据
1	600.4	7	980.2	13	800
2	700.9	8	2344	14	500
3	999.89	9	2789.1	15	300
4	800	10	2444.12	16	205
5	999	11	2367.11	17	203
6	980	12	900		

通过 SPSS 软件将三种系统聚类分析方法，最长距离法、最短距离法和离差平方和法对采集的钢坯质量数据进行对比分析。

第一步，对取得数据利用最短距离法进行处理。先将获得的钢坯质量数据大于 100kg 的录入 SPSS 软件并设置为样本变量。

第二步，设置聚类分析方法和区间参数。如图 4-15 所示界面选择变量和输出内容，如图 4-16 所示界面上选择区间。

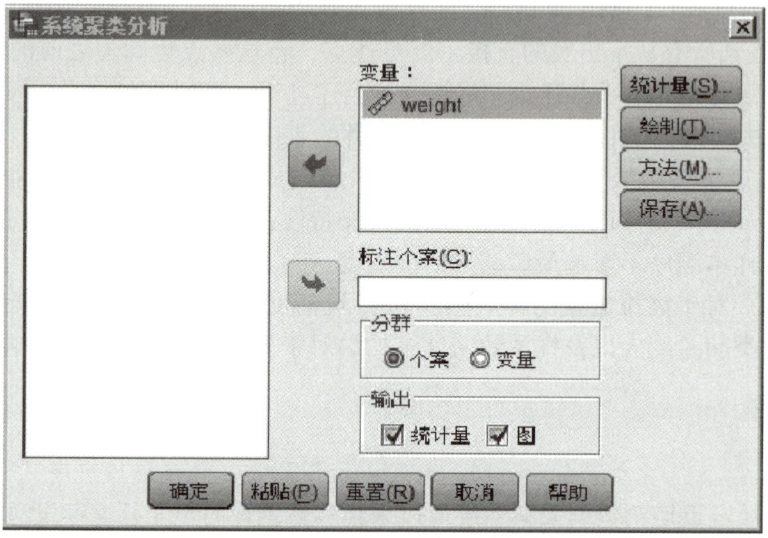

图 4-15 SPSS 系统聚类分析界面

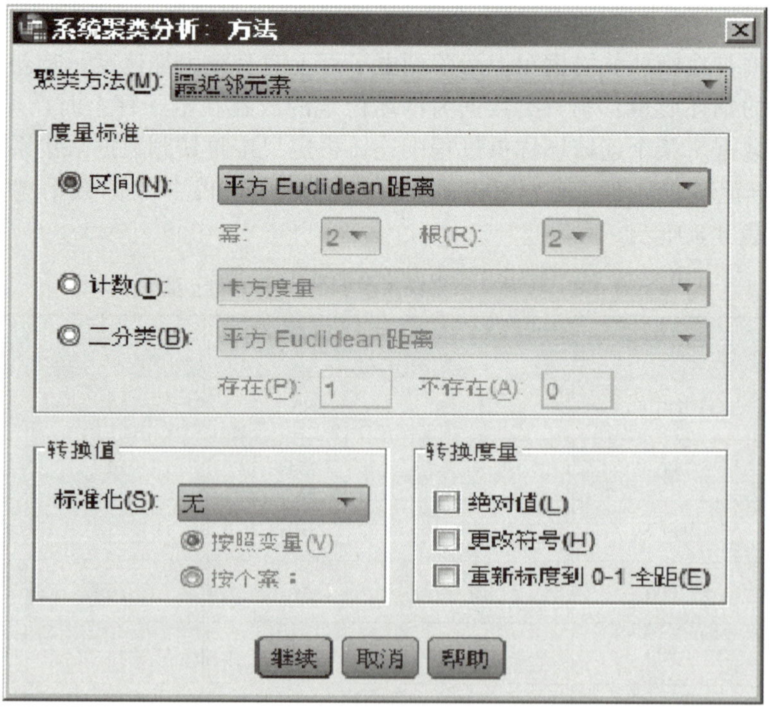

图 4-16 SPSS 系统聚类分析方法界面

钢坯质量数据经 SPSS 统计分析计算的分类结果如表 4-9 所示。

表 4-9 聚类分析表

阶	群集组合		系数	首次出现阶群集		下一阶
	群集 1	群集 2		群集 1	群集 2	
1	4	13	0. 0000	0	0	10
2	6	7	0. 0400	0	0	5
3	3	5	0. 7920	0	0	5
4	16	17	4. 0000	0	0	9
5	3	6	353. 44	3	2	8
6	8	11	534. 07	0	0	7
7	8	10	5930. 5	6	0	15
8	3	12	6400. 0	5	0	11
9	15	16	9025. 0	0	4	14
10	2	4	9820. 8	0	1	11
11	2	3	10000	10	8	13
12	1	14	10080	0	0	13
13	1	2	10100	12	11	14
14	1	15	40000	13	9	16
15	8	9	119011	7	0	16
16	1	8	1806631	14	15	0

第三步，三种方法数据对比分析，如表 4-10 所示。

表 4-10 三种方法的群集成员表

序 号	最短距离法	离差平方和法	最长距离法
1	1	1	1
2	1	1	2
3	1	1	2
4	1	1	2
5	1	1	2
6	1	1	2
7	1	1	2

续表 4-10

序　号	最短距离法	离差平方和法	最长距离法
8	2	2	3
9	3	2	3
10	2	2	3
11	2	2	3
12	1	1	2
13	1	1	2
14	1	1	1
15	1	3	1
16	1	3	1
17	1	3	1

如表 4-10 所示，应用最短距离法，17 个数据可分为三类，其中 1~7 号数据和 12~17 号数据为第一类，8、10、11 号数据为第二类，9 号数据为第三类。经过分析基本可以认为第一类数据为在钢坯与电子秤在接触时的缓冲过程中电子秤读取的质量数据，会从 0 开始连续增长，此时的数据小于钢坯实际质量。第二类数据为钢坯稳定时的称重数据，为钢坯的真实质量。第三类数据为在钢坯从捞钢车上滑落到电子秤上时受重力影响获取的数值，往往大于真实的钢坯质量的数据。所以将第二类数据进行平均值计算得到该钢坯的质量：

$$(2344 + 2444.12 + 2367.11)/3 = 2385.07$$

参考某炼钢厂连铸车间规定的标准连铸坯质量的区间值为 2370~ 2390，该测定值与此区间相吻合。

应用离差平方和法，1~7 号数据和 12~14 号数据归为第一类，8~11 号数据归为第二类数据，15~17 号数据归为第三类数据。可以看出这种分类方法没有将受重力冲击影响产生的异常数据分选出来，得到的钢坯质量为：

$$(2344 + 2444.12 + 2367.11 + 2789.1)/4 = 2486$$

所得到的测量值明显大于标准坯质量指标（2370~2390），因此离差平方和法不适用于对钢坯质量数据的处理。

应用最长距离法，该分类方法归纳的第一类钢坯质量数据明显小于钢坯正常质量。第二类钢坯质量数据也是小于实际钢坯的质量数据，只是相对来说与钢坯标准质量接近。前两类的数据都属于钢坯与电子秤接触时的缓冲数据。第三类还是没有将缓冲数据与受重力下落冲击影响的钢坯质量数据进行有效区分。第三类数据平均值为：

$$(2344 + 2444.12 + 2367.11 + 2789.1)/4 = 2486$$

大于标重范围，因此最长距离法不适用对钢坯质量数据的分类处理。

此外，将以上三种聚类分析方法继续对多个钢坯定重数据进行对比分析研究，结果与上述钢坯定重分析结果一致，因此可确定最短距离法为处理钢坯质量数据的最合理方法。随后将最短距离法的算法编制成应用程序用于连铸坯定尺定重切割数据采集系统的数据处理。

将三种聚类分析方法应用到钢坯定重数据选取过程，通过分析和比较，得出最短距离法分析出的数据与实际钢坯定重的数据一致，因此确定最短距离法为处理钢坯质量数据的最合理方法。该方法克服了重力冲击和压力变形对钢坯质量数据测量的不稳定因素，并为以后大质量物体测重提供了良好范例。将该方法应用于该炼钢厂某连铸机的定尺定重切割连铸坯质量数据采集系统，取得了良好的经济效益。

4.4.5.2 聚类分析在超低碳钢连浇中的应用

连铸过程存在以下特点：

（1）按订单生产，订单多为多品种、小批量；

（2）多炉次异钢种连浇时在中间包产生混钢区，导致炉次铸坯成分、铸坯混钢区长度及铸坯判定发生变化；

（3）因此，钢种连浇顺序的优化，将对连铸炉次成分的稳定、生产组织优化及降低生产成本起到积极作用。

典型超低碳钢钢种成分如表 4-11 所示。

表 4-11 典型超低碳钢钢种成分 （%）

序号	C	Si	Mn	P	S	Al	Nb	Ti	N
A1	0.0030	0.05	0.30	0.020	0.0150	0.060	0.030	0.050	0.0060
A2	0.0040	0.10	0.30	0.020	0.0200	0.060	0.040	0.070	0.0060
A3	0.0050	0.10	0.30	0.020	0.0200	0.060	0.040	0.080	0.0080
B1	0.0035	0.10	0.30	0.030	0.0160	0.060	0.020	0.030	0.0060
B2	0.0045	0.10	1.00	0.080	0.0160	0.080	0.020	0.030	0.0060
B3	0.0045	0.10	1.00	0.080	0.0160	0.080	0.020	0.030	0.0060
B4	0.0050	0.10	1.20	0.100	0.0160	0.080	0.020	0.030	0.0060
C1	0.0030	0.20	0.60	0.060	0.0200	0.060	0.030	0.050	0.0060
C2	0.0040	0.30	0.80	0.080	0.0200	0.080	0.040	0.040	0.0080
C3	0.0040	0.30	1.00	0.100	0.0200	0.080	0.040	0.050	0.0080

将数据进行标准化，得到表 4-12。

表 4-12 典型超低碳钢钢种成分标准化数据 （%）

序号	C	Si	Mn	P	S	Al	Nb	Ti	N
A1	-1.528	-1.118	-1.093	-1.194	-1.369	-0.816	0.000	0.237	-0.655
A2	-0.073	-0.529	-1.093	-1.194	0.991	-0.816	1.118	1.424	-0.655

续表 4-12

序号	C	Si	Mn	P	S	Al	Nb	Ti	N
A3	1.382	-0.529	-1.093	-1.194	0.991	-0.816	1.118	2.018	1.528
B1	-0.800	-0.529	-1.093	-0.871	-0.897	-0.816	-1.118	-0.949	-0.655
B2	0.655	-0.529	1.033	0.742	-0.897	-0.816	-1.118	-0.949	-0.655
B3	0.655	-0.529	1.033	0.742	-0.897	1.225	-1.118	-0.949	-0.655
B4	1.382	-0.529	1.640	1.387	-0.897	1.225	-1.118	-0.949	-0.655
C1	-1.528	0.647	-0.182	0.097	0.991	-0.816	0.000	0.237	-0.655
C2	-0.073	1.824	0.425	0.742	0.991	1.225	1.118	-0.356	1.528
C3	-0.073	1.824	1.033	1.387	0.991	1.225	1.118	0.237	1.528

$$X'_{ij} = \frac{X_{ij} - \overline{X_j}}{S_j} \tag{4-25}$$

其中：

$$S_j = \left[\frac{1}{N-1}\sum_{i=1}^{N}(X_{ij} - \overline{X_j})^2\right]^{1/2}$$

$$\overline{X_j} = \frac{1}{N}\sum_{i=1}^{N}X_{ij} \tag{4-26}$$

得到超低碳钢成分聚类分析树，如图 4-17 所示。

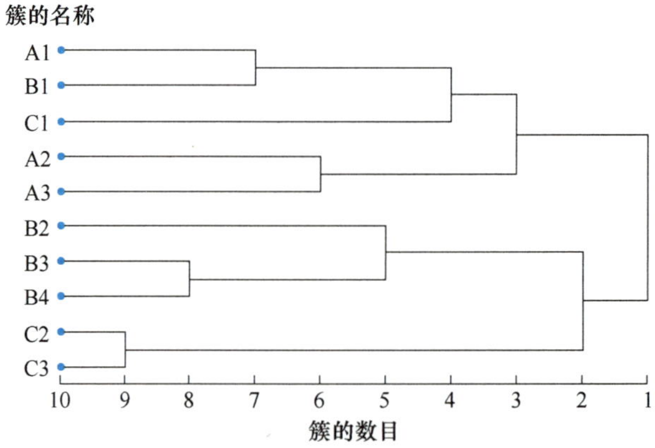

图 4-17 超低碳钢成分聚类分析树

根据分析，得到连浇顺序为：

C2 适合同 C3 连浇；

B3 适合同 B4 连浇；

A1 适合同 B1 连浇；

A2 适合同 A3 连浇；

B2 适合同 B3 或 B4 连浇；

C1 适合同 A1 或 B1 连浇；

整体连浇顺序为 C2、C3、B3、B4、B2、A4、B1、C1、A2、A3。

最终的优化结果如图 4-18 所示。

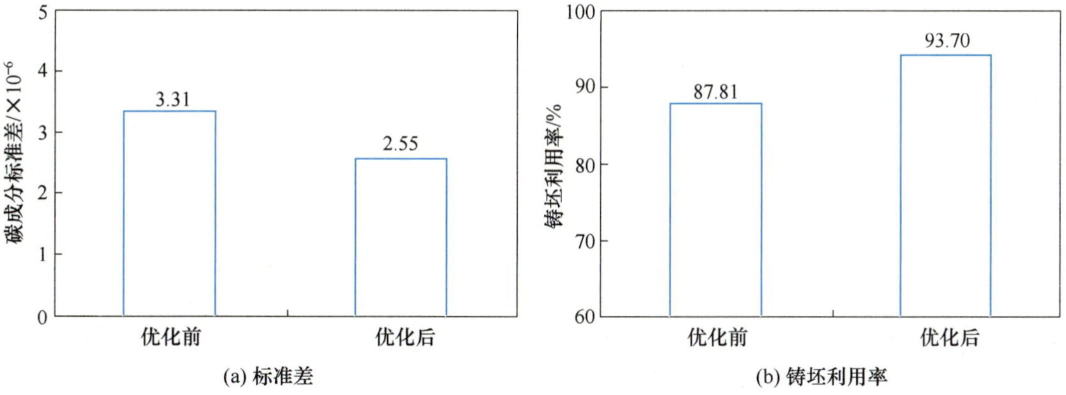

图 4-18　超低碳钢种 B1 碳成分标准差及铸坯利用率

4.5 关联分析

4.5.1 关联分析基本原理

关联分析是数据挖掘的核心技术之一，其关联规则模型及数据挖掘算法是由 IBM 公司 Almaden 研究中心的 R. Agrawal 在 1993 年首先提出来的，目的就是想在大量的数据中发掘项集之间的相互关系和关联性，其中最经典的算法就是 Apriori 算法，它在关联规则分析领域有着巨大的影响力。

如今该技术已经广泛运用于很多较大的电商平台，如我们熟知的淘宝、亚马逊商城。当用户登录网站寻求商品的时候，会有一些广告位显示其他消费者购买此产品的同时也购买了某某商品等提示语，有的商家还会有不同商品同时购买的优惠活动，这些我们日常生活中经常遇到的例子都是利用了关联规则做到的。

4.5.1.1　关联规则

关联的规则（association rule），一般记为 $X\rightarrow Y$ 的形式，其中箭头左边的项集 X 被称作是先决条件，右边的项集 Y 对应的关联结果，关联规则 $X\rightarrow Y$ 用于表达出数据内隐含的关联性。$X\rightarrow Y$ 的实际意义就是客户购买了商品 X 后还会购买 Y，也就说明了这两种商品之间存在一定的关联性。

$X\rightarrow Y$ 只表示了两个商品之间有关系，但是具体关系强度如何，还需要有相关指标来衡量，关系强度就是由关联分析中的三个指标——支持度、置信度和提升度来控制和评价。

A　支持度

支持度（support）指的是在所有项集中 $\{X, Y\}$ 同时出现的可能性，换句话说就是在所有的项集中同时包含了 X 和 Y 两个元素在内的概率，公式表示为：

$$\text{Support}(X \to Y) = P(X, Y) \tag{4-27}$$

支持度作为判断关联性强弱的一个重要指标，也是建立关联规则的门槛，衡量了考察对象关联规则在“量”上的多少。该指标的意义在于通过支持度最小阈值（min_ sup, minimum support）的设定，来提出那些出镜率较低的没有实际意义的规则，如果出镜率太低，样本量也不是特别大的情况下，那些规则也许只是 X 和 Y 的邂逅罢了；相应地能够跨过支持度设定的门槛的规则就是那些出现较为频繁项集所隐含的规则。上述过程通过公式的形式表示，即筛选出满足：

$$\text{Support}(Z) \geqslant \text{min\_sup} \tag{4-28}$$

项集 Z，被称为频繁项集（frequent itemset）。

B 置信度

置信度（confidence）表示的含义是在关联规则的先决条件 X 发生的条件之下，关联结果 Y 发生的概率，换句话说，就是在所有包含 X 的项集中，同时还包含 Y 的可能性，用公式的形式表示：

$$\text{Confidence}(X \to Y) = \frac{P(Y|X) = P(X, Y)}{P(X)} \tag{4-29}$$

这就是生成强关联规则的第二个门槛，置信度衡量了要考察对象关联规则在“质”上的可靠性。相似地，我们需要做的是对置信度也设定一个最小的阈值（min_ conf, minimum confidence）来实现对考察对象关联规则的进一步筛选，从而最后生成满足需求的强关联规则。所以，在通过支持度最小阈值设定选择出频繁项集之后，还需要从中筛选出满足：

$$\text{Confidence}(X \to Y) = \text{min\_ conf} \tag{4-30}$$

C 提升度

提升度（lift）表示在有 X 为前提条件下 Y 发生的可能性与没有 X 的条件下 Y 发生的可能性之比，也就是说，在没有 X 影响的情况下 Y 自己发生的可能性为 $P(Y)$，X 的出现对 Y 的“出镜率” $P(Y|X)$ 的提升程度，用公式的形式表示：

$$\text{Lift}(X \to Y) = \frac{P(Y|X)}{P(Y)} = \text{Confidence}(X \to Y)/P(Y) \tag{4-31}$$

提升度和置信度指标的设置都是为了衡量规则的可靠性的，并且提升度的作用与置信度是互补的。

具体地说，如果 $\text{Confidence}(X \to Y) = 0.8$，置信度取值较大，也不一定就代表这个规则非常的可靠，因为还有一种可能现象存在，就是 $P(Y)$ 本身就非常接近 0.8，那么可以证明置信的取值较大，并不是 X 带来的影响，所以为了更好地衡量规则的可靠性，提升度的作用是必不可少的。

$\text{Lift}(X \to Y)$ 取值大于零，当取值小于 1 的时候说明 X 的出现并没有对 Y 的出现产生提升作用，相反地却有抑制作用；好比两个可以等效替换的商品音响，购买了其中一个就很少去买另一个；当提升度取值为 1 时，代表 X 和 Y 是相互独立的，没有关联规则，好比购买茶叶的人有 80%的购买了咖啡，但是没有买茶叶的人也有 80%的人购买咖啡，说明是大部分人都喜欢咖啡，和喜不喜欢茶叶无关；当提升度取值大于 1 时，说明 X 对 Y 是有提升的，取值越大则表明 X 对 Y 的提升程度就越大，也就表明关联性越强。

4.5.1.2 关联规则的发现

设 $I=\{i_1, i_2, \cdots, i_m\}$ 是项的集合。设任务相关的数据 D 是数据库事务的集合，其中每个事务 T 是项的集合，使得 $T \subseteq I$。每一个事务有一个标识符，称作 TID。设 A 是一个项集，事务 T 包含 A 当且仅当 $A \subseteq T$。关联规则是形如 $A \Rightarrow B$ 的蕴涵式，其中 $A \subset I$，$B \subset I$，并且 $A \cap B = \varnothing$。规则 $A \Rightarrow B$ 在事务集 D 中成立，具有支持度 s，其中 s 是 D 中事务包含 $A \cup B$（即 A 和 B 二者）的百分比。它是概率 $P(A \cup B)$。规则 $A \Rightarrow B$ 在事务集 D 中具有置信度 c，如果 D 中包含 A 的事务同时也包含 B 的百分比是 c。这是条件概率 $P(B|A)$。即：

$$\begin{aligned} \text{support}(A \rightarrow B) &= P(A \cup B) \\ \text{confidence}(A \rightarrow B) &= P(B|A) \end{aligned} \tag{4-32}$$

同时满足最小支持度阈值（min_sup）和最小置信度阈值（min_conf）的规则称作强规则。为方便计，我们用0%和100%之间的值，而不是用0到1之间的值表示支持度和置信度。

项的集合称为项集。包含 k 个项的项集称为 k-项集。集合是一个2-项集。项集的出现频率是包含项集的事务数，简称为项集的频率、支持计数或计数。如果项集满足最小支持度，则称它为频繁项集。频繁 k-项集的集合通常记作 L_k。

由大型数据库挖掘关联规则是一个两步的过程：

（1）找出所有频繁项集：根据定义，这些项集出现的频繁性至少和预定义的最小支持计数一样。

（2）由频繁项集产生强关联规则：根据定义，这些规则必须满足最小支持度和最小置信度。

4.5.2 关联分析核心算法

4.5.2.1 Apriori 算法

Apriori 算法是挖掘产生布尔关联规则所需频繁项集的基本算法，也是最著名的关联规则挖掘算法之一。Apriori 算法就是根据有关频繁项集特性的先验知识而命名的。它使用一种称作逐层搜索的迭代方法，k-项集用于搜索 $(k+1)$-项集。

首先，找出频繁1-项集的集合，记作 L_1，L_1 用于找出频繁2-项集的集合 L_2，再用于找出 L_3，如此下去，直到不能找到频繁 k-项集。找每个 L_k 需要扫描一次数据库。

为提高频繁项集逐层产生的效率，一种称作 Apriori 性质的重要性质可用于压缩搜索空间。

Apriori 性质：频繁项集的所有非空子集也都必须是频繁的。Apriori 性质基于如下观察：根据定义，如果项集 I 不满足最小支持度阈值 s，则 I 不是频繁的，即 $P(I) < s$。如果项 A 添加到 I，则结果项集（即 $I \cup A$）不可能比 I 更频繁出现。因此，$I \cup A$ 也不是频繁的，即 $P(I \cup A) < s$。

该性质属于一种特殊的分类，称作反单调，意指如果一个集合不能通过测试，则它的所有超集也都不能通过相同的测试。称它为反单调的，因为在通不过测试的意义下，该性质是单调的。

“如何将 Apriori 性质用于算法？”为理解这点，我们不如看看如何用 L_{k-1} 找 L_k。下面的两步过程由连接和剪枝组成。

（1）连接步：为找 L_k，通过 L_{k-1} 与自己连接产生候选 k-项集的集合。该候选项集的集合记作 C_k。设 l_1 和 l_2 是 L_{k-1} 中的项集。记号 $l_i[j]$ 表示 l_i 的第 j 项（例如，$l_1[k-2]$ 表示 l_1 的倒数第 3 项）。为方便计算，假定事务或项集中的项按字典次序排序。执行连接 L_{k-1}；其中，L_{k-1} 的元素是可连接的，如果它们前 $(k-2)$ 个项相同；即，L_{k-1} 的元素 l_1 和 l_2 是可连接的。若条件 $(l_1[k-1] < l_2[k-1])$ 是简单地保证不产生重复，如果：$(l_1[1]=l_2[1])\wedge(l_1[2]=l_2[2])\wedge\cdots\wedge(l_1[k-2]=l_2[k-2])\wedge(l_1[k-1]<l_2[k-1])$，则连接 l_1 和 l_2 产生的结果项集是 $l_1[1]l_1[2]\cdots l_1[k-1]l_2[k-1]$。

（2）剪枝步：C_k 是 L_k 的超集；即它的成员可以是，也可以不是频繁的，但所有频繁 k-项集都包含在 C_k 中。扫描数据库，确定 C_k 中每个候选的计数，从而确定 L_k（即根据定义，计数值不小于最小支持度计数的所有候选是频繁的，从而属于 L_k）。然而，C_k 可能很大，这样所涉及的计数量就很大。为压缩 C_k，可以用以下办法使用 Apriori 性质：任何非频繁的 $(k$-1)-项集都不是可能是频繁 k-项集的子集。因此，如果一个候选 k-项集的 $(k$-1)-子集不在 L_{k-1} 中，则该候选也不可能是频繁的，从而可以由 C_k 中删除。这种子集测试可以使用所有频繁项集的散列树快速完成。

总体而言，关联规则挖掘分两大步骤完成：第一步运用 Apriori 算法产生频繁项集；第二步产生关联规则。Apriori 算法具体过程如下所示。

算法：Apriori 算法

---

k = 1

$L_k = \{i/i \in I \wedge \sigma(\{i\}) \geqslant N\times minsup\}$ {发现所有频繁 1-项集}

repeat

k = k+1

C_k = apriori-gen(L_{k-1})

for 每个事务 $t \in T$ do

C_t = subset(C_k, t) {识别属于 t 的所有候选}

for 每个候选项集 $c \in C_t$ do

$\sigma(c) = \sigma(c)+1$ {支持度计算增值}

end for

end for

$L_k = \{c/c \in C_k \wedge \sigma(c) \geqslant N\times minsup\}$ {提取频繁 k-项集}

until $L_k = \varnothing$

Result = $\cup L_k$

上述算法是线扫描数据库，得到 C_1 候选集；然后计算 C_1 候选集的支持度，得到 L_1 频繁 1- 项集；再迭代操作 n 次，由 C_n 候选集产生最大 L_n 频繁 n- 项集。

4.5.2.2 由频繁项集产生关联规则

一旦由数据库 T 中的事务找出频繁项集，由它们产生强关联规则是直截了当的（强关联规则满足最小支持度和最小置信度）。对于置信度，可以用下式，其中条件概率用项集支持度计数表示。

$$\text{confidence}(A \to B) = P(A|B) = \frac{\text{support\_count}(A \cup B)}{\text{support\_count}(A)} \tag{4-33}$$

其中，$\text{support\_count}(A \cup B)$ 是包含项集 $A \cup B$ 的事务数，$\text{support\_count}(A)$ 是包含项集 A 的事务数。根据该式，关联规则可以产生如下：

（1）对于每个频繁项集 l，产生 l 的所有非空子集。

（2）对于 l 的每个非空子集 s，如果：

$\dfrac{\text{support\_count}(l)}{\text{support\_count}(s)} \geqslant \text{min\_conf}$，则输出规则“$s \Rightarrow (l - s)$”。其中，min_ conf 是最小置信度阈值。

由于规则由频繁项集产生，每个规则都自动满足最小支持度。频繁项集连同它们的支持度预先存放在 hash 表中，使得它们可以快速被访问。

生成关联规则这一步算法的基本思想是：对频繁项集 L_n 的所有非空子集一一列举出来。然后两两生成潜在的关系规则。若对某个潜在规则而言，它的置信度大于或等于预设的最小置信度，则判定这个规则为关联规则，其他的依次进行类似操作即可。

4.5.2.3 Apriori 算法总流程图

从整个 Apriori 算法过程（图 4-19）中可以看出，随着迭代次数的增加，候选集就会越来越少，这对于频繁 k-项集 k 值较小时有着较好的运行性能。若 k 值较大，频繁项集很多，假设预先设定的最小支持度又较小。那么，算法就需要反复多次扫描数据库和多次计算，这样会导致其运算效率低下。

4.5.2.4 Apriori 算法优化

（1）基于划分的方法。该算法先把数据库从逻辑上分成几个互不相交的块，每次单独考虑一个分块并对它生成所有的频繁项集，然后把产生的频繁项集合并，用来生成所有可能的频繁项集，最后计算这些项集的支持度。这里分块的大小选择要使得每个分块可以被放入主存，每个阶段只需被扫描一次。而算法的正确性是由每一个可能的频繁项集至少在某一个分块中是频繁项集保证的。

上面所讨论的算法是可以高度并行的。可以把每一分块分别分配给某一个处理器生成频繁项集。产生频繁项集的每一个循环结束后，处理器之间进行通信来产生全局的候选项集。通常这里的通信过程是算法执行时间的主要瓶颈。另外，每个独立的处理器生成频繁项集的时间也是一个瓶颈。其他的方法还有在多处理器之间共享一个杂凑树来产生频繁项集，更多关于生成频繁项集的并行化方法可以在其中找到。

（2）基于 Hash 的方法。Park 等人提出了一个高效地产生频繁项集的基于杂凑（hash）的算法。通过实验可以发现，寻找频繁项集的主要计算是在生成频繁 2-项集 L_k 上，Park 等就是利用这个性质引入杂凑技术来改进产生频繁 2-项集的方法。

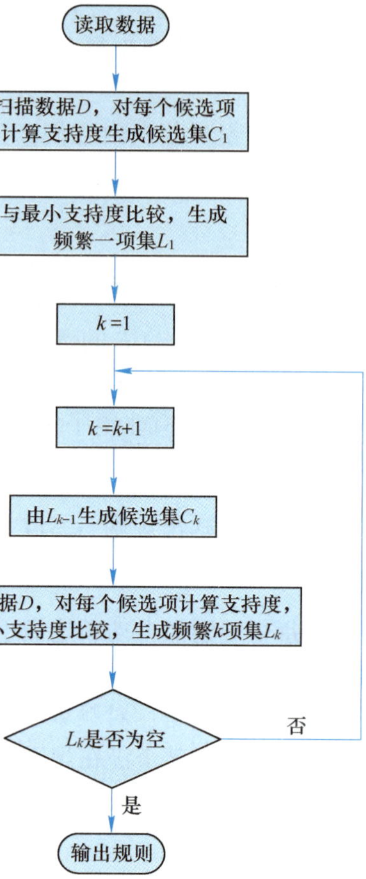

图 4-19 Apriori 算法总流程图

（3）基于采样的方法。基于前一遍扫描得到的信息，对它作详细的组合分析，可以得到一个改进的算法，其基本思想是：先使用从数据库中抽取出来的采样得到一些在整个数据库中可能成立的规则，然后对数据库的剩余部分验证这个结果。这个算法相当简单并显著地减少了 FO 代价，但是一个很大的缺点就是产生的结果不精确，即存在所谓的数据扭曲（dataskew）。分布在同一页面上的数据时常是高度相关的，不能表示整个数据库中模式的分布，由此而导致的是采样 5%的交易数据所花费的代价同扫描一遍数据库相近。

（4）减少交易个数。减少用于未来扫描事务集的大小，基本原理就是当一个事务不包含长度为 k 的大项集时，则必然不包含长度为 $k+1$ 的大项集。从而可以将这些事务删除，在下一遍扫描中就可以减少要进行扫描的事务集的个数。这就是 AprioriTid 的基本思想。

（5）FP-growth 算法。由于 Apriori 方法的固有缺陷，即使进行了优化，其效率也仍然不能令人满意。2000 年，Han Jiawei 等人提出了基于频繁模式树（frequent pathern tree，简称为 FP-tree）的发现频繁模式的算法 FP-growth。在 FP-growth 算法中，通过两次扫描事务数据库，把每个事务所包含的频繁项目按其支持度降序压缩存储到 FP-tree

中。在以后发现频繁模式的过程中，不需要再扫描事务数据库，而仅在 FP-Tree 中进行查找即可，并通过递归调用 FP-growth 的方法来直接产生频繁模式，因此在整个发现过程中也不需产生候选模式。该算法克服了 Apriori 算法中存在的问题，在执行效率上也明显好于 Apriori 算法。

4.5.3 应用案例

4.5.3.1 关联分析在某钢铁集团销售系统订货子系统中的应用

该钢铁集团 CIMS 工程的销售管理系统，共包括订货管理子系统（表 4-13）、发货管理子系统、价格管理子系统、成品管理子系统、资金管理子系统、系统维护子系统、采购管理子系统和查询决策等系统。

表 4-13 某钢铁集团销售系统订货子系统数据结构

序号	字段名	中文说明	类型	长度	备注
1	ID	生产号	C	10	NOTNULL
2	JSDWDM	结算单位代码	C	4	NOTNULL
3	JSDQH	结算地区号	C	4	NOTNULL
4	XPZBM	小品种编码	C	1	NOTNULL
5	XLXBM	小流向编码	C	3	NOTNULL
6	QDSL	签订时间	D	8	
7	GHBM	钢号编码	C	6	NOTNULL
8	XZ	形状	C	2	NOTNULL
9	CC1	尺寸 1	N	6，2	NOTNULL
10	CC2	尺寸 2	N	7.2	
11	CC3	尺寸 3	N	7，2	
12	CCGC	正尺寸公差	N	7	
13	CCGC2	负尺寸公差	N	7，4	
14	CD	长度	C	10	
15	JHZT	交货状态	C	2	
16	JGYT	加工用途	C	2	
17	GL	钢种	C	4	
18	SB	设备	C	4	
19	BZ	标准	C	4	NOTNULL

订货子系统关联分析生成规则如表 4-14 所示。

表 4-14 订货子系统关联分析生成规则

关联规则	支持度（sup）	置信度（conf）
省份=四川→钢类=镍不锈	sup=0. 630091	conf=0. 937225
省份=北京→钢类=铬不锈	sup=0. 597222	conf=0. 797651
省份=上海→钢类=弹簧	sup=0. 626461	conf=0. 851325
省份=河南→钢类=碳工	sup=0. 568699	conf=0. 725251
省份=浙江→钢类=合结	sup=0. 639593	conf=0. 851892
省份=安徽→钢类=滚珠	sup=0. 645615	conf=0. 941377
省份=青海→钢类=铬不锈	sup=0. 515647	conf=0. 734528
省份=山西→钢类=弹簧	sup=0. 695267	conf=0. 861226
省份=陕西→钢类=碳工	sup=0. 425965	conf=0. 756786
省份=河北→钢类=合结	sup=0. 675689	conf=0. 821358
省份=江苏→钢类=镍不锈	sup=0. 645762	conf=0. 923566
省份=山东→钢类=铬不锈	sup=0. 511249	conf=0. 729726
省份=天津→钢类=弹簧	sup=0. 667416	conf=0. 892346
省份=广东→钢类=滚珠	sup=0. 553143	conf=0. 778345
省份=湖南→钢类=铬不锈	sup=0. 654217	conf=0. 812353
钢类=铬不锈→钢类=弹簧	sup=0. 645378	conf=0. 862935
钢类=滚珠→钢类=合结	sup=0. 523543	conf=0. 814675
钢类=弹簧→钢类=碳结	sup=0. 605688	conf=0. 820423
钢类=合结→钢类=铬不锈	sup=0. 542791	conf=0. 772456
钢类=镍不锈→钢类=滚珠	sup=0. 686142	conf=0. 823584
钢类=碳工→钢类=碳结	sup=0. 653871	conf=0. 831726
钢类=合结→钢类=弹簧	sup=0. 500148	conf=0. 801026
钢类=滚珠→钢类=镍不锈	sup=0. 624703	conf=0. 871056
钢类=碳结→钢类=铬不锈	sup=0. 574312	conf=0. 733249
钢类=弹簧→钢类=铬不锈	sup=0. 641689	conf=0. 812759
钢类=碳工→钢类=弹簧	sup=0. 664272	conf=0. 848371
钢类=合结→钢类=碳结	sup=0. 591673	conf=0. 807787
钢类=滚珠→钢类=碳结	sup=0. 670449	conf=0. 848742

续表 4-14

关联规则	支持度（sup）	置信度（conf）
钢类=滚珠→钢类=铬不锈	sup=0.586359	conf=0.738835
钢类=镍不锈→钢类=铬不锈	sup=0.619094	conf=0.829169

订货管理主要是根据用户的订货需求按地区、部门分集团和股份公司分别签订订货合同。对所有的订货合同进行统一管理。该系统能够分品种、类别、组距等控制合同的订货情况，根据用户的信用度等限定条件制定集团公司的排产计划，根据订货资源平衡、协调集团公司生产分厂公司、主要设备和产品品种的排产量，保证合同订货能适合本厂的生产能力和技术水平。将所开发的软件应用于订货子系统，目的是发现一些潜在的决策规律，以上部分对销售订货的近三万条数据进行了挖掘，根据生成的规则，列出省份与钢类以及钢类之间支持度和置信度大于最小支持度和最小置信度的规则。根据挖掘的结果可以看出，浙江省合结钢、四川省镍不锈等的销售，钢类之间镍不锈与铬不锈等的销售关系，这些结果对销售部门以及公司制定整体营销策略提供一些参考。所得到的结果可以反映一些规律，省份与钢类以及钢类之间销售的关系对决策提供相应的参考，有些规律并不一定是已知规律，但可以为领导制定销售策略提供一些依据。

4.5.3.2 关联规则和 MES 在连铸温度控制中的应用

A 粗糙集的引入和数据清理

粗糙集理论 RS 是波兰数学家 Z. Pawlak 在 1982 年提出的一种分析数据理论，一般用来处理不确定和不精确问题的新型数学工具，它不需要关于数据的任何先验或附加信息，而是直接从已知数据的初始决策系统出发，通过不可分辨关系和不可分辨类确定给定问题的近似域，有效地分析和处理不精确、不一致、不完整的信息，并有效地进行属性约简。生产过程是一个复杂的、随机的、不确定的和具有周期性的多样性过程，采用传统的模型化方法，很难建模、仿真和处理。基于这样的背景，提出了以粗糙集理论为主体的数据挖掘方法，先对数据库中数据进行必要的预处理，为数据约简做准备，求出约简或近似约简，并在此基础上根据值约简等减少属性和个体数目，便于后面的挖掘技术的施展。

B 基于粗糙集的关联规则挖掘算法

关联规则是数据挖掘中的一种重要模式，它首先是由 R. Agrawal 等人于 1993 年提出的，用于发现事务数据库中不同商品（项）之间的联系，找出顾客购买行为模式等。关联规则挖掘算法的核心就是 Agrawal 等人设计的 Apriori 算法，即基于两阶段大项集思想的方法，可以将关联规则挖掘算法的设计分解为两个子问题：

（1）找到所有支持度大于最小支持度的项集（itemset），这些项集称为大项集（large itemset，或频繁集）。

（2）用第（1）步找到的大项集产生规则。生产过程计算机系统记录的数据是时间上连续变化的数据经采样、量化得到的。首先，本质上是连续的，其变化受生产状态约束；其次，生产过程中的行为、特性是由许多过程变量共同决定的，且任何一个变量的变化将影响其他变量乃至生产状态的变化，即在空间上，生产过程变量具有高维数、强关联和非线性等特点。因此针对生产执行过程，结合粗糙集的属性约简改进 AprioriS 算法，使之适合生产过程中的知识发现和数据挖掘。以下给出相应算法 Apriori_MES。

算法：Apriori_MES 算法

输入：数据集 DB′，条件属性集 C，决策属性集 D，最小支持度 min_sup。

输出：符合约束条件的规则集 R。

算法步骤如下：

Step1：DB′←DB；//DB′为临时表；

Step2：根据输入的决策系统（U，C∪{d}）和 ind(C，{d})，置 Sred(C) = ∅；

Step3：根据粗糙集的属性约简算法生成简约集合 Sred（C）；

Step4：for 每个条件属性 $C_i \in C$

{if（C_i 不属于 Sred（C））

{从 DB′中删除属性 C_i；

$C=C-\{C_i\}$；

}

Step5：扫描 DB′，确定候选 1-项集；

Step6：根据最小支持度 min_sup，确定频繁 1-项集和 L_1；

Step7：k=0；

Step8：k++；

Step9：使用连接 $L_k \Delta\Delta L_k$ 生产候选 k-项集；

Step10：根据最小支持度 min_sup，确定频繁 k-项集 L_k；

Step11：L_k 不空则转 Step8；

Step12：根据频繁项集 L_{k-1} 产生关联规则；

Step13：根据约束条件从关联规则集合中选出符合条件的规则集 R。

C 基于粗糙集的关联规则挖掘算法在连铸温度控制中的应用

数据仓库的创建都是围绕主题实现的，根据研究的主题，即连铸环节中的温度控制，我们分析出以下几个是对研究的问题起关键作用的数据项：

（1）钢材成品情况：产品编号、质量状况、钢种等；

（2）对应初始生产材料的相关信息 ：钢水成分、质量等；

（3）产品连铸环节各个工序对应的温度：钢种、批次、炉次、出钢温度、吹氩温度、氩后温度、进站温度、出站温度、浇铸温度。

设连铸这个过程有 n 个工序，$T_{ij}=(T_{i1}, T_{i2}, \cdots, T_{in})$ 表示对于第 i 种钢水各个工序

的温度，设有 m 个需要温降的工序，$\Delta T_{ij}=(\Delta T_{i1}, \Delta T_{i2}, \cdots, \Delta T_{in})$ 表示对于第 i 种钢水各个工序的温降度数，$D=\{$质量状态 1，质量状态 2，…$\}$ 表示最后的生产产品的特性集合，$U=\{U_1, U_2, \cdots, U_i\}$ 表示各种不同成分的钢水对象集合。

从 MES 的实时数据库中抽取上述数据，经过初步筛选，去除不完整的数学项，建立实施挖掘算法的数据仓库。

思考题

1. 数据挖掘在工业过程的应用有哪些，涉及哪些数据类型？
2. 试简述数据预处理的主要方式及其适用场景。
3. 分类的步骤有哪些？
4. 试简述常用的分类算法原理。
5. 聚类分析中，如何定义样本之间的距离？
6. 试简述 k-means 算法的基本原理。
7. 试分析关联分析在冶金中有哪些应用。

参考文献

[1] 周九常，刘智明．数据挖掘研究综述［J］．河南图书馆学刊，2018，38（8）：132-134.
[2] 徐勇辉．大数据背景下数据挖掘技术在冶金企业当中的应用［J］．中国金属通报，2018，994（7）：233-234.
[3] 袁梅宇．数据挖掘与机器学习：WEKA 应用技术与实践［M］．北京：清华大学出版社，2014.
[4] 王晓海，吴志刚，数据挖掘：概念模型方法和算法［M］．北京：清华大学出版社，2003.
[5] 彭鸿涛，聂磊．发现数据之美：数据分析原理与实践［M］．北京：电子工业出版社，2014.
[6] 范明，范宏建．数据挖掘导论：完整版［M］．北京：人民邮电出版社，2011.
[7] 韩家炜．数据挖掘：概念与技术［M］．北京：机械工业出版社，2012.
[8] 付佳，陶百生，陈春雨，等．基于 BP 神经网络的转炉供氧模型研究［J］．冶金自动化，2014（4）：11-15.
[9] 陈巧珍．基于分类算法的制造业上市企业财务舞弊的识别研究［D］．南京：南京邮电大学，2022.
[10] 孟磊，刘静萍．数据挖掘中的分类算法研究［J］．中国教育网络，2022（7）：43-45.
[11] 尹廷钧，李灵慧，周蕊．大数据挖掘中的数据分类算法综述［J］．数字技术与应用，2021，39（1）：102-104.
[12] 李诚霖．数据挖掘中的数据分类算法综述［J］．数据，2021（4）：48-50.
[13] 吴琼，程文娟．多维特征空间聚类在工业物料识别中的应用［J］．合肥工业大学学报（自然科学版），2002，25（4）：610-613.
[14] 程志友，王年，梁栋．工业物料识别的一种快速模糊边缘检测算法［J］．安徽大学学报（自然科学版），2003，27（1）：65-70.
[15] 马怀志，吴清潇，郝颖明．基于提升小波和 SVM 分类的炼钢物料识别［J］．计算机工程与设计，2010（18）：4.
[16] 李诗雨．光纤振动传感信号的聚类［D］．北京：北京邮电大学，2019.

[17] 陈新泉，周灵晶，刘耀中. 聚类算法研究综述 [J]. 集成技术，2017，6 (3)：41- 49.
[18] 王明岩. 基于聚类分析的复杂多属性群决策方法研究 [D]. 沈阳：沈阳工业大学，2019.
[19] 陈金磊. 基于聚类分析的模块化神经网络研究与应用 [D]. 郑州：郑州大学，2019.
[20] 杨鑫. 基于聚类分析技术的罩式炉优化排产问题的研究与实现 [D]. 武汉：武汉科技大学，2010.
[21] 张俊生. 数据挖掘中的聚类方法及其应用研究 [D]. 天津：天津理工大学，2012.
[22] 詹胜，周树功，母景琴. 聚类分析方法在基于分布式 PLC 数据采集的连铸坯定尺定重切割中的应用 [J]. 唐山师范学院学报，2013，35 (5)：33-36.
[23] 倪聪林. 基于关联分析的 A 商城订单研究 [D]. 南昌：华东交通大学，2017.
[24] 王永生. 基于数据挖掘的关联规则算法 [D]. 大连：大连交通大学，2006.
[25] 曹春萍，何佳，王亚刚，等. 关联规则和 MES 在连铸温度控制中的应用研究 [J]. 计算机与应用化学，2012，29 (10)：29-32.
[26] 徐辉增. 关联规则数据挖掘方法的研究 [D]. 青岛：中国石油大学，2009：1-89.
[27] 程岩，黄梯云. 信息系统中一种面向粗糙集的数据挖掘方法 [J]. 情报学报，2001，20 (1)：90-99.
[28] 孔芳. 数据挖掘技术中关联规则算法的研究 [D]. 无锡：江南大学，2008.

5 经典机器学习算法

本章课件

本章提要

机器学习是一门多学科交叉专业，涵盖概率论知识、统计学知识、近似理论知识和复杂算法知识，使用计算机作为工具并致力于真实实时的模拟人类学习方式，并将现有内容进行知识结构划分来有效提高学习效率。机器学习算法众多，本章主要介绍了一系列较为经典的机器学习算法。首先介绍多元线性回归以及如何用最小二乘法求解多元线性回归问题，接着介绍支持向量机、决策树、案例推理和随机森林算法，并引入 Bagging 和 Boosting 思想。机器学习中很多算法有着很强的自然背景，包括但不限于人工神经网络、遗传算法、模拟退火算法和粒子群算法。理解和掌握这些机器学习算法后，研究者可根据实际问题和需要选择正确的算法求解问题。

5.1 多元线性回归

5.1.1 多元线性回归概论

多元线性回归指的是样本具有多个特征的线性回归问题。对于一个有 n 个特征的样本 i 而言，它的回归结果可以写作以下方程：

$$\hat{y}_i = \omega_0 + \omega_1 x_{i1} + \omega_2 x_{i2} + \cdots + \omega_n x_{in} \tag{5-1}$$

ω 被统称为模型的参数，其中 ω_0 称为截距（intercept），$\omega_1 \sim \omega_n$ 称为回归系数（regression coefficient）。这个方程中 y 是目标变量，也就是标签。$x_{i1} \sim x_{in}$ 是样本 i 上的不同特征。

如果考虑有 m 个样本，则回归结果可以写作：

$$\hat{y} = \omega_0 + \omega_1 x_1 + \omega_2 x_2 + \cdots + \omega_n x_{mn} \tag{5-2}$$

其中，$\boldsymbol{y}$ 是包含了 m 个全部样本的回归结果的列向量。

注：本节使用粗体的小写字母来表示列向量，粗体的大写字母表示矩阵或者行列式。

使用矩阵来表示式（5-2），其中 $\boldsymbol{\omega}$ 可以看作一个结构为（$n+1$，n）的列矩阵，$\boldsymbol{X}$ 是一个结构为（m，$n+1$）的特征矩阵，则有：

$$\hat{y} = \boldsymbol{X\omega} \tag{5-3}$$

$$\begin{bmatrix} \hat{y}_1 \\ \hat{y}_2 \\ \hat{y}_3 \\ \vdots \\ \hat{y}_m \end{bmatrix} = \begin{bmatrix} 1 & x_{11} & x_{12} & x_{13} & \cdots & x_{1n} \\ 1 & x_{21} & x_{22} & x_{23} & \cdots & x_{2n} \\ 1 & x_{31} & x_{32} & x_{33} & \cdots & x_{3n} \\ \vdots & \vdots & \vdots & \vdots & \vdots & \vdots \\ 1 & x_{m1} & x_{m2} & x_{m3} & \cdots & x_{mn} \end{bmatrix} \times \begin{bmatrix} \omega_0 \\ \omega_1 \\ \omega_2 \\ \vdots \\ \omega_n \end{bmatrix} \tag{5-4}$$

线性回归的任务是构造一个预测函数来映射特征矩阵 $\boldsymbol{X}$ 和标签值 y 的线性关系，这个预测函数的核心是找出模型的参数向量 $\boldsymbol{\omega}$，求解参数向量，便可以利用多元线性回归模型进行预测。

在多元线性回归中定义损失函数：

$$\sum_{i=1}^{m}(y_i - \hat{y}_i)^2 = \sum_{i=1}^{m}(y_i - \boldsymbol{X}_i\boldsymbol{\omega})^2 \tag{5-5}$$

其中，y_i 是样本 i 对应的真实标签；$\hat{y}_i$ 是样本 i 在一组参数 $\boldsymbol{\omega}$ 下的预测标签。

首先，这个损失函数代表了向量 $L2$ 范式的平方结果，$L2$ 范式的本质就是欧式距离，即两个向量上的每个点对应相减后的平方和再开平方，此时损失函数是 $L2$ 范式，即欧式距离的平方。

在这个平方结果下，y 和 $\hat{y}$ 分别是真实标签和预测值，也就是说，这个损失函数在计算真实标签和预测值之间的距离。因此，我们认为这个损失函数衡量了构造模型的预测结果和真实标签的差异，因此我们希望预测结果和真实值的差异越小越好。此时求解目标就可以转化为：

$$\min_{\boldsymbol{\omega}} \| y - \boldsymbol{X\omega} \|_2^2 \tag{5-6}$$

其中，右下角的 2 表示向量的 $L2$ 范式，也就是损失函数所代表的含义。在 $L2$ 范式上开平方，即可得到损失函数。这个损失函数被称为 *SSE*（sum of sqaured error，误差平方和）或者 *RSS*（residual sum of squares，残差平方和）。

5.1.2 最小二乘法求解多元线性回归

现在，多元线性回归问题转化成了求解让 *RSS* 最小化的参数向量，这种通过最小化真实值和预测值之间的 *RSS* 来求解参数的方法叫做最小二乘法。求解极值的第一步往往是求解一阶导数并让一阶导数等于 0。接下来在残差平方和 *RSS* 上对参数向量 $\boldsymbol{\omega}$ 求导：

$$\begin{aligned} \frac{\partial RSS}{\partial \boldsymbol{\omega}} &= \frac{\partial \| y - \boldsymbol{X\omega} \|_2^2}{\partial \boldsymbol{\omega}} = \frac{\partial (y - \boldsymbol{X\omega})^{\mathrm{T}}(y - \boldsymbol{X\omega})}{\partial \boldsymbol{\omega}} \\ &= \frac{\partial (y^{\mathrm{T}}y - \boldsymbol{\omega}^{\mathrm{T}}\boldsymbol{X}^{\mathrm{T}}y - y^{\mathrm{T}}\boldsymbol{X\omega} + \boldsymbol{\omega}^{\mathrm{T}}\boldsymbol{X}^{\mathrm{T}}\boldsymbol{X\omega})}{\partial \boldsymbol{\omega}} = \boldsymbol{X}^{\mathrm{T}}\boldsymbol{X\omega} - \boldsymbol{X}^{\mathrm{T}}y \end{aligned} \tag{5-7}$$

一阶导数为0：

$$X^{\mathrm{T}}X\boldsymbol{\omega} - X^{\mathrm{T}}y = 0$$

$$X^{\mathrm{T}}X\boldsymbol{\omega} = X^{\mathrm{T}}y$$

$$\boldsymbol{\omega} = (X^{\mathrm{T}}X)^{-1}X^{\mathrm{T}}y \tag{5-8}$$

将 $\boldsymbol{\omega}$ 留在等式的左侧，只需要左乘 $(X^{\mathrm{T}}X)^{-1}$ 即可。在这里，逆矩阵存在的充分必要条件是特征矩阵不存在多重共线性。

假设矩阵的逆是存在的，此时 $\boldsymbol{\omega}$ 就是参数的最优解。求解出这个参数向量，我们就解出了 $X\boldsymbol{\omega}$，即可计算出预测值 $\hat{y}$。

5.1.3 多元线性模型的检验

当模型的未知参数估计出来后，初步建立了一个回归模型，但是这个模型是否真正揭示了被解释变量和解释变量之间的关系，在根据因变量和多个自变量的实际观测数据建立多元线性回归方程之前，因变量与多个自变量间的线性关系只是一种假设，尽管这种假设常常不是没有根据的，但是在建立了多元线性回归方程之后，还必须对因变量与多个自变量间的线性关系进行显著性检验，或者说对多元线性回归方程进行显著性检验。

统计检验是由统计理论决定的，目的在于检验模型的统计学性质。它是运用数理统计的方法，对方程进行检验、对模型参数估计值的可靠性进行检验。主要包括拟合优度检验、方程显著性检验、变量显著性检验等。

5.1.3.1 拟合优度检验（R^2 检验）

为了检验描述多元线性回归方程与数据的拟合程度，可采取拟合优度检验的方法来说明。拟合优度检验方法是构造一个可以表征拟合程度的指标 R^2。在多元线性回归方程中，同样可以使用 R^2。

定义：SST 为总离差平方和，$SST = \sum_{i=1}^{n}(y_i - \bar{y})^2$；$SSR$ 为残差回归平方和，是反映回归效果的参数，$SSR = \sum_{i=1}^{n}(\hat{y}_i - \bar{y})^2$，$SSE$ 为残差平方和，$SSE = \sum_{i=1}^{n}(y_i - \hat{y}_i)^2$，且 $SST = SSR + SSE$。

统计量 R^2 定义为：

$$R^2 = \frac{S_{回}}{S_{总}} = \frac{SSE}{SST} = \frac{\sum_{i=1}^{n}(y_i - \bar{y}_i)^2}{\sum_{i=1}^{n}(y_i - \bar{y})^2} \tag{5-9}$$

R^2 的值越接近1，表明回归方程对实际观测值的拟合度越好；相反，R^2 越接近0，拟合效果越差。

5.1.3.2 回归方程的整体显著性分析

在一元线性回归中，回归系数显著性检验的 t 检验与回归方程显著性检验的 F 检验是等价的，但是在多元线性回归中，两者就不等价了。F 检验显著说明自变量 x 整体的线性回归效果是显著的，但不等于 y 对于每一个自变量 x 的效果都显著；反之也不成立。

5.1.3.3 回归系数的显著性检验

在多元线性回归中，回归方程显著并不意味着每个自变量对应变量 y 的影响都是线性回归效果显著，因此需要对每个回归进行显著性检验。假设 $H_0: \beta_j = 0 \leftrightarrow H_1: \beta_j \neq 0$。检验统计量 t 为：

$$t = \frac{\hat{\beta}_j}{\sigma / \sqrt{\sum_{i=1}^{n}(x_i - \bar{x})^2}} \tag{5-10}$$

$$t_j = \frac{\hat{\beta}_j}{\sqrt{(X^{\mathrm{T}}X)^{-1}\sum_{i=1}^{n}(y_i - \hat{y}_i)^2/(n-m)}} \tag{5-11}$$

在回归效果差的情况下，根据 t_j 大小采用后退法以此剔除 $f_{大}(x)$ 对应的不显著自变量，用剩余的显著因素进行最后一次回归。通过 t 检验我们可以看出每个自变量对因变量的影响，如果某个自变量对因变量影响并不显著，应该将它从回归方程中剔除。

5.1.3.4 残差分析

一个估计回归方程可能有较高的判定系数，也可能通过显著性检验，但是并不能说就是一个好模型，因为这些都是建立在模型假设基础上的，如果最初模型假设不真实，就要用残差分析验证。多元共线性会对多元线性回归模型的合理性造成很大影响，我们应用 DW 检验判断各个自变量之间是否存在多重共线性。

DW 检验的基本思想：如果存在正相关，那么残差的相邻值彼此之间应当比较接近，分子项就会较小，进而 DW 值也会比较小；如果存在负相关，就相反。检验统计量 DW 的表达式为：

$$DW = \sum_{t=2}^{n}[f_{理}(x) - f_{工}(x)]^2 / \sum_{t=1}^{n}[f_{理}(x)]^2 \approx 2(1-\rho) \tag{5-12}$$

其中，$f_{理}(x)$ 是第 t 期实际值和预测值之间的误差；ρ 是随机变量 $f_{理}(x)$ 和 $f_{工}(x)$ 的相关系数。因为 ρ 的值介于-1 和 1 之间，数学上推导出 DW 的取值 [0, 4]，而且当 DW 的值接近于 0 和 4 时，ρ 的绝对值趋近于 1，存在自相关性；而 DW 值接近于 2 时，ρ 的值趋近于 0，即 $f_{理}(x)$ 和 $f_{工}(x)$ 不相关。实际问题中，当 DW 统计量的值在 2 左右时，可判定回归模型不存在自相关性，此时模型有效。

5.1.4 应用案例

配方计算在铝用炭素阳极生产中是一个非常重要的技术环节。它要根据理论配方的技术要求和原料仓中各级原料的实际粒度分布情况，计算出生产中各级原料的实际用量比例，即工作配方。工作配方的实际粒度组成与理论配方的匹配度，直接决定了阳极产品的性能是否能达到最初的设计水平。在理想生产条件下，原料仓的各级原料应该是高纯的，或至少是具有固定的粒度分布的，这样通过一般的“由粗到细、逐级递推、粒度校核”的传统计算方法即可得到一个基本符合理论配方技术要求的工作配方来指导生产。但是在实际生产中，由于工业生产中大型设备的技术条件限制，各级原料的纯度与粒度分布情况会一直都处在一种动态波动的状态。采用传统配方计算方法推导工作配方，不仅计算繁琐、效率低下，而且其计算结果受主观因素影响的缺点也会给生产带来不稳定的因素。目前虽然也有人能借助 VB 语言和 EXCEL 软件等将传统配方计算方法自动化，做到以“机判”代替“人判”，消除了主观因素的影响问题，提高了计算效率，但其逐级递推的传统计算思路注定了其低精度以及不适用于多级配方计算的缺点，程序的设计也无法跳出计算、校核、复计算的圈子，程序复杂，难以推广。基于多元线性回归法原理的新配方计算方法思路简洁明了，具备处理多级、精细、复杂配方的计算能力，还可结合 MATLAB、SPSS 和 EXCEL 等常用的计算机软件实现高效精确的运算，对铝用炭素配方的精细化发展具有重要的意义。

以一个两级原料的配方问题为例，将配方计算问题简化。原料分为大、小两级，其粒度分布曲线分别是 $f_{大}(x)$ 和 $f_{小}(x)$。因破碎筛分工艺的特点，各级原料的粒度分布一般近似正态分布。设理论配方的粒度分布曲线是 $f_{理}(x)$，求解工作配方的问题就是求两级原料的用量比例，使它们混合后物料的实际粒度分布曲线 $f_{工}(x)$ 能与 $f_{理}(x)$ 尽量重合。这就相当于一个曲线拟合问题，可通过求解以下二元线性回归方程来解决，即求 b_1 和 b_2 的最小二乘解，使 $f_{工}(x)$ 与 $f_{理}(x)$ 的误差平方和 E^2 最小。

$$f_{工}(x) = b_1 f_{大}(x) + b_2 f_{小}(x) = f_{理}(x) \tag{5-13}$$

$$E^2 = \sum [b_1 f_{大}(x) + b_2 f_{小}(x) - f_{理}(x)]^2 \tag{5-14}$$

需要注意的是，配方问题中各级原料配入比例之和为 100%，这是一个典型的带线性约束的二元线性回归方程的求解问题。限制条件为：

$$b_1 + b_2 = 1 \tag{5-15}$$

这类问题中，若要保证限制条件的有效性，可通过在限制条件两端乘以一个较大的系数来实现，系数大小可根据数据源的数量级来确定。配方问题中数据都是以“%”为单位的十位级，可在式（5-15）两端乘以系数 1000，得到式（5-16）：

$$1000b_1 + 1000b_2 = 1000 \tag{5-16}$$

这样一来，两级配方的求解问题最终转变成了带约束条件的二元线性回归方程的求解问题。同理，n 级原料的配方计算问题也可转化为对应的带线性约束的 n 元线性回归方程求解，很多常用的分析软件，如 MATLAB 具备相应的回归分析求解功能。

实例中的配方问题可归纳为求下列四元线性回归方程系数 b_1、b_2、b_3、b_4 最小二乘解的问题：

$$f_{理}(x_i) = b_1 f_{粗}(x_i) + b_2 f_{中}(x_i) + b_3 f_{理}(x_i) + b_4 f_{粉}(x_i)$$
$$i = 1,\ 2,\ 3,\ 4,\ 5 \tag{5-17}$$

式中，x_i 为颗粒粒径，mm；b_i 为各级原料的配料比例。

根据理论配方技术要求及原料粒度分布数据，在 MATLAB 软件中输入简短的程序编码：

```
n=6; m=4;
y= [1 11 14 58 43 1000];
x1= [8.7 73 12.7 0 0 1000];
x2= [0 1 89.4 0 0 1000];
x3= [0 0 2 36.5 6.5 1000];
x4= [0 0 0 100 77 1000];
X= [ x1', x2', x3', x4'];
b=regress (y, X)
```

得到如下结果：

b= 0.155　0.136　0.182　0.527

结果显示，工作配方中粗料仓用量占15.5%，中料仓13.6%，细料仓18.2%，粉料仓52.7%。用MATLAB处理配方计算问题，是直接利用了程序的多元线性回归函数regress，程序中n为理论配方技术要求的粒级数量与限制条件数量之和，m则是原料料仓数量，y带入的是理论配方的粒度分布和限制条件数据，$x1$，$x2$，$x3$和$x4$分别代入的是粗、中、细、粉料仓的粒度分布和限制条件数据。

5.2 支持向量机

5.2.1 支持向量机基本原理

5.2.1.1 间隔与支持向量

支持向量机（support vector machine，SVM）是一种按监督学习方式对数据进行分类的广义线性分类器，该理论提出伊始是为了解决二分类问题，后面经过一对多的技术可以将支持向量机推广到多分类问题，此外支持向量机还可以通过从低维到高维的映射解决非线性分类问题。

对于二分类问题，支持向量机就是在寻找一个最优划分超平面，使得该超平面可以最大限度地将两类数据区分开，到超平面最近的点被称为**支持向量**（support vector），两个异类支持向量（一个位于超平面上方，另一个位于超平面下方）到最优超平面的距离之和γ被称为**间隔**（margin）。

最优超平面要具有一定的鲁棒性，即可以最大程度地“容忍”训练样本的局部扰动，对未见的样本具有最好的泛化能力，比如新的样本点可能比训练集中的所有样本更加接近两类的分隔界，使得许多的划分超平面出现划分错误，而最优超平面受到这种情况的影响最小，因而最优超平面应满足以下三个条件：

（1）可以成功分开两类；

（2）有最大化的间隔；

（3）位于间隔的中间，即到所有的支持向量的距离相等。

假定我们有一个训练样本集：

$$D = \{(x_1, y_1), (x_2, y_2), \cdots, (x_m, y_m)\}, y_i \in \{-1, +1\},$$
$$x_i = \{x_{i1}, x_{i2}, \cdots, x_{in}\} \tag{5-18}$$

在样本空间中，超平面可以用如下所示的线性方程来表示：

$$\omega^{T}x + b = 0 \tag{5-19}$$

其中，$\omega = (\omega_1, \omega_2, \cdots, \omega_n)$ 为一个 n 维法向量，决定了超平面的方向，b 为位移项，决定了超平面与原点之间的距离，划分超平面可以被参数 ω 和 b 唯一确定，故而我们将超平面记为 (ω, b)，样本空间中的任意点到超平面 (ω, b) 的距离为：

$$r = \frac{|\omega^{T}x + b|}{\omega} \tag{5-20}$$

若超平面 (ω, b) 能够将样本正确分类，即对于任意的 $(x_i, y_i) \in D$，若 $y_i = 1$，则有 $\omega^{T}x + b > 0$；若 $y_i = -1$，则有 $\omega^{T}x + b < 0$。接下来我们陈述以下事实：$\omega^{T}x + b = 0$ 与 $a\omega^{T}x + ab = 0(a \neq 0)$ 是同一个超平面，所以我们可以对超平面的 ω 和 b 进行缩放，使得对任意的支持向量均满足 $|\omega^{T}x + b| = 1$，则对任意的非支持向量均有 $|\omega^{T}x + b| > 1$，如式（5-21）所示：

$$\begin{cases} \omega^{T}x + b \geqslant +1, & y_i = +1 \\ \omega^{T}x + b \leqslant -1, & y_i = -1 \end{cases} \tag{5-21}$$

故而任意的支持向量到最优超平面的距离均为 $\frac{1}{\omega}$，所以由该超平面所确定的间隔为 $\gamma = \frac{2}{\omega}$，求解最优超平面的过程就是在满足式（5-21）的情况下，寻找最优的参数 ω 和 b，使得间隔 γ 最大。即：

$$\begin{cases} \max\limits_{\omega, b} \frac{2}{\omega} \\ \text{s. t. } y_i(\omega^{T}x + b) \geqslant 1, \ i = 1, 2, 3, \cdots, m \end{cases} \tag{5-22}$$

支持向量与间隔示意图如图 5-1 所示。

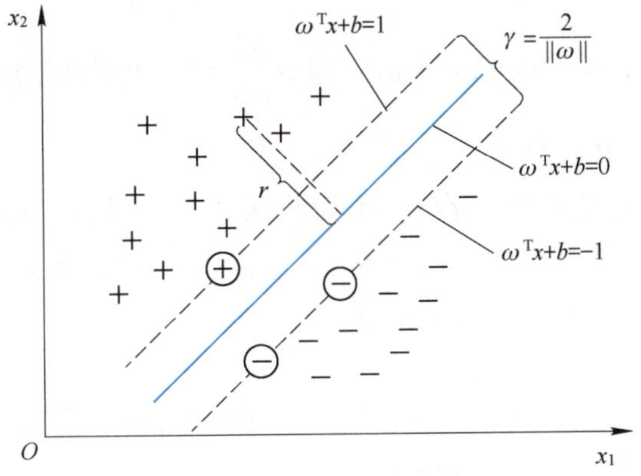

图 5-1　支持向量与间隔示意图

欲使间隔最大化，即最大化 $\frac{1}{\omega}$，该问题可等效为最小化 ω^2，于是，式（5-22）可以表示为：

$$\begin{cases}\min\limits_{\omega,\ b} \dfrac{1}{2}\omega^2 \\ \text{s.t. } y_i(\omega^T x_i + b) \geqslant 1,\ i = 1,\ 2,\ 3,\ \cdots,\ m\end{cases} \tag{5-23}$$

这就是支持向量机求解过程的基本公式。

5.2.1.2 对偶问题

A 对偶问题简介

对偶问题的概念来源于线性规划，本书中只做简要介绍，若要进一步详细了解，请参阅线性规划的书籍。

与对偶问题相对应的是原问题，原问题有其标准的定义如下所示：

$$\min_{\omega} f(\omega)$$
$$\text{s.t.} \begin{cases} g_i(\omega) \leqslant 0(i = 1 \sim K) \\ h_i(\omega) = 0(i = 1 \sim M)\end{cases} \tag{5-24}$$

我们一般采用拉格朗日乘子法对原问题进行求解，拉格朗日乘子法就是将拉格朗日乘子 $\alpha_i(i = 1 \sim K)$、$\beta_i(i = 1 \sim M)$ 引入目标函数，具体是将原有的约束条件中的 $g_i(\omega)$、$h_i(\omega)$ 分别乘以拉格朗日乘子 $\alpha_i(i = 1 \sim K)$、$\beta_i(i = 1 \sim M)$，加入目标函数中，同时改为求解目标函数的最大值，因而目标函数更新为：

$$\max_{\alpha,\ \beta} f(\omega) + \sum_{i=1}^{K} \alpha_i g_i(\omega) + \sum_{i=1}^{M} \beta_i h_i(\omega) \tag{5-25}$$

约束条件更新为 $\alpha_i \geqslant 0(i = 1 \sim K)$，这样我们就得到了原问题对应的对偶问题，如式（5-26）所示：

$$\max_{\alpha,\ \beta} \theta(\alpha,\ \beta) = \inf_{\omega} L(\omega,\ \alpha,\ \beta)$$
$$\text{s.t. } \alpha_i \geqslant 0(i = 1 \sim K) \tag{5-26}$$

其中，$L(\omega,\ \alpha,\ \beta) = f(\omega) + \sum\limits_{i=1}^{K} \alpha_i g_i(\omega) + \sum\limits_{i=1}^{M} \beta_i h_i(\omega)$，$\inf\limits_{\omega} L(\omega,\ \alpha,\ \beta)$ 指的是遍历所有可能的 ω 值，使函数 $L(\omega,\ \alpha,\ \beta)$ 取最小值。即令 $\frac{\partial L}{\partial \omega} = 0$，得出解为 $\omega = \omega_0$，所以 $\theta(\alpha,\ \beta) = \inf\limits_{\omega} L(\omega,\ \alpha,\ \beta) = L(\omega_0,\ \alpha,\ \beta)$。

接下来介绍一下强对偶定理，若 $f(\omega)$ 为凸函数，并且 g_ω 和 h_ω 均为线性函数（$g_\omega = A\omega + b$，$h_\omega = C\omega + d$），则其原问题的解等于对偶问题的解，即对 $\forall i = 1 \sim N$，均有 $\alpha_i^* = 0$ 或者 $g_i(\omega^*) = 0$，这也简称为 KKT 条件。

B 支持向量机中对偶问题的应用

支持向量机中的原问题如式（5-23）所示，则其对偶问题为：

$$\max_{\alpha} \theta(\alpha) = \inf_{\omega,\ b} L(\omega,\ b,\ \alpha)$$
$$\text{s.t. } \alpha_i \geqslant 0(i = 1 \sim m) \tag{5-27}$$

其中，$L(\omega, b, \alpha)=\frac{1}{2}\omega^2+\sum_{i=1}^{m}\alpha_i[1-y_i(\omega^T x_i+b)]$，$\inf_{\omega, b}L(\omega, b, \alpha)$ 的解为分别用 $L(\omega, b, \alpha)$ 对 ω，b 求偏导，令其均等于0。即：

$$\begin{cases}\dfrac{\partial L}{\partial \omega}=0\\ \dfrac{\partial L}{\partial b}=0\end{cases} \tag{5-28}$$

可以解得：

$$\begin{cases}\omega=\sum_{i=1}^{m}\alpha_i y_i x_i\\ \sum_{i=1}^{m}\alpha_i y_i=0\end{cases} \tag{5-29}$$

将得到的解集代入对偶问题，我们可以得到最终的对偶问题为：

$$\max_{\alpha}\theta(\alpha)=\sum_{i=1}^{m}\alpha_i-\frac{1}{2}\sum_{i=1}^{m}\sum_{j=1}^{m}\alpha_i\alpha_j y_i y_j x_j^T x_i$$

$$\text{s.t.}\begin{cases}\alpha_i \geqslant 0(i=1\sim m)\\ \sum_{i=1}^{m}\alpha_i y_i=0\end{cases} \tag{5-30}$$

若我们想令对偶问题的解等于原问题的解，该问题还得满足 KKT 条件：

$$\begin{cases}\alpha_i \geqslant 0\\ y_i(\omega^T x_i+b)-1 \geqslant 0\\ \alpha_i(y_i(\omega^T x_i+b)-1)=0\end{cases} \tag{5-31}$$

求解出所有的 α_i 的值之后，我们得到了最终的超平面：

$$\sum_{i=1}^{m}\alpha_i y_i x_i^T x+b=0 \tag{5-32}$$

不难发现，对任意训练样本 (x_i, y_i)，总有 $\alpha_i=0$ 或 $y_i(\omega^T x_i+b)=1$。若 $\alpha_i=0$，则该样本将不会在式（5-18）的求和中出现，也就不会对最优超平面有任何影响；若 $\alpha_i \neq 0$，则 $y_i(\omega^T x_i+b)=1$，所对应的样本点位于最大间隔边界上，属于支持向量。这显示出支持向量机的一个重要性质；训练完成后，大部分的训练样本都不需保留，最终模型结果仅与支持向量有关。

我们可以借助线性规划中的求解方法或者利用计算机程序求解该二次规划问题，可以方便快捷地计算出所有 α_i 的值。最常用的方法是 SMO（sequential minimal optimization）算法。

SMO 算法的基本思路是先固定 α_i 之外的所有参数，然后求 α_i 上的极值。由于存在约束 $\sum_{i=1}^{m}\alpha_i y_i=0$，若固定 α_i 之外的其他变量，则 α_i 可由其他变量导出。于是，SMO 每次选择两个变量 α_i 和 α_j，并固定其他参数。这样，在参数初始化后，SMO 不断执行如下两个步骤直至收敛：

（1）选取一对需更新的变量 α_i 和 α_j；

（2）固定 α_i 和 α_j 以外的参数，求解式（5-30），获得更新后的 α_i 和 α_j。

注意到只需选取的 α_i 和 α_j 中，只要有一个不满足 KKT 条件（5-31），目标函数就会在迭代后减小。直观来看，KKT 条件违背的程度越大，则变量更新后可能导致的目标函数值减小的幅度越大。于是，SMO 先选取违背 KKT 条件程度最大的变量。第二个变量应选择一个使目标函数值减小最快的变量，但由于比较各变量所对应的目标函数值减幅的复杂度过高，因此 SMO 采用了一个启发式：使选取的两变量所对应样本之间的间隔最大。一种直观的解释是，这样的两个变量有很大的差别，与对两个相似的变量进行更新相比，对它们进行更新会带给目标函数值更大的变化。

SMO 算法之所以高效，是因为在固定其他参数的情况下，它仅需要优化两个参数，从而实现高效计算。具体来说，仅考虑 α_i 和 α_j 时，式（5-30）中的约束可重写为：

$$\alpha_i y_i+\alpha_j y_j=c,\ \alpha_i\geqslant 0,\ \alpha_i\geqslant 0 \tag{5-33}$$

其中：

$$c=-\sum_{k\neq i,\ j}\alpha_k y_k \tag{5-34}$$

是使 $\sum_{i=1}^{m}\alpha_i y_i=0$ 成立的常数。用：

$$\alpha_i y_i+\alpha_j y_j=c \tag{5-35}$$

消去式（5-30）中的变量 α_j，则得到一个关于 α_i 的单变量二次规划问题，仅有的约束是 $\alpha_i\geqslant 0$。不难发现，这样的二次规划问题具有闭式解，不必调用数值优化算法即可高效地计算出更新后的 α_i 和 α_j。

对于偏移项 b，注意到对任意支持向量（x_s，y_s），都有：$y_s(\omega^{\mathrm{T}}x_s+b)=1$，即：

$$y_s\Big(\sum_{i\in S}\alpha_i y_i x_i^{\mathrm{T}}x_s+b\Big)=1 \tag{5-36}$$

其中，$S=\{i\,|\,\alpha_i>0,\ i=1,\ 2,\ \cdots,\ t\}$ 为所有支持向量的下标集。理论上可选取任意支持向量并通过求解式（5-36）获得 b，但在现实任务中常使用所有支持向量求解的平均值：

$$b=\frac{1}{|S|}\Big(\sum_{s\in S}y_s-\sum_{i\in S}\alpha_i y_i x_i^{\mathrm{T}}x_s\Big) \tag{5-37}$$

所以此时的最优超平面也就被唯一确定了。

5.2.1.3 线性可分与线性不可分

在二分类问题中，线性可分问题指的是，在样本点所处的样本空间中存在若干个超平面可以将该两类样本点区分开，即对训练样本集 $D=\{(x_1,\ y_1),\ (x_2,\ y_2),\ \cdots,\ (x_m,$

$y_m)\}$，$y_i \in \{-1, +1\}$，$x_i = \{x_{i1}, x_{i2}, \cdots, x_{im}\}$，若为线性可分，即存在$(\omega, b)$使得对任意的点$(x_i, y_i) \in D$，均有$y_i(\omega^{\mathrm{T}} x_i + b) > 0$。

线性不可分问题指的是在二分类问题中，在样本点所处的样本空间中不存在一个超平面可以将该两类样本点区分开，即对训练样本集$D = \{(x_1, y_1), (x_2, y_2), \cdots, (x_m, y_m)\}$，$y_i \in \{-1, +1\}$，$x_i = \{x_{i1}, x_{i2}, \cdots, x_{in}\}$，若线性不可分，则不存在$(\omega, b)$使得对任意的点$(x_i, y_i) \in D$，均有$y_i(\omega^{\mathrm{T}} x_i + b) > 0$。按照（1）中的求解方法，在训练样本集所处的样本空间中，不存在一个可对数据进行精确分类的超平面，但是我们发现某些在二维空间中线性不可分的问题，如果我们将其中的样本点按照某种规则一一对应，映射到三维乃至更高维的空间，可将数据点进行精准分类的超平面也就可以存在了，如图 5-2 所示。在二维空间中，我们无法找出一个超平面可以对异或情况进行精准分类。

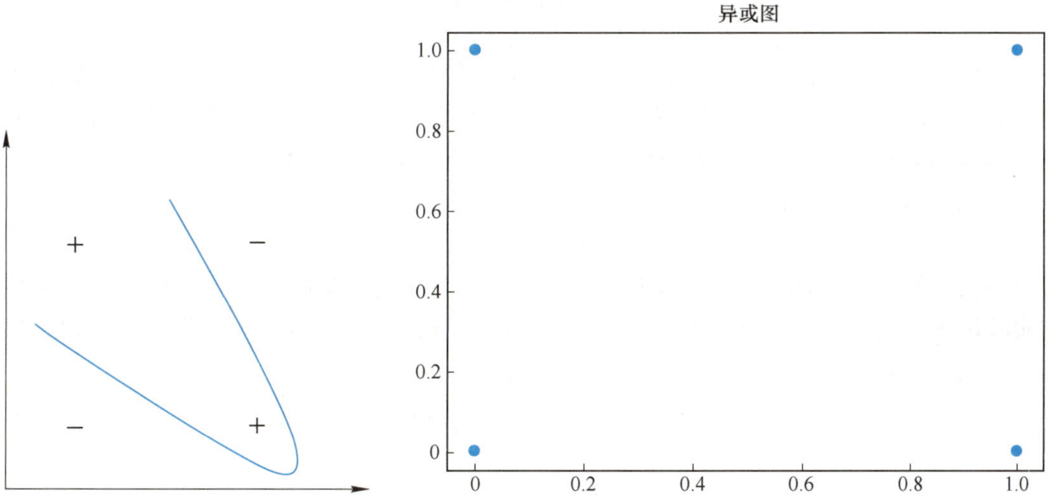

图 5-2　线性不可分情况

但是，如果我们可以找到某种规则，将该问题中的样本点拓展到高维空间中，该问题就将变得线性可分。对同一个在低维不可分的问题会存在多种规则映射到不同的线性可分的高维空间。寻找这种从低维到高维的映射规则，需要花费大量的时间和精力，但是随着人们对数学的分析发现，最终我们并不关心映射规则的具体形式，接下来的内容会对这个问题进行详细的介绍。

5.2.1.4　软间隔与正则化

由前面的内容已知，对于线性可分问题，我们可以对式（5-23）进行求解，从而得到最优超平面，对于线性不可分问题，可以利用某种规则将低维空间的点映射到高维空间，从而使得该问题变得线性可分。但是在实际的应用过程中，我们发现，现实中的一些问题并不是完全线性可分的，也不是完全线性不可分的，即其本质上属于线性可分问题，但是由于观测、记录以及数据本身的原因等，该问题并不能完全地被一个超平面分开，但是，也仅仅是有少数的几个数据出现了分类错误的情况，如图 5-3 所示。图 5-3 中，直线可以大致将两类点分开，但是有四个点的分类出现了异常，虽然将数据由当前维度映射到更高的维度，必然能够找到一个合适的超平面将数据完美地区分开，但是会带来一定的计算量。

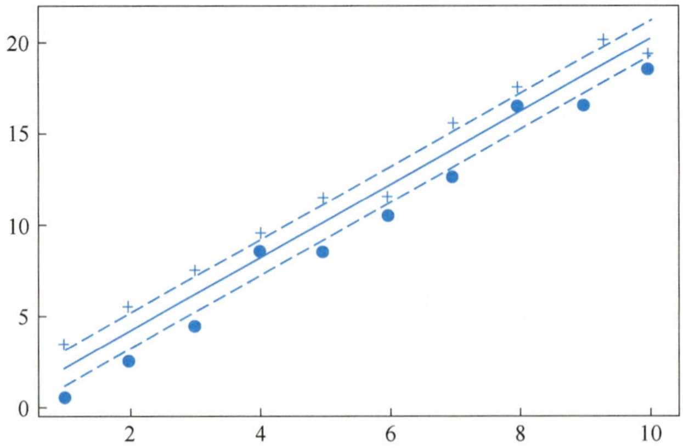

图 5-3 软间隔

若我们允许支持向量机在一定数量的样本上犯错（认为处于两条虚线之间的样本仍旧是分类正确的），那么图 5-3 中的问题，我们就可以在低维空间将其解决，这便是软间隔（soft margin）的概念，具体指分类过程中允许部分的样本不满足约束式（5-21），但是全部样本均需满足新的约束：

$$y_i(\omega^{\mathrm{T}}x_i + b) \geqslant 1 - \delta_i \tag{5-38}$$

其中，$\delta_i \geqslant 0$，δ_i 是松弛变量（slack variable）。不难看出只要 δ_i 的取值足够大，每个样本均能满足约束式（5-38），因而应对 δ_i 加以某种限制，防止 δ_i 无限制地取较大的值，所以我们将最小化目标函数和约束更新为以下形式：

$$\min_{\omega,\ b} \frac{1}{2}\|\omega\|^2 + C\sum_{i=1}^{m}\delta_i$$

$$\text{s. t.} \begin{cases} y_i(\omega^{\mathrm{T}}x_i + b) \geqslant 1 - \delta_i & i = 1 \sim m \\ \delta_i \geqslant 0 & i = 1 \sim m \end{cases} \tag{5-39}$$

$C \geqslant 0$，C 被称为正则化系数，C 的值需要我们根据实际问题和已有的经验进行指定。

支持向量机中的原问题如式（5-39）所示，若想求出其对偶问题，需将式（5-39）进行变形，具体是将 δ_i 取其相反数 $-\delta_i$，并令 $\delta_i = -\delta_i$。

因此原问题变为：

$$\min_{\omega,\ b} \frac{1}{2}\omega^2 - C\sum_{i=1}^{m}\delta_i$$

$$\text{s. t.} \begin{cases} 1 + \delta_i - y_i(\omega^{\mathrm{T}}x_i + b) \leqslant 0 & i = 1 \sim m \\ \delta_i \leqslant 0 & i = 1 \sim m \end{cases} \tag{5-40}$$

此时，根据之前对偶问题的定义，该原问题的对偶问题可以写为：

$$\max_{\alpha,\ \beta}\theta(\alpha,\ \beta) = \inf_{\omega,\ b,\ \delta_i} L(\omega,\ \alpha,\ \beta)$$

$$\text{s. t.} \begin{cases} \alpha_i \geqslant 0(i = 1 \sim m) \\ \beta_i \geqslant 0(i = 1 \sim m) \end{cases} \tag{5-41}$$

其中，$L(\omega,\ \alpha,\ \beta) = \frac{1}{2}\|\omega\|^2 - C\sum_{i=1}^{m}\delta_i + \sum_{i=1}^{m}\alpha_i[1 + \delta_i - y_i(\omega^{\mathrm{T}}x_i + b)] + \sum_{i=1}^{m}\beta_i\delta_i$。

$\inf\limits_{\omega,\ b,\ \delta_i} L(\omega,\ \alpha,\ \beta)$ 的解为分别用 $L(\omega,\ \alpha,\ \beta)$ 对 ω，b，δ_i 求偏导，令其均等于 0。即：

$$\begin{cases} \dfrac{\partial L}{\partial \omega} = 0 \\ \dfrac{\partial L}{\partial b} = 0 \\ \dfrac{\partial L}{\partial \delta_i} = 0 \end{cases} \tag{5-42}$$

可以解得：

$$\begin{cases} \omega = \sum\limits_{i=1}^{m} \alpha_i y_i x_i \\ \alpha_i + \beta_i = C \\ \sum\limits_{i=1}^{m} \alpha_i y_i = 0 \end{cases} \tag{5-43}$$

将得到的解集代入对偶问题，我们可以得到最终的对偶问题为：

$$\max_{\alpha,\ \beta} \theta(\alpha) = \sum_{i=1}^{m} \alpha_i - \frac{1}{2} \sum_{i=1}^{m} \sum_{j=1}^{m} \alpha_i \alpha_j y_i y_j x_j^{\mathrm{T}} x_i$$

$$\text{s. t.} \begin{cases} 0 \leqslant \alpha_i \leqslant C \quad (i = 1 \sim m) \\ \sum\limits_{i=1}^{m} \alpha_i y_i = 0 \end{cases} \tag{5-44}$$

仍旧利用前面介绍的 SMO 算法进行求解，解出所有的 α_i，然后将 ω 和 b 用 α_i 表示，这样我们就得到了最优超平面，如式（5-45）所示：

$$\sum_{i=1}^{m} \alpha_i y_i x_i^{\mathrm{T}} x + \frac{1 - y_i \sum\limits_{j=1}^{m} \alpha_j y_j x_j^{\mathrm{T}} x}{y_i} = 0 \tag{5-45}$$

5.2.1.5 核方法：线性不可分问题

核方法的引入是为了解决线性不可分问题，具体来说，是为了解决从低维到高维的映射规则问题，例如像图 5-2 中的异或问题，我们只有四个数据点 $x_i(i = 1 \sim 4)$，（x_i 为二维向量），其中（0，1）、（1，0）为一类，类别为+1，（0，0）、（1，1）为一类，类别为 −1。我们发现在二维空间中不可能找到一个超平面能够将这两类数据点完全分开，故我们引入某种规则 $\varphi(x)$，将 x 由二维向量转换为高维向量，但是这个规则 $\varphi(x)$ 我们很难确定，不妨我们先假设已经知道该规则 $\varphi(x)$，并像前面介绍的引入软间隔与正则化后的求解方法一样，对该问题进行求解。

将数据点 x_i 由二维变为高维，实际上就是用 $\varphi(x_i)$ 替代式（5-45）中所有的 x_i。最终我们发现，我们求解出的超平面为：

$$\sum_{i=1}^{m} \alpha_i y_i \varphi(x_i)^{\mathrm{T}} \varphi(x) + \frac{1 - y_i \sum\limits_{j=1}^{m} \alpha_j y_j \varphi(x_j)^{\mathrm{T}} \varphi(x)}{y_i} = 0 \tag{5-46}$$

观察这个超平面的表达式，我们并不关心 $\varphi(x_i)$ 本身，即我们并不关心由低维到高维的规则的具体形式，我们关注的是 $\varphi(x_i)^{\mathrm{T}}\varphi(x)$，故而数学家引入了核函数的概念，令 $\varphi(x_i)^{\mathrm{T}}\varphi(x)=\kappa(x_i, x)$，因而在无需知道具体规则的前提下，就可将低维空间中的线性不可分问题转换为高维空间的线性可分问题，从而求解出最优超平面。

表 5-1 列出了几种最常用的核函数。

表 5-1 常用核函数

名 称	表 达 式	参 数
线性核	$\kappa(x_i, x_j)=x_i^{\mathrm{T}}x_j$	
多项式核	$\kappa(x_i, x_j)=(x_i^{\mathrm{T}}x_j)^d$	$d\geqslant 1$ 为多项式的次数
高斯核（径向基核）	$\kappa(x_i, x_j)=\exp\left(-\dfrac{x_i-x_j^2}{2\sigma^2}\right)$	$\sigma>0$ 为高斯核的带宽
拉普拉斯核	$\kappa(x_i, x_j)=\exp\left(-\dfrac{x_i-x_j}{\sigma^2}\right)$	$\sigma>0$
Sigmoid 核	$\kappa(x_i, x_j)=\tanh(\beta x_i^{\mathrm{T}}x_j+\theta)$	tanh 为双曲正切函数，$\beta>0$，$\theta<0$

5.2.2 支持向量机算法流程

支持向量机分类算法训练过程如下。

算法：支持向量机分类算法

（1）D 是训练样例的集合，$D=\{(x_1, y_1), (x_2, y_2), \cdots, (x_m, y_m)\}$，$y_i\in\{-1, +1\}$

（2）引入软间隔和核方法，得到原问题

$$\min_{\omega, b}\frac{1}{2}\|\omega\|^2-C\sum_{i=1}^{m}\delta_i$$

$$\text{s.t.}\begin{cases}1+\delta_i-y_i(\omega^{\mathrm{T}}\varphi(x_i)+b)\leqslant 0 & i=1\sim m\\ \delta_i\leqslant 0 & i=1\sim m\end{cases}$$

（3）原问题转化为对偶问题

$$\max_{\alpha, \beta}\theta(\alpha)=\sum_{i=1}^{m}\alpha_i-\frac{1}{2}\sum_{i=1}^{m}\sum_{j=1}^{m}\alpha_i\alpha_j y_i y_j\varphi(x_j)^{T}\varphi(x_i)$$

$$\text{s.t.}\begin{cases}0\leqslant\alpha_i\leqslant C & i=1\sim m\\ \sum\limits_{i=1}^{m}\alpha_i y_i=0\end{cases}$$

（4）利用 SMO 算法求解得到最优超平面

$$\sum_{i=1}^{m}\alpha_i y_i\varphi(x_i)^{\mathrm{T}}\varphi(x)+\frac{1-y_i\sum\limits_{j=1}^{m}\alpha_j y_j\varphi(x_j)^{\mathrm{T}}\varphi(x)}{y_i}=0$$

首先得到训练样例集合，形式为 (x, y)，其中 x 是一个 n 维向量，y 仅有两个取值（-1 和+1）；

之后引入软间隔，求取最优超平面，得到一个原问题：

$$\min_{\omega, b} \frac{1}{2}\omega^2 - C\sum_{i=1}^{m}\delta_i \tag{5-47}$$

及其约束条件：

$$\text{s.t.}\begin{cases}1 + \delta_i - y_i[\omega^T\varphi(x_i) + b] \leqslant 0 & i = 1 \sim m \\ \delta_i \leqslant 0 & i = 1 \sim m\end{cases}$$

将原问题转化为对偶问题（方便利用线性规划的知识进行求解）；

利用 SMO 算法求解对偶问题，从而得到支持向量机的最优超平面，进而实现分类功能。支持向量机分类算法测试过程如下：

算法：支持向量机分类算法

---

x 是测试样本

若 $\sum_{i=1}^{m}\alpha_i y_i \varphi(x_i)^T\varphi(x) + \dfrac{1 - y_i\sum_{i=1}^{m}\alpha_j y_j \varphi(x_j)^T\varphi(x)}{y_i} > 0$，则 $y = +1$

若 $\sum_{i=1}^{m}\alpha_i y_i \varphi(x_i)^T\varphi(x) + \dfrac{1 - y_i\sum_{i=1}^{m}\alpha_j y_j \varphi(x_j)^T\varphi(x)}{y_i} < 0$，则 $y = -1$

将测试样本 x（n 维向量）代入最优超平面，若结果大于 0，则将其归到+1 类，若结果小于 0，则将其归到-1 类。

5.2.3 支持向量回归机

5.2.3.1 间隔带

支持向量机除了可以用在分类问题中，经过数学家的推广，现在也可应用于回归问题，被称为支持向量回归机（support vector regression，SVR）。

假定有一个训练样本集 $D = \{(x_1, y_1), (x_2, y_2), \cdots, (x_m, y_m)\}$，$y_i \in \mathbf{R}$，$x_i \in \{x_{i1}, x_{i2}, \cdots, x_{in}\}$，$x_i$ 是一个 n 维向量，我们希望可以获得一个回归模型 $f(x) = \omega^T x + b$，使得 $f(x)$ 与 y 尽可能地接近。

对样本 (x, y) 来说，传统的回归模型通常直接用模型输出值 $f(x)$ 与真实输出值 y 之间的差别作为损失，当且仅当 $f(x)$ 与 y 完全相等时损失才为零，与传统的回归模型不同，支持向量回归机继承了支持向量机中间隔的概念，创造性地引入了间隔带的概念，我们可以容忍 $f(x)$ 和 y 之间最多有 ε 的偏差，即当 $|f(x) - y| > \varepsilon$ 时，我们才会计算其损失，

相当于以 $f(x)$ 为中心，构建了一个宽度为 2ε 的间隔带，落入间隔带内的点，我们认为其预测得完全正确。支持向量回归示意图如图 5-4 所示。

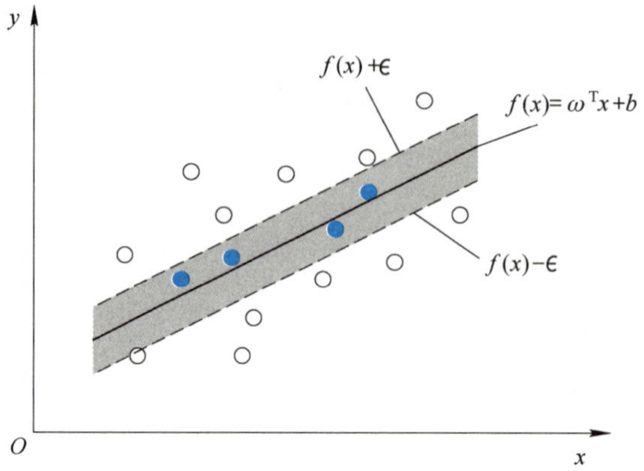

图 5-4 支持向量回归示意图

5.2.3.2 预测函数求解

支持向量回归机问题可以形式化为：

$$\min_{\omega,\ b} \frac{1}{2}\omega^2 + C\sum_{i=1}^{m} l_\varepsilon[f(x_i) - y_i] \tag{5-48}$$

其中，C 为正则化常数，l_ε 是 ε-不敏感函数，具体形式如下：

$$l_\varepsilon(z) = \begin{cases} 0, & |z| \leqslant \varepsilon \\ |z| - \varepsilon, & |z| > \varepsilon \end{cases} \tag{5-49}$$

引入松弛变量 ε_i 和 $\hat{\varepsilon}_i$，可将式（5-48）重写为：

$$\min_{\omega,\ b,\ \varepsilon_i,\ \hat{\varepsilon}_i} \frac{1}{2}\omega^2 + C\sum_{i=1}^{m} l_\varepsilon(\varepsilon_i + \hat{\varepsilon}_i)$$

$$\text{s.t.} \begin{cases} f(x_i) - y_i \leqslant \varepsilon + \varepsilon_i \\ y_i - f(x_i) \leqslant \varepsilon + \hat{\varepsilon}_i \\ \varepsilon_i \geqslant 0,\ \hat{\varepsilon}_i \geqslant 0,\ i = 1,\ 2,\ 3,\ \cdots,\ m \end{cases} \tag{5-50}$$

对该原问题，参照支持向量机中的对偶问题转化，将该问题转化为对偶问题：

$$\max_{\alpha,\ \hat{\alpha}} \sum_{i=1}^{m} y_i(\hat{\alpha}_i - \alpha_i) - \varepsilon(\hat{\alpha}_i + \alpha_i) - \frac{1}{2}\sum_{i=1}^{m}\sum_{j=1}^{m}(\hat{\alpha}_i - \alpha_i)(\hat{\alpha}_j - \alpha_j)x_i^{\mathrm{T}}x_j$$

$$\text{s.t.} \begin{cases} 0 \leqslant \alpha_i,\ \hat{\alpha}_i \leqslant C(i = 1 \sim m) \\ \sum_{i=1}^{m}(\hat{\alpha}_i - \alpha_i) = 0 \end{cases} \tag{5-51}$$

利用 SMO 算法求解该对偶问题，我们可以得到预测函数的表达式：

$$f(x) = \sum_{i=1}^{m} (\hat{\alpha}_i - \alpha_i)\kappa(x_i, x) + y_i + \varepsilon - \sum_{i=1}^{m} (\hat{\alpha}_i - \alpha_i)x_i^{\mathrm{T}}x_i \tag{5-52}$$

5.2.4 应用案例

5.2.4.1 转炉耗氧量预测支持向量回归机模型的建立

本节研究的问题是利用支持向量回归机进行耗氧量的预测，转炉炼钢过程中吹氧主要是为了控制碳的质量分数、去除杂质元素和控制温度，因此转炉冶炼总吹氧量的有效确定，对于转炉炼钢至关重要。但是由于冶炼过程中具有化学反应复杂、生产条件多变、原料不稳定和干扰因素多等特点，所以在实际生产中机理模型预测供氧量的结果会有较大误差。故而我们利用支持向量机算法根据历史炉次加料信息与各自对应的供氧量值，建立供氧模型，通过当前炉次的加料信息预测该炉次所需供氧量。

接下来介绍一下基于 Python 中 sklearn 库中的 SVR 模块进行耗氧量预测模型的建立过程。

首先进行支持向量回归机中的超参调试以确定最优的超参数，超参数指的是在模型建立时，人们根据已有的经验，提前指定的参数，一个智能算法的超参数越多，则该模型越复杂，需要进行更多的调试。支持向量回归机有三个超参数，因而调试起来比较简单，分别为 C、gamma 和 kernel，其中 C 为我们之前介绍过的正则化系数，gamma 指的是核函数自带的一个超参数，kernel 指的是核函数，我们采用随机森林进行超参调试，具体为我们调用 Python 中 sklearn. model_selection 中的 RandomizedSearchCV 模块进行调参，代码如下所示：

```
#随机森林调参
RF=SVR()
param_dist=[{
        'gamma':[0.0001,0.001,0.01,0.1,1.0,10.0,100.0,1000.0],
        'C': [0.0001,0.001,0.01,0.1,1.0,10.0,100.0,1000.0],
        "kernel": ['linear']},
        {'gamma':[0.0001,0.001,0.01,0.1,1.0,10.0,100.0,1000.0],
        'C': [0.0001,0.001,0.01,0.1,1.0,10.0,100.0,1000.0],
        "kernel": ['rbf']}
]
random_model=RandomizedSearchCV(RF,param_distributions=param_dist,
n_iter=100,scoring ='neg_mean_squared_error',n_jobs =-1,cv=10,
random_state=0)
random_model.fit(X_train,y_train)
#返回最优的训练器
best_estimator=random_model.best_estimator_
print(best_estimator)
```

对上述代码做一个简要的介绍，变量 RF 指的是支持向量回归机模块，param_dist 指进行调试的超参列表，里面有各个超参数的可能取值及其组合，random_model 是调参函数本体，random_model. fit 指调参函数对给定的训练数据进行训练，从而获得最优超参，random_model. best_estimator_返回经过调试后的最优超参。最终我们得到的最优超参为 C=10.0，gamma=0.0001，kernel='linear'。

接下来进行 SVR 模型本体的搭建，我们选用得到的最优超参，借助 Python 中的 SVR 模块搭建模型本体，代码如下：

```
svr=best_estimator
y_predict1_SVR=svr.predict(X_test)
hit_rate1,hit_rate2,hit_rate3=hitrate_T (y_predict1_SVR ,y_test)
#作图函数
plt.figure(figsize=(7,4),dpi=80)
x=np.arange(len(y_test))
plt.title(f'考虑因素:\n3 内命中率{hit_rate1} \n 5 内命中率{hit_rate2} \n 10 内命中率{hit_rate3} \n'f'%s {len(y_train):d}-{len(y_test):d}'%name)
plt.xlabel('炉次')
plt.ylabel('氧气用量/m^3')
l1=plt.scatter(x,y_test,s=20,c="#ff1212",marker='o')
l2=plt.scatter(x,y_predict,s=20,c="#0000FF",marker='+')
plt.legend(handles=[l1,l2],labels=['氧气实际用量/m^3','模型预测用量/m^3'],loc='upper right')
plt.tight_layout()
plt,show()
```

其中，svr 代表选取了最优超参的支持向量回归机本体，y_predict1_SVR 是运用 svr 中的 predict 函数对测试数据进行预测得到的结果，X_test 代表测试数据，hit_rate1，hit_rate2，hit_rate3 分别为测试结果误差在 3℃、5℃、10℃之内的比例。

模型最终的结果如图 5-5 所示。

5.2.4.2 基于支持向量机算法的连铸漏钢预报模型

在钢铁生产流程的诸多工序中，连铸工序是将钢水冷凝为铸坯的重要工序，而漏钢事故是连铸工序过程中的灾难性事故，若发生将造成巨大的经济损失。采用漏钢预报系统对漏钢进行早期预警是预防漏钢事故最有效的手段。目前漏钢预测方法众多，其中以热电偶测温法为主流。该方法根据埋设在作为铸坯成形起点的结晶器铜板内的热电偶所测得的结晶器表面温度的变化情况来判别是否漏钢，能够快速准确地反映结晶器内的温度分布，具有实时性和可操作性。

连铸机黏结漏钢发生的主原因是结晶器液面不稳定，弯月面处润滑不好，凝固坯壳与弯月面间发生黏结。此时拉坯阻力增大，黏结处坯壳被拉裂并向下和两侧扩展。随着结晶

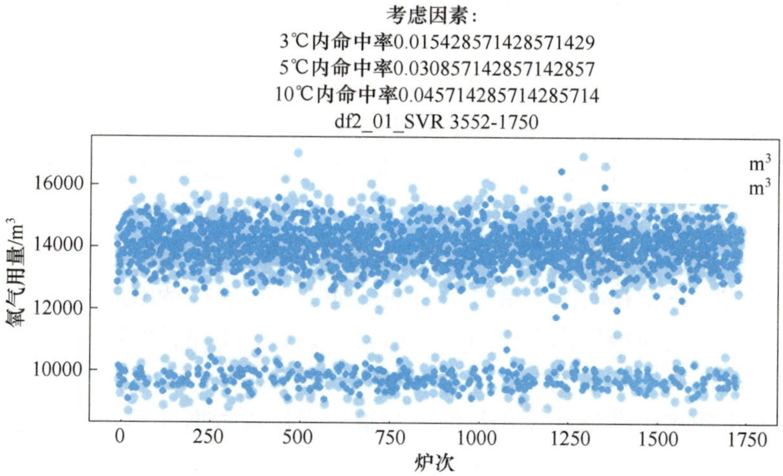

图 5-5 模型结果

器振动和铸坯的向下运动，当铸坯坯壳破裂位置移出结晶器时，事故发生。黏结漏钢的基本原理及热电偶温度变化曲线如图 5-6 所示。

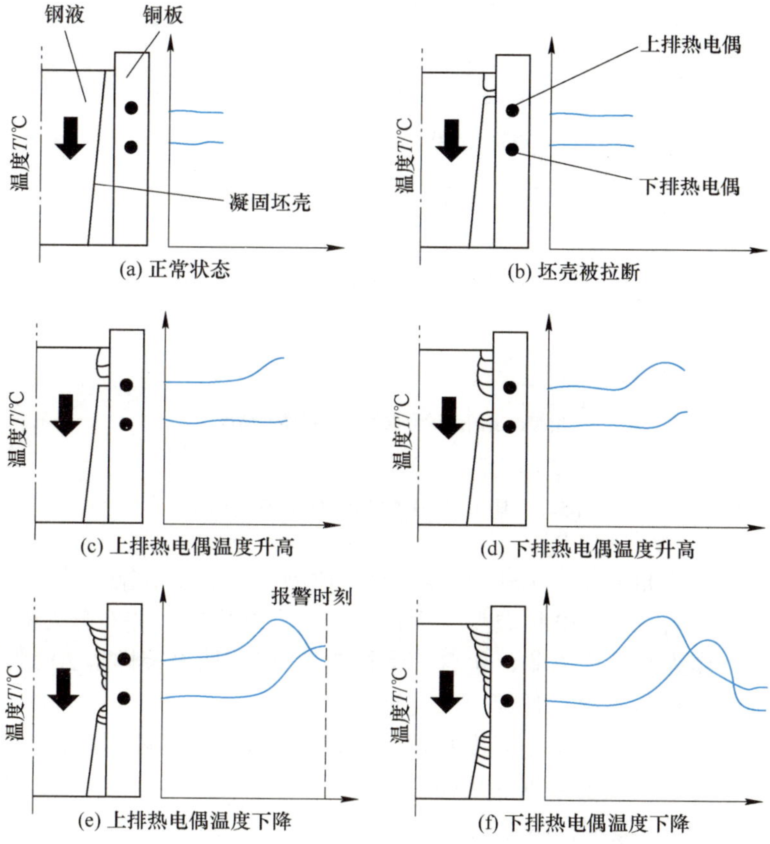

图 5-6 黏结漏钢预报原理

图 5-6 展示了连铸过程发生黏结漏钢事故时，结晶器热电偶的温度变化规律。在正常浇铸过程中，上排热电偶温度将稳定高于下排热电偶温度，且热电偶温度随时间变化的曲线相对平稳，如图 5-6（a）所示。当铸坯在弯月面处与结晶器发生黏结时，随着结晶器的振动及坯壳的下移，黏结部位以下的坯壳很容易被拉裂，如图 5-6（b）所示。当黏结裂口扩展至上排热电偶处时，钢水与结晶器铜板直接接触，热电偶温度会迅速上升，如图 5-6（c）所示。随着黏结裂口的继续下移，上排热电偶温度因坯壳的固化弥合而逐渐下降，如图 5-6（d）所示。同样，当黏结裂口通过下排热电偶时也会出现一个先上升后下降的温度变化模式，只是在时间上要延后一些，如图 5-6（e）和图 5-6（f）所示。

依据上述原理，此模型提出的思路是根据温度数据，将正常温度模式数据与漏钢温度模式正确分类。因此提出基于支持向量机 SVM 的黏结漏钢预报面模型，并利用支持向量机算法，找到能正确将正常温度模式数据与漏钢温度模式数据区别开的最优超平面。其基本框架如图 5-7 所示。

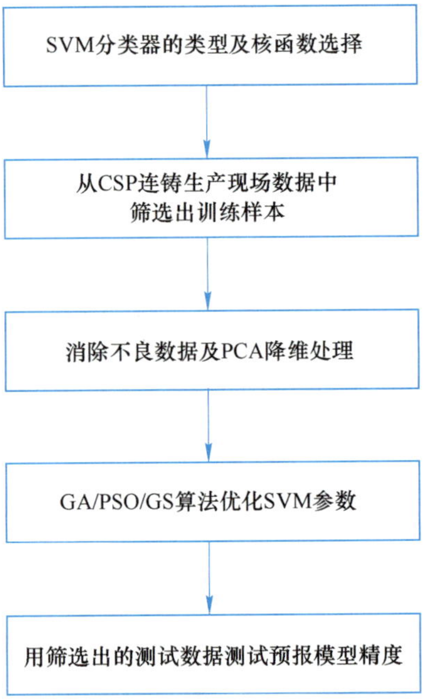

图 5-7 基于 SVM 的漏钢预报模型框架

此模型所用数据来自某钢厂 CSP 连铸生产线现场历史温度数据。从中选取 20 组正常样本和 50 组漏钢样本，共计 70 组典型温度模式作为训练样本，并对分类器进行训练。同时选取 120 组数据作为测试样本集，包含正常样本 50 组，伪报警样本 20 组，报警样本 50 组，测试样本与训练样本不存在任何交叉与重复。

通过对生产现场采集到的历史温度数据分析发现，30s 数据就可以体现一个完整的热电偶温度波形。因为现场温度数据的采样频率为 1 次/s，所以训练样本输入数据为 30 维。设置正常样本输出为 0，漏钢样本输出为 1。

将训练样本中的不良数据剔除，并采用 PCA 主成分分析法对数据进行降维预处理后，即可将数据代入模型，对 SVM 模型进行训练。由于不能保证漏钢样本和正常样本为线性可分的数据，因此在选择分类器时采用了非线性软间隔 SVM 分类器。针对各种核函数，本书选择对各种数据类型都有良好的分类效果的 RBF 径向基核函数，其函数表达式为：

$$K(x_i, x) = \exp\left(-\frac{-x + x_i}{2\sigma^2}\right) \tag{5-53}$$

在本模型中，训练样本和测试样本均为已知数据，只有核函数参数 σ 和惩罚参数 C 需要进行调整选择，且这两个参数对 SVM 分类器的性能有着显著影响，因此需要对两参数进行选择优化。本书分别采用 GS 网格搜索法、GA 遗传算法和 PSO 粒子群算法对参数进行选择优化。此处对三种算法做简单介绍。

网格搜索法（grid search，GS）是一种最基本的参数优化算法，其基本思想是让待搜索参数在一定空间范围内按照规定步距划分网格并遍历网格内所有点进行取值，并将每次取出的参数组带入系统中验证其性能，最终取使系统性能达到最优的参数组作为最佳参数。该算法实质上就是通过暴力搜索的方式，对每一组参数进行试算，因此当规定的搜索范围比较大且网格划分比较密集时，网格搜索寻优法会非常耗时。

遗传算法（genetic algorithm，GA）是一种基于自然选择和遗传学原理的优化方法，它从一个初始种群开始，利用选择、交叉和变异等遗传算子对种群进行不断进化，最后得到全局最优解；其优点是擅长全局搜索，对中小规模优化问题能够获得较满意的最优解。

粒子群优化算法（particle swarm optimization，PSO）是一种基于群体智能的进化式算法，它采用实数求解，需要调整的参数较少且易于实现，且每代种群中的解具有“自我”学习和向“他人”学习的双重优点，可以在较少的迭代次数内找到最优解。

对按以上方法所得的三个模型进行测试，将结果列于表 5-2。将测试结果对比后发现，采用 GA 算法优化参数的预报模型具有更好的预报精度，在实际测试过程中做出了 51 次预警，包括 50 组对报警样本的正确预报和 1 次对伪报警样本的误报，未发生漏报，预报率为 98.33%，报出率为 100%。

表 5-2 SVM 预报模型训练及测试结果

项　目	GA-SVM	PSO-SVM	GS-SVM
训练样本数量/个	70	70	70
测试样本数量/个	120	120	120
惩罚参数 C	77.9626	12.6089	0.313
RBF 核函数 σ	4.4105	0.01	8
报出率 η_r /%	100	100	100
预报率 η_p /%	98.33	97.5	95.83

5.3 人工神经网络

5.3.1 神经元

根据生物学家研究结果表明，人类的大脑通常具有一百多亿个神经细胞。每个神经细胞都有一个细胞体，由一个可以与其他神经细胞连接的轴突以及数量较多的树突组成。轴突的作用是将整个神经细胞的信号传递给其他的神经细胞，在轴突的末端有多个神经末梢，通过多个神经末梢可以使信号同时传递给多个神经细胞；树突的作用是接收其他神经细胞传递过来的信号，而多个树突可以同时接收多个其他神经细胞的信号。神经细胞在接收其他神经细胞的信号之后可以对信号进行简单的处理，然后再将信号传递给其他神经细胞。

人工神经网络也是由多个神经元互相连接组成的，每一个神经元类似于动物大脑中的细胞。每个神经元都可以作为人工神经网络中传递、处理数据的基础部分。神经元之间的连接具有类似轴突和树突的功能。连接通常具有连接权值，它可以将接收的信号放大或者缩小，从而使得神经元接收到多个其他神经元传递信息的加权总和。当这个数据被神经元接收之后，神经元会将数据与神经元的某些条件进行比较。当数据低于阈值时，这个神经元就不会处理、传递信息；如果数据超过了阈值，这个神经元就会将收到的信息处理后传递给下一批神经元。

5.3.1.1 输入

一个神经元通常能够接收多个输入信号，可以使用 P_1，P_2，…，P_n 表示神经元收到的 n 个输入信号。如式（5-54），输入通过一个 $n×1$ 维的数组来表示。

$$P = [P_1, P_2, \cdots, P_n] \tag{5-54}$$

5.3.1.2 网络权值及阈值

$W_{1,1}$，$W_{1,2}$，…，$W_{1,n}$ 表示网络权值，人工神经网络通过调整 W 的大小来改变神经元之间连接的强度。根据不同网络权值的变化，神经元可以选择性地处理接收到的多个信号。如式（5-55）所示，网络权值通过一个 $1×n$ 维的数组表示。

$$W = [W_{1,1}, W_{1,2}, \cdots, W_{1,n}] \tag{5-55}$$

阈值是控制神经元传递的一个权值，对于一个神经元通常只有一个阈值。人工神经网络通过权值以及阈值的调整，使得神经元对信号处理具有某种倾向的行为特征。通常来说，一个 $1×1$ 的阈值可以用 b 表示。

5.3.1.3 求和单元

在神经元接收到多个数据之后，需要对数据进行一定的处理。通常网络是采用求和单元进行数据处理。它可以对接收到的数据进行加权求和。该过程的计算公式可以用式（5-56）表示。

$$n = \sum_{i=0}^{R} P_i W_{i,n} + b \tag{5-56}$$

通常该过程可以简化为如式（5-57）所示。

$$n = W \times P + b \tag{5-57}$$

5.3.1.4 激活函数

在求和单元计算出神经元处理的数据之后，有时候需要进行处理后才能分割数据。而激活函数的作用是处理需要分割的数据，从而判断这个神经元是否被激活，是否向外发送信息。

由于人工神经网络的数据不同，有些数据是可以被线性分割的，有些数据是不可以被线性分割的，因此，激活函数也是多种多样的。常用的激活函数如下。

（1）**阶跃型函数**。如图 5-8 所示，Binary Step 是一个可以进行阶跃变化的激活函数。Binary Step 的数学表达式如式（5-58）所示。

$$f(x) = \text{Binary Step}(x) = \begin{cases} 1(x \geqslant 0) \\ 0(x < 0) \end{cases} \tag{5-58}$$

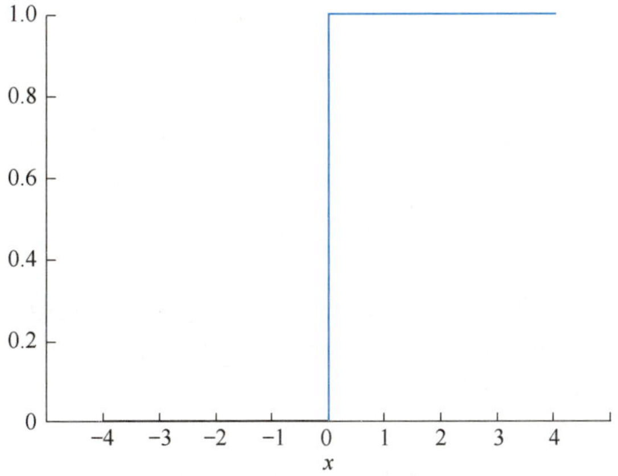

图 5-8 Binary Step 示意图

（2）**分段线性函数**。如图 5-9 所示，Leaky ReLUs 激活函数只有一个阈值，并且输出值无需大量计算。但是由于分割强度较大，人工神经网络如果学习速率过快容易导致神经元梯度消失。Leaky ReLUs 激活函数的数学表达式如式（5-59）所示。

$$f(x) = \text{Leaky Re LUs}(x) = \begin{cases} x(x \geqslant 0) \\ 0(x < 0) \end{cases} \tag{5-59}$$

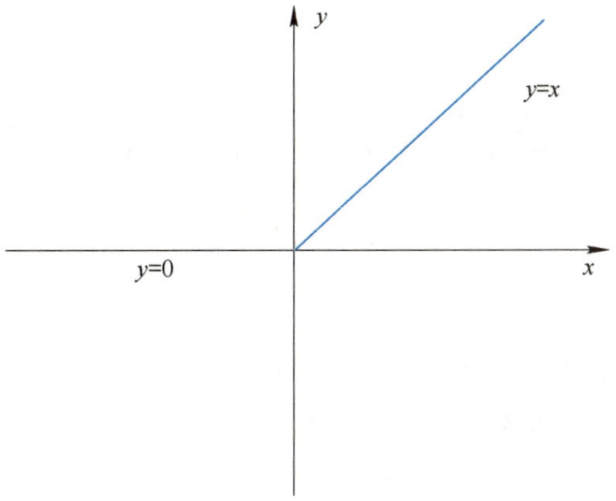

图 5-9 Leaky ReLUs 示意图

（3）**S 形函数**。如图 5-10 所示，Sigmoid 是一个非线性的激活函数，具有良好的非线性表现。同时该激活函数可以实现输出跟随输入不断增加。数学表达式如式（5-60）所示。

$$f(x) = \text{Sigmoid}(x) = \frac{1}{1 + e^{x}} \tag{5-60}$$

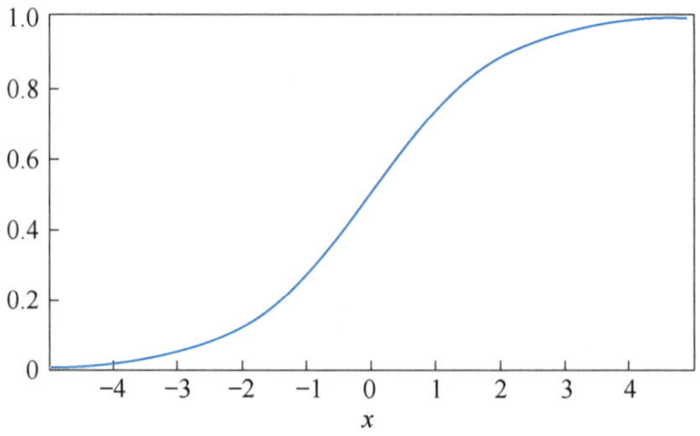

图 5-10 Sigmoid 示意图

（4）**双曲正切函数**。如图 5-11 所示，Tanh 与 Signmoid 类似，但是由于 Tanh 的输出是 0 均值，这可以避免后面的神经元将上层输出的非 0 均值信号作为输入。Tanh 激活函数的数学表达式如式（5-61）所示。

$$f(x) = \text{Tanh}(x) = \frac{e^{x} - e^{-x}}{e^{x} + e^{-x}} \tag{5-61}$$

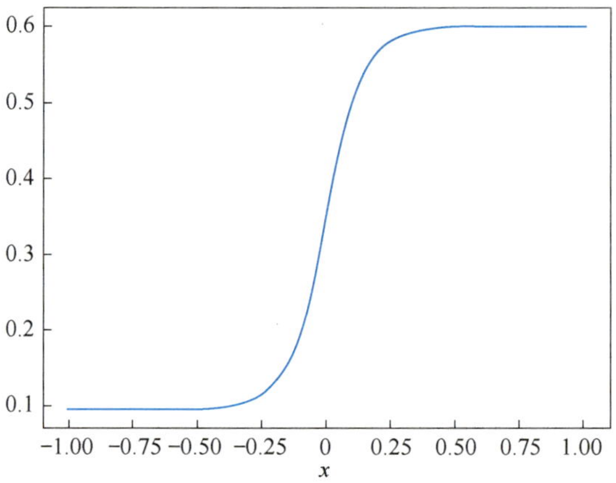

图 5-11 Tanh 示意图

5.3.1.5 输出

数据在经过激活函数的处理之后，由求和单元将其累加，通过连接把结果传递给其他神经元。输出的数学表达式如式（5-62）所示。

$$a = f(WP + b) \tag{5-62}$$

5.3.2 人工神经网络模型

人工神经元就是信息处理单元，它是 ANN 运转的基础。图 5-12 是人工神经元的示意图，它表明神经元是由三个基本元素组成的。

（1）一组连接线。分别来自各个输出 x_i（或者叫做突触），每条连接线上的权重为

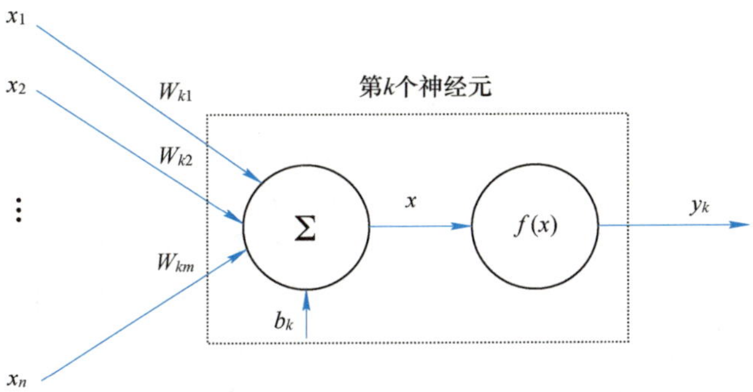

图 5-12 人工神经元模型

W_{ki}。第一个下标是指当前的神经元，第二个下标是指权重所指向的突触的输入。一般来说，人工神经元的权重既可能是正值，也可能是负值。

（2）加法器。将输入信号 x_i 与对应的突触权重 W_{ki} 相乘后进行累加。该操作会建立一个线性加法器。

（3）激活函数 f。限制神经元输出值 y_k 的幅度。

人工神经网络模型是通过多个神经元相互连接组成的。图 5-13 是一个简单的人工神经网络。

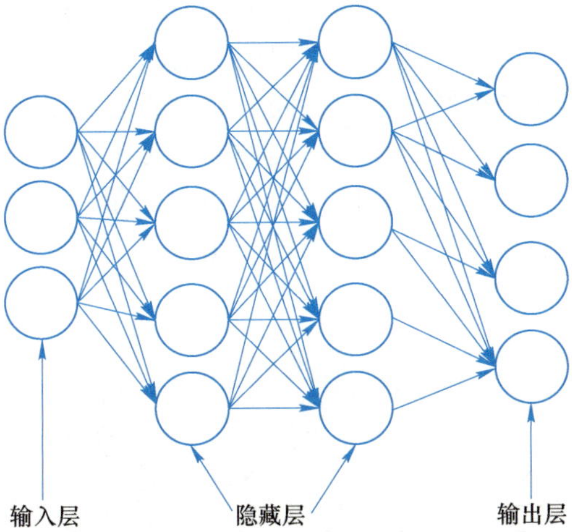

图 5-13 人工神经网络模型

在人工神经网络中，最下面一层的神经元是输入神经元，所有的输入神经元可以统称为人工神经网络的输入层。在网络中的最高层的神经元是输出神经元，众多的神经元可以组成为输出层。中间所有的节点在人工神经网络外部无法观测它的值，因此称为隐藏层。

人工神经网络模型根据网络结构不同可以分为前向以及反馈网络。在前向网络当中，数据通过最低层不断向上传递，最终到达最高层并输出。反馈网络的数据会回到网络中，在网络中根据一定规则不断反向传递，直到系统达到固定状态为止。

根据人工神经网络对样本学习方式的区别，还可以将人工神经网络区分为有监督学习网络和无监督学习网络。在较为成熟的模型中，BP 网络、Hopfield 网络、径向基网络都是属于有监督学习网络。有监督学习网络需要通过主动地给出预期结果样本对网络进行调整。大多数自组织人工神经网络是无监督学习网络，也就是将需要计算的数据输入系统来得到结果。除此之外还有竞争人工神经网络，竞争人工神经网络通过在竞争层使用竞争机制，让节点进行相互竞争，获胜的神经元才能有输出值，其余的节点无输出值。

常规统计学上的统计学模型通常可以使用二次或者更高阶的数学方程进行表示。通过输入数据，数学方程可以计算出输入数据之间的关系并把相应结果计算出来。人工神经网络的工作原理也是类似这一过程，不过多数情况下人工神经网络模型无法用常规的数学方程来表示，人工神经网络的表达式是通过各个神经元组合起来得到的。

在多次输入原始数据之后，人工神经网络模型已经能够大致模拟出输入数据与输出数据之间的关系，如果能够达到预设的准确率，人工神经网络便可以进行使用了。由于在训练阶段模型已经建立了适应原始数据的内部结构，在使用的时候，只需要将与原始数据结构一致的数据输入，人工神经网络便会根据内部计算给予结果。

5.3.3 人工神经网络的结构

人工神经网络的结构是通过节点的特性以及网络中节点连接的特性来定义的。上一节介绍了单个节点的基本特性，本节将介绍连接的参数。网络结构一般用网络的输入数目、输出数目、基本节点的总数（通常等于整个网络的处理单元数），以及节点间的组织和连接方式来表示。按照连接的类型，神经网络通常分为两类：前向型和回馈型。

如果处理过程的传播方向是从输入端传向输出端，且没有任何的回环或反馈，该网络就是前向型。在分层的前向型神经网络中，同一层上的节点之间是没有相互连接的；某层上节点的输出总是作为下一层节点的输入。这种形式比较好，因为其具备模块性，即同一层上的节点具有相同的功能，或生成相同层次的输入向量。如果网络中有一个反馈连接，组成了封闭回路（通常有一个延迟单元作为同步组件），这种网络就是回馈型的。两种类型的神经网络示例如图 5-14 所示。

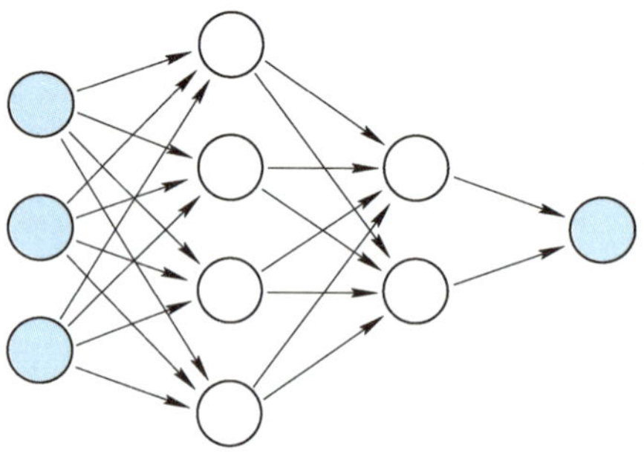
(a) 前向型网络

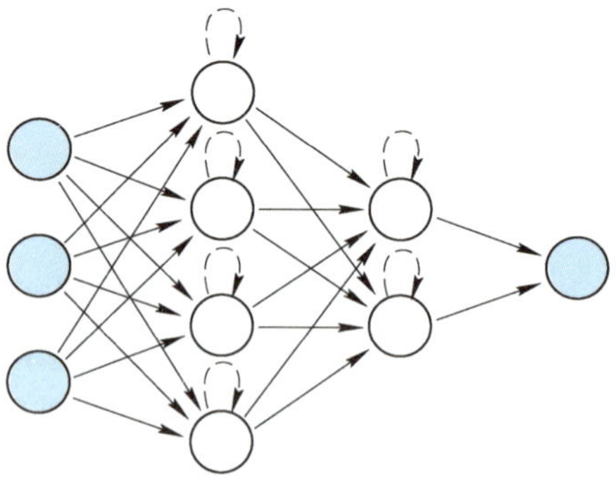
(b) 回馈型网络

图 5-14 人工神经网络的典型结构

虽然很多神经网络模型都可以归为这两类，但是有反向传播学习机理的多层前向型网络仍是在实际中运用得最为广泛的一种模型。可能有超过 90%的商业和工业应用软件都基于此模型。为什么是多层的网络呢？下面用简单的示例展示了单层和多层神经网络之间在应用需求上的根本区别。

在神经网络著作中常常用最简单、最著名的分类问题来做示例，即异或问题。其任务是将二进制的输入向量 x 分成类别 0 和类别 1，如果该向量的偶校验值为 1，则为类别 0，反之则为类别 1。异或问题是不可线性分离的；这从图 5-15 中可以明显地看出来，该图的二维输入向量是 $X=\{x_1, x_2\}$ 。不可能对属于不同类的点进行线性分离。换句话说，不能用单层的网络构建直线（一般来说，它是 n 维空间上的一个线性超平面），将二维输入空间划分成为两个部分，每个部分都只包含属于同一类的数据点。而使用两层的神经网络就可能解决该问题，如图 5-16 所示，图中展示了连接权重和阈值已知时的一种求解方式。该神经网络可在二维空间中产生一个非线性的分割点。

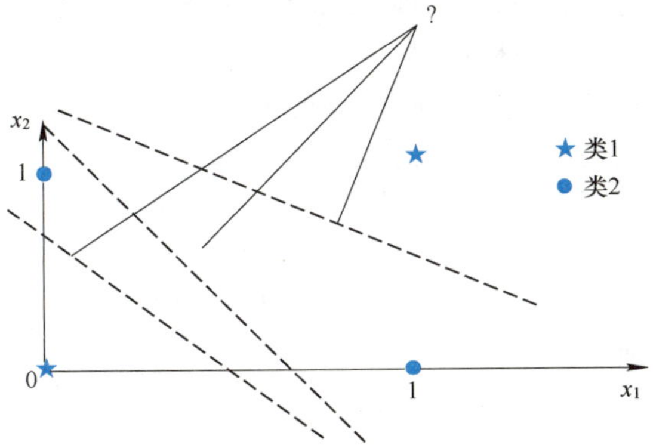

图 5-15 异或问题

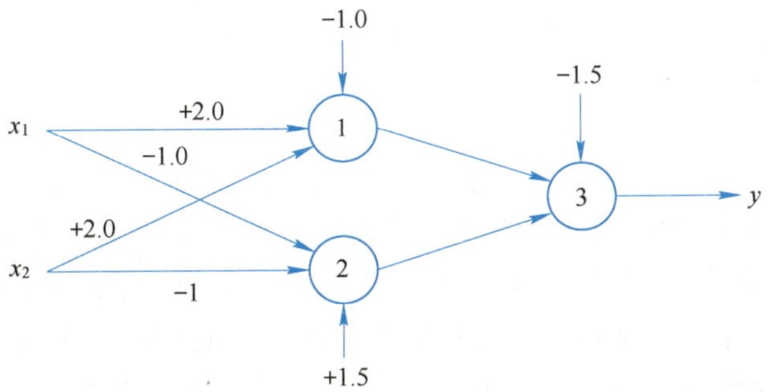

图 5-16 求解异或问题：使用阶跃激活函数的两层 ANN

该例的基本结论是：对基于线性模型的简单问题，单层的神经网络是一个方便的建模工具。但在绝大多数实际问题中，模型都是高度非线性的，多层神经网络是更好的解决方法，甚至可能是唯一的解决方法。

5.3.4 学习过程

人工神经网络的学习过程实际上是人工神经网络在通过不断输入的数据调整系统内部之间的权值与阈值，最后达到模仿目标对象数据关系的过程。早期人工神经网络采用感知器学习算法进行学习训练，但由于感知器采用的是跃迁函数，通常只用来作为分类器。后来人们提出了梯度算法，将神经元的激活函数从跃迁函数改成了可微分函数，同时对网络的权值修改采用误差的梯度进行控制，得到了更好的学习效果。为了进一步改善多层网络的学习速度，人们在以往算法的基础上又进行了修改。这个算法被称为反向传播算法，也称为 BP 算法。

BP 算法的实现需要基于前馈多层网络，前馈多层网络结构也就是人工神经网络的信号从输入到输出的过程是向前传递的。在 BP 算法中，传播过程分为正向和反向两种不同状态。

正向传播也就是输入的信号通过网络的最底层进入网络内部被多个隐藏神经元处理之后进行输出。在传递过程中，每一层的神经元处理数据的结果只传递给比它更高一层的神经元。在最后的输出层将得到的数据与期望得到的样本进行对比，如果当前得到的数据与预期结果不一致，就进入反向传播过程。

反向传播也就是当预期结果与当前人工神经网络输出的结果不一致时，将误差信号按照原来正向传播的路径反过来传递回去。在信息传递的过程中，对经过的神经元网络权值进行修改，使得人工神经网络产生的结果与预期结果误差减小。

BP 算法在反向传播过程中通过计算到误差的负梯度方向修改系统中的连接权值。通常的做法是使用预期输出与实际输出之差的平方和作为人工神经网络的误差函数，数学表达式表示如式（5-63）所示。

$$e = \frac{1}{2}\sum_{i}(X_i^m - Y_i)^2 \tag{5-63}$$

其中，Y_i 是预期的输出结果，在 BP 算法中它也被称为教师信号；X_i^m 是人工神经网络实际的输出，其中的 m 代表网络的最后一层，i 代表第 i 个实际输出。BP 算法通过对 e 的负梯度方向进行修改网络权值，网络权值系数修改量可以用公式（5-64）来表示。

$$\Delta W_{ij} = \alpha' - \eta\frac{\partial e}{\partial W_{ij}} \tag{5-64}$$

其中，η 为学习速率，也就是用户希望人工神经网络调整网络权值时的快慢。其中式（5-64）的计算是最为关键的，需要通过一系列的数学公式转换。假设人工神经网络层数为 m，从上一层获取的数据为 X。用 U_i^k 来表示第 k 层的第 i 个经元的输入总和，用 X_i^k 来表示这个神经元的输出。系统的第 k 层的第 i 个神经元的网络权值为 W_{ij}。各个神经元的激活函数为 $f(x)$，因此可以得到神经元的输出总和可以表示为式（5-65）。

$$U_i^k = \sum_{j} W_{ij}X_j^{k-1} \tag{5-65}$$

通过前面的计算可以得到人工神经网络中神经元的输出总和，代入可得式（5-66）。

$$\frac{\partial e}{\partial W_{ij}} = \frac{\partial e_k}{\partial U_i^k} \times \frac{\partial U_i^k}{\partial W_{ij}} \tag{5-66}$$

继续将前表达式代入可以得到式（5-67）。

$$\frac{\partial e}{\partial W_{ij}} = \frac{\partial e_k}{\partial U_i^k} \times X_j^{k-1} \tag{5-67}$$

因此，可以得到式（5-68）。

$$\Delta W_{ij} = -\eta \frac{\partial e}{\partial W_{ij}} = -\eta \frac{\partial e_k}{\partial U_i^k} \times X_j^{k-1} \tag{5-68}$$

通过假设表达式（5-69）。

$$d_i^k = \frac{\partial e_k}{\partial U_i^k} \tag{5-69}$$

将式（5-69）代入式（5-68）可得到式（5-70）。

$$\Delta W_{i,j} = -\eta d_i^k X_j^{k-1} \tag{5-70}$$

由式（5-71）

$$d_i^k = \frac{\partial e}{\partial U_i^k} = \frac{\partial e}{\partial X_i^k} \cdot \frac{\partial X_i^k}{\partial U_i^k} \tag{5-71}$$

可以得到输出总和的导数：

$$f'(U_i^k) = \frac{\partial X_i^k}{\partial U_i^k} \tag{5-72}$$

此时，假设人工神经网络设置的激活函数为 Sigmoid，可得到式（5-73）。

$$f(U_i^k) = \frac{1}{1 + \exp(-U_i^k)} \tag{5-73}$$

如果是输出层，也就是当 $k=m$ 时，误差为式（5-74）。

$$\frac{\partial e}{\partial X_i^k} = X_i^m - Y_i \tag{5-74}$$

如果是隐藏层，也就是 $k<m$ 时，需要将上一层的信号计算进去，因此表达式为式（5-75）。

$$\frac{\partial e}{\partial X_i^k} = \sum l \frac{\partial e}{\partial U_l^{k+1}} \cdot \frac{\partial U_l^{k+1}}{\partial X_i^k} \tag{5-75}$$

通过前文类似的代入运算最后可得到式（5-76）。

$$d_i^k = X_i^k(1 - X_i^k) \cdot \sum_l W_{l,j} \cdot d_l^{k+1} \tag{5-76}$$

从上述过程中可以得到结论：BP 神经网络的训练就是通过数据从输入层到输出层不断进行计算，得到最后的输出。然后将结果与预期值进行对比，得到误差值。接着将误差值向减小的方向进行修正。这是 BP 神经网络反馈的最基本流程，在实际运行当中，不同的人工神经网络框架会对这个算法进行适当的优化，以达到更快的收敛速度。

5.3.5 应用案例

5.3.5.1 高炉铁水硅含量预报神经网络的建立

下面是采用 Matlab 神经网络工具箱对本案例中的高炉铁水硅含量预报 BP 神经网络进行设计的具体过程：

A BP 网络赋初值

BP 网络在进行训练前，要先赋初值。其作用是给 BP 网络中的神经元一个初始的权值和阈值，而 BP 网络的训练过程就是通过不断对这些初始的权值和阈值进行修改的过程。本案例中采用 Matlab 语言对 BP 网络赋初值的语言表示如下：

```
[w1,b1,w2,b2]=
initff (data_train,s1,'tansig',content_train,'purelin')
```

其中：

w1,w2 分别为输入层和输出层神经元的权值；

b1,b2 分别为输入层和输出层神经元的阈值；

initff 为 Matlab 神经工具箱中 BP 网络的赋初值函数；

data_train 为用于神经网络训练的输入样本数据库；

content_train 为神经网络训练时的输出样本数据库(即实测的铁水硅含量)；

s1 为网络隐含层神经元数(本案例中其值为 10)；

tansig 为神经网络隐含层传递函数(sigmoid 函数)；

purelin 为神经网络输出层传递函数(线性函数)。

BP 网络中隐含层神经元的变换函数通常是 sigmoid 型单调可微的 tansig 或 logsig 函数，只有在比较特殊的情况下才使用 purelin 型函数；而网络的输出单元一般是采用 purelin 型线性神经元，这样整个网络的输出从理论上讲可以取任意值。如果采用 sigmoid 型神经元为神经网络的输出单元，那么整个网络的输出就会被限制在一个很小的范围内。

通过赋初值之后，Matlab 工作空间中就存在了分别为 w1，b1，w2，b2 的权值和阈值的初始矩阵。

B 神经网络的训练

在对神经网络赋初值后，神经网络就有了初始的权值和阈值。但是，因为在赋初值过程中网络所得到的权值和阈值都是一些随机数。显然如果用这些值去进行神经网络的仿真模拟是肯定不行的，所以，有必要采用样本数据对神经网络进行训练。采用 Matlab 对神经网络进行训练的程序语句如下：

```
tp=[df,me,eg,lr];
[w1,b1,w2,b2,ep,tr]=
trainbpx(w1,b1 'tansig',w2,b2,' purelin',data_train,content_train,tp)
```

其中：df 为神经网络训练函数逼近图的显示频率(本程序中取 df=10)；

me 为训练的最大步长(本程序中取此处 me=8000)；

eg 为网络训练的误差目标(本程序中取 eg=0.1)；

lr 为网络训练的学习率(本程序中取 lr=0.01)；

ep 为训练步长(本程序中取 ep 为 Matlab 中神经网络的默认步长)；

tr 为训练误差。

本次案例采用的样本空间是由 71 个铁次经过筛选后的 56 组数据组成。这 56 组样本数据在神经网络的训练和检测过程中又被划分成训练数据样本和检测数据样本。其中训练数据样本是由数据库中的前 30 组数据分别划分成神经网络训练过程中所用到的 data_train 和 content_train 数据库；余下的数据则构成了神经网络的检测数据库 data_test 和 test_content 两个数据库，并被用于神经网络的仿真和检测。

C 神经网络的仿真（或校验）

神经网络在完成训练后，就得到了一组表征神经元间数学关系的权值和阈值矩阵。此时，如果给神经网络一组输入，则神经网络将会对该组输入进行仿真，并通过计算给出一个输出值（本案例中为铁水硅含量的预报值），结果如图 5-17 所示。神经网络预测值与实际值比较如表 5-3 所示。

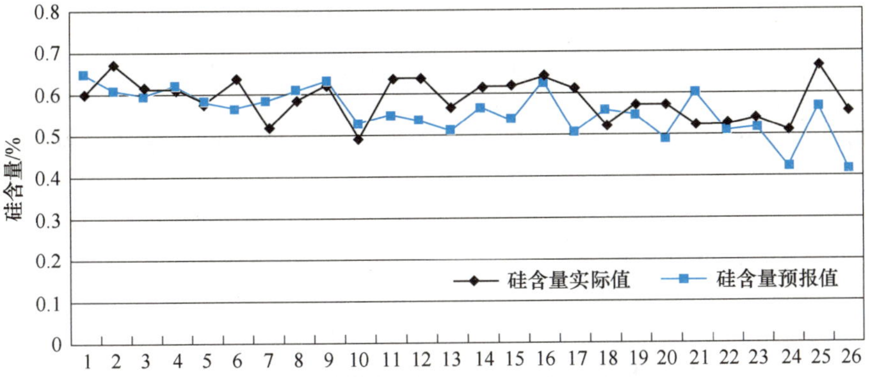

图 5-17 铁水硅含量预报值与实际值对比图

表 5-3 神经网络预测值与实际值比较

真实值/%	0.6000	0.6700	0.6100	0.6100	0.5800	0.6400	0.5200	0.5900	0.6200
预测值/%	0.6423	0.6018	0.5924	0.6154	0.5735	0.5658	0.5782	0.6009	0.6314
误差/%	7	10	2.9	0.9	1.1	11.2	11.2	1.8	1.8
真实值/%	0.4900	0.6400	0.6400	0.5700	0.6200	0.6200	0.6400	0.6100	0.5200
预测值/%	0.5251	0.5477	0.5307	0.5065	0.5632	0.5296	0.6306	0.4977	0.5555
误差/%	6.4	14.1	17.1	11.1	9	14	1.5	18.4	7
真实值/%	0.5700	0.5700	0.5200	0.5200	0.5400	0.5100	0.6700	0.5600	
预测值/%	0.5464	0.4836	0.5969	0.5091	0.5111	0.4206	0.5600	0.4181	
误差/%	4.14	15.2	14.8	2.1	5.4	17.5	16.4	25.3	

5.3.5.2 基于 BP 神经网络的转炉供氧模型研究

A 模型建立

BP 神经网络模型拓扑结构包括输入层、隐含层和输出层，在多层前馈网络中，第 1 层为输入层，第 Q 层为输出层，中间各层为隐含层，如图 5-18 所示。设第 q 层（$q = 1, 2, \cdots, Q$）的神经元个数为 n_q，从第 $q-1$ 层的第 j 个神经元到第 q 层的第 i 个神经元的连

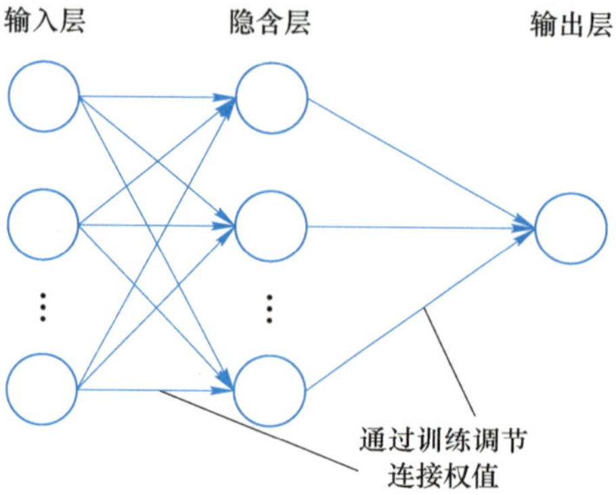

图 5-18 网络结构

接权系数为 $w_{ij}^{(q)}(i=1, 2, \cdots, n_q; j=1, 2, \cdots, n_q-1)$，则网络各层的输入与输出变换关系为：

$$x_i^{(q)}=f(s_i^{(q)})=\frac{1}{1+e^{-\mu s_i^{(q)}}} \tag{5-77}$$

其中：

$$s_i^{(q)}=\sum_{j=0}^{n_q-1} w_{ij}^{(q)} x_j^{(q-1)}(x_0^{(q-1)}=\theta_i^{(q)}, w_{i0}^{(q)}=-1) \tag{5-78}$$

式中，$x_i^{(q)}$ 为第 q 层第 i 个输出变量；f 为 Sigmoid 函数；$s_i^{(q)}$ 为第 $q-1$ 层所有的输入变量与各自到第 q 层第 i 个神经元的连接权系数乘积的和；μ 为设定的参数；$x_j^{(q-1)}$ 为第 $q-1$ 层第 j 个输入变量；$\theta_i^{(q)}$ 为第 q 层第 i 个神经元的阈值。

设给定 P 组输入输出样本：

$$x_p^{(0)}=[x_{p1}^{(0)}, x_{p2}^{(0)}, \cdots, x_{pn0}^{(0)}]^T \tag{5-79}$$

$$d_p=[d_{p1}, d_{p2}, \cdots, d_{pnQ}]^T(p=1, 2, \cdots, P) \tag{5-80}$$

式中，$x_p^{(0)}$ 为 P 组输入变量个数为 n_0 的输入样本矩阵；d_p 为 P 组输出变量个数为 n_Q 的输出样本矩阵。利用该样本集首先对 BP 网络进行训练，即对网络的连接权系数进行学习和调整，以使该网络尽量反映给定的输入与输出映射关系。经过训练的 BP 网络，对于不是样本集中的输入也能给出合适的输出。

标准 BP 神经网络的学习算法实质上是一种简单的最速下降静态寻优算法，在修正 $w_{ij}^{(q)}(k)$ 时，只是按 k 时刻的负梯度方式进行修正，而没有考虑以前时刻的梯度方向，从而常常使学习过程发生振荡，收敛缓慢。为此，可采用带有动量项的改进算法：

$$w_{ij}^{(q)}(k+1)=w_{ij}^{(q)}(k)+\alpha[(1-\eta)D_{ij}^{(q)}(k)+\eta D_{ij}^{(q)}(k-1)] \tag{5-81}$$

式中，α 为学习率，$\alpha>0$；η 为动量项因子，$0\leqslant\eta\leqslant1$；$D_{ij}^{(q)}$ 为 k 时刻的负梯度。

标准 BP 神经网络寻优收敛慢的另一个重要原因是学习率 α 不易选择，若 α 选得太大，则可能修正过头，导致振荡甚至发散，因此 α 一般选得比较小，从而导致收敛太慢。为了克服此缺陷，本案例又引入变步长法对算法进行改进。

$$w_{ij}^{(q)}(k+1)=w_{ij}^{(q)}(k)+\alpha(k)D_{ij}^{(q)}(k) \tag{5-82}$$

其中，$\alpha(k)=2^t\alpha(k-1)$，

$$l = \mathrm{sgn}[D_{ij}^{(q)}(k)D_{ij}^{(q)}(k-1)] \tag{5-83}$$

式中，$\alpha(k)$ 为 k 时刻的搜索步长；sgn 为符号函数。

综上，采用动量项和变步长法改进后的算法为：

$$w_{ij}^{(q)}(k+1) = w_{ij}^{(q)}(k) + \alpha(k)[(1-\eta)D_{ij}^{(q)}(k) + \eta D_{ij}^{(q)}(k-1)] \tag{5-84}$$

由式（5-79）可知，当连续两次迭代的梯度方向相同时，梯度下降太慢，这时可使步长加倍；当连续两次迭代的梯度方向相反时，表明梯度下降过快，这时可使步长减半。最终使 BP 神经网络的寻优过程加快。

B　结果分析

转炉静态炼钢过程中吹氧主要是为了控制碳的质量分数、去除杂质元素和控制温度。转炉中碳元素主要来自铁水和废钢，碳的质量决定了碳氧化所需消耗的氧量，因此铁水质量、废钢质量、铁水中碳质量分数和目标钢水中碳质量分数这 4 项都要作为 BP 神经网络的输入变量。吹入的氧气还要氧化硅元素和其他一些元素，这些元素主要存在于铁水、废钢、石灰和白云石中，因此计算供氧量需要把铁水中硅质量分数、石灰质量和白云石质量作为 BP 神经网络的输入变量。氧气的吹入量对于炼钢过程中的温度有较大影响，温度控制直接影响着各种炼钢材料的消耗，而吹氧速度对于氧气利用率及供氧量影响很大，因此铁水温度与目标钢水温度及吹氧速度也都是 BP 神经网络的输入变量。

综上所述，为了得到供氧量，该案例为 BP 神经网络设定了 10 个输入变量和 1 个输出变量，其中，石灰质量与白云石质量由静态模型计算得出。本案例所建的神经网络模型采用三层网络结构，设有 1 个隐含层，通过逐步测试法确定隐含层节点个数。首先设置一个节点初始值，然后逐渐增加该值，比较每次网络的预测性能，选择使性能最优的节点数作为隐含层神经元节点数。经测试，最终选定 25 个隐藏节点。以本溪钢铁厂 4~6 号 180t 转炉的历史生产数据作为样本，按照模型的输入变量和输出变量对数据进行整理，得到 300 组数据。取其中 90% 用于训练，10%用于测试。表 5-4 给出了 10 组输入变量和相应的输出变量。

表 5-4　历史数据

序号	铁水质量 /t	铁水温度 /℃	铁水中碳质量分数 /%	铁水中硅质量分数 /%	废钢质量 /t	石灰质量 /t	白云石质量 /t	目标钢水中碳质量分数/%	目标钢水温度/℃	平均吹氩速度 /$m^3\cdot min^{-1}$	供氧量 /m^3
1	143.0	1369	4.73	0.49	21.3	6.889	5.262	0.083	1683.4	466	7698
2	138.5	1354	4.79	0.50	23.5	8.457	5.846	0.066	1677.2	467	7829
3	139.0	1370	4.77	0.50	22.0	7.010	6.067	0.055	1649.6	460	8068
4	139.0	1350	4.70	0.50	24.2	7.541	5.598	0.068	1679.9	460	7745
5	171.7	1350	4.81	0.45	23.0	8.872	5.688	0.051	1684.4	471	9603
6	170.0	1377	4.80	0.56	20.0	9.400	6.492	0.084	1674.1	452	9689
7	164.0	1367	4.55	0.46	29.5	8.584	4.784	0.051	1669.0	476	8732
8	163.0	1393	4.83	0.52	30.2	9.490	5.378	0.046	1650.4	481	9106
9	139.6	1360	4.65	0.45	21.2	5.687	4.518	0.043	1687.8	470	8177
10	139.7	1350	4.69	0.65	22.2	7.762	5.503	0.060	1683.1	471	7629

模型运用 MFC 应用程序编程实现。首先设定神经网络各层结构、搜索步长和动量项因子各项参数，然后调用 BP 神经网络学习算法对样本进行训练，再将目标炉次的输入变量输进神经网络就可直接得到输出值供氧量。神经网络预测的供氧量与实际供氧量的对比结果如图 5-19 所示。

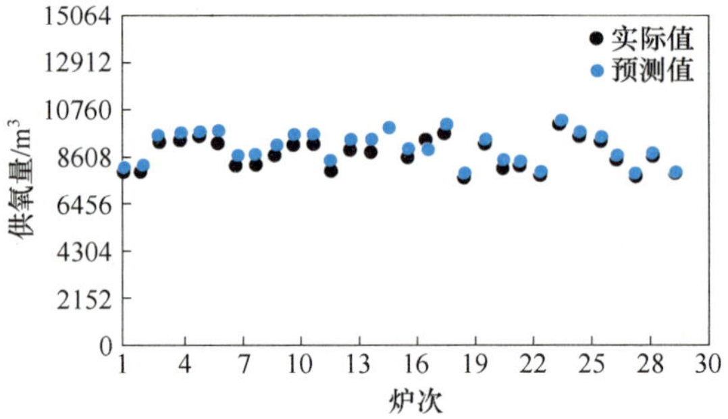

图 5-19 实际供氧量与预测供氧量对比

5.4 决策树

5.4.1 决策树的基本原理

决策树（decision tree）是一种非参数的有监督学习方法，它能够从一系列有特征和标签的数据中总结出决策树规则，并用树状图的结构来呈现这些规则，以解决分类和回归问题。

决策树是基于树结构来进行决策的，这跟人类决策时常见的处理机制相同。例如，我们要对“这是好瓜吗?”这样的问题进行判断时，通常会进行一系列的判断或者“子决策”：我们首先看“它是什么颜色?”，如果是“青绿色”，则我们再看“它的根蒂是什么形态?”，如果是“蜷缩”，我们再判断“它敲起来是什么声音?”，如果是“嘭嘭”的响声，最后，我们得出最终决策：这是个好瓜。

显然，决策过程的最终揭露对应了我们所希望的判定结果，例如“是”或者“不是”好瓜；决策过程中提出的每个判定问题都是对某个属性的“测试”，例如“色泽=?”“根蒂=?”；每个测试的结果或是导出最终的结论，或是导出进一步的判定问题，其考虑范围是在上次决策结果的限定范围之内，例如若在“色泽=青绿”之后再判断“根蒂=?”，则尽在考虑青绿色瓜的根蒂。

一般来说，一棵决策树包含一个根节点、若干个内部节点和若干个叶节点。根节点包含样本全集，从根节点到每个节点在决策树中包含三种节点：

（1）**根节点**（root node）：没有进边，有零条或多条出边。

（2）**内部节点**（internal node）：一条进边，有两条或多条出边。

（3）**叶节点**（leaf node）或终节点（terminal node）：有一条进边，没有出边。

决策树的目的是产生一棵泛化能力强，即处理未见示例能力强的决策树，其基本流程遵循简单而直观的“分而治之”策略。决策树学习基本算法如下。

算法：决策树学习基本算法

输入：训练集 $D=\{(x_1, y_1), (x_2, y_2), \cdots, (x_m, y_m)\}$，$y_i \in \{-1, +1\}$

属性集 $A=\{a_1, a_2, \cdots, a_d\}$

过程：函数 TreeGenerate（D，A）

（1）生成根节点 node

（2）if D 中样本通过属于同一个类别 C then

（3）将 node 标记为 C 类叶节点；return（1）

（4）end if

（5）if $A=\varnothing$ OR D 中样本在 A 上取值相同 then

（6）将 node 标记为叶节点，其类别标记为 D 中样本数最多的类；return（2）

（7）end if

（8）从 A 中选择最优划分属性 a_*

（9）for a_* 的每一个值 a_*^v do

（10）为 node 生成一个分支；令 D_v 表示 D 中在 a_* 上取值为 a_*^v 的样本子集

（11）if D_v 为空 then

（12）将分支节点标记为叶节点，其类别标记为 D 中样本最多的类；return（3）

（13）else

（14）以 TreeGenerate（D_v，$A \setminus \{a_*\}$）为分支节点

（15）end if

（16）end for

输出：以 node 为根节点的一棵决策树

注：（1）、（2）、（3）分别对应递归返回的三个情形；$A \setminus \{a_*\}$ 表示从 A 中去除掉 a_*。

显然，决策树的生成是一个递归过程，在决策树基本算法中，有三种情形会导致递归返回：（1）当前节点包含的样本均属于同一类别，无需划分；（2）当前样本属性集为空，或所有样本在所有属性上取值相同，无法划分；（3）当前节点包含的样本集合为空，不能划分。

5.4.2 划分的选择

决策树算法的核心是要解决两个问题：一是从数据表中找出最佳节点和最佳分支；二是让决策树在适当的时候停止生长、防止过拟合。前者涉及的是决策树的划分属性参数问题，后者则是和剪枝处理有关。

由决策树算法可以看出，决策树的核心问题是选择最佳的划分属性。我们希望决策树的分支节点所包含的样本尽可能属于同一类别，即节点的“纯度”（purity）越来越高。

5.4.2.1 信息增益

“信息熵”（information entropy）是度量样本集合纯度最常用的一种指标，假定当前样

本集合 D 中第 k 类样本所占的比例为 $p_k(k=1, 2, \cdots, |Y|)$，则 D 的信息熵定义为：

$$\mathrm{Ent}(D) = -\sum_{k=1}^{|Y|} p_k \log_2 p_k \tag{5-85}$$

$\mathrm{Ent}(D)$ 的值越小，说明样本集 D 的纯度越高。

假定离散属性 a 有 V 个可能的取值 $\{a^1, a^2, \cdots, a^V\}$，若使用 a 来对样本集 D 进行划分，则会产生 V 个分支节点，其中第 V 个分支节点包含了 D 中所有在属性 a 上取值为 a^V 的样本，记为 D^V。我们根据信息熵的定义计算 D^V 得到的信息熵。再考虑到不同的分支节点所包含的样本数不同，给分支节点赋予权重 $\frac{|D^V|}{|D|}$，即样本数越多的分支节点的影响越大，于是可计算出用属性 a 对样本集 D 进行划分所获得的“信息增益”(information gain)，一般而言，信息增益越大，则意味着使用属性 a 来进行划分所获得的“纯度提升”越大。因此，我们可用信息增益来进行决策树的划分属性选择。

$$\mathrm{Gain}(D, a) = \mathrm{Ent}(D) = -\sum_{v=1}^{V} \frac{|D^V|}{|D|}\mathrm{Ent}(D^V) \tag{5-86}$$

著名的 ID3 决策树算法（Quainlan，1986）就是以信息增益为准则来划分属性。

算法：ID3 决策树算法

ID3（R：测试属性集合，C：类别属性，S：训练集） */返回决策树*/

步骤：

（1）if S 为空

（2）返回一个值为 Failure 的单个节点

（3）if S 由相同类别属性值的记录组成

（4）返回一个带有该值的单个节点

（5）if R 为空

（6）返回一个单节点，其值为在 S 的记录中找出的频率最高的类别属性值

（7）将 R 中属性之间具有最大信息增益的属性赋给 D

（8）将属性 D 的值赋值给 $\{d_j | j=1, 2, \cdots, m\}$

（9）将分别由对应于 D 的值为 d_j 的记录组成的 S 的子集赋值给 $\{s_j | j=1, 2, \cdots, m\}$

（10）构造一棵树，其根标记为 D，树枝标记为 $d_1, d_2, \cdots, d_m$

（11）再分别构造以下树：

ID3（R−{D}，C，s_1），ID3（R−{D}，C，s_2），ID3（R−{D}，C，s_m）

ID3 算法就是对每个节点选择信息增益 Gain（S，A）最大的属性作为测试属性。该算法的优点是：理论清晰，方法简单，学习能力较强。但是，ID3 算法也存在缺点，首先 ID3 算法倾向于选择取值较多的属性，而在大多数情况下多值属性不一定是最优的属性；其次，ID3 算法只对比较小的数据集有效，且对噪声比较敏感，当训练数据集变大时，决策树可能会随之改变。

5.4.2.2 信息增益率

实际上，信息增益准则对属性有所偏好：对于可取值数目偏多的特征，例如日期、编号等，信息增益自然会很大。为了减少这种偏好的不利影响，著名的 C4.5 决策树算法提出：不直接采用信息增益，而是使用“增益率”（information entropy）来选择最优划分属性。增益率的定义如下：

$$Gain\_ratio(D, a)=\frac{Gain(D, a)}{IV(a)} \tag{5-87}$$

其中，$IV(a)$ 的定义如下：

$$IV(a)=-\sum_{v=1}^{V}\frac{|D^{V}|}{|D|}\log_2\frac{|D^{V}|}{|D|} \tag{5-88}$$

$IV(a)$ 为属性 a 的“固有值”（intrinsic value），属性 a 的可能取值数目越多（即 V 越大），则 $IV(a)$ 的值通常会越大。

需要注意的是，增益率准则对可取值数目较少的属性有所偏好，因此，C4.5 决策树算法并不是直接选择增益率最大的候选划分属性，而是采用了一个启发式：先从候选划分属性中找出信息增益高于平均水平的属性，再从中选择增益率最高的。C4.5 决策树算法既是 ID3 算法的后续，也成为以后很多决策树算法的基础。

算法：C4.5（T：当前样本集，T_attributelist：当前测试属性集）
/ * 生成一棵决策树，并对其进行剪枝， * /

步骤：
(1) 创建根节点 N
(2) if T 都属于同一类 C then
(3) 返回 N 为叶节点，标记为类 C
(4) if T_attributelist 为空 OR T 中所剩的样本数少于某给定值 then
(5) 返回 N 为叶节点，标记为 T 中出现最多的类
(6) for each T_attributelist 中的属性
(7) 计算信息增益率（information gain ration）
(8) N 的测试属性 test_attribute = T_attributelist 中具有最高信息增益率的属性
(9) if 测试属性为连续型 then
(10) 找到该属性的分割阈值
(11) for each 由节点 N 长出的新叶节点
(12) if 该叶节点对应的样本子集 T′只有唯一的一种决策类别 then
(13) 将该叶节点标记为该类别
(14) else 在该叶节点上执行 C4.STree（T′，T′_attributelist），对它继续分裂
(15) 计算每个节点的分类错误，进行树剪枝

比较 ID3 算法，C4.5 算法在效率上有了很大的提高。不仅可以直接处理连续型属性，而且可以允许训练样本集中出现属性空缺的样本，生成的决策树的分支也较少。信息增益

函数对于那些可能产生多分支输出的测试倾向于产生大的函数值，但是输出分支多不表示该测试对未知的对象具有更好的预测效果。信息增益率函数可以弥补这个缺陷。以往的经验说明信息增益率函数比信息增益函数更健壮，能稳定地选择好的测试。

5.4.2.3 基尼系数

CART 决策树（classification and regression tree）算法使用“基尼系数”（Gini index）来选择划分属性，数据集 D 的纯度可用基尼值来度量：

$$\mathrm{Gini}(D)=\sum_{k=1}^{|Y|}\sum_{k=1}^{|Y|}p_k p'_k=1-\sum_{k=1}^{|Y|}p_k^2 \tag{5-89}$$

直观来说，Gini（D）反映了从数据集 D 中随机抽取两个样本，其类别标记不一致的概率。Gini（D）的值越小，则数据集 D 的纯度越高。

CART 算法在满足下述条件之一时停止建树：（1）所有叶节点中的样本数为 1 或者样本属于同一类；（2）决策树高度到达用户设置的阈值。

CART 算法仍然使用后剪枝。在树生成过程中，考虑到多展开一层会有更多一些的信息被发现，CART 算法运行到不能再长出分枝为止，从而得到一棵最大的决策树。然后 CART 对这棵超大的决策树进行剪枝。剪枝算法使用独立于训练样本集的测试样本集对子树的分类错误进行计算，找出分类错误最小的子树作为最终的分类模型。对于有些样本集，由于样本数太少而不能分出独立的测试样本集，CART 算法采用一种交叉确定（cross validation）的剪枝方法。该方法将原始训练样本分为 N 份（假定每份的数据分布近似或相同）。N 份中取第一份作为测试集，其余 $N-1$ 份合并后用作训练集，经过一次完整的建树剪枝的过程，得到一棵局部决策树。然后选择第二份作为测试集，将其余 $N-1$ 份合并成训练集，又得到一棵局部决策树。以此类推，直到 N 份样本集都做了一次测试集为止，这样总共得到 N 棵局部决策树，综合这 N 棵局部决策树形成全局决策树。这样形成的全局决策树在性能超群上非常近似于由包含所有样本的原始训练样本集得出的决策树。该方法解决了在小样本集上挖掘决策树由于某种原因没有独立测试样本集而造成的过度拟合问题。

5.4.2.4 Tsallis 熵

香农熵是一种对于分布中不确定性的量度，其隐含假设了中间部分和尾部贡献程度的权重平衡，这导致香农熵无法刻画宏观世界中常见的指数分布。因此，有必要明确地引出和控制这个权重平衡，而参数熵就是解决权重平衡的一个思路。Tsallis 熵就是一种参数熵，Tsallis 熵定义了一个可以调整的参数 q，通过调整参数 q 可将熵的概念拓展到更广泛的应用范围。

Tsallis 熵的定义如下：

$$S_q(X)=\frac{1}{1-q}\left(\sum_{i=1}^{m}p(x_i)^q-1\right) \tag{5-90}$$

其中，X 是一个取值为 $\{x_1, x_2, \cdots, x_n\}$ 随机变量，$P(x_i)$ 是事件 x_i 对应的可能概率。

香农熵、信息增益比和基尼系数这常见的三个划分标准可以统一在 Tsallis 熵的框架下。

定理 1：Tsallis 熵在 $q\to 1$ 时转化为香农熵 $H(X)$。

证明：

$$\begin{aligned}\lim_{q\to1}S_q(X) &= \lim_{q\to1}\frac{1}{1-q}\left(\sum_{i=1}^{n}p(x_i)^q-1\right)\\ &=\lim_{q\to1}\left(\frac{\left(\sum_{i=1}^{n}p(x_i)^q-1\right)'}{(1-q)'}\right)\\ &=-\sum_{i=1}^{n}p(x_i)\ln p(x_i)\\ &=H(X)\end{aligned}$$

定理 2：基尼系数是 Tsallis 熵在 $q=2$ 时的特殊形式。

证明：

$$\begin{aligned}\{S_q(X)\}_{q=2} &= 1-\sum_{i=1}^{n}p(x_i)^q\\ &=\sum_{i=1}^{n}(p(x_i)-p(x_i)^2)\\ &=\sum_{i=1}^{n}p(x_i)(1-p(x_i))\\ &=\text{Gini index}\end{aligned}$$

定理 3：信息增益率是对基于香农熵的信息增益的标准正则处理。如果用 Tsallis 熵取代香农熵，则可以将信息增益率扩展为 Tsallis 信息增益率。当 $q\to1$ 时，Tsallis 信息增益率收敛于信息增益率。

证明：

$$\begin{aligned}\lim_{q\to1}\text{Tsallis GR} &= \lim_{q\to1}\frac{S_q(D)-\dfrac{|D'|}{|D|}S_q(D')-\dfrac{|D''|}{|D|}S_q(D'')}{S_q\left(\dfrac{|D'|}{|D|},\dfrac{|D''|}{|D|}\right)}\\ &=\frac{H(D)-\dfrac{|D'|}{|D|}H(D')-\dfrac{|D''|}{|D|}H(D'')}{H\left(\dfrac{|D'|}{|D|},\dfrac{|D''|}{|D|}\right)}\\ &=\text{Gain Ratio(GR)}\end{aligned}$$

当 q 取不同值时，Tsallis 熵可以分别转化为香农熵、基尼系数和信息增益比。也就是说，在统一的 Tsallis 熵框架下，可以通过优化参数 q 的取值来提升决策树的性能，这是提升决策树的新思路。

5.4.3 剪枝处理

剪枝（pruning）是决策树算法防止过拟合的重要手段。在决策树算法学习的过程中，可能存在以下情形：为了尽可能正确地分类训练集的样本，对于节点的划分不断重复，导致决策树的分支过多，以至于把训练集自身的数据特点当成了所有数据都具有的一般性质。树的过拟合是一个非常严重的问题。在极端情况下每个叶节点可能只有一个元素，这样的树几乎没有泛化能力。为了降低过拟合的风险，可以适当地对决策树进行剪枝。

在决策树创建时，由于数据中的噪声和孤立点，许多分枝反映的是训练数据中的异常。剪枝方法处理这种过分适应数据问题，防止决策树过度复杂。下面对决策树修剪技术的相关知识进行介绍。

寻找最小决策树是 NP 完全问题，所以在现实中不可能找到绝对最小决策树。只能通过分析那些使得决策树变得过于庞大的原因，来寻找一些技术来对决策树实施剪枝，决策树剪枝的方法很多，最常用的技术有预剪枝和后剪枝。

5.4.3.1 预剪枝

预剪枝通过提前停止树的构造而对树进行剪枝。如果一个节点对样本的划分将导致低于预定义阈值的分裂，则给定子集的进一步划分将停止。选取一个适当的阈值是很困难的，较高的阈值可能导致过分简化的树，较低的阈值可能使得树的化简太少。由于预剪枝不必生成整棵决策树，且算法相对简单，效率很高，适合解决大规模问题，所以这种方法得到广泛的应用。

预剪枝就是在完全正确分类训练集之前，较早地停止树的生长。具体在什么时候停止决策树的生长（stopping criteria），有多种不同的方法：（1）一种最为简单的方法就是在决策树到达一定高度的情况下就停止树的生长，这种停止标准在一定情况下能取得比较好的效果；（2）另外，到达此节点的实例具有相同的特征向量，而不必一定属于同一类，也可停止生长。这种情况可以处理数据中的数据冲突问题；（3）还有，到达此节点的实例个数小于某一个阈值也可停止树的生长，其不足之处是不能处理那些数量较小的特殊情况实例；（4）还有一种更为普遍的做法是计算何次扩张对系统性能的增益，如果这个增益值小于某个阈值则不进行扩展。如果在最好情况下的扩展增益都小于阈值，则即使有些叶节点的实例集不属于同一类，算法也停止。

预剪枝有一个缺点，即视野效果问题。也就是说在相同的标准下，也许当前的扩展不能满足要求，但是更进一步的扩展能够满足要求，这将使得算法过早地停止决策树的构造。后剪枝将克服这个缺点，也可通过其他方法（如构造属性、前向搜索等）来克服。但是，由于预剪枝不必生成整棵决策树，且算法相对简单，效率很高，适合解决大规模问题，所以这种方法仍然得到广泛的应用。分支合并策略作为预剪枝方法中常用的一种策略，也得到了较为广泛的研究。

分支合并是预剪枝的一种，而且研究得较为广泛，其主要思想是在树的产生过程中，根据某种方法将当前节点的两个子节点合并为一个（简称分支合并）并继续树的生长，直至完成树的构建。以此构成的树与没有进行分支合并所产生的树相比，在结构、规模、复杂性、精度等方面上有很大区别。

洪家荣于 1995 年最早提出：ID3 决策树算法及其已有的决策树算法只是试图减少树的深度，而忽略了对决策树叶子数目的研究，然而正是后者对决策树的精度起主要作用，并提出一种基于属性聚类方法的决策树分支合并算法。

5.4.3.2 后剪枝

后剪枝方法最初由 Breiman 等人提出，是对已建好的决策树进行剪枝。从决策树的叶节点开始，自下而上地进行考虑，如果去掉某个叶节点并将其父节点作为新的叶节点时能够提高模型的泛化性能，则进行剪枝。这个剪枝操作会不断进行，直到剪枝不再提高泛化性能为止。

由于后剪枝法能够基于决策树的全局信息进行剪枝，因此通常优于预剪枝法，在实际中更为常用。当前主要的后剪枝方法有 CCP （cost complexity pruning）、REP （reduced error pruning）、PEP （pessimistic error pruning）、MEP （minimum error pruning）。

目前，这些后剪枝方法已经得到了广泛的讨论，并在实际中得到成功的应用。由于实际工作中，各个样本数据集的搜集完整程度和数据之间的关联程度存在差异，不同的剪枝方法适合于不同类型的样本数据集，具体选用哪种方法或哪几种方法的组合，要根据具体的情况而定。但是一般说来，REP 方法是最简单的剪枝方法，但是它不适合于数据量较小的样本集；PEP 方法被认为是当前决策树后剪枝方法中精度最高的算法；CCP 方法所得到的树的规模比 REP 的要小；与 PEP 方法相比，MEP 产生的树的规模较大，精度较低。如果训练数据丰富，可以选用 REP 方法，如果训练数据较少，且要求剪枝的精度较高，则首选 PEP 方法。

下面介绍 REP 后剪枝方法。REP 由 Quinlan 提出，是一种自下而上的简单实用的剪枝方法。其原理是，从训练集中提取一部分数据作为剪枝集，这部分数据不用来构建决策树，而用来评估错误率时有较小的偏置。比较树 T_{max} 的子树对剪枝集的分类错误率，即将该子树变为叶节点后的分类错误率。若前者大于后者，则将该子树剪枝为叶节点，并以到达该节点的多数实例所代表的类来标识。重复以上过程，直到继续剪枝会增加错误率为止。

Quinlan 对这种剪枝法做了限制：只有当某子树的所有下属子树的错误率都不小于该子树时，该子树才能被剪枝，这保证了 REP 剪枝是一个自下而上的过程。

但是，REP 有过匹配剪枝数据的倾向，当训练集很大时，生成的决策树的大小会随着训练集的大小线性增长，因此就会有很多子树需要考虑剪枝，其中总有一些是恰好与剪枝数据匹配的，剪枝时就错误地保留了这些子树。因此，生成的剪枝树会随着训练数据的增多而增大，即训练数据越多，生成的剪枝树就会越大。

统计显著性检验可用来弥补这一缺陷：即如果在某子树对剪枝数据的预测类值和剪枝数据的真实类值之间存在显著性关联的话，此子树就被保留。利用显著性检验，可确定在预测类值与真实类值之间的这种关联是由于显著性依赖的存在，还是仅仅出于偶然，即仅仅是由于剪枝数据的随机波动引起的。显著性检验计算与原数据的统计值相同或更加特殊的值出现的概率，这个概率叫做检验的 p-value。将 p-value 与给定的显著性水平 a 相比，如果 $a \geqslant p$，则保留子树。反之，则剪掉子树。

REP 剪枝法的优点在于该方法能得到关于某个剪枝集的最小且最佳的剪枝树。而且由于在剪枝的过程中每个节点只被访问一次，因此其计算复杂度呈线性特性。但是，使用单独的剪枝集给 REP 剪枝带来了麻烦，那些对应于训练集中少数特殊实例的枝干，有可能因为在剪枝集中没有支持实例，而得出这些枝干是由于训练集的偶然性构建的结论，从而被剪枝，这很显然会丢失一部分信息，使得 REP 剪枝法有过剪枝的倾向，这在机器学习中称为“空树问题”。

5.4.4 决策树算法的主要特点

（1）决策树归纳是一种构建分类模型的非参数方法。也就是说，决策树归纳不要求任何先验假设，不假定类和其他属性服从一定的概率分布。

（2）找到最佳的决策树是 NP 完全问题。许多决策树算法采取启发式的方法指导对假设空间的搜索，例如可以使用贪心的、自顶向下的递归划分策略建立决策树。

（3）构建决策树技术不需要昂贵的计算代价，即使训练集非常大，也可以快速建立模型。此外，决策树一旦建立，未知样本分类非常快，最坏情况下的时间复杂度是 $O(w)$，其中 w 是树的最大深度。

（4）决策树相对容易解释，特别是小型的决策树。在很多简单的数据集上，决策树的准确率可以与其他分类算法相媲美。

（5）决策树是学习离散型函数的典型代表。然而，它不能推广到某些特定的布尔问题。

（6）决策树算法对于噪声的干扰具有相当好的鲁棒性，采用避免过分拟合的方法之后尤其如此。

（7）冗余属性不会对决策树的准确率造成不利影响。如果在数据中一个属性与另一个属性是强相关的，则说前一个属性是冗余的。在两个冗余的属性中，如果已经选择其中一个作为用于划分的属性，则另一个将被忽略。然而，如果数据集中含有很多不相关的属性，则某些不相关属性可能在树的构造过程中偶然被选中，导致决策树过于庞大。通过在预处理阶段删除不相关属性，特征选择技术能够帮助提高决策树的准确率。

（8）由于大多数的决策树算法都采用自顶向下的递归划分方法，因此沿着树向下，记录会越来越少。在叶节点，记录可能太少，对于叶节点代表的类，不能做出具有统计意义的判决，这就是所谓的数据碎片（data fragmentation）问题。解决该问题的一种可行的方法是，当样本数小于某个特定的阈值时停止分裂。

（9）子树可能在决策树中重复多次，当决策树的每个内部节点都依赖单个属性测试条件时，就会出现这种情形。由于大多数的决策树算法都采用分治划分策略，因此在属性空间的不同部分可以使用相同的测试条件，从而导致子树重复问题。

5.4.5 应用案例——Web 爬虫检测

Web 使用挖掘是利用数据挖掘的原理，从 Web 访问日志中提取信息的方法。Web 使用挖掘可以挖掘用户的访问记录，并以此做出相应的策略调整。例如，一个人频繁访问某个 Web 站点，并打开介绍某产品的网页，说明很有可能该客户对这个产品感兴趣。若此时商家提供一些折扣，很有可能会刺激这个人购买这个产品。

在 Web 使用挖掘中，一个重要的内容是区分用户访问和 Web 机器人访问。Web 爬虫（又称 Web 机器人）是一个软件程序，它可以自动跟踪嵌入网页中的超链接，定位并获取 Internet 上的信息。Web 爬虫安装在搜索引擎的入口，收集索引网页必需的文档。如果想要利用 Web 挖掘技术分析用户的浏览习惯时，必须要将 Web 爬虫的访问进行过滤。

使用决策树算法可以区分用户访问和 Web 爬虫访问。输入数据来自某 Web 服务器日志，每行对应一个页面访问请求。日志记录的字段包括客户端的 IP 地址、请求的时间戳、请求访问页面地址、文档大小、客户的身份。

Web 会话是客户在一次网站访问时发出的请求序列，每个 Web 会话都可以用有向图来建模，其中节点对应于网页，而有向边对应于连接网页的超链接。图 5-20 显示了 Web 服务器日志中第一次 Web 会话。

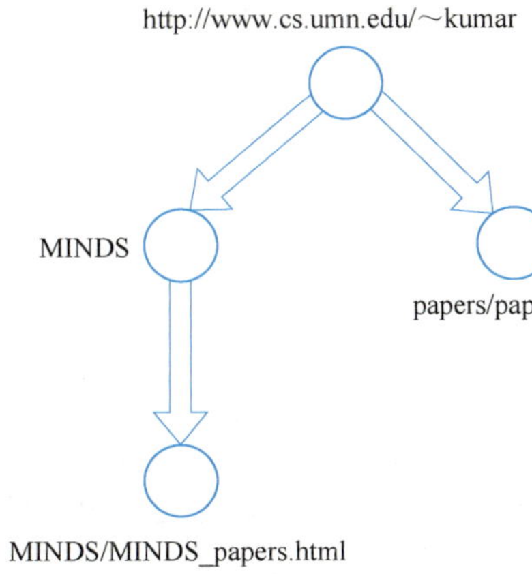

图 5-20 Web 会话图

为了对 Web 会话进行分类，需要对每次会话的特征定义属性。显著的特征包括遍历的深度、宽度、各种请求方式的占比、多次请求的次数等。

用于分类的数据集包含 2916 个记录，其中 Web 爬虫和正常用户会话的个数相同，将 10%的数据用作训练集，而 90%的数据用于测试集。该决策树模型在训练集上的准确率为 96.2%，测试集上的准确率为 94.7%。Web 爬虫检测的导出属性如表 5-5 所示。

表 5-5 Web 爬虫检测的导出属性

属性名	描述
Breadth	Web 遍历的宽度
Depth	Web 遍历的深度
TotalPages	一次会话提取的页面总数
ImagePages	一次会话提取的图像页总数
TotalTime	访问所用的时间
RepeatedAccess	一次会话多次请求同一页面
ErrorRequest	请求网页的错误
GET	使用 GET 方式提出的请求百分比
POST	使用 POST 方式提出的请求百分比
HEAD	使用 HEAD 方式提出的请求百分比
MultiIP	使用多个 IP 地址的会话
MultiAgent	使用多个代理的会话

该 Web 爬虫检测模型表明可以从四个层面区分正常用户和 Web 爬虫。

（1）Web 爬虫倾向于尽可能多地访问网页，所以其访问内容宽度大而深度浅，而正常用户访问比较集中，表现为深度大而宽度小。

（2）Web 爬虫很少访问于 Web 文档相关的图片页。

（3）Web 爬虫的对话长度较长，包含了大量的请求页面。

（4）Web 爬虫更可能对相同的文档发出重复的请求。

5.5 随机森林

5.5.1 随机森林概论

随机森林（random forests，RF）算法是 Breiman 于 2001 年提出的一种分类和预测算法，其本质是将 Bagging 算法和随机子空间算法结合起。决策树是单个分类器，其有性能提升的瓶颈。集成学习是将单个分类器聚集起来，通过对每个基本分类器的分类结果进行组合，来决定待分类样本的归属类别。集成学习比单个分类器有更好的分类性能，可以有效地提高学习系统的泛化能力。

随机森林是一种以决策树为基分类器的集成学习模型。它是利用 bootstrap 抽样方法生成多个训练集，针对每个训练集建立一个决策树模型，然后通过投票方式集成所有决策树的预测结果。随机森林算法具有很高的预测准确率，对异常值和噪声具有很好的容忍度，且不容易出现过拟合，并且训练速度较快，目前已广泛应用于各种分类及预测问题。

下面给出随机森林的数学定义：

设一系列决策树 $h_1(x)$，$h_2(x)$，…，$h_k(x)$ 构成的森林和两个随机向量 X，Y。

边缘函数（margin function）：

$$\mathrm{mg}(X,\ Y) = av_k(I(h_k(X) = Y)) - \max av_k(I(h_k(X) = j)) \tag{5-91}$$

式中，$I(\cdot)$ 为示性函数；Y 为正确的分类向量；j 为不正确的分类向量；$av_k(\cdot)$ 表示取平均。边际函数表示在正确分类的得票数超过不正确分类的最大得票数的程度。显然，边缘函数越大，表明分类器的置信度越高。

泛化误差：

$$PE^* = P_{X,\ Y}(\mathrm{mg}(X,\ Y < 0)) \tag{5-92}$$

其中，下标 X，Y 表明了概率的定义空间。

随机森林边缘函数为：

$$\mathrm{mr}(X,\ Y) = P(h_k(X) = Y) - \max P(h_k(X) = j) \tag{5-93}$$

其中，$P(h_k(X) = y)$ 为判断正确的分类的概率；$\max P(h_k(X) = j)$ 为判断错误的其他分类的概率最大值，即目标变量具有两个或两个以上的分类。

对于每一棵决策树，在随机森林构建的过程中，对应一个初始数据集和一个没有抽取的数据集，记没有抽取的数据集为 $O_k(x)$。$O_k(x,\ y_i)$ 为对于输入的随机向量 x 在 $O_k(x)$ 中投票的分类类别为 y_i 的比例，则：

$$Q(x, y_i) = \frac{\sum_k I(h_k(x) = y_i, (x, y) \in O_k(x))}{\sum_k I(h_k(x), (x, y) \in O_k(x))} \tag{5-94}$$

其中，分子为每棵决策树和其对应的没有抽取的数据集的正确分类个数之和，分母为所有没有抽取的数据集的样本个数之和，将 $Q(x, y_i)$ 作为随机森林正确分类的概率的估计，则就可以考察随机森林强度和相关度两个变量。

随机森林具有一定的收敛性：

定理 1：根据定义 1、定义 2、大数定律和决策树的结构可知，所有森林中的决策树的泛化误差都收敛于如下表达式：

$$\lim_{n \to \infty} PE^* = P_{xy}(P_{\Theta}k(x, \Theta) = Y) - \max P_{\Theta}(k(x, \Theta) = j) < 0 \tag{5-95}$$

其中，n 为森林中树的数目。定理 1 表明随着树的增加，泛化误差 PE 将趋向一个上界，这表明随机森林对未知的实例有很好的扩展性，也就是说具有良好的防止过拟合的能力。这说明了为什么随机森林算法不会随着决策树的增加而产生过度拟合的问题，但要注意的是可能会产生一定限度内的泛化误差。

定理 2：泛化误差的一个上界：

$$PE^* \leqslant \frac{\bar{p}(1 - s^2)}{s^2} \tag{5-96}$$

其中，$\bar{p}$ 为决策树之间的相关度的平均值；s 为决策树的平均强度。

从定理 2 可以看出要使随机森林的泛化性能好，则应该尽量减小决策树之间的相关性，增大单棵树的分类性能。虽然这个上界比较松散，但是在评价一个随机森林的性能时可以据此作为参考依据。相关度和强度之间的相互影响也可以通过这个上界得到体现。由决策树形成森林后，完成了单分类器到多分类器的转变，整个森林的性能自然受每棵决策树的性能决定，每棵树的分类强度越大，则随机森林的分类性能越好。森林中树之间的相关度（correlation）越大，则随机森林的分类性能越差。

可以看出，随机森林的泛化误差界与单个决策树的分类强度 s 呈负相关，与决策树之间的相关性呈正相关，即分类强度越大，相关性越小，则泛化误差界越小，随机森林分类准确度越高。这也启发我们，对随机森林模型进行改进时，可以从两方面着手：一是提高单棵决策树的分类强度 s，二是降低决策树之间的相关性。随机森林在高维数据上的表现并没有它在中低维数据上的表现好，因此，有一系列的研究工作针对随机森林在高维数据下的性能提升。

5.5.2 随机森林的构建过程

为了克服决策树的缺点，结合单个分类器组合成多个分类器的思想，一种很容易被想到的办法就是生成多棵决策树，这些决策树不需要都有很高的分类精度，并让所有的决策树通过投票的形式进行决策，这就好像多个专家一起开会讨论，最后进行举手表决一样，这就是随机森林核心的思想。构建随机森林主要包括以下三个步骤。

5.5.2.1 为每棵决策树抽样产生训练集

每一棵决策树都对应一个训练集，要构建 N 棵决策树，那就需要产生对应数量的训练集，从原始训练集中产生 N 个训练子集就涉及统计抽样技术。现有的统计抽样技术有很多，按照抽样是否放回主要包括以下两种：不放回抽样和放回抽样。这里采用有放回抽样，即在抽取样本时，采用抽取后再将抽取结果放回的抽样方法，这样每次抽样时数据集的大小不变，在抽取的样本集中出现重复样本的情况。根据抽样时是否设置权重又分为无权重抽样和有权重抽样。

A 无权重抽样

无权重抽样也叫 Bagging 方法，是一种用来提高学习算法准确度的方法。该方法于 1996 年由 Breiman 根据 Boosting 技术提出。Bagging 法是以可重复的随机抽样为基础，每个样本是初始数据集有放回抽样。在可重复抽样生成多个训练子集时，存在于初始训练集 D 中所有的样本都有被抽取的可能，但在重复多次后，总有一些样本是不能被抽取的，每个样本不能被抽取的概率为 $\left(1-\frac{1}{N}\right)^N$，这里 N 指的是原始训练集中样本的个数。

B 更新权重抽样

还有一种方法就是 Boosting 方法，也叫更新权重抽样。Boosting 方法进行抽样时，首先随机抽样产生一组训练集，然后对这组训练集中的每一个训练集设定权重为 $1/n$，n 为训练集中样本的个数，在设定权重后，对每个带权重的训练集进行测试，在每次测试结束后，对分类性能差的训练集的权重进行提升，从而产生一个新的权重系列。经过多次训练后，每个训练集就有一个和其相对应的权重，在投票时，这些权重就可以对投票的结果产生影响，从而影响最终的决策结果。

Bagging 方法与 Boosting 方法都是可放回抽样的抽样方法，但两者间存在很大的区别，主要体现在两个方面：一是 Bagging 方法在训练的过程中采用独立随机的方式，而 Boosting 方法在训练的过程中，每一次训练都是在前一次的基础上进行的，因此是一种串行的关系，这对算法的执行过程是一个很大的挑战，因为每次执行都需要等待上次的结果才能继续，而 Bagging 方法就不存在这个问题，这为算法的并行处理提供了很好的支持；二是 Bagging 方法抽取出来的训练集都是没有权重的，各训练集的待遇是相同的，而 Boosting 方法在抽取的过程中，对每个训练集都设定权重，使得抽取结束后，每个训练集的待遇是不一致的。随机森林算法在生成的过程中，主要采用 Bagging 抽样技术从原始训练集中产生 N 个训练子集，每个训练子集的大小约为原始训练集的三分之二，每次抽样均为随机且放回抽样，这样使得训练子集中的样本存在一定的重复，这样做的目的是使森林中的决策树不至于产生局部最优解。

5.5.2.2 构建子决策树

算法为每一个训练子集分别建立一棵决策树，生成 N 棵决策树从而形成“森林”，每棵决策树任其生长，不需要剪枝处理。其中涉及两个重要过程。

A 节点分裂

节点分裂是算法的核心步骤，通过节点分裂才能产生一棵完整的决策树。每棵树分支的生成，都是按照某种分裂规则选择属性，这些规则主要包括信息增益最大、信息增益率最大和 Gini 系数最小等原则，不同的规则对应不同的分裂算法。在节点分裂时，将每个属性的所有划分按照规则指标进行排序，然后按照规则选择某个属性作为分裂属性，并按照其划分实现决策树的分支生长。在5.4节中，已经给出了决策树的生成算法，对于不同的算法，节点分裂的规则计算的指标也不尽相同，比如CART算法采用的是Gini系数，C4.5算法采用的是信息增益率。不同的节点分裂算法产生的随机森林的性质也不尽相同，现行的统计软件在选择节点分裂原则时，一般都是在CART算法和C4.5算法中选择其中一个来进行节点分裂。

B 随机特征变量的随机选取

随机特征变量是指随机森林算法在生成的过程中，参与节点分裂属性比较的属性个数。由于随机森林在进行节点分裂时，不是所有的属性都参与属性指标的计算，而是随机地选择某几个属性参与比较，参与的属性个数就称之为随机特征变量。随机特征变量是为了使每棵决策树之间的相关性减少，同时提升每棵决策树的分类精度，从而提升整个森林的性能而引入的。其基本思想是，在进行节点分裂时，让所有的属性按照某种概率分布随机选择其中某几个属性参与节点的分裂过程。

5.5.2.3 森林的形成及算法的执行

重复上述两个步骤建立大量的决策树，就生成了随机森林（图5-21）。算法最终的输出结果采取大多数投票法实现。根据随机构建的 N 棵决策子树将对某测试样本进行分类，将每棵子树的结果汇总，所得票数最多的分类结果，将作为算法最终的输出结果。

5.5.3 随机森林的随机性分析

从随机森林的构建过程可以看出，该算法的核心思想是：将存在过度拟合和局部收敛问题的单个分类器决策树，组合成多个分类器森林。那么，如何构建由多棵决策树组成的森林，命名该森林能有效地避免决策树会陷入过度拟合和局部最优的缺点，这就需要在构建森林时，处处体现随机性。从森林的构建过程可以归纳出以下随机性。

5.5.3.1 训练集的随机选取

根据Breiman的观点，随机森林在抽样生成训练集时，采用Bagging方法，该方法是一种有放回的随机抽样，这种抽样方式产生的训练集较初始训练集存在一些不同。最大的不同体现在新的数据集不是原始数据集的简单复制，而是通过自身样本的重复而达到样本空间的重构，由于新产生的数据集都是原始数据集的子集，因此各个新的数据集间也存在着差异，从而使产生的森林也存在着一定的差异，这种差异最后体现在森林中决策树生长过程中的随机性。而这种随机性又是有条件的，可以看作是一种有条件的概率抽样，从而使得到的随机森林不至于过于发散，也不至于趋向局部的最优解。随机森林使用Bagging方法的有两个原因，一方面可以提高随机森林算法的精度。由于在训练集上采用放回抽样法采样，平均37%的样本不会出现在采集的样本集合中，这样做就可以有效地避免“异常点”出现在样本集合中。因此，与在原始数据上构建分类器相比，使用Bagging方法采集的样本集合上更容易得到好的分类器。另一方面还可以使用这些没有被抽取的数据集来估计森林中决策树的泛化误差（PE^*）以及强度（s）和相关系数（p），使算法分类精度可以量化度量。

5.5.3.2 随机特征变量的随机性

随机森林算法为每一个训练子集分别建立一棵决策树，生成 N 棵决策树从而形成“森林”，每棵决策树任其生长，不需要剪枝处理。其中涉及的一个重要过程就是随机特

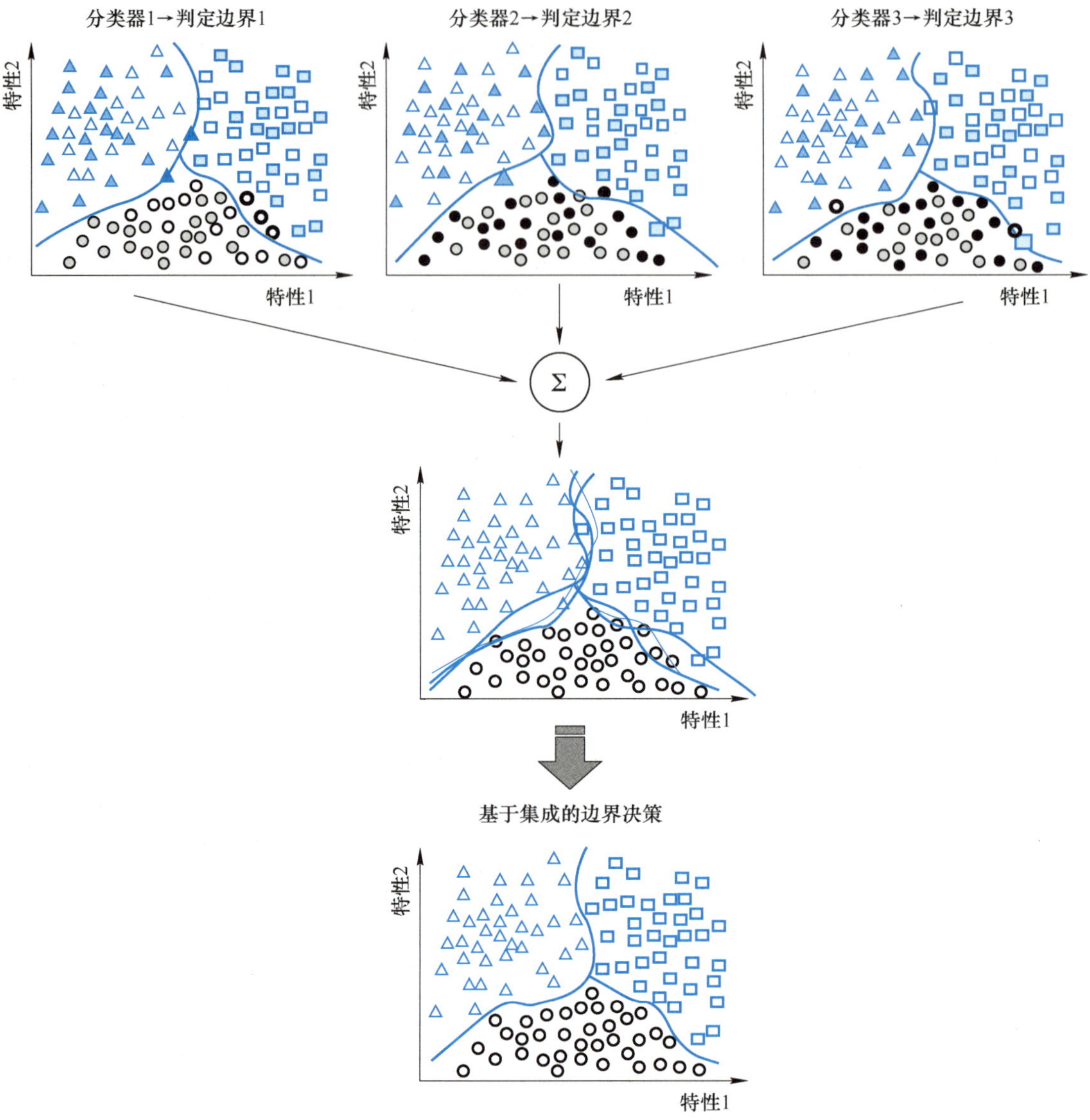

图 5-21 随机森林生成

征变量 F 的选取，这个过程增加了决策树构建时的随机性。

在进行节点属性选择时，并不是全体属性都参与选择的过程，而是从全体属性中随机地选择 F 个属性进行节点属性的选择过程，这里 F 的值即为随机特征变量。随机特征变量是随机森林算法为了提高分类精度，减小森林中树之间的相关系数，而引入的一种随机性。由于随机特征变量的引入，使在每棵子树的生长过程中，不是将样本的全部 M 个属性参与节点分裂，而是随机抽取 $F(F \leqslant M)$ 个属性，比较这 F 个属性上分裂规则最优的属性对节点进行分裂。由于抽取的 F 个属性具有随机性，从而使得每棵决策树在生成的过程中，都有区别于其他的决策树，这就为随机森林引入了另一个随机因素。

5.5.3.3 随机森林的随机性在实证分析中的表现及解决办法

从上面的两个随机性可以看出，随机森林的随机性体现在产生决策树的训练样本是随机的，树中节点分裂时选择的最优属性也是随机的。有了这两点随机性，保证了随机森林就不会产生过拟合的现象，但是这两种随机性这也使得算法的分类精度在同样的参数下表现出一定的波动性，然而这种波动由于算法的收敛性使得分类精度仅在很小的范围内变动。正是由于这种微小波动的存在，使得在进行随机森林实证分析时，每次观察的结果存在一定的差异，为了解决这个问题，在实验的过程，均要在相同的参数下重复随机森林算法的执行次数，然后取分类精度的平均值进行观察。

5.5.4 随机森林算法的改进

随机森林具有一系列的优点：可以处理很高维度（特征很多）的数据，并且不用降维，无需做特征选择。它可以判断特征的重要程度，可以判断出不同特征之间的相互影响，不容易过拟合，训练速度比较快，容易做成并行方法，实现起来比较简单，对于不平衡的数据集来说，它可以平衡误差。如果有很大一部分的特征遗失，仍可以维持准确度。同时，随机森林也有其缺陷：随机森林已经被证明在某些噪声较大的分类或回归问题上会过拟合。对于有不同取值的属性的数据，取值划分较多的属性会对随机森林产生更大影响，所以随机森林在这种数据上产出的属性权值是不可信的。针对随机森林存在的这些缺点，许多学者提出了不同的改进措施。

5.5.4.1 处理非平衡数据上的改进

随机森林算法对非平衡数据处理不够理想的主要原因有两点。一是由于随机森林在构建过程中，训练集是随机选取的，使用 Bagging 随机选取时，由于原训练集中的少数类本身的数据量就比较少，因此被选中的概率就很低，这使得 N 个随机选取的训练集中含有少数类的数量比原有的数据集更少或者没有，这反而加剧了数据集的不平衡性，使得基于此数据集训练出来的决策树的规则就没有代表性；二是由于数据集本身少数类占有的比例就比较低，使得训练出来的决策树不能很好地体现占有数量少的少数类的特点，只有将少数类的数量加大，使数据集中的数据达到一定程度的平衡，才能使得算法更稳定。

目前，解决非平衡数据集分类问题大致分为两大类：一类是改进算法，另一类是改造数据。改进算法的主要思路是结合非平衡数据集的特点，通过对传统分类算法的改进或设计新的分类算法，以适应非平衡数据的分类需要。主要包括代价敏感（cost-sensitive）学习、特征选择和单类学习等方法。改造数据的主要思路是改变训练集数据的分布，通过人为增加负类样本，主要包括随机向上抽样，随机向下抽样或者是对这两种抽样方法的改进的抽样方法。

5.5.4.2 处理连续型变量的改进

在随机森林中，如果存在连续型的变量，通用的做法是把这些连续型变量的值分成不同的区间，即“离散化”。这种方法虽然能将连续型变量转化为离散型变量，但由于其离散化后算法复杂度和数据集的约简率存在很大的关系，使得算法在分析计算节点分裂标准时，需要花费很多的时间，极大地影响了算法的执行速度，因此在随机森林算法中，连续变量的离散化是一项需要优化的内容。

5.5.4.3 在提高分类精度上的改进

随机森林算法在不同数据集上的分类精度存在问题的主要原因有两个方面。一是数据集本身的原因，有些数据集的属性变量较少，在决策树的形成过程中分类规则过于简单；二是数据集的非平衡性导致的。这两种情况都需要对数据集进行预处理。对于算法本身的问题，算法在分裂的过程中选择分裂规则，或者是随机抽样时存在一些需要改进的方面。另外，在大数据时代，随着数据量的增加，数据噪声更加严重，在某些需要更高精度的领域应用时，该算法还具有进一步优化的现实需求。

5.5.5 应用案例

5.5.5.1 工业背景

工艺操作的安全性和优化性是近几十年来备受学术界和工业界关注的两个关键问题。然而，由于扰动、噪声等不确定因素的存在，安全性和最优性都可能发生恶化，这会导致运行性能的下降。因此，及时、准确地掌握过程运行状态，对于提高企业经济效益、生产效益和产品质量都有重要意义。而传统的过程检测仅仅是检测生产过程是否正常，对于异常的生产过程剖析原因通过调整使生产继续正常运行。为了获得更高的经济效益，需要得到整个工艺过程的优劣状态，因此相关学者提出了运行状态评价的概念。运行状态评价是指在生产过程正常运行的前提下，对实际生产过程的运行优劣进行识别与判断，当运行状态处于“非优”时，通过及时调整操作，使运行状态达到“优”。对运行状态评价的研究具有重要的理论意义和应用价值。在实际生产中，复杂工业过程运行环境差、检测技术不完善，导致过程定量信息与定性信息共存，限制了传统的运行状态评价方法的应用。其中，定量信息指用数值大小描述的变量信息，定性信息指通过语义定性描述的变量信息。在对复杂工业过程进行深入研究后提出了一种基于随机森林的运行状态评价方法，随机森林的特点是能够同时处理定量信息和定性信息，且无需对数据进行复杂的预处理。

5.5.5.2 应用步骤

工业过程运行状态评价是指在生产过程正常运行的前提下，通过一定的方法对实际生产过程的运行状态进行识别与判断，当运行状态处于“非优”时，及时调整生产操作，以使状态达到最佳。其实质是通过学习历史数据，对在线数据的运行状态进行分类评价。

在用传统随机森林算法进行运行状态评价时，由于其会生成相似度较高的决策树，造成模型冗余，同时在投票环节，所有决策树权重相同，忽略了不同决策树的性能差异。基于上述问题，提出了一种基于互信息的加权随机森林算法（mutual information weighted random forest，MIWRF）。利用互信息计算任意两棵决策树的相关性，对于相关性较大的决策树，只保留评价精度最高的决策树，从而形成新的随机森林，并将评价精度转化为投票权重，最终得到冗余更小，评价精度更高的随机森林模型。

A 算法的描述

在信息论中，互信息用来衡量两个变量之间的相互依赖关系，换而言之，它表示一个随机变量中包含另一个随机变量的信息量。对于两组给定随机变量，它们的互信息表示为：

$$I(X, Y) = \sum_{x \in X}\sum_{y \in Y} p(x, y)\log\frac{p(x, y)}{p(x)p(y)} = H(X) + H(Y) - H(X, Y) \tag{5-97}$$

其中：

$$H(X_i) = -\sum_{x \in X} p(x_i)\log p(x_i)$$

$$H(X, Y) = -\sum_{x \in X}\sum_{y \in Y} p(x, y)\log p(x, y) \tag{5-98}$$

式中，$p(x, y)$ 为 X，Y 的联合概率分布；$p(x)$，$p(y)$ 分别为 X，Y 的边缘概率分布；$H(X)$ 是 X 的信息熵：$p(x_i)$ 表示事件 x_i 发生的概率；$H(Y)$ 是 Y 的信息熵；$H(X, Y)$ 是联合熵。

X 和 Y 完全独立时，互信息最小，结果为0，说明两个变量之间不包含重复信息。反之，互信息越大，两个变量的相互依赖性越大，即两个变量之间的重复信息越多。

对于随机森林中的决策树表示决策树 $h_i(i = 1, 2, \cdots, K)$ 的互信息，$I(h_i, h_k)(k \neq i)$ 表示决策树 h_i 和 h_k 之间的互信息，即重合度。其计算式为：$I(h_i, h_k) = I(y_i, y_k)$。其中，$y_i(i=1, 2, \cdots, K)$ 为第 i 棵决策树的输出状态。$I(h_i, h_k)$ 的值越大，说明两棵决策树的相关性越大，所描述的信息的重合度越高。

通过计算任意两棵决策树的互信息，将互信息值大于阈值 ε 的决策树合为一组。$I(h_i, y)$ 表示决策树 h_i 与实际标签 y 的互信息，即决策树 h_i 的输出评价结果与实际评价结果之间的相关性。其计算式为：

$$I(h_i, y) = I(y_i, y) \tag{5-99}$$

$I(h_i, y)$ 的值越大，说明决策树 h_i 的评价精度越高。最后将相关性较小、精度较高的决策树组成新的随机森林。

算法具体过程如下：

步骤1：获取训练集，$D = \{(x_1, y_1), (x_2, y_2), \cdots, (x_N, y_N)\}$，验证集 $T = \{(x_1, y_1), (x_2, y_2), \cdots, (x_L, y_L)\}$，$x_i(1 \times M)$ 为评价属性，$y_i(1 \times 1)$ 为评价标签。

步骤2：通过 Bootstrap 抽样从 D 中抽取 $n(n \leqslant N)$ 个样本，重复 K 次，得到 K 个训练集。

步骤3：对于每一棵决策树的内部节点，从样本 M 个属性中随机抽取 m 个属性，选择 m 个属性中的最优分裂属性作为该节点的测试属性。

步骤4：生成 K 棵完全随机决策树组成随机森林 $R = \{h_1, h_2, \cdots, h_K\}$。

步骤5：将验证集 T 输入 R 中得到评价结果。

步骤6：根据评价结果，依次计算每棵决策树与其余决策树的相关性。将所有 $I(h_i, h_k)(k \neq i)$ 大于阈值 ε 的决策树合为一个决策树组。若 h_i 与其余所有决策树相关性均小于等于阈值 ε，则该决策树单独作为一组。

步骤7：再将组外决策树按照顺序重复步骤6，直至全部决策树分组完成。

步骤8：根据精度 $I(h_i, y)$ 获取每组中精度最高的决策树。

步骤9：将所获取的决策树组成新的随机森林 $R' = \{h'_1, h'_2, \cdots, h'_p\}$。

B 加权投票

对输入的样本数据进行评价时，传统的随机森林在投票时每棵决策树的投票权重相同，忽略了不同决策树的评价精度对最终结果产生的影响，降低了随机森林整体的评价精度。为了增加评价精度高的决策树和降低评价精度不高的决策树对最终评价结果的影响，这里提出了加权投票方法，将评价精度转化为决策树的投票权值。在传统随机森林精简后，新随机森林中的决策树评价精度矩阵 ACC 为：

$$ACC = \begin{pmatrix} acc_{11} & \cdots & acc_{1P} \\ \vdots & \ddots & \vdots \\ acc_{Q1} & \cdots & acc_{QP} \end{pmatrix} \tag{5-100}$$

式中，acc_{qp} 表示第 p 棵决策树对于第 q 种运行状态的评价精度，其中 $p=1, 2, \cdots, P$，$q=1, 2, \cdots, Q$，Q 为评价结果的等级数目，P 为改进后决策树数量。通过将验证集 T 代入新的随机森林，并计算每棵决策树对于每一类的输出结果的正确率获得。

根据评价精度矩阵，定义权重矩阵 W：

$$W = \begin{pmatrix} w_{11} & \cdots & w_{1P} \\ \vdots & \ddots & \vdots \\ w_{Q1} & \cdots & w_{QP} \end{pmatrix} \tag{5-101}$$

式中，w_{qp} 表示第 p 棵树对于第 q 种运行状态的权重，其计算式为：$w_{qp} = acc_{qp}$。

按照上述构建了基于互信息的加权随机森林算法。

C 实现运行状态评估模型的离线建模和在线分析

由于随机森林能够同时处理定量和定性信息，同时无需对正常数据进行复杂的预处理。在获取离线建模数据后，生成包含 K 棵决策树的初始随机森林评价模型 R。同时用验证集 T 精简初始模型。计算任意两棵决策树的相关性 $I(h_i, h_k)(k \neq i)$，将相关性大于阈值 ε 的决策树合为一个决策树组，再计算组内决策树的评价精度 $I(h_i, y)$，留下组内精度最高的决策树，生成包含 P 棵决策树的新的随机森林评价模型 R'。在投票环节，以评价精度为基础生成随机森林的权重矩阵 W。

假设建模数据充分，评价结果分为 Q 个等级。将 t 时刻在线数据 x_t 输入评价模型 R' 得到每棵决策树的评价结果 $y_i(i=1, 2, \cdots, P) \in \{1, 2, \cdots, Q\}$，则 x_t 处于第 q 个状态等级的概率为：

$$P(q|x_t) = \frac{\sum_{p} |(y_i = q) w_{qp}}{\sum_{q}\sum_{p} |(y_i = q) w_{qp}} \tag{5-102}$$

式中，(f) 为指示函数，表示当 f 为真时，其值为 1，否则为 0。

数据 x_t 的最大后验概率对应的等级为 $q_t^* = \arg\{\max_{q=1, 2, \cdots, Q} P(q|x_t)\}$。

为了减少噪声引起的错误评价，提出一种在线评价策略。假设运行状态等级只能在相邻等级之间转换，t 时刻的评价结果为 q_t^*。运行状态等级在线评价遵循以下两条规则：

(1) 只有连续 H 个样本点最大后验概率对应的等级 $q_{t-H+1}^*, q_{t-H}^*+2, \cdots\cdots, q_t^*$ 与 $t-H$ 时刻的评价结果 q_{t-H}^* 不同，才认为运行状态等级可能发生转换；否则，保持评价结果不变，记为 $q_t^* = q_{t-1}^*$。当评价结果个数小于 H 时，最终评价等级 q_t^* 等于即时评价等级。

(2) 根据规则 (1) 判断出运行状态等级转换之后，记 $q_{t-H+1}^*, q_{t-H}^*, q_t^*$ 中频率最高的等级为 q_t^*。如果 q_t^* 是 q_{t-1}^* 的相邻等级，那么 q_t^* 则为运行状态等级评价结果，记为 $q_t^* = q_t^*$。否则，在当前运行状态等级为 q_{t-1}^* 的两个相邻等级中，更接近 q_t^* 的等级为运行状态等级评价结果 q_t^*。通过以上评价策略，确定最终评价等级为 q_t^*。

总结：针对定量信息与定性信息共存的工业生产过程的运行状态评价问题，提出了基于互信息的改进随机森林方法，并且建立了运行状态评价模型以及相应的在线评价策略。解决了定量与定性信息共存下的运行状态评价问题，与传统随机森林方法相比，不但提高了运行状态评价的精度，而且降低了模型的复杂度。将所提出的方法与传统运行评价方法进行了对比仿真实验并应用于湿法冶金氰化浸出过程，仿真和实际应用结果证明了所提方法的正确性与有效性。

5.6 案例推理

案例推理技术（case-based reasoning，CBR）是一种较新的推理方式和机器学习方法，是通过访问知识库中过去相似案例的处理经验而获得当前问题解决方案的一种新的推理模式。同产生式或其他基于规则的推理系统相比，案例推理系统是以一种完全不同的方式来解决问题。一般来说，案例推理的推理过程包括问题特征的抽取、描述和输入，相应事例检索，事例的改写与调整，求解方案的评价，新事例的存储。CBR 利用的知识是案例而不是规则，不需要像规则推理技术一样通过链式推理得到问题的解，在对问题求解时，可以避免从头做起的弊端。CBR 技术现已在医疗诊断、商业决策、故障预报、优化控制、回归预测等领域得到了大量的研究和应用。

CBR 方法与神经网络和基于规则的推理等问题求解方法不同，CBR 一方面是模拟人类推理和思考过程的方法论，另一方面是建造智能计算系统的方法论。它只提供了一些新的有关知识的表示、组织和处理的思想与原则，并没有提供具体的实现方法。因此，在建造 CBR 系统时，需要根据应用领域的具体情况研究和选择合适的案例表示和案例推理方法。

CBR 是人工智能领域中的一个重要研究方向，涉及到哲学、心理学、认知科学、计算机科学等多门学科。CBR 崛起于 20 世纪 80 年代初，是基于知识系统（knowledge-base system，KBS）领域的一个分支，由于采用的知识是过往的经验案例，从而规避了传统智能方法在知识规则获取方面存在的瓶颈问题。CBR 起源于对认知科学和心理学的研究，因此，从认知科学角度讲，CBR 系统模拟了人类的认知过程，核心思想在于可以使用过往解决类似问题的经验或方案来完成对新案例的推理，即基于了一个认知假设：相似问题具有相似解答。

5.6.1 CBR 的学习机制

案例推理是一种典型的解决问题的方法，它在许多方面同其他主流的人工智能方法有着根本的区别。首先，它不再是单纯地依靠一般意义上的领域知识，也不仅仅是将问题的描述同结论建立起一种简单的关联关系。CBR 方法可以利用以前求解类似问题（cases）产生的经验性的、特定的知识来进行推理。新问题的解决可以通过寻找相似案例的解决方案并且在新的问题状态进行重用。另外，CBR 方法最为显著的一个优点是：它是一种增量式、可持续自学习的解决问题的方法，新问题的解决就意味着新的解决问题的方案和问题解被记录下来，可以用于解决未来的新的问题。

基于案例推理最重要的一个特征就是它的自学习功能。基于案例方法最大的驱动力在很大程度上来源于自身的机器学习能力。基于案例的思想不仅意味着这种特殊的推理方法，而且相应地，它也是机器学习的典型研究域。因此，无论案例是通过什么方法得到的，基于案例方法意味着一种机器学习方式，这种持续的学习能力是通过不断解决新的问题、扩充案例库进行的。当一个问题成功解决时，为了在未来解决相似的问题，就要将这个经验保留下来。当期望解决问题的想法难以实现时，失败的原因也会判别并记录下来，为了以后避免发生类似的错误。

CBR 的学习机制包括以下几种情况：

（1）直接作为新的 CASE 独立加入 CASE 库中；

（2）替换 CASE 库中旧的 CASE；

（3）与 CASE 库中旧的 CASE 合并，形成新的 CASE；

（4）CASE 库中已有相同的案例，则被舍弃。

5.6.2 CBR 的循环处理模型

1994 年，Aamodt 和 Plaza 系统论述了经典的案例推理 4R 认知模型框架，即将 CBR 的推理过程分为四个步骤：案例检索（retrieve）、案例重用（reuse）、案例修正（revise）和案例存储（retain），也称 4R 循环。其运行过程可描述为：通过案例检索得到与新案例（目标案例）相似的一个或若干个历史案例（源案例），然后将相似案例对应的解决方案应用于新案例问题中并进行相应的修正调整来解决新问题，最后将该案例及其解决方案存储进案例库中供后续问题的求解使用。CBR 的循环过程如图 5-22 所示。

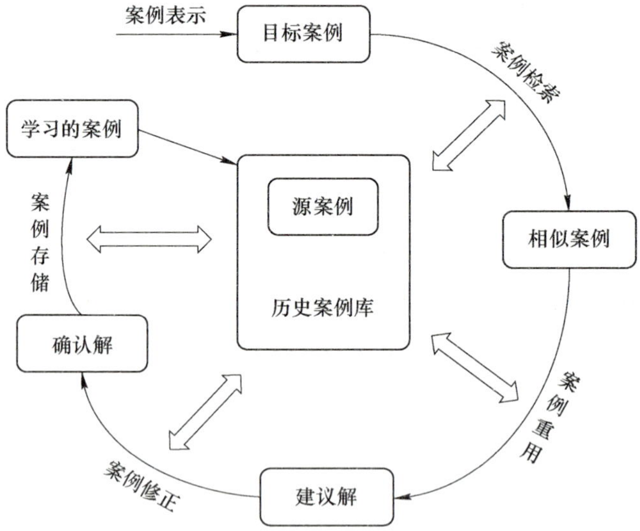

图 5-22 CBR 的循环过程

5.6.2.1 案例表示

案例表示是 CBR 系统的开始环节，用户首先根据其对当前问题的理解，用系统可以识别的语言（模型）对问题进行解释和描述。系统以此为基础构成的查询案例，作为检索案例的起点。

案例是信息知识的一种存在方式。案例表示则是对知识的一种描述，通过一些约定的数据或符号将知识编码为一组计算机可以识别的数据结构。正确合理的案例表示能够反映事物的本质特征，更可以为后续的推理步骤奠定良好的基础。案例表示的方法决定着后续案例检索、案例重用和案例存储方法等，影响着 CBR 的性能和效率。

从问题求解角度出发，案例主要用于描述问题及其解的知识。因此，案例的表示通常包含两方面，可以用一个二元组表示：<问题描述，解描述>。在某些应用领域，除上述两个元素外还需要了解问题求解的效果，即所给出的问题结论是否正确，此时案例又可表示成一个三元组的形式：<问题描述，解描述，效果描述>。

目前，常见的案例表示法主要包括：

（1）框架表示法。框架（Frame）理论是 1974 年由 Minsky 提出的一种知识表示方法。他从心理学的角度，探索了人们的认知过程。他认为知识在人类的认知过程中是以一种类似框架的机构存储在人脑之中的，而人们在日常生活中存储了过往、前人的经验并从中获得了大量的知识信息。当人们遇到一个新事物时，会自动从记忆中找出一个与当前情形类似的适当框架，并根据遇到的新情况对其细节部分进行修改、删除、补充，从而形成对这个新事物的认识。这种知识的表示机制称为框架。可看出，框架表示法的建立思想与 CBR 的认知机理相一致。因此，框架表示法适用于 CBR 系统中的案例表示。

（2）面向对象的案例表示法。面向对象技术是在编程语言中广泛应用的技术，具有模块化、封装、代码共享、灵活性好和可维护性的优点，因而可以广泛地应用在案例表示方面。面向对象技术包含两个最为关键的概念：类和对象。类是一组相似对象的总体抽象描述，聚集了组中的各种特征属性，可用来描述组中对象的自然特征。类是创建对象的模板，可由 CLASS：=<ID，DD，OP，INT>表示，ID 是类别号，DD 是数据结构的描述，OP 是具体的实施操作，INT 是统一的外部接口。在 CBR 系统中，结构信息是通过信息层级来描述的。在此方式的案例表示中，特征属性可以划分为简单属性和复杂属性两类，简单属性包括原子属性可以以属性加数值的形式表示，而复杂属性可以由类中事例进行描述，并将其划分为更小的事项来表示更为复杂的属性信息。

（3）基于描述逻辑的案例表示。描述逻辑是知识表示语言的一种，能够用一种结构化的、易懂的方式来描述应用领域中的概念定义。描述逻辑系统的知识主要包含 Tbox 和 Abox：Tbox 是一个描述概念和概念之间关系的公理集；Abox 则用来描述个体断定集，即判断一个个体是否为概念或者已存在的概念间关系的一种。

通过将领域内的概念知识用 Tbox 表示，具体案例由 Abox 表示，就能够将领域知识和案例库融合在一起构成一个本体。这样 Tbox 就能容易地表示出主要的案例分类知识以及类与类之间复杂的联系信息；而 Abox 就不仅能够表示出案例个体的属性数值对，而且也可以基于此表示出案例间的深层逻辑关系。

5.6.2.2 案例检索

案例检索是从历史案例库中搜索出与新案例（目标案例）最为相似的一个或多个历史案例。检索算法的选择对检索案例有着重要的影响，同时更为重要的是选定案例的过程直接影响到最终的求解效率。案例检索的目的是选出与要求最为接近的案例，是目前 CBR 领域内研究最多的问题，算法研究包含两个方面的内容：一是如何提高效率，二是如何提高准确度。

案例检索即最佳案例查找问题。最佳案例是指与当前问题最相似的案例，因此案例检索中最主要的问题是案例相似性的判别。另外如何减少等待处理的案例的数目，如何在检索过程中直接跳过不相关的案例或案例组也是检索问题研究的重点。

案例相似性判别是案例检索的基础，它直接影响系统的效率。通常相似性的判别分为两类：一类是与领域相关的方法，另一类是与领域无关的方法领域。无关的方法主要从结构上判别案例的相似性，即通过案例的位置关系比较相似性，这类方法通用性较强，但是对索引结构的要求较高，建立结构时必须能够反映案例的相似关系，另外固定的结构无法反映出相似性的多重标准；领域相关的方法是在领域知识的指导下进行相似性的判断，其关键问题是知识的组织和应用。

目前的案例提取和检索算法主要有以下几种方法：

（1）最近邻策略。K 最近邻策略（k-nearest neighbors，KNN）是应用最为广泛的检索方法。KNN 检索策略是一种基于相似度的策略，其检索过程首先计算出案例中各属性之间的距离并进行加权求和，然后以此结果来衡量两个案例之间的相似度大小。KNN 算法具有原理简单、计算方便的优点，是 CBR 中最为常用的检索方法。

（2）决策树检索策略。决策树方法的思想是从案例中识别并选取出案例特定的特征，并利用这些特征将案例组成一种层次结构。当进行检索时只需对案例进行归纳判定即可实现检索过程。该方法的优点在于当有足够多的案例时效果较好，但缺点则是需要大量案例完成归纳过程。因此复杂度较高，且当有新案例加入时，需要重新对整个案例库进行归纳整理。

（3）知识导引策略。知识导引策略的核心思想是利用现有的案例知识来引导和确定当前案例的重要特征，并根据这些特征来组织案例和进行检索。知识导引法的特点是案例的组织与检索具有动态性，可以避免过多的归纳操作，因此耗时较小，但由于将足够的知识进行代码化较为困难，使得系统的复杂度加大具有一定的局限性。

（4）神经网络检索策略。基于知识的神经索引法的核心思想是将模糊理论与人工神经网络相结合进行案例的检索和提取的方法。模糊系统具有较强的知识表示及解释能力；神经网络则在知识提取、自适应、学习及并行计算方面表现突出。将模糊系统和神经网络相结合用于人工智能可以形成一类功能强大的智能系统。利用神经网络从输入案例中归纳出模糊规则，与案例库中的案例相匹配，检索出相似案例，此种算法实现复杂并且和采用神经网络算法有关。

（5）灰色理论策略。1982 年我国著名学者邓聚龙教授首次提出灰色系统理论，利用灰色理论进行案例检索的基本思想是利用各特征属性的灰色关联度来表示案例间的局部相似度，再将各局部相似度加权平均得到总体相似度，以此来检索出历史案例。

（6）聚类检索策略。聚类检索的主要思想是利用聚类算法对案例库进行聚类分析，得到聚类后的子案例库，并在子案例库中进行检索，最后在检索得到的某个聚类上进行二次检索从而找到最佳案例。聚类检索技术通常是应用在文本信息检索领域，用于数值型数据检索的较少。

5.6.2.3 案例重用

案例重用是在案例检索得到若干个相似案例后，从中决策出当前目标案例所要使用的解答。案例重用是 CBR 方法的难点，很多系统利用人机交互回避了案例重用的问题。案例重用是调整检索案例的过程，通常分为几种类型：

（1）替换调整：调整、替换方案或解中的某些参数；

（2）转换调整：调整方案或解的结构；

（3）创成式调整：调整问题求解过程，重新生成新的方案或解。

在案例检索阶段结束后，得到了与目标案例最为相似的一个或若干个源案例，此时则需要进行案例重用。案例重用的目的是将案例检索得到的与目标案例最为相近的案例结论应用于目标案例之中。若检索得到的历史案例与目标案例完全相同，则可以直接重用历史案例的结论；若两者存在差异则需要进行后续的结论修正来获取目标案例的结论。

（1）复制。在简单的任务分级中新旧案例的差别被忽略，检索到的案例解决方案被传送到新案例中作为它的解决方案，这是一种简单、低级的重用。其他一些高级的系统会考虑检索到的案例与实际问题的差别，包括：1）重用部分的差别；2）不能直接将解决方法传递给新案例，在考虑差别的基础上进行一些修改。

（2）修正。主要有两种方法实现对过去案例的重用：

1）重用过去的案例解决方案（转换重用）。转换重用并不意味着将旧案例的解决方案直接应用于新案例，而是采用一些基于知识的转换算子｛T｝，将｛T｝应用到旧案例中用于生成新案例的解决方案（即局部修正）。｛T｝转换算子通过发现检索到的案例与当前案例中的区别而获得。

2）重用旧案例的构造解方案的方法（导出重用）。导出重用方法着眼于在检索到的案例中问题是如何解决的。检索到的案例包含了案例问题的解决方法、解决问题时应当考虑的子目标、系统生成的可供选择的方法等。导出重用法把检索到的方案用于新案例中，实现对新问题的解决。

案例重用通常包括两种策略：最大相似度重用策略与多数重用策略。其中，最大相似度重用策略是重用与目标案例最为相似的案例的结论；多数重用策略则是在得到目标案例的多个近邻案例中选择结论占多数的来作为目标案例的结论。

5.6.2.4 案例修正

若重用的解答不能满足要求，则对该建议的解答进行结论修订。案例修正通常包括方案评价和修正两个方面的内容，因为涉及复杂的领域知识，所以评价和修正往往需要人为地进行干预，由人机交互产生结果。

在案例推理过程中往往很难搜索到和新问题或目标案例完全一致的案例。因此，就需要对重用给出的建议解决方案进行适当地修改以适应新问题的解答，这既是案例修正环节的主要目的，也是案例推理领域中继案例检索后的又一个具有挑战性的研究热点。然而由于案例的修正具有领域依赖性，涉及的问题也很复杂，案例修正也是CBR技术中的难点。

在CBR中有四类案例修正方法：

（1）替换法：该方法是将历史案例解答中的相关值进行替换而形成新解，该方法包括以下6种：

1）基于案例的替换：使用其他案例来建议一个替换；

2）参数调整：属于处理数值参数的启发式方法，它与具体的输入输出参数模型相关（输入发生什么变化会导致输出产生什么变化）；

3）重实例化：把旧问题的特征用新问题的特征进行替换；

4）查询：通过带有条件的查询在案例库或辅助知识结构中获得要替换的内容；

5）局部搜索：通过使用辅助的知识结构来获得替换值；

6）特定搜索：同时在案例库和辅助知识结构中进行查询。

（2）转换法：主要包括常识替换，即利用简单易懂的常识性启发式从历史解答中替换、删除或增加某些组成部分；模型修补法，该方法通过因果模型来指导转换过程。

（3）特定目标驱动法：主要用于完成领域相关以及进行结构修改的修正。

（4）派生重演：重演方法与上述方法不同，是使用过去推理出历史解答的方法来推导出新的解答。

5.6.2.5 案例存储

案例存储是将新问题和修正的解答存储进历史案例库以供后续问题的求解使用。案例存储是 CBR 系统的学习过程。是否进行案例的更新取决于当前问题是否具有独立的特性以及综合考虑案例库的运行效率和案例库的存储效率。

案例存储就是从新的解决问题的方法中得到有用知识并且和已有知识集成的过程。案例的学习和保存是以评价和修订的结果作为基础的。它包括从案例中选择什么信息、用什么形式保存它、如何建立检索以便未来相似问题的查询会顺利地检索到这个案例，以及怎样把新的案例集成到存储结构中。

CBR 系统中，案例存储是最后一个步骤，是扩充和更新案例库的一种手段。然而不加限制地存储不仅会导致 CBR 运行时间复杂度的增加，而且还会降低系统的运行性能与可靠性。因此如何对案例库进行维护也是提高 CBR 推理与学习能力的重要环节。

（1）提取。CBR 系统中，无论问题是怎样解决的，案例库都要进行更新。如果问题是通过已有的案例解决的，新案例库或是旧案例库必然会包括当前的这个案例。如果问题是通过其他方法解决的，包括通过向用户询问的方法解决等，就必须建立一个全新的案例。在案例学习机制中，必须确定什么是学习源。问题的描述符合解决问题的方法就是很好的学习和保存的对象。

（2）索引。索引问题在 CBR 中是一个焦点问题。它决定了检索采用的索引类型以及如何构建索引空间。这实际是一个知识获取问题，应当作为领域知识分析的一个部分进行分析和模型转换。建立索引问题的一般方法是用所有输入特征作为检索值。

（3）集成。这是知识库更新的最后一个步骤。如果不建立新的案例和索引结构，集成就成为保存案例的主要步骤。通过改变已有案例的索引，CBR 将会具有更好的相似判断能力。现存索引的调整是 CBR 学习的一个重要组成部分。按照解决实际问题的案例应用结果的成功或失败，对一个特定的案例和解决方法调整索引的重要性。对那些确定与案例检索成功相关的特征功能增强，对有可能引起检索案例不成功的特征功能减弱。按这种方法，索引结构会进行调整以适应案例存储。最后，将重新输入初始问题测试系统刚学习和保存的案例，检测系统运行是否同预期结果一致。

5.6.3 CBR 的优势与不足

CBR 通过运用以往解决相似问题的经验，结合实际情况进行类比和推理，并以此来解决当前面临的问题，克服了传统的基于规则推理过程中存在的知识难以获取及规则推导困难的缺点，具有如下优点：

（1）直接基于过去的相似案例进行推理，不需要完整的知识背景和复杂的规则构建，也不像产生式推理需要从头开始推理，求解效率高；

（2）增量式学习当前有效案例作为案例库的一部分，案例逐步积累，案例库越来越丰富；

（3）显性推理方式，便于发现隐性知识，对知识缺乏的领域，可以尽量避免重大失误。

同时，案例推理也有其不足之处：

（1）求解效果依赖于案例质量，案例质量对求解效果的影响大；

（2）缺乏对问题内在机理把握，结论不具有概括性，不像基于规则的推理系统，提取的规则是具有概括意义的；

（3）应用于当前的问题时需要对相似案例的结论进行修正，但目前还缺少有效的方法。因此，收集建立良好的案例库并构建合适的修正算法对提高推理效果具有重大意义。

5.6.4 应用案例——基于案例推理的 AOD 炉能耗诊断系统

采用基于案例诊断技术对 AOD 炉能耗进行诊断，以 AOD 炉物料平衡和能量平衡为基础，引入载能体的概念，建立 AOD 炉的能值模型，对铁水比、废钢比、AOD 炉处理时间和两炉间隙时间对 AOD 炉能值的影响进行模拟，确定其对 AOD 炉能值影响的权重，结合层次分析法确定各个影响因素的权重，采用案例推理技术对 AOD 炉能值进行诊断。将 AOD 炉能耗诊断系统应用到某不锈钢公司 AOD 炉上，诊断 AOD 炉能耗上升的因素，为降低 AOD 炉能耗提供了决策依据。

5.6.4.1 基于案例推理的 AOD 炉能耗诊断系统

基于案例推理的 AOD 炉能耗诊断系统框架如图 5-23 所示。以 AOD 炉物料平衡模型和能量平衡模型为基础，引入载能体的概念，建立 AOD 炉的能值模型，对影响 AOD 炉能值的因素进行分析，建立 AOD 炉能值的参数集，通过对各个参数对 AOD 炉能值影响的模拟，确定各个参数的权重，结合层次分析法，建立比较矩阵，通过案例推理技术对 AOD 炉能耗进行诊断。

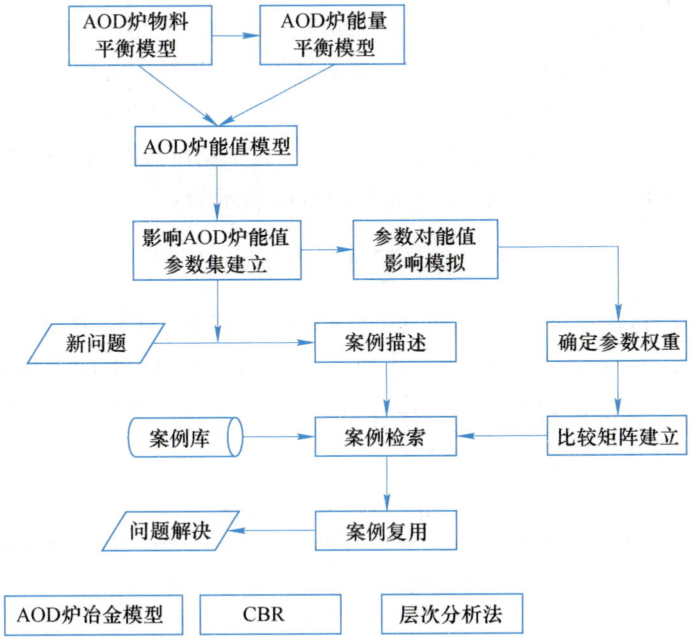

图 5-23 基于案例推理的 AOD 炉能耗诊断系统框架

5.6.4.2　AOD 炉能耗模型

A　物料平衡和能量平衡模型

AOD 炉能耗模型包括 AOD 炉物料平衡模型、能量平衡模型和能值模型。物料平衡模型是能量平衡模型的基础。以整个炉体为研究对象，建立物料平衡模型，通过对物料输入和输出的现场测试与计算，得到工艺参数，得出与现场冶炼过程中相符的物料平衡模型示意图，如图 5-24 所示。

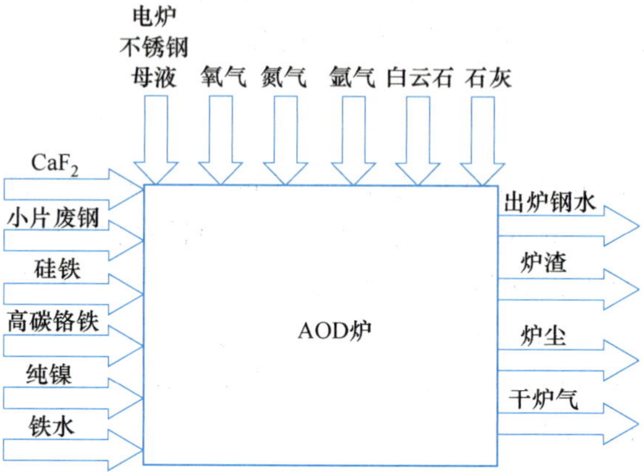

图 5-24　AOD 炉物料平衡模型示意图

B　能值模型

采用基于载能体的 AOD 炉能值模型。所谓载能体，指的是在制造过程中消耗了能量的物体，以及本身能产生能量的物体。生产过程中的载能体可划分为两类：第一类载能体，包括各种原材料、辅助原材料、中间产品、零部件、其他消耗品以及水、蒸汽、压缩空气、氧、电等。这类载能体的能值，等于它们在制造过程中所消耗的各种原材料、动力和燃料的总载能量。它等于这种物资的完全能耗。第二类载能体，是各种燃料（固态、液态、气态）。燃料的能值，取决于它的发热值和它在开采、人工精制或改制过程中所消耗的能量。

以一包钢水为研究对象，AOD 炉能耗模型可以表示为：

$$\Phi = \sum_{i=1}^{n} W_i g E_i / MS \tag{5-103}$$

式中，Φ 为 AOD 炉吨钢能值，kgce/t；W_i 为参数 i 的质量，kg；E_i 为参数 i 的能值（表 5-6），kgce/kg；MS 为 AOD 炉生成的钢水量，t。下标 i 由 13 个载能体组成，分别为：1 电炉不锈钢母液；2 铁水；3 废钢；4 炭粉；5 硅铁；6 石灰；7 萤石；8 氮气；9 氧气；10 氩气；11 高碳铬铁；12 纯镍；13 炉衬。

表 5-6　入炉原料的能值

序　号	名　称	能　值
1	电炉不锈钢母液 3	3.766
2	铁水 1	0.621

续表 5-6

序　号	名　称	能　值
3	废钢 1	0
4	炭粉 1	0.7143
5	硅铁 2	4.4265
6	石灰 2	0.1931
7	萤石 2	0.1931
8	氮气 3	0.035
9	氧气 3	0.091
10	氩气 3	1.296
11	高碳铬铁 1	2.114
12	纯镍 1	8.069
13	炉衬 2	0.9912

5.6.4.3　参数对 AOD 炉工序能值影响分析

大量参数对 AOD 炉工序能耗产生影响，在该系统中，将参数分成两类：一类是定量参数，如铁水比、废钢比、处理时间、两炉间隙时间等，现场生产可以通过仪器测得，通过模拟可以得出其对 AOD 炉能值的影响；另一类是定性参数，如氧气利用率等，现场无法取得，通过经验获得。

（1）电炉不锈钢母液+铁水冶炼时，铁水比对 AOD 炉能值影响的模拟。AOD 炉能值模型模拟了采用电炉不锈钢母液+铁水冶炼时，AOD 炉能值与铁水比的关系，如图 5-25、图 5-26 所示，AOD 炉能值随着铁水比的增加而减少。

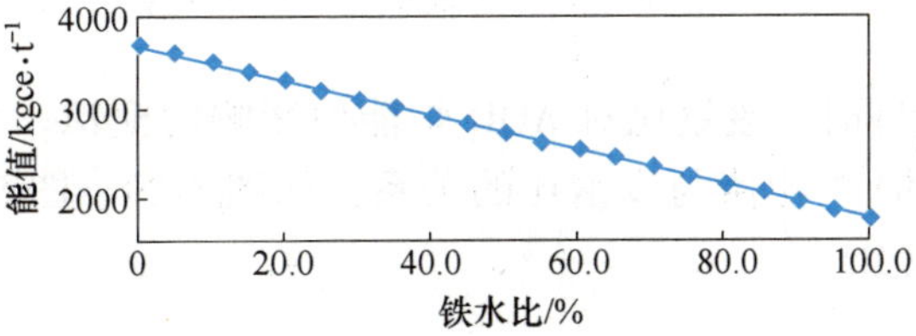

图 5-25　AOD 炉能值与铁水比关系

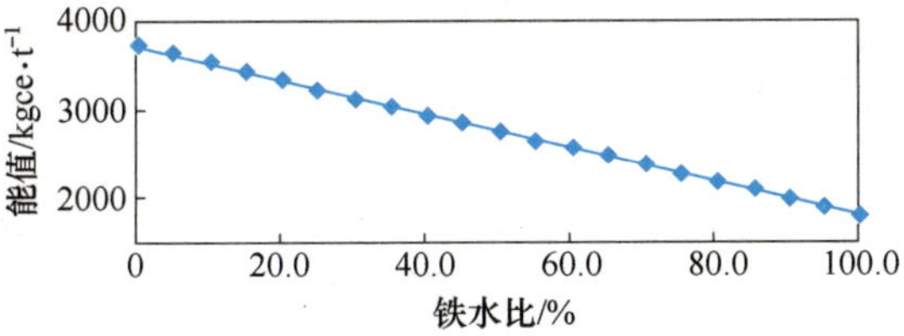

图 5-26　AOD 炉能值与铁水比关系

(2) 电炉不锈钢母液+废钢冶炼时，废钢比对 AOD 炉能值影响的模拟。AOD 炉能值模型模拟了采用电炉不锈钢母液+废钢冶炼时，AOD 炉能值与废钢比的关系，如图 5-27、图 5-28 所示，AOD 炉能值随着废钢比的增加而减少。

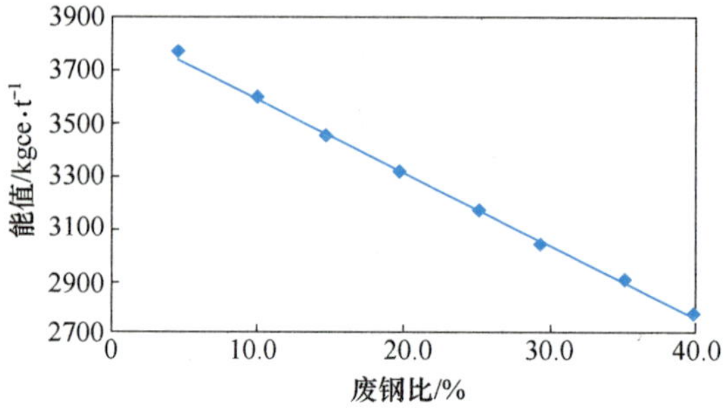

图 5-27 AOD 炉能值与废钢比关系

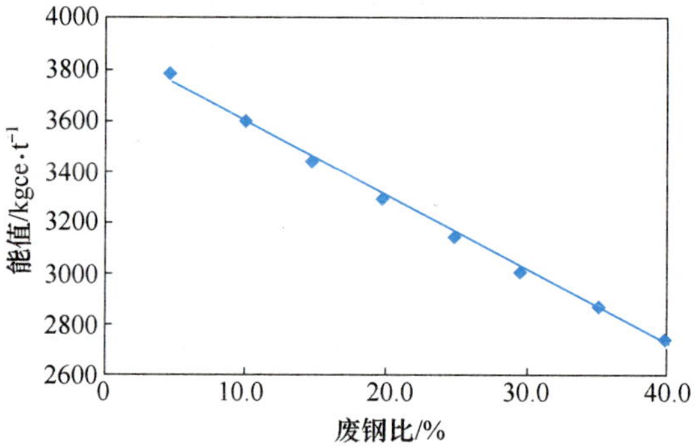

图 5-28 AOD 炉能值与废钢比关系

(3) 铁水+废钢冶炼时，废钢比对 AOD 炉能值影响的模拟。AOD 炉能值模型模拟了铁水+废钢冶炼时，AOD 炉能值与废钢比的关系，如图 5-29、图 5-30 所示。AOD 炉能值随着废钢比的增加而减少。

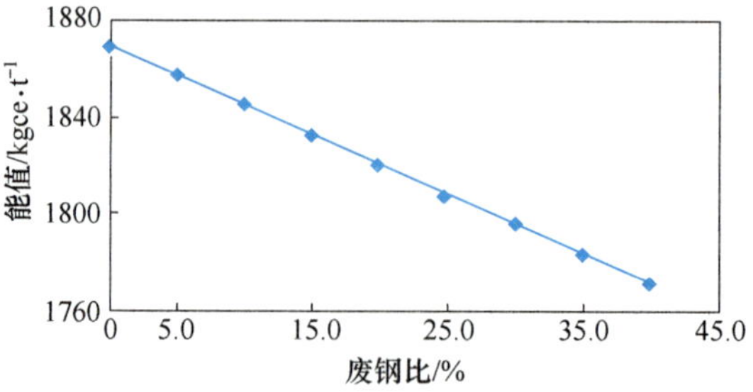

图 5-29 铁水冶炼时 AOD 炉能值与废钢比关系

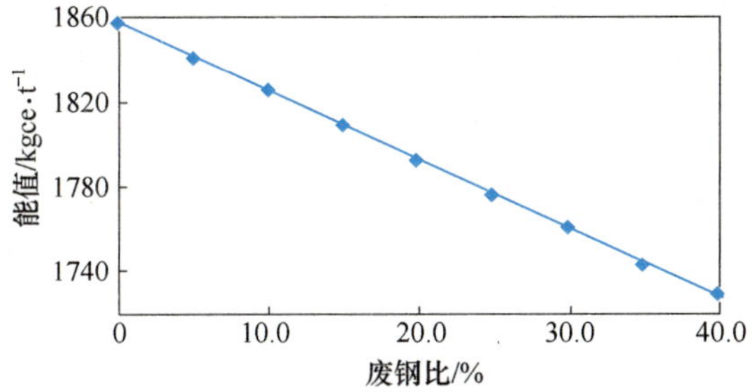

图 5-30 铁水冶炼时 AOD 炉能值与废钢比关系

（4）处理时间对 AOD 炉能值影响的模拟。处理时间对能值的影响主要体现在散热量上，包括炉体表面散热和辐射散热。

1）炉体表面散热。

$$Q_b = t\sum(q_iA_i) \tag{5-104}$$

式中，Q_b 为炉体表面散热，kJ；t 为冶炼周期时间，h；q_i 为炉体 i 部分表面热流，$kJ/(m^2 \cdot h)$；A_i 为炉体 i 部分散热面积，m^2。

$$q_i = 4.88\varepsilon\left[\left(\frac{273 + t_b}{100}\right)^4 - \left(\frac{273 + t_0}{100}\right)^4\right] + \alpha_b(t_b - t_0) \tag{5-105}$$

式中，ε 为炉体表面黑度；t_b 为炉体外表面温度，℃；t_0 为炉体 1m 处环境温度，℃；α_b 为炉体外表面大气的对流换热系数，$kJ/(m^2 \cdot h \cdot ℃)$。

2）辐射损失散热量。

$$Q_R = \sum\left\{4.88\varepsilon\left[\left(\frac{273 + t_b}{100}\right)^4 - \left(\frac{273 + t_0}{100}\right)^4\right]F_i\Phi_i\tau_i\right\} \tag{5-106}$$

式中，Q_R 为辐射损失散热量，kJ；ε 为炉体表面黑度；t_b 为 i 部的辐射温度，℃；t_0 为环境温度，℃；F_i 为 i 部的辐射面积，m^2；Φ_i 为 i 部的辐射角度系数；τ_i 为 i 部的辐射时间，h。

模拟了 AOD 炉能值与 AOD 炉处理时间的关系，如图 5-31 所示，AOD 炉处理时间越长，散热量越大，AOD 炉能值越高。

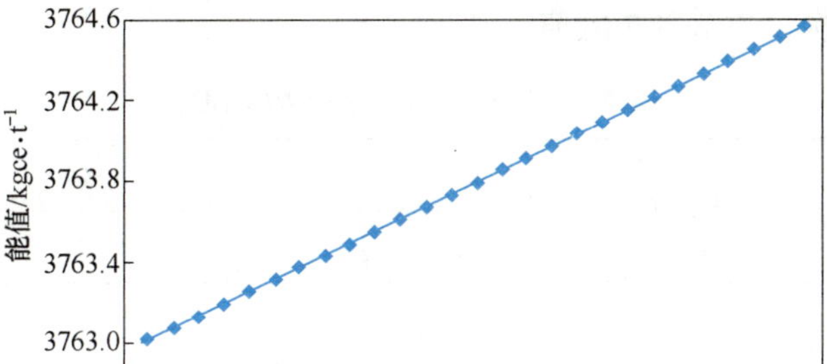

图 5-31 AOD 炉能值与处理时间关系

(5) 两炉间隙时间对 AOD 炉能值影响的模拟。通过对现场数据进行统计，得出 AOD 炉能值与两炉间隙时间的关系，如图 5-32 所示。两炉间隙时间越长，炉衬吸热量越大，AOD 炉冶炼时炉衬吸热量越大，需要耗费大量热能，AOD 炉能值越高。

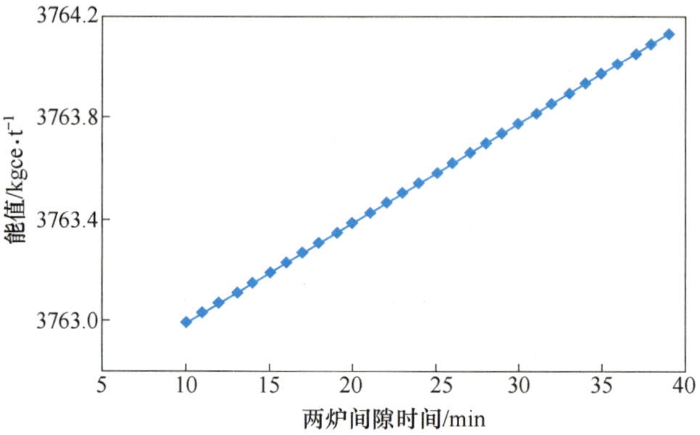

图 5-32　AOD 炉能值与两炉间隙时间关系

5.6.4.4　层次分析法

使用案例推理对 AOD 炉能耗进行诊断时，需要确定各个影响因素的权重，层次分析法（AHP）是一种实用的多准则决策方法，能统一处理复杂决策系统中的定性与定量因素。

假设比较的 n 个因素 c_1，c_2，…，c_n 对目标 o 的影响，如铁水比、喷碳量、处理时间、两炉间隙时间等因素。每次取两个因素 c_i 和 c_j，用 a_{ij} 表示 c_i 和 c_j 对 o 的影响之比，全部比较结果可用以下成对比较矩阵来表示：

$$A = (a_{ij})_{n\times n},\ a_{ij} > 0,\ a_{ji} = 1/a_{ij} \tag{5-107}$$

对矩阵 A 的一致性采用如下一致性比率公式来判定：

$$CR = \frac{CI}{RI} < 0.1 \tag{5-108}$$

其中，CR 为一致性比率，$CI=(\lambda-n)/(n-1)$ 为一致性指标（λ 为矩阵 A 的特征向值），RI 为随机一致性指标，取表 5-7 的值。

表 5-7　随机一致性指标 *RI* 的取值

n	1	2	3	4	5	6	7	8	9	10	11
RI	0	0	0.58	0.90	1.12	1.24	1.32	1.41	1.45	1.49	1.51

5.6.4.5　案例推理

基于 CBR 的诊断系统，核心是案例检索，本小节基于灰色关联度的方法计算案例的相似度。设待分析案例为 s_0，候选案例为 s_1，案例的特征向量维数为 n，则案例 s_0 和 s_1 在 n 维空间上的灰色相似度为：

$$G_s(s_0, s_1) = \frac{1}{1 + \sqrt{\sum_{k=1}^{n} G_d^2(s_0(k), s_i(k))}} \tag{5-109}$$

其中，$G_d(s_0(k), s_i(k)) = 1/G_s(s_0(k), s_i(k)) - 1$ 为案例 s_0 和 s_1 在特征向量的第 k 个属性上的灰色距离。

$$\begin{aligned} & G_s(s_0(k), s_i(k)) \\ &= [\min_i \min_k (w_k |s_0(k) - s_i(k)|) + \sigma \max_i \max_k (w_k |s_0(k) - s_i(k)|)] / \\ &\quad [w_k |s_0(k) - s_i(k)| + \sigma \max_i \max_k (w_k |s_0(k) - s_i(k)|)] \end{aligned} \tag{5-110}$$

其中，$G_s(s_0(k), s_i(k))$ 为案例 s_0 和 s_1 在特征向量的第 k 个属性上的关联系数；$\sigma \in [0, 1]$ 为分辨系数，一般取 $\sigma = 0.5$；w_k 为特征向量的第 k 个属性的权值，该权值由层次分析法计算并确定。

某不锈钢公司 AOD 炉正常出钢量为 130t，将该系统应用到该 AOD 炉上，诊断导致 AOD 炉能耗上升的因素，为降低 AOD 炉能耗提供决策依据。

5.7 Boosting 和 AdaBoost

5.7.1 AdaBoost 算法概论

5.7.1.1 Boosting 问题的起源

在可能近似正确（probably approximately correct，PAC）学习框架中，X 是样本空间，概念类 C 是学习器要学习的目标概念的集合，C 中的每个概念 c 对应于 X 的某个子集或一个等效的布尔函数 $c: X \to \{0, 1\}$。D 是定义于样本空间 X 上固定但未知的分布，训练实例集合 S 依分布 D 从 X 中独立随机抽取。为了考察学习器的输出假设 h 对真实目标概念类 C 中概念 c 的逼近程度，首先定义 h 对应于目标概念 c 和样本分布 D 的真实错误率 $\mathrm{error}_D(h) = [c(x)h(x)]$。PAC 学习模型弱化对学习器的要求，不要求学习器输出一个零错误率假设，只要求错误率被限制在一个很小的常数 ε 范围内；不要求学习器对任何随机抽取的训练样本都能成功，只要求失败的概率在一个很小的常数 δ 范围内。

考虑定义在长度为 n 的训练实例集合 S 上的一个概念类 C，对 $\forall c \in C$，S 上的任意样本分布 D，$0<\varepsilon<1/2$，$0<\delta<1/2$，如果存在 $1/\varepsilon$、$1/\delta$、n 和 size（c）的多项式函数复杂性的学习算法 A，能够以 $1-\delta$ 的概率输出假设 h，且真实错误率 $\mathrm{error}_D(h) \leqslant \varepsilon$，则称目标概念类 C 是 PAC 强可学习的，称算法 A 是一个强学习算法。如果只需存在某对 ε 和 δ 使以上结论成立，则称目标概念类 C 是 PAC 弱可学习的，称算法 A 是一个弱学习算法。

Kearns 等在研究 PAC 学习模型时提出了一个问题：“弱可学习是否等价于强可学习”，即 Boosting 问题。如果这一问题有肯定的回答，那就意味着只要找到比随机猜测略好的弱学习算法，就可以将其提升为强学习算法，而不必直接去寻找通常情况下很难获得的强学习算法，这对学习算法的设计有着重要的意义。

Schapire 通过构造性方法最终证明：一个概念是弱可学习的，当且仅当它是强可学习的，对 Boosting 问题做出了肯定的回答。算法 1 便是 Schapire 设计的第一个 Boosting 算法，其过程是：首先依原样本分布 D 产生训练样本集的一个子集 EX_1，调用学习算法 WeakLearn 训练得到分类器 h_1，只要求 h_1 是一个弱分类器；接着，构造样本集 EX_2，其中的样本一半被 h_1 正确分类，一半被 h_1 错误分类，训练得到分类器 h_2；最后，选择 h_1 和 h_2 分类结果不一致的那些样本构成样本集 EX_3，调用算 WeakLearn 训练得到分类器 h_3。对新来样本分类的结果，由 h_1、h_2 和 h_3 通过投票表决给出。

算法 1：强学习算法 Learn

输入：训练样本集 EX，弱学习算法 WeakLearn，WeakLearn 错误率上界 ε，置信度参数 δ。

（1） if $(\varepsilon \geqslant (1/2-\gamma))$

（2） return WeakLearn （EX）

（3） $\alpha=g-1$ （ε）

（4） $h_1=$Learn （α，δ/k，EX_1）

（5） $h_2=$Learn （α，δ/k，EX_2）

（6） $h_3=$Learn （α，δ/k，EX_3）

输出：$h=\text{sgn}$ （$h_1+h_2+h_3$）

可以证明，若 h_1、h_2 和 h_3 在任意分布下的错误率 α 均小于等于 1/2，则 $h=\text{sgn}(h_1+h_2+h_3)$ 在任意分布下的错误率 g（α）小于等于 $3\alpha^2-2\alpha^3$，这时 $g(\alpha)\leqslant\alpha$（仅在$\alpha=1/2$时取等号），这一结论意味着算法 1 能够得到一个有着更低错误率的集成分类器。继续有限次地递归调用算法 1 能得到任意低错误率的强分类器。在上述构造过程中，子分类器的误差置信度是 $1-\delta/k$，最终分类器的置信度为 $(1-\delta/k)^k>(1-\delta)$。算法每次递归的性能增益与弱学习算法的最大错误率 ε 成多项式关系，所以递归层数是多项式复杂性的。至此，证明了弱学习算法可以被提升到以 $1-\delta$ 概率输出错误率小于任意 ε 的假设，即得到了强学习算法。

弱可学习与强可学习等价这一定理奠定了 Boosting 算法的理论基础，同时为构造强分类器提供了重要的启示：打破分类器在已有样本分布上的优势，重新采样使接下来的分类器聚焦于难分类的样本。然而，尽管这一证明过程给出了一个具体的 Boosting 算法，但是由于要求提前预知分类器错误率上限，因此难以在实际应用问题中使用。

5.7.1.2　从在线分配问题到 AdaBoost 算法

Boosting 是一族可将弱学习器提升为强学习器的算法。Boosting 的工作机制是一种逐渐迭代的过程：首先从初始训练集训练出一个基学习器，再根据基学习器的表现自适应地改变训练样本的分布，使得基学习器做错的训练样本在后续得到更多的关注；然后基于调整后的样本分布训练下一个基学习器；如此重复进行，直至基学习器的数目达到事先制定的值 T，最终将这 T 个基学习器进行加权结合。

在更深入的研究中，Freund 等发现：在线分配问题与 Boosting 问题之间存在着很强的相似性，引入在线分配算法的设计思想，有助于设计出更实用的 Boosting 算法。他们将加权投票的相关研究成果与在线分配问题结合，并在 Boosting 问题框架下进行对应推广，得到了著名的 AdaBoost 算法。AdaBoost 算法不再要求预知弱学习算法的任何先验知识，在实践中获得了极大成功。

在线分配算法是一种动态资源分配策略，分配代理 A 使用 N 个子策略进行决策。在 $t=1, 2, \cdots, T$ 的每一步决策中，A 产生一个定义于 N 个策略之上的权值分布 p^t，$p_i^t \geqslant 0$ 是分配给策略 i 的权值，并保证 $\sum p_i^t = 1$。第 t 轮，策略 i 受到由环境决定的损失 l_i^t，若基于分布 p^t 使用所有策略进行决策，则受到混合损失 $\sum_{i=1}^{N} p_i^t l_i^t = p^t l^t$。$T$ 轮后，N 个策略受到的累积混合损失为 $L_A = \sum_{t=1}^{T} p^t l^t$。若仅使用单一策略决策，则这个策略中的最优决策受到累积损失 $\min_i L_i$，$L_i = \sum_{t=1}^{T} l^t$。分配代理的目标是找到一种最优的权值分布 p^t，使得 $L_A - \min_i L_i$ 最小。

为更好地解决在线分配问题，Freund 等设计出了 Hedge（β）算法（算法 2）。算法通过综合考虑每一个子策略在历史决策中的累积表现来调整分配给每个策略的权值，但算法关键参数 β 依赖于问题的先验知识，需要提前设定。

算法 2：Hedge（β）算法

输入：参数 $\beta \in [0, 1]$，迭代次数 $\sum_{i=1}^{N} \overline{\omega}^1 = 1$

初始化：权值向量 $\overline{\omega}^1 = [0, 1]^N$，迭代次数 T

（1）for t=1，…，T

（2）产生分布 $p^t = \overline{\omega}^t / \sum_{i=1}^{N} \overline{\omega}_i^t$

（3）计算损失向量 $l^t \in [0, 1]^N$

（4）计算混合损失 $p^t l^t$

（5）更新 $\overline{\omega}_i^{t+1} = \overline{\omega}_i^t \cdot \beta^{l_i^t}$

（6）end

输出：分布 p^t

AdaBoost. M1（算法 3）是对 Hedge（β）的直接对应推广，仅从表面形式上比较这两个算法，容易发现它们之间有着惊人的相似性，进一步验证了在线分配与 Boosting 问题之间存在的深层联系。从 Hedge（β）到 AdaBoost，一种最直接的对应关系是：在线分配问题中的策略对应 AdaBoost 算法中的子分类器，分配给每一个策略的权值对应子分类器的投票权值。然而，AdaBoost 使用的却是另一种更为巧妙的对应关系。与直接对应相比，这种对应方法能够得到更小的训练错误率上界，避免了必须提前预知子分类器分类精度相关的先验知识的问题。

算法 3：AdaBoost. M1 算法

输入：训练样本集 S $(x_1, y_1)\cdots(x_m, y_m)$，迭代次数 T，弱分类器 WeakLearn

初始化：样本的权值 $\overline{\omega}^1 = D(i)$，$i=1, \cdots, m$

（1）for $t=1, \cdots, T$

（2）产生分布 $p^t = \overline{\omega}^t / \sum_{i=1}^{m} \overline{\omega}_i^t$

（3）基于分布 p^t 调用 WeakLearn，得到假设：h_t：$X \rightarrow [0, 1]$

（4）计算假设 h_t 的错误率：$\varepsilon_t = \sum_{i=1}^{m} p_i^t |h_i(x_i) - y_i|$

（5）计算 $\beta_t = \varepsilon_t/(1-\varepsilon_t)$

（6）更新 $\overline{\omega}_i^{t+1} = \overline{\omega}_i^t \cdot \beta_i^{1-|h_i(x_i)-y_i|}$

（7）end

输出：

$$H_f(x) = \begin{cases} 1, & \text{若} \sum_{t=1}^{T}\left(\log\frac{1}{\beta_t}\right) h_t(x) \geqslant \frac{1}{2}\sum_{t=1}^{T}\left(\log\frac{1}{\beta_t}\right) \\ 0, & \text{否则} \end{cases}$$

对在线分配算法的对应推广是 AdaBoost 算法最初的设计思想，一系列算法的理论分析也都基于在线分配和加权投票研究之上。算法的核心思想是维护一个定义于训练样本集上的样本权值分布，每一轮迭代加重错分样本的权值，迫使下一个子分类器聚焦于当前难以被分类的样本。同时使用加权投票策略，为那些分类准确率高的子分类器赋予更重的投票权值，同时解决了子分类器生成和集成两大问题。AdaBoost 算法如表 5-8 所示。

表 5-8　AdaBoost 算法

在线分配问题	AdaBoost 算法
策略	训练样本
使用策略 i 决策受到的损失	第 t 轮迭代中，样本被当前迭代生产的子分类器 h_i 分类，若样本正确分类，损失为 0，反之，损失为 1
第 t 轮迭代的混合损失	第 t 轮迭代完成后得到集成分类器 $H_t = \sum_{i=1}^{t} a_i h_i$，使用 H_t 对训练样本分类的加权错误率
分配给策略 i 的权值 p_i^t	训练样本权 $\overline{\omega}_i^t$
每一轮决策	调用弱学习算法生产子分类器

5.7.2 AdaBoost 算法的不同理论分析模型

AdaBoost 算法起源于在线分配与加权投票研究，但随着研究的发展，最初用于算法分析的理论模型与方法由于具有很强的技巧性以及独特性，已很少再被采用，不同学者提出了多种新的理论模型，越来越多地将 Boosting 算法设计与优化理论联系起来，在从不同角度解释 AdaBoost 算法原理和有效性的同时，也为新算法的设计提供了更广阔的思路，使得“Boosting”已经变成一种有效提高分类器分类精度的通用技术，只要在相应的理论框架下根据问题的实际特点调整相关因素便可设计出不同的变种算法。

5.7.2.1 偏差方差分解

在二次回归（quadraticregression）中，人们发现将多个独立训练的回归方程的输出结果进行平均不增加期望错误。将多个方程的结果进行平均，能够在不影响偏差的情况下降低方差和期望错误。从贝叶斯决策角度看，使用多个分类器投票，相当于对后验概率估计进行平滑和平均。很自然地联想到，如果这种特性也存在于分类问题中，那么投票可以降低期望错误，这就是 Bagging 思想的由来。然而，分类问题的偏差方差有多种不同的定义方式，并不像回归中那么直接和自然，若不是每一个采样样本集都很好地逼近了真实样本分布，多个分类器进行投票有时反而会增加分类错误。Bagging 对错误率的降低主要来自减小方差，适用于如 C4.5、CART 这样低偏差、高方差的分类算法。AdaBoost 能够同时减小方差和偏差，且方差的减小来自自适应采样而不是集成方法，适用于 DecisionStump 这样高方差、偏差稳定的算法，算法对泛化错误率降低的核心是子分类器错误的无关性，即子分类器的多样性。

然而，偏差方差分解理论对 Bagging 和 Boosting 算法的解释并不充分，实际上这两种算法并不总是减小方差，存在方差在期望错误率中占主导作用，但 Bagging 算法依然不能提高分类精度的反例；也存在 Boosting 算法同时减小方差和偏差，但泛化错误率没有任何改变的反例。这说明在使用投票的集成算法中，除方差偏差外，还有其他因素影响着泛化错误率（子分类器以及集成算法的复杂度是其中的核心因素）。同时，偏差方差分解理论通常只从实验分析角度对 AdaBoost 算法的性质进行定性解释，很难建立起偏差和方差与泛化错误率之间的有效量化关系，在指导算法设计和算法优化上作用有限，因此随着研究的发展这种分析方法很少再有所发展。

5.7.2.2 函数空间梯度下降模型

回归和分类都可以形式化地看作是函数估计问题：设 $\widehat{F(x)}$ 是输入特征空间到输出空间的一个待估计映射，给定一组训练样本 $\{y_i, x_i\}_1^N$，求 $\widehat{F(x)}$ 的一个近似估计 $F^*(x)$ 使训练样本集在某个特定损失函数下的期望损失最小。

经典的参数估计方法假定函数形式已知，基于训练样本集通过最大似然估计等方法求解模型参数。参数估计方法简洁稳定，但是模型选择是否能够较好地近似真实情况往往直接决定了预测结果的好坏。与参数方法不同，非参数方法以数据为驱动，不对模型形式进行任何假定，将样本点 x_i 在估计函数 $F^*(x_i)$ 处的取值看作参数，在函数空间进行数值优化。研究证明，AdaBoost 可看作是在函数空间优化分类间隔的指数损失函数 $L(F)=E(e^{-yF(x)})$ 的算法，通过最大化训练样本的分类间隔来提高分类器的泛化能力。

每一轮迭代，算法在已有分类器 $F(x)$ 的基础上，求一个新的估计 $F(x)+\alpha_t f_t(x)$ 使得损失函数在给定训练样本集上下降最快，即解优化问题：$\min \text{Loss}(F(x)+\alpha_t f_t(x))$。对每个固定的 α_t 和 $f_t(x)$，将损失函数在 $f_t(x)=0$ 处二阶展开，得到：

$$E(\mathrm{e}^{-y(F+\alpha_t f_t(x))}) \approx E\left[\mathrm{e}^{-yF(x)}\left(1-y\alpha_t f_t(x)+\frac{1}{2}\alpha_t^2\right) \mid x\right] \tag{5-111}$$

对 $f(x)\in\{-1,+1\}$ 逐点求最小值得：

$$f(x)=\operatorname{argmin} E_{\bar{\omega}}\left[\left(1-y\alpha_t f_t(x)+\frac{1}{2}\alpha_t^2\right) \mid x\right] \tag{5-112}$$

其中，$E_{\bar{\omega}}(\cdot \mid x)$ 表示加权条件期望。令 $\omega=\bar{\omega}(x,y)=\mathrm{e}^{-yF(x)}$，并定义：

$$E_{\bar{\omega}}|g(x,y)|=\frac{E[\bar{\omega}(x,y)g(x,y)\mid x]}{E[\bar{\omega}(x,y)\mid x]} \tag{5-113}$$

对 $\alpha_t>0$，最小化式(5-111) 等价于最小化 $E_{\bar{\omega}}[yf_t(x)]$，其解为：

$$f_t(x)=\begin{cases}1, & 若\ E_{\bar{\omega}}[y\mid x]=P_{\bar{\omega}}[y=1\mid x]-P_{\bar{\omega}}[y=0\mid x]>0\\ -1, & 否则\end{cases} \tag{5-114}$$

由于 $-E_{\bar{\omega}}[yf_t(x)]=\frac{1}{2}E_{\bar{\omega}}[y-f_t(x)]^2-1$，于是解优化问题（5-112）可以使用拟牛顿法。给定 $f_t(x)$，令损失函数的倒数为 0，可求得：

$$\alpha_t=\operatorname{argmin} E_{\bar{\omega}}\mathrm{e}^{-\alpha_t y f_t(x)}=\frac{1}{2}\log\frac{1-\varepsilon}{\varepsilon}\varepsilon=E_{\bar{\omega}}(1_{[y\neq f(x)]}) \tag{5-115}$$

则 $F(x)$ 的迭代规则为：

$$F(x)\leftarrow F(x)+\frac{1}{2}\log\frac{1-\varepsilon}{\varepsilon}f_t(x) \tag{5-116}$$

权重更新策略为：

$$\bar{\omega}(x,y)\leftarrow\bar{\omega}(x,y)\exp\left[\log\left(\frac{1-\varepsilon}{\varepsilon}\right)1_{[y\neq f(x)]}\right] \tag{5-117}$$

使用贪心策略以迭代方式在函数空间优化特定损失函数的分析理论不但有效地解释了 AdaBoost 算法的原理和泛化能力，同时也建立起一类 AdaBoost 变种算法设计的通用框架，如 AnyBoost 算法优化任意可导损失函数。MarginBoost 算法优化基于分类间隔的损失函数，在 MarginBoost 算法框架下设计出的非对称代价 Boosting 算法，用于垃圾邮件检测。研究结果给出了一组通用的约束条件对损失函数加以约束，保证了只要按照标准优化步骤优化对满足约束条件的损失函数进行优化，得到的算法一定具有 Boosting 性质，这使得“Boosting”成为一种简单易行的算法设计技术。

5.7.2.3 前向可加分步模型

分类与回归是机器学习研究的两大基本问题，AdaBoost 最初为解决分类问题设计。Schapire 也曾尝试将回归转化为特定形式的分类，再按照解分类问题的标准做法将 Boosting 技术应用于回归分析得到了 AdaBoost. R 算法，然而这种推广是一种曲折迂回的方法。为在回归问题中直接使用 Boosting 技术，Friedman 等从统计学角度，在非参数回归基础上，用前向可加分步模型解释了 AdaBoost 算法，尽管这种解释受到了一些质疑，认为不能有效解释 AdaBoost 的泛化能力，但在此模型框架下衍生出了多种重要且具有影响力的 AdaBoost 变种算法，包括 LogitBoost、GradientBoost、Gradient-boost-tree，以及用于解决概率回归的 ProbitBoost。

$f(x)=\sum_{t=1}^{T}\beta_t b(x;\gamma_t)$ 是一个泛化可加模型，其中 $b(x;\gamma_t)$ 是基函数，β_t 是基函数的系数，γ_t 是基函数的参数。AdaBoost 求一组分类器的加权组合，是一个典型的加法模型。在给定训练数据和损失函数 $L(y, f(x))$ 的情况下，学习加法模型 $f(x)$ 就是求解经验风险最小化式（5-118）的优化问题：

$$\min\sum_{i=1}^{N}\left(y_i,\ \sum_{t=1}^{T}\beta_t b(x;\gamma_t)\right) \tag{5-118}$$

通常情况下，求解式（5-117）是一个复杂的优化问题。而前向分步可加算法的思想是不修改已生成分类器的形式，在上一个分类器残差减小的梯度方向建立下一个分类器，使损失函数下降最快以逐步逼近最优解，降低优化问题的复杂度。

算法 4 是求解前向分步加法模型的通用算法框架，可以证明 AdaBoost 是它的一个具体实现：基函数是子分类器，损失函数是分类间隔的指数函数。求解算法 4 第（2）步的优化问题时，使用不同的准则函数便得到不同的变种算法。例如，对于回归问题，可得到使用最小平方误差的 LS_Boost，使用绝对损失的 LAD_Boost 和 LAD_TreeBoost。泛化可加模型将 Boosting 思想与统计学中的最大似然估计联系在一起，引出了一种重要的数学模型：梯度下降 Boosting。该模型下推导出的算法多用于解决数值问题，或是将分类转化为逻辑斯谛回归，算法中不再出现样本权分布，即使出现也不用于重采样（如 LogitBoost）。

算法 4：求解前向分步加法模型的通用算法框架

输入：训练样本集 $S(x_1, y_1)\cdots(x_m, y_m)$，损失函数 $L(y, f(x))$，基函数集合 $\{b(x;\gamma_t)\}$

初始化：$f_0(x)=0$.

（1） fort = 1，…，T

（2） $(\beta_m, \gamma_m)=\arg\min_{\beta,\gamma}\sum_{i=1}^{N}L(y_i, f_{t-1}(x_i)+\beta_t b(x_i;\gamma))$

（3） 更新 $f_m(x)=f_{m-1}(x)+(x;\gamma_t)$

（4） end

输出：$f(x)=f_T(x)=\sum_{t=1}^{T}\beta_t b(x;\gamma_t)$

5.7.3 多分类的 AdaBoost 算法

AdaBoost 最初设计用于解决二分类，而实际问题以多分类居多。对二分类、弱分类器条件要求对任意样本分布，分类器的分类准确率只需略高于 0.5，对分类数目为 K 的多分类，这一条件过强，然而，要求比随机猜测准确率 $1/K$ 略高，又是一个过弱的条件。精确的弱分类器条件，能够帮助算法设计者选择更简洁的子分类器以防止过拟合，防止集成后分类器准确率退化，以及用于判断是否终止迭代，是多分类 Boosting 算法设计中的一个重要问题。

若将二分类 AdaBoost 算法直接应用于多分类问题，可能会由于弱分类器条件过强而失败。按照解决这一问题的不同处理方法，多分类 AdaBoost 算法可分为二分类拆解与直接多分类两大类。拆解法将多分类拆解为多个二分类，这种拆解中隐式地假定了使用与二分类相同的弱分类器条件，从而避免求解复杂的多分类下的弱分类器条件。不同的拆解法又分为经典的一对一（oneagainstone）、一对其余（oneagainstall）策略，纠错输出编码（error correcting output code，ECOC），以及层次分解法等。AdaBoost. M2 是一对一拆解方法中的典型代表，AdaBoost. MH、AdaBoost. MO、AdaBoost. MR 则采用一对其余拆分思想。在 ECOC 法中，分类问题被看作是一个通信任务，使用数据通信中的纠错编码对输出类别标签进行变换，从而将多分类转化为多个二分类。其中多分类到二分类的分解对应了编码过程，二分类到多分类的合成对应了解码过程，算法的核心思想是通过编码矩阵的纠错能力来提高分类准确率，代表算法包括 AdaBoost. ECC、AdaBoost. ERP、AdaBoost. SECC、HingeBoost 等。然而，ECOC 方法的一个缺点是没有有效利用每一个原始类别结构信息，对先验结构信息的利用能够进一步提高算法的性能。

层次拆解法按照类别之间的相似性，将 K 分类问题拆解为以二叉树形式组织的 $K-1$ 个二分类问题，典型代表有 AdaBoost. asBHC。层次拆解法可以避免一对其余方法造成的数据集偏斜，避免一对一方法造成的子分类器数目过多，但也存在错误累积的问题，设计时需要仔细构造问题拆解二叉树。

在 Boosting 类算法设计中，将多分类拆解为多个二分类的一个优点是：直接使用与二分类相同的弱分类器条件，只要求每个子分类器的分类准确率高于 0.5，便能保证集成分类器分类的准确率不出现退化，从而避免了确定弱分类器条件这一难题。然而，通过问题拆解隐式地使用二分类下的弱分类器条件可能依然过强（如 AdaBoost. MH），因此，拆解法对多分类 Boosting 问题不一定总是最合适的。直接多分类 AdaBoost 算法一方面通过选择如 CART、C4.5 这样直接支持多分类的算法作为子分类器，对原有二分类 AdaBoost 算法直接推广，另一方面研究更适合多分类的精确弱分类器条件，如 AdaBoost. SAMME 算法，以及文献中提出一族最优的多分类下的弱分类器条件，以及在此条件下统一的多分类算法框架。但总体上，目前研究提出的直接多分类算法只占所有多分类 AdaBoost 算法中很少的一部分。相比二分类，多分类 Boosting 理论的研究并不完善，还有许多有待解决的问题，其中的核心是寻找到精确的弱分类器条件，并在此条件下设计能够更有效减小训练误差、提高分类器泛化能力的直接多分类算法。

5.7.4 AdaBoost 算法的改进

AdaBoost 变体算法主要有两个方向：一是 Boosting 家族系列算法，可看作是 AdaBoost 算法的横向发展；二是 AdaBoost 算法的纵向发展，是对 AdaBoost 算法本身的改进和推广，以及结合其他算法而产生的新方法。AdaBoost 实用而简单，自出现以来就受到了广大学者的追捧，对 AdaBoost 算法的改进主要集中在以下三个方面：一是调整权值更新方法，以达到提升分类器性能，减缓退化等效果；二是改进 AdaBoost 的训练方法，使 AdaBoost 方法能更高效地进行拓展；三是结合其他算法和一些额外信息而产生的新算法，达到提高精确度的目的。

5.7.4.1 权重更新算法的改进

在人脸检测的任务中，主要是区分人脸和非人脸，人脸在这里是小样本，在训练过程中样本重心会逐渐向非人脸样本倾斜，针对这个数据不平衡问题 Viola 和 Jones 提出了一个非对称的 AdaBoost 方法。AdaBoost 在正负样本出现误检时给出不同的权值更新方式，增大正样本的比重，减小负样本的比重，以期使样本重心达到平衡。该办法的效果相对一般，因为 AdaBoost 会自动地平衡各样本的权值，而不管是正负样本，并且对出现难样本时权重也会偏高，并不能达到抑制的作用。

朱亮提出将样本权重分布状态进行量化引入 AdaBoost 算法。AdaBoost 算法只将错误率作为基分类器的系数，设计也没有体现防止过拟合的思想，导致泛化能力与分类性能较差。基分类器的权重计算与多样性结合是优化传统 AdaBoost 算法的一个重要思路，WDAdaBoost 算法基于这一思路将样本权重分布状态进行量化，并结合错误率对基分类器的系数进行了改进。将新的系数公式与双误度量结合起来，既提高了分类器的组合效率，又优化了分类器的选择策略。但在 WDAdaBoost 算法的基分类器系数中，求解不出 K 的最佳取值，下一步会继续研究基分类器系数的求解方法，并寻找更适合 WDAdaBoost 算法的多样性度量方式。

Allende 等人提出了 RADA 算法，该算法是对原算法中误分类样本权值抑制的方法。算法最突出的贡献有三点：第一点，对误分类样本权值的抑制；第二点，用当前层分类器来判断样本是否分类正确，而非原算法中的当前弱分类器；第三点，增加 age 变量记录误分类情况，并做了阈值限制，这里有效缓解了过拟合的问题。RADA 比传统 AdaBoost 算法更加稳定，有效解决了误分类样本权值偏高的问题。

$$\alpha_t = \begin{cases} \dfrac{1}{2}\sqrt[r]{\ln\left(\dfrac{1-\varepsilon_t}{\varepsilon_t}\right)} + \alpha_\gamma & \varepsilon_t < \gamma \\ \ln\left(\dfrac{1-\varepsilon_t}{\varepsilon_t}\right) & \varepsilon_t \geqslant \gamma \end{cases} \tag{5-119}$$

5.7.4.2 训练方法的改进

AdaBoost 另一个发展方向是对训练方法的改进。AdaBoost 的应用不太广泛，其中一个最重要的原因就是训练所需的时间太长，造成应用 AdaBoost 算法的系统拓展非常困难，不够灵活。为此，许多学者在提高 AdaBoost 训练速度上做了许多努力。

Stan 等人提出了 FloatBoost 算法。FloatBoost 着力于打造一个高性价比的分类器，算法的精髓在于替换表现不好的弱分类器，使得达到相同效果强分类器采用的特征数远小于 AdaBoost 算法。算法还对有一个能控制分类器性能的特性。FloatBoost 在训练上更为繁琐，但在检测效果上有显著的提升。

Baumann 等人提出了 SEAdaBoost 算法。Baumann 从人脸的对称性出发，他认为每轮训练中找到一个分类器时，那么在这个特征的对称区域也必然会存在一个错误率较低的分类器，这个区域和训练中找到的特征区域并非绝对的对称，而是有一定的浮动空间，这是由样本的特征所决定的。为了排除掉错误率较高的对称分类器，Baumann 设定了一个阈值来限定，他要求对称分类器和原分类器的正确率误差不能超过 0.025。与原算法相比，SEAdaBoost 每轮获得两个分类器，从这点上分析它会比原算法减少一半的时间。

Merler 等人提出了 AdaBoost 的并行计算方法 P-AdaBoost 算法。其主要思想是，将 AdaBoost 训练过程分为两个阶段，第一阶段和原算法一样，经过多轮训练，获得一个较为可靠的样本分布 $\omega_i(s)$，第二阶段采用并行方法提高训练效率，训练中不再对样本权值进行更新，而统一采用 $\omega_i(s)$，最后的输出为 $H(x)=\sum_{s=1}^{T}c_sM_s(x)$。其中 $c_s=\frac{1}{2}\ln\left(\frac{1-e_s}{e_s}\right)H(x)=cM(x)$。采用这种方法能大大减少训练成本，与原算法相比，多了 S 轮的样本分布初始化工作，并且避免了差样本因多次分类而造成权值过大的问题。

5.7.4.3 多算法结合的改进

AdaBoost 算法发展的第三个方向是结合其他算法或信息而产生的新算法。目前有许多结合 AdaBoost 和 SVM 的新算法，但它们却并不相同，原因在于结合点不同。张晓龙等提出 Boost-SVM 算法，他用 SVM 算法取代 AdaBoost 算法中的穷举法来选出简单分类器，SVM 算法训练出来的简单分类器准确率比传统 AdaBoost 算法平均性能要好，新算法的准确率和训练速度比传统 AdaBoost 都有所提升。Xuchun 提出了 AdaBoostSVM 算法，其思想用 SVM 算法训练弱分类器，再用 AdaBoost 算法组合成强分类器，类似还有 BoostingSVM。

Yunlong 提出了 EAdaBoost 算法，是 AdaBoost 结合 k 近邻算法的产物。AdaBoost 算法具有高度拟合的特点，噪声会对训练产生很大的影响，Yunlong 等人在 AdaBoost 算法的基础之上加入了 KNN 算法，对噪声样本进行了有效处理，提高了算法的精确度。

EAdaBoost 算法的主要过程如下：

（1）准备训练样本，对样本权值进行初始化；

（2）计算训练误差，并挑选最优的弱分类器；

（3）更新样本权值；

（4）用 KNN 算法排除噪声样本，将权值设为 0。

该算法中有两个非常关键的问题，什么样的样本称为噪声样本和每次要处理多少个噪声样本的问题，原文中称之为 suspectsample，算法中取的是那种难于学习、让分类器出错过多的样本。

5.7.5 应用案例——基于 AdaBoost 改进算法的铸坯表面缺陷检测方法

5.7.5.1 工业背景

钢铁铸坯表面质量是钢材最重要的质量因素之一，并直接影响其最终产品的性能与质量。而在加工过程中，由于轧制设备和工艺等原因，导致钢板表面出现裂纹等不同类型的缺陷，不仅影响产品外观，而且还降低了产品的抗腐蚀性、耐磨性和强度等性能。传统的检测技术原理是利用钢铁铸坯表面缺陷的物理特性间存在的差异，具有缺陷灵敏度高、检测实时性强等特点，但是其对尺寸小、对比度低的某些缺陷的分辨能力不足，铸坯表面灰尘、纹理等图像干扰会严重影响系统的识别能力，严重制约了传统检测技术在铸坯表面自动检测领域中的广泛实用化和工程化。针对上述问题对传统技术进行改进，引入 AdaBoost

算法来训练缺陷分类器，并结合 Gabor 小波和 Canny 边缘检测提取的特征对 AdaBoost 的分类结果进行反馈，排除钢铁铸坯表面伪裂纹，最后再用种子点生长法获取源图像中的完整裂纹区域，这种方法可以提高钢铁铸坯表面缺陷检测系统的准确性。

5.7.5.2 AdaBoost 算法的应用分析

AdaBoost 的算法处理流程如下：首先计算待测源图像的 Haar 积分图，然后逐次扫描每个 $N\times N$ 的窗口，对每级分类器中的每个特征分别计算其特征值和相似度 α。在每级检测时累计所有的相似度，最后与规定阈值 β 进行对比，以决定该窗口是否包含可能存在的铸坯表面缺陷。若窗口通过了该级分类器的检测，则进入下一级分类器的检测。如果该窗口能够通过所有分类器，则可以最终确定此处是确实存在铸坯表面缺陷的窗口。为了适应实际生产过程中产生大小不确定的铸坯表面缺陷，在完成原始图片的检测后，按一定比例缩小图片，并重复以上步骤，直到图片尺寸小于 $N\times N$ 为止。最后 AdaBoost 算法需要将所有检测到的铸坯表面缺陷窗口做合理归并，把位置和大小相近的铸坯表面缺陷窗口合并为后面待检测的铸坯表面缺陷窗口。

5.7.5.3 排除铸坯表面伪缺陷

由于铸坯表面的缺陷特征因材料表面复杂及环境的变化而各不相同，考虑通过 Gabor 小波和 Canny 边缘检测得到相关纹理来描述真正的铸坯表面缺陷特征。首先，对图像进行预处理，如直方图均衡，或使用带有一定去噪功能的滤波处理，如中值滤波等。然后，用经过处理的图像提取纹理特征，考虑到缺陷种类的繁多，包括人工定义的不准确，只对铸坯正常表面的特征进行建模。

一般来说，可以采用多尺度小波分解或更好的带有方向性的 Gabor 滤波器组，得到图像在不同尺度不同方向上子带的分布特征，用一定的直方图分布或导出的概率函数的函数分布来刻画特征。对于提取纹理特征，其主要作用是用来描述正常纹理模型的鲁棒性。由于铸坯表面温度的不均匀及成像等物理因素，均可能造成图像局部的亮度变化，因而可能导致检测得到的缺陷大小不一，所以需要描述纹理的特征量能够保持尺度不变。而且由于钢板表面的复杂性，还可能需要描述纹理的特征量旋转不变。也就是说，要达到比较鲁棒的纹理描述，需要具有局部对比度不变性、局部旋转不变性和局部尺度不变性的纹理描述。传统小波处理由于其支持域较大，并不能满足铸坯表面纹理描述的局部性要求，因此须采用类似人类视觉的一些特征，而 Gabor 滤波器组具有对不同尺度和不同方向的滤波器组，可以对每个像素点进行滤波，将滤波响应经过一定的线性变换（直方图表达）或非线性变换（如能量分布），可以得到不同种类的缺陷及正常图像的特征分布。

5.7.5.4 缺陷检测结果及分析

将一组新的数据样本输入训练好的铸坯表面检测系统中，根据样本的输出来判断缺陷的类型，记录其测试结果，比较其真实缺陷位置是否正确。所用系统采用的 AdaBoost 分类器是由 255 个正样本和 94 个负样本训练得到，选择 40 个缺陷样本图像进行基于 AdaBoost 算法的钢铁铸坯表面缺陷检测，缺陷的检测正确率达到 92.5%。试验结果表明，该铸坯表面缺陷检测方法可信度较高，具有较好的实用价值，这种基于 AdaBoost 算法并结合 Gabor 小波和 Canny 边缘检测的钢铁铸坯表面缺陷检测系统对于多种铸坯表面缺陷都有比较高的识别率。

5.8 遗传算法

遗传算法（genetic algorithms，GA）是由美国科学家 J. H. Holland 于 20 世纪 60 年代中期提出的借鉴生物自然遗传的基本原理用于自然和人工系统的自适应行为研究和串编码技术；1967 年，J. H. Holland 的学生 J. D. Bagley 在博士论文中首次提出“遗传算法（genetic algorithms）”一词；1975 年，Holland 出版了著名的“Adaptation in Natural and Artificial Systems”，标志遗传算法的诞生。

遗传算法是一种全局搜索算法，它以达尔文的进化论为理论基础，适用于具有很大搜索空间的优化问题。遗传算法、进化策略及进化规则共同构成了进化算法的主要框架，是进化计算中最广为人知的算法。在数据挖掘的过程中，很多情况下会遇到寻找最优解或者可行解的问题，在海量数据背景下解的搜索往往需要很长时间的计算。因此，遗传算法等启发式方法广泛应用于优化问题求解、自适应控制、规划设计、机器学习、人工生命等领域。

5.8.1 遗传算法的特点

（1）自组织、自适应和自学习性：遗传算法不需要事先描述问题的全部特点，它可以根据环境变化自动发现环境的特征和规律；利用进化过程获得的信息自行组织搜索，适应度大的个体具有较高的生存概率，并获得更适应环境的基因结构。

（2）适用范围广：遗传算法作为一种求解的思想，几乎可以用于任何优化问题，通用性和鲁棒性强。遗传算法基本上不需要其他领域知识，不受搜索空间的限制。在具体的求解问题中，只需将参数进行编码，确定适当的评价函数，进行遗传操作。评价函数不受连续性、可导或单峰的约束，且其定义域可以任意设定。

（3）并行性：外部并行性，多台计算机各自进行独立种群的演化计算，再比较最优个体；内含并行性，利用种群的方式组织搜索，可同时搜索解空间内的多个区域。

（4）极强的容错能力：遗传算法的初始解集带有大量与最优解相距甚远的信息，通过选择、交叉、变异等操作能迅速排除与最优解相差极大的个体，体现了并行滤波的机制。

（5）不需要求导或其他辅助知识，只需要确定目标函数和相应的适应度函数。

（6）遗传算法的机理难以用数学描述和分析。

（7）结果具有随机性。

5.8.2 遗传算法基本概念与术语

下面介绍一下遗传算法的基本概念与术语。

（1）个体（individual）：GA 所处理的基本对象、结构。

（2）群体（population）：个体的集合。包含一组个体的群体，也就是问题的一些解的集合。种群中个体的数量称为群体大小（N）。群体太小时难以求出最优解，太大时收敛时间又太长，一般选择 N 在 30~160 之间的数作为群体大小值。

（3）位串（bit string）：个体的表示形式。对应于遗传学中的染色体（chromosome）。

(4) **基因** (gene): 位串中的元素，表示不同的特征。对应于生物学中的遗传物质单位，以 DNA 序列形式把遗传信息译成编码。

(5) **染色体** (chromosome): 由基因构成的位串，包含了生物的遗传信息。

(6) **编码**: 把解表示为位串的过程称为编码，编码后的每个位串就表示一个个体，即问题的一个解。

(7) **适应值** (fitness): 某一个体对于环境的适应程度，或者在环境压力下的生存能力，取决于遗传特性。评价群体中个体适应能力的指标，就是解的好坏，由评价函数 F 计算得到。在遗传算法中，F 作为求解问题的目标函数，求解的目标是该函数的最大值或最小值。

(8) **遗传算子** (genetic operator): 产生新个体的操作，常用的遗传算子有选择、交叉和变异等。

(9) **选择** (selection): 个体在下一代种群中出现的可能性由个体的适应度决定，适应度越高的个体，产生后代的概率就越高，适应度低的个体，被淘汰的概率就越高。

(10) **交叉** (crossover): 把两个串的部分基因进行交换，产生两个新串作为下一代的个体。例如，10101 和 11001 是两个个体，从第三个基因开始做交叉操作，产生新个体 10001 和 11101。交叉可以发生在染色体的一段基因串（一个交叉点）或者多段基因串（多个交叉点）。交叉概率（P_c）决定两个个体进行交叉操作的可能性，交叉概率太小时难以向前搜索，太大则容易破坏高适应度的个体结构，一般 P_c 取 0.25~0.75。

(11) **变异** (mutation): 随机地改变染色体的部分基因，把 0 变成 1，或者把 1 变成 0。例如，个体 11001 的第三个基因变异，产生新个体 11101。个体发生变异的可能性由变异概率（P_m）决定，如果变异概率太小，就难以产生新的基因结构，太大又会使遗传算法成了单纯的随机搜索，一般取 $P_m = 0.1 \sim 0.2$。

(12) **复制** (reproduction): 将个体直接复制到下一代群体中。

(13) **逆转或倒位** (inversion): 反转位串上一段基因的排列顺序。对应于染色体上的一部分，在脱离之后反转 180°再连接起来。

遗传算法是一种多用途的优化工具，它已走出了学术界，在很多地方获得了重要应用。对于分析方法不适用的难优化问题，遗传算法往往非常有效。在过去几十年中，由于许多大规模组合优化问题和高约束工程问题只能求得近似解，优化问题的重要性显得越来越突出。遗传算法的目标就是解决这些复杂问题。它们属于概率算法类，但和随机算法大不相同，因为它们组合了定向搜索和随机搜索两类元素。基于遗传的搜索方法的另一个属性是它们可以得到一组潜在解，而所有其他的方法都只处理搜索空间的一个点。由于这些特性，遗传算法比已有的定向搜索方法更可靠。

5.8.3 遗传算法基本操作

与其他搜索算法相比，遗传算法的突出特点在于基于染色体群的并行搜索和带有猜测性质的选择操作、交换操作和变异操作。遗传算法是解决搜索问题的一种通用算法，它的基本过程是首先采用某种编码方式将解空间映射到编码空间，每个编码对应问题的一个解。然后，随机生成一个初始种群，通过迭代优化评价函数以解决给定的问题。在算法的每次迭代中，评价函数对每个个体进行度量，计算适应度，根据适应度或某种竞争机制保留某些个体，放弃其他个体，利用交叉概率和变异概率对保留的个体进行交叉和变异等操作，产生下一代种群，再开始进行下一次迭代。如此进化下去，直到满足期望的终止条件。算法的终止条件是达到一定的迭代次数，或者最优个体的适应度达到某个阈值，或者种群的适应度没有显著的提高等。以下是遗传算法的过程描述。

5.8.3.1 编码与初始化

遗传算法首先为所给问题设计其解的表述。在这里，解是指可以作为可评估的正确解的任何候选值。例如，要使函数 $y=5-(x-1)^2$ 最大，$x=2$ 是一个解，$x=2.5$ 也是一个解，$x=3$ 则是此问题的正确解，它使 y 最大。遗传算法每个解的表述由设计者负责，它依赖于每个解的形式，以及哪个解的形式便于应用遗传算法。最常见的表述是一个字符串，也就是特征表述的一个代码串，串中的字符来自固定的字母表。字母表越大，串中每个字符可表示的信息就越多。因此，要编码指定的信息量，串中的元素必须较少。但在大多数现实世界的应用中，遗传算法通常使用二进制编码方案。

编码过程把特征空间中的点转化成位串形式。例如，在三维特征空间中的点（11，6，9），其每一维的取值范围是［0，15］，这个点可以用一个串接起来的二进位串表示：

$$(11,\ 6,\ 9)\Rightarrow(101101101001)$$

其中，每个特征的十进制值通过二进制编码，成为一个四位的基因。所有特征的值编码成一个位串后，就代表一个染色体。在遗传算法中，处理的不是一个染色体，而是一个染色体集合，叫做群体。要对群体初始化，可以简单地随机设定染色体群体的大小。

5.8.3.2 适应度估计

自然界中的优胜劣汰是通过一定的评判方式来实现的，所以在遗传算法中也设置了相应的评判指标，即使用适应度来度量群体中个体的优良程度。适应度值高的个体更加优良，同时也会有更大的概率遗传到下一代群体中；适应度值较低的个体则容易被淘汰，以此来保持种群的优良性。

适应度函数是遗传算法进化的唯一依据，并且该函数要求为单值、连续且非负的，而目标函数值可正可负，由于待优化问题的不同，所要求的结果也不同，有的优化问题需要求得函数的最大值，而有的则需要求函数的最小值，故以目标函数 $f(x)$ 为依据建立适应度函数 Fit(x) 时，需要根据具体情况在两者之间构造一定的关系，主要有以下三种方法：

（1）直接法。根据所求目标函数的最值情况，判断是否对其进行取负数操作，以此构造相应的适应度函数：

$$\text{Fit}(x)=\begin{cases} f(x) & \text{目标函数为最大值问题} \\ -f(x) & \text{目标函数为最小值问题} \end{cases}$$

这种构造适应度函数的方法比较简便，但是会带来较多的问题。比如，即使目标函数最终要求得其最大值，但是此值不一定为正数，所以简单地直接将目标函数作为适应度函数，会影响算法的优化性能。

（2）界限构造法。针对不同的目标函数，以一定的界限构造相应的适应度函数。当待求解问题最终需要求得其最小值时，可以进行如下变换：

$$\text{Fit}(x)=\begin{cases} c_{\max}-f(x) & f(x)<c_{\max} \\ 0 & \text{其他} \end{cases}$$

式中，$f(x)$ 为目标函数值；c_{max} 为相对较大的常数，是 $f(x)$ 的最大值估计。

当待求解问题最终需要求得其最大值时，可以进行如下变换：

$$\mathrm{Fit}(x)=\begin{cases}f(x)-c_{min} & f(x)>c_{min}\\ 0 & \text{其他}\end{cases}$$

式中，$f(x)$ 为目标函数值；c_{min} 为相对较小的常数，是 $f(x)$ 的最小值估计。

（3）界限构造法还可以做一定的变换，即若目标函数为最小值问题，则：

$$\mathrm{Fit}(x)=\frac{1}{1+c+f(x)},\quad c\geqslant 0,\ c+f(x)\geqslant 0$$

若目标函数为最大值问题，则：

$$\mathrm{Fit}(x)=\frac{1}{1+c-f(x)},\quad c\geqslant 0,\ c-f(x)\geqslant 0$$

式中，c 为目标函数界限的保守值估计值。

5.8.3.3 选择

由于遗传算法是模拟生物进化而产生的，并且自然界中存在优胜劣汰的选择机制，所以在算法执行过程中也存在相应的操作。遗传算法在进行迭代的过程中，通过构造适应度函数来衡量个体适应环境的程度。所谓选择就是依据种群中每个个体的适应度值对其进行筛选的过程。若个体的适应度值较高，则其更容易进入下一次迭代过程，也就是进入下一代种群，反之则会有较大的概率遭到淘汰。在这个阶段，必须从当前的代中建立一个新的群体。选择（selection）操作确定哪个父染色体会参与繁殖下一代。通常，成员参与选择的概率与成员的适应度值成正比例。实现这种方法最常见的方式是设定选择概率 P 等于：

$$P_i=f_i\Big/\sum_{k=1}^{n}f_k$$

式中，n 为群体大小；f_i 为第 i 个染色体的适应度值。这种选择方法的作用是让适应度高于平均值的成员进行繁殖，并取代适合度低于平均值的成员。

对选择过程来说（按照适合度的概率分布选择一个新群体），可使用根据每个染色体的适合度来决定其槽（slot）大小的轮盘赌。轮盘赌选择方法就是将种群比拟为一个被分割为多个扇形的圆盘，而种群中的个体可以看作其中的某个扇形部分，个体的适应度值越高，所占的扇形角度越大，则圆盘在转动停止时，被选中的概率也就更大，反之亦然。可解释为：个体适应度值为扇形角度，被选中的概率为该扇形角度在整个圆盘中所占的比例，即个体被选中的概率等于其适应度值与种群所有个体适应度值和的比例。轮盘赌示意图如图 5-33 所示。

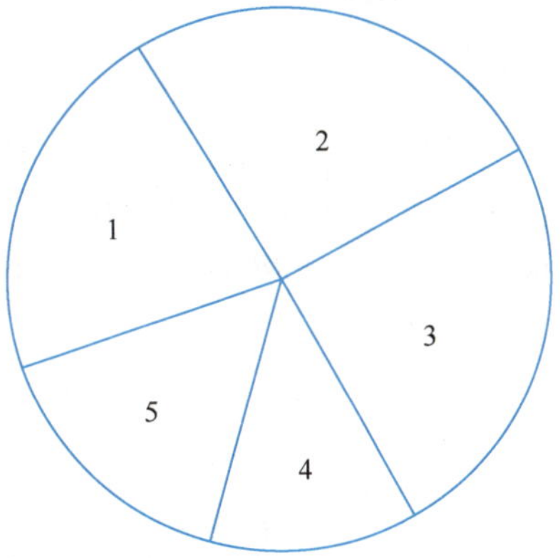

图 5-33 轮盘赌示意图

假设某种群存在 n 个个体，则某个个体被选中进入下一代的概率可以表示为：

$$P_i = \frac{f}{\sum_{i=1}^{n} f_i} \tag{5-120}$$

式中，P_i 为该个体进入下一代种群的概率；f 为该个体的适应度值；f_i 为该种群某个体的适应度值。

5.8.3.4 交叉与变异

遗传算法中产生新个体的方式主要有交叉与变异两种。其中，交叉主要是用于两个个体间的基因交换，而变异算子主要是针对某一个体内部的基因进行的，比如二进制码中的取反方式。

A 交叉

交叉操作的主要实现途径为：首先于种群中选取两个父代个体，然后使染色体在交叉点处互相交换对应基因座上的基因，最终得到相应的新个体。交叉操作是遗传算法的特有属性，有利于算法在搜索空间内进行全局寻优。

单点交叉是最常用的交叉算法，它根据遗传代码随机选择一个交叉点，两个父母染色体在这点相互交叉，从而生成两个新个体。以二进制编码方式为例，单点交叉运算可表示如下：

$$\frac{A1101011\,|\,101}{B1010111\,|\,010} \xrightarrow{\text{单点交叉}} \frac{A'1101011\,|\,010}{B'1010111\,|\,101}$$

交叉点

B 变异

变异是指以某一概率随机改变种群中个体的某一个或多个基因，从而形成发生局部改变的新个体。以二进制编码为例，随机将编码串中的“0”变为“1”，就实现了基因的局部变异，变异保持了种群的多样性。

基本位变异主要适用于二进制编码方法，首先设定遗传算法的变异概率参数，并以该概率为依据，随机选取个体二进制编码串中的某一位或某几位基因座为变异点，随后改变这些基因座上的数值，以实现变异操作。对于二进制编码而言，可以通过对基因值进行取反运算，完成基本位变异。

5.8.4 应用案例

5.8.4.1 基于遗传算法的电炉载能值综合优化

电炉炼钢与转炉炼钢相比，具有固定投资省、建设周期短、生产调度灵活、优特钢冶炼比例高等优点，但电炉钢生产以废钢为主要原料、以电力为主要能源，其工序能耗和生产成本要高于转炉炼钢。因而，电炉炼钢的节能降耗工作对电炉钢生产企业降低生产成本具有重要意义。

某不锈钢公司电炉正常出钢量为 100～120t，主要用于冶炼 304、304L、SUS304、316、316L、430、409L、410 和 420 等钢种。该不锈钢公司实际配料所用原料和能值如表 5-9 和表 5-10 所示，根据工艺要求，不锈钢 SUS304 的目标成分如表 5-11 所示。利用上述相关数据和 JAVA 编制遗传算法程序，种群规模取 80，交叉率取 0.90，变异率取 0.05，惩罚因子取 20000，最大迭代次数取 7000，得出计算结果。

表 5-9 入炉废钢、合金和铁水化学成分（质量分数/%）及能值

配料	C	Si	Mn	P	S	Cr	Ni	Fe	能值/$MJ \cdot kg^{-1}$
高碳铬铁	6.00	3.00	0.00	0.030	0.040	65.75	0.00	26.30	61.84
低碳铬铁	0.25	1.50	1.00	0.040	0.030	63.00	0.50	33.60	97.01
返回不锈钢	0.40	0.36	0.85	0.030	0.100	18.00	8.00	71.43	44.55
碳钢废钢	0.11	0.22	0.52	0.020	0.030	0.20	0.10	98.60	0.00
金属镍	0.01	0.00	0.00	0.000	0.000	0.00	99.98	0.00	164.71
低镍铁	3.50	2.00	0.50	0.040	0.060	2.00	4.10	87.78	64.77
铁水	3.23	0.60	0.60	0.007	0.035	0.00	0.00	96.76	24.38
硅铁	1.00	69.00	0.20	0.040	0.040	0.00	0.00	28.00	133.06

表 5-10 入炉辅料的化学成分（质量分数/%）和能值以及氧气和电能能值

名称	CaO	MgO	SiO_2	S	C	P	水分	灰分	硫分	挥发分	固定碳 FC	能值/$MJ \cdot kg^{-1}$
石灰	90.00	5.00	2.00	0.03								55.68
白云石	46.00	30.00	3.00	0.10								43.96
炭粉					96.00	0.00	0.50					252.05
焦炭								13.50	0.080	1.80	85.00	290.15
氧气												61.55
电能												93.78

表 5-11 不锈钢 SUS304 的化学成分要求 （%）

项目	C	Si	Mn	P	S	Cr	Ni
最小	1.5	0.00	0.0	0.00	0.0	17.0	5.0
最大	2.8	0.25	1.2	0.03	0.3	19.0	6.0
目标	2.0	0.00	0.0	0.00	0.0	18.0	5.5

在遗传算法中，对种群最优解的变化情况进行跟踪，检查遗传算法的应用情况，整个进化迭代过程如图 5-34 所示。可以看出种群的收敛速度和解的收敛速度都比较快，在 2937 代以后种群趋于稳定。

选取 BN1H、BNDDQ 和 SUS304 三个钢种，比较生产配料和优化配料计算结果，如图 5-35~图 5-37 所示。由图 5-35~图 5-37 可知，BN1H 钢种当前平均能值为 3.795TJ/t，优化后的能值为 2.931TJ/t，平均节能 22.8%，BNDDQ 钢种当前平均能值为 3.693 TJ/t，优化后的能值为 2.901TJ/t，平均节能 21.4%，SUS304 钢种当前平均能值为 3.488TJ/t，优化后的能值为 2.664TJ/t，平均节能 23.6%。

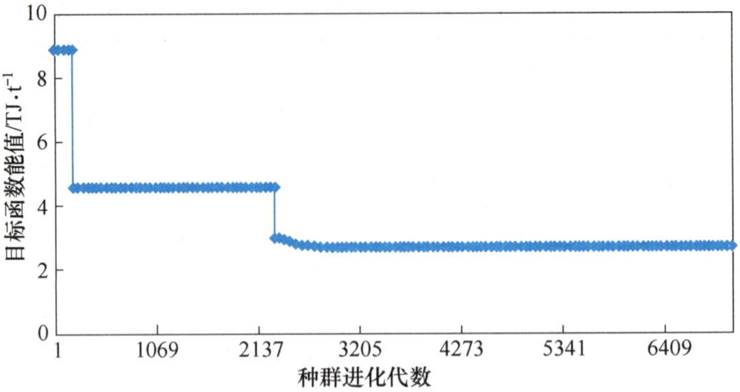

图 5-34 目标函数随种群遗传进化图

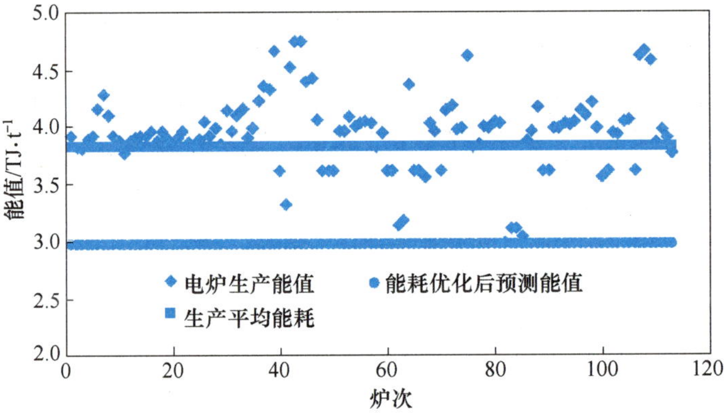

图 5-35 BN1H 钢种当前及通过遗传算法优化后能值

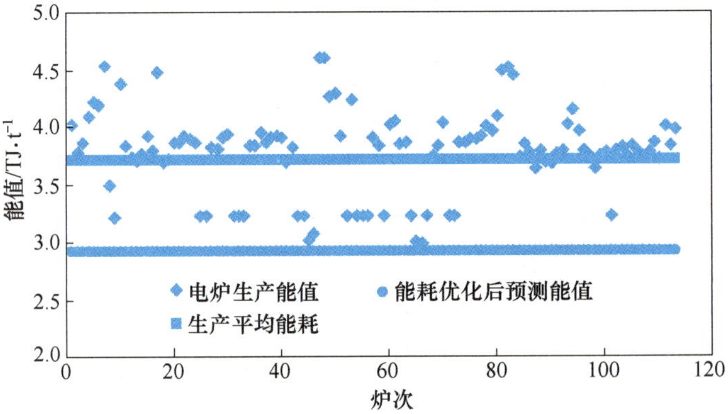

图 5-36 BNDDQ 钢种当前及通过遗传算法优化后能值

选取 SUS304 钢种的某一实际配料与优化配料进行比较（配料表如表 5-12 所示），供电量分别为 22.45 kW · h 和 43966kW · h。经研究发现，优化配料电炉能耗较低是因为配入较多的焦炭、炭粉和硅铁，通过吹入较多的氧气，提供较多的化学能来替代电能，从而降低电炉的能耗。

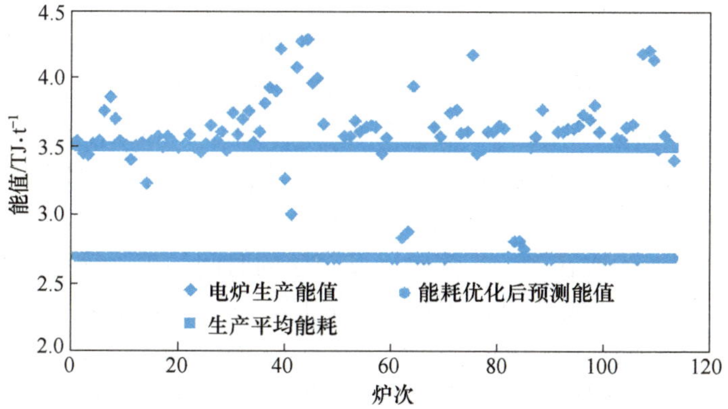

图 5-37 SUS304 钢种当前及通过遗传算法优化后能值

表 5-12 不锈钢 SUS304 实际及通过遗传算法优化后配料表

名 称	优化配料/kg	实际配料/kg
高碳铬铁	11692.10	20006.0
低碳铬铁	0.00	0.0
返回不锈钢	44542.64	28816.0
碳钢废钢	2914.70	2524.0
金属镍	521.23	1000.0
低镍铁	5200.02	4700.0
铁水	35944.72	54000.0
硅铁	746.89	636.0
焦炭	650.18	0.0
炭粉	263.0	73.46
吹氧量	4825.54	1524.6
石灰	4494.10	3699.0
白云石	2795.66	1705.0

运用遗传算法对电炉载能值综合优化模型进行了求解，在保证电炉出钢钢水化学成分、温度和渣的碱度等综合指标符合要求的前提下，每炉钢水能值降低了21%~24%。

5.8.4.2 基于遗传算法的不锈钢冶炼混合流程的最优调度问题

不锈钢冶炼流程中 AOD 全铁水冶炼可以弥补电炉钢水冶炼流程中电炉产能小于连铸产能的缺陷，结合 AOD 全铁水冶炼和电炉钢水冶炼的混合流程可以满足以连铸机为中心的组织生产调度，既保证了钢包正常的运输，又有足够的时间进行必要的调度和调整。

A 问题模型和约束条件

电炉流程钢包最长传搁时间最短问题的目标是电炉生产流程中每个炉次在各个工序间钢包传搁的最长时间最小化。设 C_{ij} 为炉次 i 的钢包在工序 j 间的传搁时间，$i=1$，2，3，…，n；$j=1$，2，3，则调度目标表示为 $T=\min\{\max(C_{ij})\}$，当 $j=1$，为电炉到 AOD 的传搁时间；当 $j=2$，为 AOD 到 LF 的传搁时间；当 $j=3$，为 LF 到连铸的传搁时间。

钢包传搁时间的约束条件可以分成两类：第一类约束是工序内部不同炉次之间时间约束，第二类约束是同一炉次在上一工序对下一工序的时间约束。该厂涉及钢包运行主要是 AOD 和 LF 两个工序，第一类约束是指在工序 x 上前一炉次 i 的结束时间（x_i+T_x）要小于后一炉次 $i+1$ 的开始时间 x_i+1，即：$x_i+T_x<x_i+1$；第二类约束是炉次 i 在前一工序 x 的结束时间（x_i+T_x）加上工序 x 与工序 y 之间传搁时间 C_j 小于炉次 i 在后一工序 y 开始时间 y_i，即：$(x_i+T_x)+C_j<y_i$。

B 编码与解码

编码采用长度为 10 位的二进制编码串来表示工序 x 上第 i 炉次的开始时间 x_i，以 6 炉连浇为例，在 AOD 和 LF 两个工序上前 5 炉的开始时间需要计算，要用 10 个 10 位二进制编码串来表示，将 10 个编码串连接在一起，就构成了染色体编码方法。

解码时需要将 100 位长的二进制编码串切断为 10 个长度为 10 的二进制编码串，然后将它们转化成十进制的整数代码，记为 y_i，将代码 y_i 转化成变量 x_i 的解码公式为：$x_i=y_i/1023X$ 定义区间长度+定义区间下限。

C 确定评价方法及遗传算子

目标函数是求函数的最小值，所以适应度函数需要对目标函数值进行必要的线性变换处理，即：$F(X)=300-2f(x_i)$。选择运算使用比例选择算子，交叉运算使用单点交叉算子。变异运算使用基本位变异算子。

D 确定运行参数

以 6 炉连浇为例，设定种群大小为 80，交叉概率为 0.9，变异概率为 0.1，终止代数为 500。图 5-38 为其进化过程及运行结果。

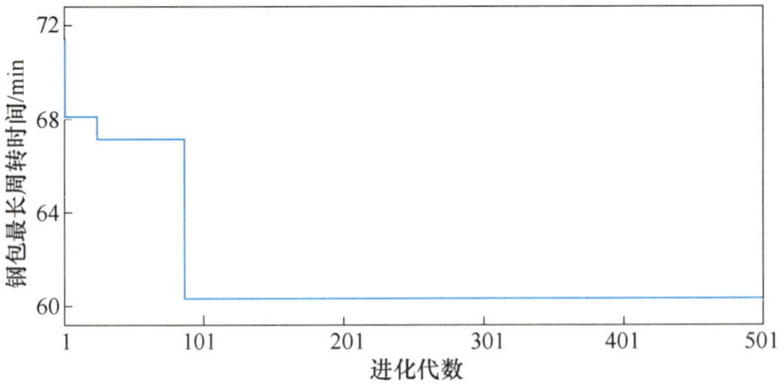

图 5-38 进化过程及运行结果

应用遗传算法求解最小工序间最长钢包传搁时间为 60min，小于单纯以连铸机为中心的组织生产调度，同时各个工序间的传搁时间都稍大于运输时间，既保证了钢包正常的运输，又有足够的时间进行必要的调度和调整，是更加合理的组织调度方式。同时得到每个炉次在各个工序的开始时间，绘制甘特图（图 5-39）。

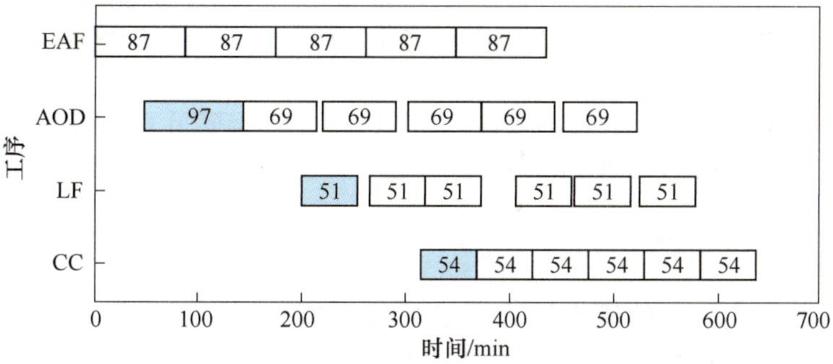

图 5-39 应用遗传算法求得混合流程 6 炉连浇甘特图

5.9 模拟退火算法

1953 年，Metropolis 提出一种重要的采样法，即以概率接受新状态，称为 Metropolis 准则，并根据 Metropolis 准则提出了模拟退火算法。模拟退火类似于固体的物理退火过程，即结晶固体被加热，再缓慢冷却，直到它达到最规则的晶格构型。如果冷却进度足够慢，那么最终便会产生最优异的晶格构型。而模拟退火算法就建立了这种类型的热力学行为和对离散优化问题的全局最小值搜索之间的联系。模拟退火算法使用迭代过程来达到准热力学平衡状态，它的主要特点是允许爬山运动（即恶化目标函数值的运动）。这一过程使得有可能以更高的概率离开温度较高的局部极小值，从而避免陷入局部最优。当算法达到非常低的温度时，最可能的状态原则上是优化问题的极佳解决方案。

5.9.1 模拟退火算法原理

模拟退火算法来源于固体退火原理，是一种基于概率的算法。固体的退火过程是先加温至充分高，再让其徐徐冷却。加温时，固体内部粒子随温升变为无序状，内能增大，而徐徐冷却时粒子渐趋有序，在每个温度都达到平衡态，最后在常温时达到基态，内能减为最小。固体的退火过程主要由三个部分组成：

（1）加温过程。加温过程可以增强固体中粒子的热运动，使粒子偏离原来的平衡位置。当温度足够高时，固体熔为液体，完全打乱固体内部原有的状态。

（2）等温过程。当固体继续与周围环境交换热量并且温度不变时，此时固体内自发的变化总是朝自由能减少的方向进行，固体内部的自由能最小时，固体内部达到平衡状态。

（3）冷却过程。固体内温度降低，固体内能量下降，粒子的热运动减弱，粒子又处于一个平衡位置，此时固体得到晶体结构。

固体退火过程模拟组合优化问题时，对应关系如下：物体内部的状态对应问题的解空间，能量最低的状态对应最优解，能量对应目标函数，熔解过程对应设置初始温度，等温过程对应 Metropolis 准则寻优，冷却过程对应参数控制温度下降。固体退火过程与模拟退火算法主要步骤的对应关系如图 5-40 所示。

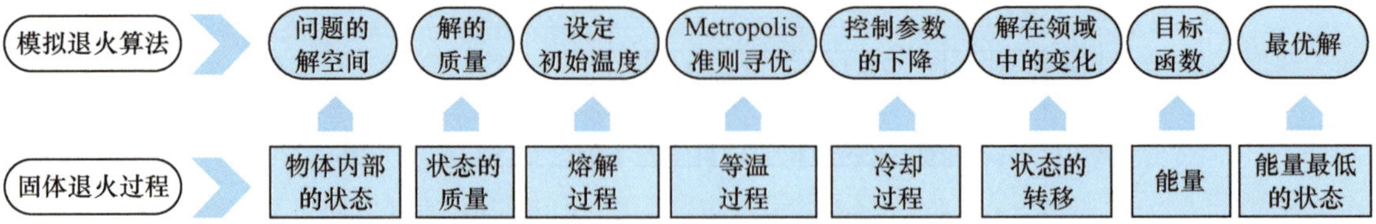

图 5-40 模拟退火算法和物理退火过程的模拟关系

在应用于离散优化问题的模拟退火算法的每次迭代中，目标函数为两个解（当前解和新选择的解）生成的比较值。改进的解决方案总是被接受，而一小部分非改进的（劣质的）解决方案也被接受，目的是希望在寻找全局最优解时避开局部最优解。接受非改进解的概率取决于温度参数，该参数通常不随算法的每次迭代而增加。这样的一个过程叫做 Metropolis 过程。

对这个过程进行一个简单描述：(s, f) 表示一个优化问题。i 和 j 是这个问题的两个解，$f(i)$ 和 $f(j)$ 是目标函数值。从 i 到 j 的接受标准由接受概率设计：

$$P=\begin{cases}1 & f(j)<f(i)\\ \exp\left(\dfrac{f(i)-f(j)}{T}\right) & f(j)>f(i)\end{cases} \tag{5-121}$$

其中，T 是控制参数，在控制参数逐渐减小的条件下，模拟退火算法是 Metropolis 过程的迭代。每个过程都将产生 L 个可能的解，形成一条长度为 L 的马尔科夫链，因此每个控制参数（温度）都有 L 个 Metropolis 过程。随着控制参数的减小，搜索范围逐渐缩小，算法将停止直到满足收敛条件。

理论上是用一个马尔科夫链描述模拟退火算法的变化过程，因此具有全局最优性，实际运用中模拟退火算法是一个启发性算法，它有诸多的参数需要调整。模拟退火算法的主要组成部分有接受函数、初始温度、平衡状态、冷却进度表、马尔科夫链长和停止条件。

（1）接受函数。在模拟退火算法中，接受函数也称为状态转移规则，即转移概率或接受概率。接受概率取决于：温度和目标函数的变化量 ΔE。

$$P=\exp(-\Delta E/T) \tag{5-122}$$

其中，T 是当前温度。当目前温度很高的时候，接受非改进转移的可能性会更大；当目前温度较低时，接受非改进转移的可能性就会很小，此时的搜索就相当于局部搜索。

（2）初始温度。如果初始温度非常高，搜索将是一段时间内的随机局部搜索，在算法的初始阶段接受所有移动，这种策略的主要缺点是计算成本高。如果初始温度非常低，搜索将是局部搜索。所以，在模拟退火算法中，找到合适的初始温度是十分关键的。常用的初始温度确定方法有两种，分别是偏差接受法和初始温度调整法。

偏差接受法：初始温度 T_0 通过初步实验计算得出，$T_0=k\sigma$。其中 σ 表示目标函数值之间的标准偏差，$k=-\dfrac{3}{\ln p}$，p 大于 3σ。

初始温度调整法：从很高温度开始，迅速降低，直到60%的非改进转移被接受。再将此时的温度作为初始温度。

（3）平衡状态。平衡状态是模拟退火算法中非常关键的一个组成部分，一旦达到平衡状态就降温，即执行退火操作。要在每一个温度下达到平衡状态，必须进行若干次充分的跃迁（转移），也将其称为每个温度下的迭代次数。确定每个温度下迭代次数的策略包括静态策略和自适应策略。静态策略是在搜索开始之前就已经确定好的，是固定的。自适应策略是迭代次数根据搜索的特征进行动态变化的，每一个温度下的迭代次数都不同。

（4）冷却速率。在模拟退火算法中，温度逐渐降低。但同时在得到的解决方案的质量和冷却程序的速度之间总是存在妥协。如果温度降低缓慢，则可以得到更好的解，但计算时间会更长。温度可以通过不同方式得到更新，包括线性冷却、几何冷却以及对数冷却等。三个方案分别如下所示：

$$T_i = T_0 - i \times \beta \tag{5-123}$$

$$T_{i+1} = q \times T_i \tag{5-124}$$

$$T_i = \frac{T_0}{\ln(i + 10)} \tag{5-125}$$

其中，T_i 是第 i 次迭代时的温度；β 是一个规定的定值；T_0 是初始温度；$q \in (0,\ 1)$ 且 q 的取值在0.50到0.99之间取最好。冷却速率越小，降温过程越慢，才有可能获得全局最优解，但同时会造成搜索时间过长；若冷却速率过慢，算法无法充分寻找最优解，易陷入局部最优。

（5）马尔科夫链长。马尔科夫链长 L 表示在每个温度 T 时的迭代次数，即无序粒子要在进行多少次迭代后才能达到准平衡状态。在温度 T 的冷却速率已经选定的前提下，L 的取值应该能让每个温度上达到准平衡状态。当问题规模不大时，L 可以选取得稍小些，以减少迭代次数，提高算法的效率。温度 T 的缓慢下降可以避免过长的马尔科夫链。

（6）停止条件。关于停止条件，理论上认为是最终温度等于0时终止循环。但在实践中，当接受移动的概率可以忽略不计时，可以停止搜索。可以采用的停止条件有以下三个：

1）达到了最终温度 T_e。但这个温度必须很低，比如 $T_e = 0.01$；

2）在达到了固定数量的中央处理器时间之后；

3）当目标函数值达到预先指定的阈值时。

模拟退火算法可以解决组合优化问题，如货郎担问题、装箱问题、0-1背包问题等，算法的优点如下：

（1）模拟退火算法会按照Metropolis准则接受比当前的局部最优解不“好”的解，接受这个不“好”的解后，算法会跳出局部最优解，然后继续搜索，直到找到全局最优解为止。

（2）模拟退火算法求得的结果与初始解无关，即算法最终求得的解与算法迭代的起点无关。

（3）模拟退火算法计算过程简单，能有效地求解NP难问题。

但是模拟退火算法也存在缺点：

（1）算法的性能受到参数——冷却速率 q 的影响。若冷却速率较慢，则搜索时间较长，可以获得更优的解，但会花费大量时间；若冷却速率过快，可能较快地搜索到更优的解，但也有可能直接跳过最优解。为了确定冷却速率 q 的取值，需要进行多次计算实验。

（2）算法执行时间长。模拟退火算法要求较高的初始温度，较慢的冷却速率，较低的终止温度，并且要在每个温度下进行多次 Metropolis 准则寻优，算法的收敛时间长。

5.9.2 模拟退火算法流程

模拟退火算法的基本步骤如下（以最小化问题为例）：

（1）设置参数：初始温度 T_0，令当前温度 $T = T_0$，终止温度为 T_e，冷却速率为 q，马尔科夫链长 L；

（2）在当前可行域内随机产生一个初始解 S_0，也是当前最优解 $S_{best} = S_0$，计算目标函数值 $f(S_0)$；

（3）设当前温度下的迭代初始值为 $u = 0$；

（4）对当前解 S_0 随机扰动，产生一个新解 S_1；

（5）计算 $f(S_1)$，并得到增量 $\Delta E = f(S_1) - f(S_0)$；

（6）判断 ΔE：若 $\Delta E < 0$，则接受 S_1 作为新的当前解，即 $S_{best} = S_1$；若 $\Delta E > 0$，则计算 S_1 的接受概率 $P = \exp(-\Delta E/T)$，产生一个在[0，1]区间均匀分布的随机数 $h = \mathrm{random}[0, 1]$，如果此时 $h < P$，则也接受 S_1 作为新的当前解，否则保留当前解 S_0。此步骤为 Metropolis 准则寻优。Metropolis 准则是按照公式判断算法是否接受不好的解的一种规则，也是模拟退火算法能够收敛于全局最优解的关键。在 Metropolis 准则寻优中，温度 T 较高时模拟退火算法按照接受函数 $P = \exp(-\Delta E/T)$，有较大概率接受不好的解，可以有效跳出局部最优，进行全局搜索；在温度 T 较低时，算法大概率只会接受更优的解，进行局部搜索；

（7）判断算法是否满足结束当前温度迭代的条件，若 $u < L$，$u = u + 1$，执行步骤（4），若 $u \geqslant L$，执行步骤（8）；

（8）判断当前温度 T 是否小于终止温度 T_e，若 $T \leqslant T_e$，输出最优解，结束算法；若 $T > T_e$，利用降温公式 $T = T \times q$ 进行降温，执行步骤（3）。

依据上述求解步骤，给出模拟退火算法的伪代码如下所示。模拟退火算法的流程图如图 5-41 所示。

算法：模拟退火算法

输入：$\mathrm{T}=\mathrm{T}_0$；

过程：

构建初始解 S_0，$\mathrm{S}_{best}=\mathrm{S}_0$

Repeat

for $1 \leqslant \mathrm{u} \leqslant \mathrm{L}$

  随机扰动，产生一个新解 S_1

  计算 $\Delta\mathrm{E}=\mathrm{f}(\mathrm{S}_1)-\mathrm{f}(\mathrm{S}_0)$

  if $\Delta\mathrm{E}<0$ then

    $\mathrm{S}_{best}=\mathrm{S}_1$

  else

产生一个随机数 h=random [0, 1] 和接受概率 P=exp (−ΔE/T)

if h<P then $S_{best}=S_1$ end if

end if

end for

根据冷却进度表设置新的温度 T=T×q

Until 达到循环停止条件

输出：使得目标函数值最小的最优解

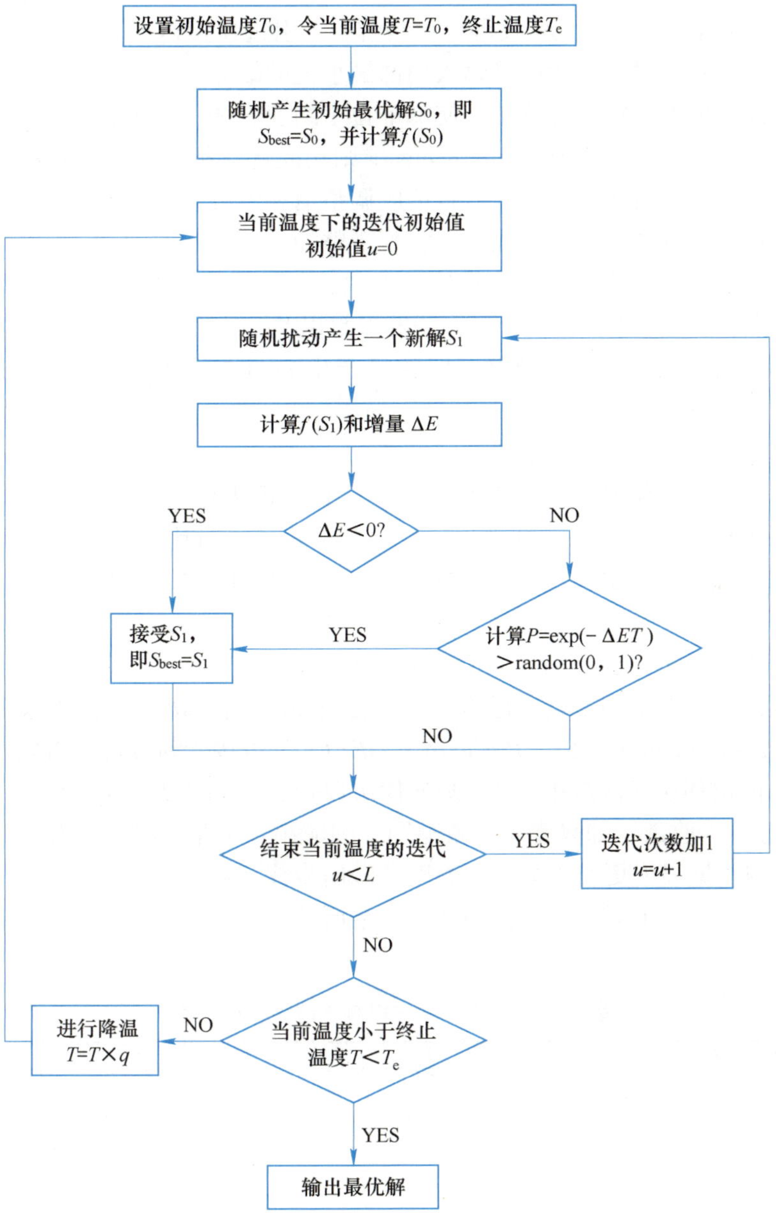

图 5-41 模拟退火算法的流程图

5.9.3 应用案例

5.9.3.1 模拟退火算法优化 LF 精炼炉合金收得率预测模型

合金成分控制是 LF 炉的主要研究对象之一。在 LF 炉炼钢生产过程中，按不同的钢种要求，需添加合金对钢水成分进行调整，使冶炼的钢水达到钢种要求的目标成分。由于每种合金由几种不同的元素组成，所以存在多种加料方案，因此，为实现成分目标要求与合金成本最小化，需建立最优加料模型，使钢液成分达标的同时优化合金加料方案，达到控制钢液终点成分与降低加料成本的目的。然而，合金化模型的精确度依赖于合金元素收得率的计算，因此要想获得精确的合金化模型，必须精确地计算出合金元素收得率。本案例采取 BP 神经网络建立合金元素收得率预测模型，引进模拟退火算法结合粒子群算法对其进行优化，克服粒子群算法后期易陷入局部最小值的缺点。

将模拟退火思想引入粒子群算法，使每个粒子的速度和位置更新过程中加入模拟退火机制，对粒子群进化后的适应值按 Metropolis 准则接受优化解，并以一定的准则接受恶化解，使得算法从局部极值区域中跳出，自适应调整退火温度，随着温度逐渐下降，粒子逐渐形成低能量基态，收敛至全局最优解。实现步骤如下：

（1）初始化参数：设置模拟退火算法的参数，包括退火起止温度 T 和 T_e、马尔科夫链长 L、温降函数、温降速率、粒子群算法的参数以及适应度函数；

（2）随机产生 m 个粒子的种群，即随机产生 m 个初始解 $X_i(t)$ 和 m 个初始速度 $v_i(t)$；

（3）计算每个粒子的适应值 $f(X_i(t))$；

（4）对每个粒子，将其适应值 $f(X_i(t))$ 与个体极值进行比较，取优更新为个体极值；

（5）对每个粒子，将其适应值 $f(X_i(t))$ 与群体极值进行比较，取优更新为群体极值；

（6）依据粒子群算法更新每个粒子的位置 $X_i(t+1)$ 和飞行速度 $v_i(t+1)$，并把速度限制在速度范围内；

（7）计算每个粒子更新后的适应值 $f(X_i(t+1))$；

（8）计算两个位置所引起的适应度值的变化量 ΔE，若 $\Delta E < 0$，则接受新位置；若 $h < P$，其中 $h = \text{random}[0,1]$，$P = \exp(-\Delta E/T)$，也接受新位置，否则拒绝；

（9）如果内循环迭代次数小于 L，则迭代次数+1，转向步骤（4）；

（10）判定是否收敛，如果满足收敛准则，则输出当前最优解，计算结束。如果不满足收敛准则，则根据温度更新函数更新温度，转向步骤（4）。

基于模拟退火—粒子群算法优化的神经网络所建立的元素收得率预测模型仿真结果如表 5-13 所示。

表 5-13 元素收得率预测性能指标分析表

性能指标	最大绝对误差	平均绝对误差	方差	标准差
仿真结果	0.0435	0.0011	0.00004761	0.0069

5.9.3.2 模拟退火算法优化炼钢—连铸—热轧流程制程

钢铁企业按合同组织生产，每一个合同在投入生产前都需要按照产品质量要求设计一个或者多个工艺路线，称为制造工艺流程，简称制程。对于有多条机组并行作业的企业来说，合理规划合同的制程，均衡各机组生产量，规划合同组合结构，有利于改善合同计划质量，降低生产成本。炼钢—连铸—热轧流程是钢铁产品生产的关键工序，该流程的合同制程规划影响产能平衡、余材率、交叉物流、调宽成本、混浇成本等经济指标。炼钢—连铸—热轧流程制程优化问题涉及生产工艺流程、产品种类、订单合同信息和各产线生产规格等因素，是一类复杂的组合优化难题。本案例用模拟退火算法，以最小化生产成本为目标函数，对炼钢—连铸—热轧流程制程进行优化计算。

炼钢-连铸-热轧流程中制程优化涉及五个与生产成本相关的目标函数——调宽成本、混浇成本、浇次成本、余材成本和交叉物流。分别简写为 Z_1，Z_2，Z_3，Z_4，Z_5，并根据各目标函数对应的生产成本比重，设定权重系数 λ_1，λ_2，λ_3，λ_4，λ_5 来表示各目标函数在总目标函数中所占的权重，整合后的炼钢—连铸—热轧制程优化数学模型可表达为：

$$\min(\lambda_1 Z_1 + \lambda_2 Z_2 + \lambda_3 Z_3 + \lambda_4 Z_4 + \lambda_5 Z_5) \tag{5-126}$$

此时的约束条件也为上述五个目标函数模型的约束的并集。

针对本案例问题模拟退火算法步骤：

（1）确定初始解 S_0，$S_{best} = S_0$，根据初始解求出目标函数的值 $f(S_0)$，确定初始温度 T_0、T_e 和内循环次数 L；

（2）邻域搜索新的解 S_1，求出目标函数值 $f(S_1)$；

（3）目标函数变化量为 $\Delta E = f(S_1) - f(S_0)$；

（4）若 $\Delta E < 0$，则接受新解，$S_{best} = S_1$；若 $h < P$，其中 $h = \mathrm{random}[0, 1]$，$P = \exp(-\Delta E/T)$，也接受新解，否则拒绝；

（5）判断迭代次数是否达到 L 次，否，则执行步骤（2），是，则执行下一步；

（6）判断是否满足终止条件，否，则降温操作，返回步骤（2）开始新的迭代操作，是，则跳出循环，结束运算；

（7）保留最优解，结束优化过程；

（8）执行步骤（2）。

针对多机组生产的制程优化问题，所涉及变量和状态比较多，在模拟退火算法过程中，新的状态通过随机扰动策略产生。制程优化模拟退火算法求解结果如表 5-14 所示。

表 5-14 制程优化模拟退火算法求解结果

算例	总成本	钢种	混浇成本	炉次	浇次	余材率/%	调宽数	交叉物流/%
1	890.10	5	1	28	6	21.30	9	16.57
2	1127.49	10	5	34	8	27.17	16	18.65
3	1239.90	5	7	47	8	3.10	14	34.27
4	2280.33	10	13	69	16	29.46	24	21.03
5	3422.06	5	7	126	28	12.91	17	17.42
6	4477.10	10	20	141	34	20.47	26	20.96

5.10 粒子群优化算法

受到自然界中鸟类群体觅食行为的启发，1995 年，美国的 James Kennedy 和 Russell Eberhart 两位博士共同提出了粒子群优化算法（particle swarm optimization，PSO）。他们所设计的粒子群算法从寻优根源上对进化理论进行了说明，也诠释了生物种群进化过程中的“优胜劣汰”法则，即生物始终朝着更好的方向成长，摒弃弱者，向更强者依附。之后，Venden Bergh 从理论角度对 PSO 算法的稳定性和收敛性进行了分析和证明。2002 年，Cello 等正式发表了多目标粒子群优化算法的成果。

从机理上，粒子群算法可以用三条规则进行描述：（1）远离最近粒子，从而防止与之发生碰撞；（2）通过自身并且借助临近粒子信息自我更新；（3）始终具有向最优目标飞行趋势。粒子群算法由于原理简单，能够充分利用种群内最优个体以及自身的有效信息，对进化过程既有合理的指导性又能结合自身个性，而成为目前智能优化算法的研究热点。粒子群算法在单目标优化过程中表现出色，因此，以此为理论基础，将算法进一步扩展。多目标粒子群优化算法，在进行多目标优化时，不仅在复杂的仿真实验中被广泛应用，而且进一步拓展到工程应用中处理各类实际优化问题，均获得了很好的效果。

5.10.1 粒子群优化算法原理

假定所有的鸟均不知道食物的具体位置在哪里，但它们知道大概距离有多远，因此最简单有效的方法就是搜寻目前距离食物最近的鸟的周围区域。因此粒子群算法就把每一只鸟看成一个拥有位置和速度的粒子，然后粒子利用自身已经找到的距离食物最近的位置和整个群体迄今为止找到的最近的位置去改变自己的飞行方向，最后引导整个种群向同一个地方聚集，而这个地方就是距离食物最近的区域。

PSO 算法中，将鸟群的个体位置或食物当作优化问题的解，利用群体中个体与最优个体以及个体之间的信息交互，引导整个群体中的粒子在保留个体多样性信息的同时，朝向最优个体收敛，通过不断地更新逐渐找到最优解。鸟群中个体被抽象为“粒子”，忽略其质量和体积，拓扑结构决定了每次更新时，“粒子”受到自身和群体状态信息的综合影响程度。因此，粒子的更新机制是通过种群历史最优粒子和个体历史最优粒子的有机结合得到，如图 5-42 所示。

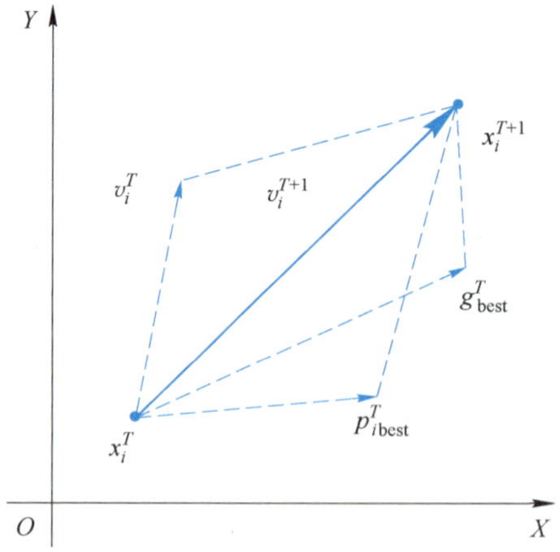

图 5-42 决策空间中粒子移动示意图

图 5-42 中，粒子 i 下一时刻的速度 v_i^{T+1} 是由当前速度 v_i^T、其自身最优位置 $p_{i\text{best}}$、全局最优位置 p_{best} 共同决定的，该粒子以更新后速度从当前位置 x_i^T 移至新的位置 x_i^{T+1}。随着迭代的不断深入，整个粒子群体在“引领者”的带动下，完成决策空间中最优解的搜索。

PSO 算法的优化过程如下：首先进行种群随机初始化。设定种群规模后，初始化每个粒子的位置、速度。然后，以适应度函数为基准，对每个粒子状态进行评估，并选出种群中最优粒子以及个体最优粒子。之后，根据 PSO 算法更新公式，得到新的位置、速度状态。同时，更新自身的最优解和群体最优解。如果当前粒子的解优于之前记录的自身最优解或者整个群体最优解，则以其为新的最优解。这种更新过程将群体智慧和个体优势有机结合，体现了整体的寻优趋势。

假设有一个 n 维的目标搜索空间，每个粒子看成是空间内的一个点，N 个粒子构成一个群体。不同的粒子具有不同的位置和速度，并对应不同的与目标函数值相关的适应度函数值，在寻优的过程中，每个粒子的速度和位置按下式进行更新：

$$v_{i,d}^{T+1} = v_{i,d}^T + c_1 r_1 (p_{i\text{best}} - x_{i,d}^T) + c_2 r_2 (p_{\text{best}} - x_{i,d}^T) \tag{5-127}$$

$$x_{i,d}^{T+1} = x_{i,d}^T + v_{i,d}^{T+1} \tag{5-128}$$

式中，$d=1,\ \cdots,\ n$；x_i^T 和 v_i^T 分别表示第 T 次迭代中第 i 个粒子位置和速度；c_1 表示自我认知系数；c_2 表示社会认知系数；r_1 和 r_2 是[0，1]之间的随机数；$p_{i\text{best}}$ 表示第 i 个粒子直到第 T 次迭代时找到的个体最优位置；p_{best} 表示整个种群直到第 T 次迭代时找到的全局最优位置；x_i^{T+1} 和 v_i^{T+1} 分别表示第 $T+1$ 次迭代更新后获得的第 i 个粒子位置和速度。

式（5-127）表明粒子的速度向量更新公式是由三部分组成的。第一部分 v_i^T 表示粒子保持当前速度的趋势，即对飞行惯性的模拟部分，主要用于平衡粒子全局和局部搜索的能力；第二部分 $c_1 r_1 (p_{i\text{best}} - x_{i,d}^T)$ 表示粒子对自身寻优过程的认可，即通过自己飞行过程中找到的最优位置引导自己飞行，提高粒子局部搜索的能力。通过改变参数的大小可以增大或者减小该分量对最终速度的影响，此参数乘以随机数提供了粒子飞行的随机行为，体现出了粒子群算法的随机搜索能力；第三部分 $c_2 r_2 (p_{\text{best}} - x_{i,d}^T)$ 模拟了鸟群的社会认知智能，即利用种群迄今为止获得的全局最优位置去引导粒子飞行，将所有粒子朝最优区域引导，体现了粒子间信息的共享机制，提高了全局搜索能力，这部分对最终速度影响的大小也可以通过 c_2 来调整。总的来说，通过这三部分可以定义粒子最新的飞行方向，进而利用式（5-128）可以得到粒子的下一个位置。

然而，研究者发现最初版本的 PSO 算法在解决某些问题时，由于搜索行为太偏全局，从而导致算法的收敛速度过慢。为了解决这个问题，Shi 和 Eberhart 提出了具有惯性权重的 PSO 算法，即在式（5-129）中加入了惯性权重 w：

$$v_{i,d}^{T+1} = w v_{i,d}^T + c_1 r_1 (p_{i\text{best}} - x_{i,d}^T) + c_2 r_2 (p_{\text{best}} - x_{i,d}^T) \tag{5-129}$$

显然 w 的值越大，速度受惯性影响越大，搜索范围更大，进而可以探索更多的未知区域，算法的全局搜索能力更强；反之，搜索范围变小，粒子将在已知局部极值点附近进行搜索，增强了算法的局部探查能力。经过数值测试发现 $w \in [0.4,\ 0.9]$ 时，算法的搜索性能最为理想。这个版本的 PSO 算法在许多实验和应用中被验证了具有比其他版本的 PSO 更好的性能，也是工程应用中最常使用的一种形式，因此被称为标准 PSO 算法。如不特别指出，下面提到 PSO 算法均指标准 PSO 算法，其位置的更新示意图如图 5-43 所示。

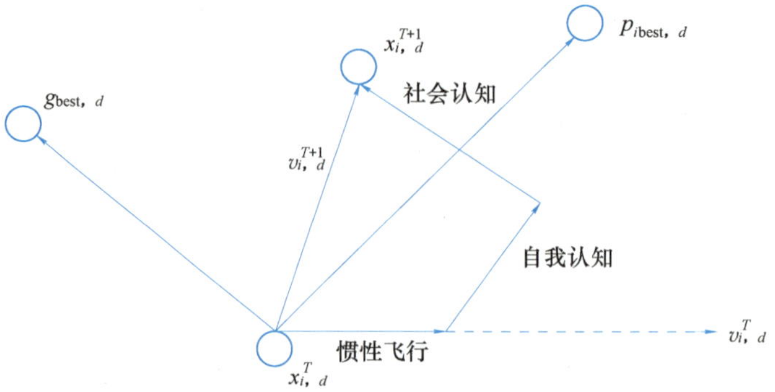

图 5-43 粒子位置更新的示意图

当 w 取常值时，虽然可人为控制粒子搜索时的步长，可是一旦给定了 w 的值，则在整个算法的迭代过程中就不再更改，这其实是与人们的搜索意图不相符的。因为在算法的迭代过程中，我们总是希望在算法的进化前期，种群可以尽可能地在目标空间中飞行，探索一切未知的领域，进而发现全局最优解；当算法进化到后期时，则希望所有的粒子可以收缩到全局最优解的附近，进行精确的局部搜索，找到最优解的具体位置。显然，这样的搜索需求，取常值的 w 无法满足，需要的是一个可以通过自身的改变引导算法从全局搜索转换到局部搜索的动态 w。因此，给出了一个线性递减的动态惯性权重，其计算公式如下：

$$w = w_{max} - \frac{T(w_{max} - w_{min})}{T_{max}} \tag{5-130}$$

式中，w_{max} 和 w_{min} 分别为惯性权重的最大值和最小值，w_{min} 为最大迭代次数，T 为当前迭代次数，通常情况下 $w_{max}=0.9$， $w_{min}=0.4$。数值实验表明，带有惯性权重的粒子群算法较原始算法在性能上有很大的提高，因此引起了很多学者的研究兴趣，进而提出很多惯性权重的改进方式，如非线性递减的惯性权重、自适应调节惯性权重等。

5.10.2 粒子群优化算法流程

粒子群算法中，每只鸟都作为“粒子”存在，所有粒子都在限制条件限定的区域搜索，在单目标优化问题求解时，目标函数取值即所有粒子遍历区域的“食物丰富度”。假设 N 个粒子在 n 维空间内进行搜索，则粒子群算法的伪代码如下所示。

算法：标准 PSO 伪代码

---

(1) 算法输入：粒子数 N，算法最大迭代次数 T_{max}，w，c_1，c_2，适应度函数 f（·）

算法输出：p_{best}

(2) 随机生成 x_i^0 和 v_i^0，并初始化 $p_{ibest}=x_i^0$ 和 p_{best}

(3) u=0

(4) while u<T do

(5) 　for i=1 to N do

(6) 　　for j=1 to n do

(7) 根据式（5-129）计算 $v_{i,j}^{u+1}$；

(8) 根据式（5-128）计算 $x_{i,j}^{u+1}$；

(9) end for

(10) 计算 $f(x_{i,j}^{u+1})$；

(11) if $f(p_{ibest}) \leqslant f(x_{i,j}^{u+1})$ do

(12) $p_{ibest} = x_{i,j}^{u+1}$

(13) end if

(14) end for

(15) 从所有的 p_{ibest} 中找到最好的那个作为 p_{best}

(16) $u = u+1$

(17) end while

5.10.3 应用案例

5.10.3.1 粒子群算法在函数优化问题中的应用

众多的实际应用问题归根到底就是函数优化问题，对于简单的函数优化问题来说传统的优化算法可以快速、准确地进行求解，但对于一些离散、多峰的复杂问题来说，传统的算法就显得无能为力。现阶段利用智能优化算法求解复杂函数优化是人们主要关注的方法之一，其中粒子群算法有着不俗的表现。该算法在求解全局优化问题、求解多模态函数、求解连续优化问题等方面应用广泛。

5.10.3.2 粒子群算法在组合问题中的应用

组合优化就是通过对数学方法的研究去寻找处理离散事件的最优编排、分组、次序或筛选等问题的优化方法。实际上就是从有限个离散状态中选取最好的状态，显然对于此类问题来说，最好的求解方法就是枚举法，但是由于该方法的计算时间复杂度随问题规模呈指数形式增长，因此对于大规模问题来说并不是有效方法。多年来，人们不断尝试寻找解决组合问题的多项式时间复杂度算法，虽然在一些问题取得了成功，但随着研究的深入，更多的组合优化问题被归入了 NP-hard 问题（non-deterministic polynomial-hard problem）。由于受人类认识能力的限制，迄今为止未找到这些问题求最优解的多项式时间算法，但这些组合优化问题又有很强的实际应用背景，因此人们不断尝试设计一些高效的计算方法，其中粒子群算法表现出了较好的性能。下面介绍近几年来几类典型的组合优化问题中粒子群算法的具体应用。

A 旅行商问题中的应用

旅行商问题（traveling salesman problem，TSP）是数学领域中著名问题之一。假设有一个旅行商人要到 n 个城市去推销商品，他从一个城市出发，需要经过所有城市后，回到出发地。应如何选择行进路线，以使总的行程最短。在 TSP 问题中，每个粒子都代表了遍历所有城市的方案，算法的目的是从中找出最符合实验要求的遍历路线。每个粒子都有自己的位置以及运动的速度，依靠速度可以调整粒子遍历城市的方案，最终将粒子的信息进行转化就能够得到最终遍历所有城市的方案。粒子群算法需要随机生成一定数量的粒子，通过不断的迭代最终得最优解。每一次的迭代过程中，粒子需要依靠个体遍历城市的最优值和整个粒子群体遍历城市得到的最优值来调整目前所在的位置。通过不断搜索逼近最优解，从而获得最终的解决方案。

B 作业车间调度问题中的应用

作业车间调度问题（job-shop scheduling problem，JSP）是指有 N 个工件需要在 M 台机器上加工，且每个工件均有特定的加工工艺，每个工件的加工顺序及每道工序所花时间已知，如何安排工件在每台机器上工件的加工顺序，使得性能指标达到最优的问题。JSP 是离散优化问题，而 PSO 算法一般解决的是连续优化问题，因此在求解之前要确定粒子的编码与解码方案。编码是粒子位置的表达方式，通过编码可以使粒子与目标向量一一相对应。操作向量（OS）为基于工序的编码，用来确定工序的先后加工顺序。机器向量（MA）为基于机器的编码，用来确定每道工序分配的加工机器。种群粒子在迭代过程中，根据速度更新式和位置更新式，生成新的粒子。然后，判断粒子的 OS 值，对所有的工序进行多余和缺失的查找，并将多余的工序转变为缺失的工序。接着遵循以下原则对粒子中的 MA 进行调整：（1）少数服从多数原则。当某工件被不同的工厂加工时，分别计算不同工厂中加工该工件的工序个数，通过该原则将该工件中的工序从较少的工厂中转移到较多的工厂；（2）当不满足上条原则时，采用后到服从先来原则，即当某工件的工序平均被不同的工厂加工，则排位靠后的工序要转移到前面工序所在的工厂中。通过上述的两个原则可将新粒子中多余的部分转化成缺少的部分。最后，判断所有工序是否在可行的机器上被加工，若不在，则随机从该工厂选取可行的机器作为该工序的加工机器。通过以上所有操作，新粒子就转换成得到一组可行解。

C 背包问题中的应用

背包问题（knapsack problem，KP）是指有 N 件物品和一个容量为 V 的背包，其中第 i 件物品的体积是 iw，价值是选择将哪些物品装入背包可使这些物品的体积总和不超过背包容量，且价值总和最大。标准粒子群算法主要适用于连续空间函数的优化问题，如何将粒子群算法应用于离散空间优化问题是粒子群算法的主要研究方向之一。应用粒子群算法解决背包问题的关键是如何编码。现给出用于解决背包问题的粒子群编码方式。X_i^k 表示粒子群中的第 i 个粒子在进化的第 k 代的位置。每一个 X_i^k 表示成背包问题的一个解，其中 $X_i^k=[X_{i1}^k, X_{i2}^k, \cdots, X_{in}^k]$，$n$ 表示粒子群中粒子具有的维数，在背包问题中表示成有 n 个物品等待被选择是否装入背包。如果 $X_{ij}^k=0$ 表示第 i 个粒子在进化到第 k 代时不将第 j 个物品装入背包，否则将第 j 个物品装入背包。V_i^k 表示粒子群中的第 i 个粒子在进化到第 k 代时的速度值。其中，$V_i^k=[V_{i1}^k, V_{i2}^k, \cdots, V_{in}^k]$。求解背包问题的二进制改进粒子群算法的流程包括确定种群规模 N 以及学习因子 c_1 和 c_2、初始化所有粒子的位置和速度、计算粒子的适应值并更新记忆库、用记忆库中的记忆粒子替换粒子群中适应值小的粒子、更新粒子的速度和位置。

D 车辆路径问题中的应用

车辆路径问题（vehicle routing problem，VRP）是指根据每位顾客的货物需求数量，合理规划一个车队的行车路线，使车队有序地为客户进行配送，要求在满足所有客户需求且不能违反车辆容量限制的前提下，达到诸如路程最短、费用最小或时间最少等目的。如何找到一个合适的表达方法，使粒子与解对应，是实现算法的关键问题之一。例如构造一个 $2L$ 维的空间对应有 L 个发货点任务的 VRP 问题，每个发货点任务对应两维：完成该任务车辆的编号 k，该任务在车 k 行驶路径中的次序 r。为表达和计算方便，将每个粒子对应的 $2L$ 维向量 X 分成两个 L 维向量：X_v（表示各任务对应的车辆）和 X_r（表示各任务在对应的车辆路径中的执行次序）。该表示方法的最大优点是使每个发货点都得到车辆的配送服务，并限制每个发货点的需求仅能由某一车辆来完成，使解的可行化过程计算大大减少。

5.10.3.3 粒子群算法在人工神经网络训练中的应用

人工神经网络（artificial neural network，ANN）是受大脑中生物神经元之间的连接模式、信息传输、存储方式启发而建立的，其在模式识别、智能机器人、自动控制、预测估计等众多领域表现出了出色的智能特性，但由于算法自身的限制，人工神经网络收敛速度慢，容易陷入局部极值等问题也引起了人们的重视。近年来，智能优化算法和人工神经网络的混合算法受到国内外专家的广泛关注，粒子群算法就是其中之一。例如利用粒子群算法对 BP 神经网络的阈值和连接权重进行优化，并将优化后的最优解作为参数输入到网络中，最后利用训练成熟的网络进行各类问题的预测研究。

5.10.3.4 粒子群算法在图像处理中的应用

随着信息技术的飞速发展，人们对于利用计算机处理视觉图像的要求越来越高，但计算机图像处理领域仍然有很多待解决的问题，其中一些还是 NP 难问题，如何寻找一些高效的计算机图像处理技术在很多领域都受到了人们的关注。群智能算法如粒子群算法在处理此类问题时较传统的图像处理技术可以更为有效地跳出局部最优，收敛到全局最优，提高问题的求解精度和效率。如今粒子群算法已经在图像分割、图像配准、图像融合、图像边缘检测等方面发挥了重要的作用。

思 考 题

1. 试简述多元线性回归模型的基本原理。
2. 试选择 3 个 UCI 数据集，实现基于基尼系数、信息系数增益进行划分选择的决策树算法。
3. 试分析随机森林为何比决策树 Bagging 集成的训练速度更快。
4. MultiBoosting 算法将 AdaBoost 作为 Bagging 的基学习器，Iterative 算法则是将 Bagging 作为 AdaBoost 的基学习器，试比较两者的优缺点。
5. GradientBoosting 是一种常见的 Boosting 算法，试分析其与 AdaBoost 的异同。
6. 如何确定冷却速率 q 的取值，使模拟退火算法的性能不会因为冷却速率过大或过小受到影响？
7. 粒子群算法中，如何选取合适的粒子个数，与什么有关？

参考文献

[1] Eberly L E. Multiple linear regression [J]. Topics in Biostatistics, 2007, 404: 165-187.
[2] Tranmer M, Elliot M. Multiple linear regression [J]. The Cathie Marsh Centre for Census and Survey Research (CCSR), 2008, 5 (5): 1-5.
[3] 周晨，冯宇东，肖匡心，等．基于多元线性回归模型的东北地区需水量分析 [J]. 数学的实践与认识，2014，44 (1)：118-123.
[4] 王惠文，孟洁．多元线性回归的预测建模方法 [J]. 北京航空航天大学学报，2007 (4)：500-504.
[5] 冷建飞，高旭，朱嘉平．多元线性回归统计预测模型的应用 [J]. 统计与决策，2016 (7)：82-85.
[6] 史峰．MATLAB 智能算法 30 个案例分析 [M]. 北京：北京航空航天大学出版社，2011.
[7] 周志华．机器学习 [M]. 北京：清华大学出版社，2016.
[8] 付佳，陶百生，陈春雨，等．基于 BP 神经网络的转炉供氧模型研究 [J]. 冶金自动化，2014 (4)：11-15.
[9] 范明，范宏建．数据挖掘导论：完整版 [M]. 北京：人民邮电出版社，2011.
[10] 胡晓达．基于固定尺度支持向量机的 VD 炉钢水终点温度预报 [D]. 沈阳：东北大学，2013.
[11] 王葛，尹少峰，李珊，等．基于支持向量机算法的连铸漏钢预报模型研究 [J]. 燕山大学学报，2015 (1)：22-29.
[12] 袁梅宇．数据挖掘与机器学习：WEKA 应用技术与实践 [M]. 北京：清华大学出版社，2014.
[13] 任祥旭．基于人工神经网络的高考分数线预测研究 [D]. 南昌：江西财经大学，2018.
[14] 王晓海，吴志刚，数据挖掘：概念模型方法和算法 [M]. 北京：清华大学出版社，2003.
[15] 范志刚．基于神经网络和专家系统的铁水硅含量预报、控制软件研究 [D]. 重庆：重庆大学，2003.
[16] 彭鸿涛，聂磊．发现数据之美：数据分析原理与实践 [M]. 北京：电子工业出版社，2014.
[17] 韩家炜．数据挖掘：概念与技术 [M]. 北京：机械工业出版社，2012.
[18] 张宇．决策树分类及剪枝算法研究 [D]. 哈尔滨：哈尔滨理工大学，2009.
[19] 王奕森，夏树涛．集成学习之随机森林算法综述 [J]. 信息通信技术，2018，12 (1)：49-55.
[20] 吕红燕，冯倩．随机森林算法研究综述 [J]. 河北省科学院学报，2019，36 (3)：37-41.
[21] 曹正凤．随机森林算法优化研究 [D]. 北京：首都经济贸易大学，2014.
[22] 常玉清，孙雪婷，钟林生，等．基于改进随机森林算法的工业过程运行状态评价 [J]. 自动化学报，2021，47 (9)：2214-2225.
[23] 刘小杰，邓勇，李欣，等．基于大数据技术的高炉铁水硅含量预测 [J]. 中国冶金，2021，31 (2)：10-16.
[24] 方匡南，吴见彬，朱建平，等．随机森林方法研究综述 [J]. 统计与信息论坛，2011，26 (3)：32-38.
[25] Tan P, Steinbach M, Kumar V. 数据挖掘导论完整版 [M]. 北京：人民邮电出版社，2011.
[26] Kantardzic M. 数据挖掘 概念、模型、方法和算法 [M]. 闪四清，陈茵，程雁，等译．北京：清华大学出版社，2003.
[27] 谷茂强，徐安军，贺东风，等．基于案例推理的钢水温度在线管控模型 [J]. 钢铁研究学报，2017，29 (6)：468-473.
[28] 艾立翔，汪红兵，徐安军，等．基于案例推理的 AOD 炉能耗诊断系统 [J]. 冶金能源，2012，31 (1)：14-18.
[29] 杨杰等．数据挖掘技术及其应用 [M]. 上海：上海交通大学出版社，2011.
[30] 朱明．数据挖掘 [M]. 合肥：中国科学技术大学出版社，2002.

[31] 马文笑．基于案例推理的突发环境事件应急决策研究［D］. 北京：中国矿业大学，2018.
[32] 王思思．基于案例推理的台风决策系统设计与实现［D］. 秦皇岛：燕山大学，2017.
[33] 王鸿显．基于案例推理的精炼炉供电曲线制定方法的研究［D］. 沈阳：东北大学，2015.
[34] 周游．基于案例推理的 LF 炉钢水终点硫含量控制［D］. 沈阳：东北大学，2012.
[35] 胡睿．基于案例推理的球团矿质量预报与温度优化控制的研究［D］. 沈阳：东北大学，2011.
[36] 舒军．基于案例推理的氧化铝生料浆配料优化系统［D］. 长沙：中南大学，2008.
[37] 曹莹，苗启广，刘家辰，等．AdaBoost 算法研究进展与展望［J］. 自动化学报，2013，39（6）：745-758.
[38] 廖红文，周德龙．AdaBoost 及其改进算法综述［J］. 计算机系统应用，2012，21（5）：240-244.
[39] 朱亮，徐华，崔鑫．基于基分类器系数和多样性的改进 AdaBoost 算法［J］. 计算机应用，2021，41（8）：2225-2231.
[40] Wang Y，Xia S T. Unifying attribute splitting criteria of decision trees by Tsallis entropy［C］//2017 IEEE International Conference on Acoustics，Speech and Signal Processing（ICASSP）. IEEE，2017：2507-2511.
[41] Kirkpatrick S，Gelatt C D，Vecchi M P. Optimization by simulated annealing［J］. Science，1983，220（4598）：671-680.
[42] 曹楠．基于遗传模拟退火算法的 U 型装配线 E 类平衡研究［D］. 长春：吉林大学，2022.
[43] 韩露霜．基于模拟退火算法的多相序列和频谱受限序列研究［D］. 成都：西华大学，2021.
[44] 张文乐．LF 精炼炉合金化模型研究［D］. 沈阳：东北大学，2011.
[45] 刘志坤．炼钢—连铸—热轧流程制程优化方法及系统开发［D］. 沈阳：东北大学，2019.
[46] 冯凯，汪红兵，田乃媛，等．应用遗传算法求解 AOD 全铁水冶炼和电炉钢水冶炼不锈钢混合流程的最优调度问题［J］. 钢铁研究学报，2012，24（2）：21-23.
[47] 艾立翔，汪红兵，徐安军，等．基于遗传算法的电炉载能值综合优化［J］. 北京科技大学学报，2012，34（4）：450-456.
[48] 王明．基于改进遗传算法的作业车间调度问题研究［D］. 芜湖：安徽工程大学，2019.
[49] 杨爽．基于改进遗传算法的动态虚拟机调度策略研究［D］. 哈尔滨：哈尔滨工程大学，2019.
[50] 路欢．基于遗传算法的网架结构损伤识别研究［D］. 北京：北京建筑大学，2019.
[51] 梅国浚．基于遗传算法和模型约束的漏洞挖掘技术研究与实现［D］. 北京：北京邮电大学，2019.
[52] 李佳．基于遗传算法的供热平衡问题研究［D］. 石家庄：河北科技大学，2019.
[53] 赵冬．基于遗传算法的模型参数选取及其在文本分类中的应用［D］. 保定：河北大学，2019.
[54] Kennedy J，Eberhart R. Particle swarm optimization［C］//Proceedings of ICNN' 95-international conference on neural networks. IEEE，1995，4：1942-1948.
[55] Van Den Bergh F. An analysis of particle swarm optimizers［D］. Pretoria：University of Pretoria，2007.
[56] Coello C A C，Lechuga M S. MOPSO：A proposal for multiple objective particle swarm optimization［C］// Congress on Evolutionary Computation. IEEE Service Center，2002.
[57] Shi Y，Eberhart R. A modified particle swarm optimizer［C］. IEEE，1998：69-73.
[58] Assareh E，Behrang M A，Assari M R，et al. Application of PSO（particle swarm optimization）and GA（genetic algorithm）techniques on demand estimation of oil in Iran［J］. Energy，2010，35（12）：5223-5229.
[59.] Shi Y H，Eberhart R C. Empirical study of particle swarm optimization［C］. Proceedings of the IEEE Congress on Evolutionary Computation，1999：1945-1950.
[60] Chatterjee A，Siarry P. Nonlinear inertia weight variation for dynamic adaptation in particle swarm optimization［J］. Computers and Operations Research，2006，33（3）：859-871.

[61] Spavieri G, Cavalca D L, Fernandes R. An adaptive individual inertia weight based on best, worst and individual particle performances for the PSO algorithm [C]. International Conference on Artificial Intelligence and Soft Computing, 2018: 536-547.

[62] An P. Particle swarm optimization algorithm based on chaotic theory and adaptive inertia weight [J]. Journal of Nanoelectronics and Optoelectronics, 2017, 12 (4): 404-408.

6 前沿人工智能算法

本章课件

本章提要

本章针对目前热度较高的前沿人工智能算法进行简要的介绍，首先介绍了深度神经网络的三个分支：深度学习、深度强化学习、生成式对抗神经网络，然后对目前的研究热点多模态学习和迁移学习进行了介绍。随着数据采集能力和存储能力的发展，现在的工业数据呈现数据量大、维度高的特征，上述前沿人工智能算法是前一章节经典机器学习算法的进一步发展，对维度高、大数据量的数据有着更好的处理效果。

6.1 深度学习

深度学习是当前最火的前沿人工智能算法之一，对近年来人工智能的发展起到了极大的促进作用。可以毫不夸张地说，深度学习引发了人工智能发展的“第三次浪潮”。人工智能发展的第一次浪潮大致在 1950 年至 1970 年间，彼时人工智能的发展方向以“推理、知识”为重点，机器学习算法以“专家系统”为主。第二次浪潮大致在 1980 年至 2000 年间，彼时人工智能的发展方向以“特征”为重点，受限于计算机的性能，机器学习算法以“支持向量机”为代表的浅层机器学习算法为主。第三次浪潮始于 2006 年，此时的人工智能发展方向以“学习”为重点，在 2012 年的 ImageNet 大规模视觉识别竞赛中，深度学习算法以大幅领先优势取得第一名，从而引起了深度学习在学术界和工业界的关注，并以 AlphaGo 在围棋比赛中击败人类顶尖对手李世石为巅峰。

6.1.1 深度学习的发展历程

深度学习的概念虽然于 2006 年提出，但是其本质上来源于传统的机器学习算法——人工神经网络，深度学习的发展历经了三个阶段，分别是人工神经网络阶段、联结主义阶段、深度学习阶段。

（1）人工神经网络阶段（20 世纪 40~60 年代）。1943 年，美国的神经解剖学家和数学家共同提出了第一个脑神经元的抽象模型：MCP（McCulloch-Pitts neuron）模型。该模型模拟人脑的神经元结构，已初步具备人工神经网络的雏形，同时引入了神经元、权重、阈值、激活函数的概念。模型在运行过程中，不同的输入和对应的权重相乘并求和，再将求得的值送入激活函数进行非线性激活。1953 年 Frank Rosenblatt 教授提出了感知机模型，将 MCP 人工神经元模型应用于分类问题，该模型使用梯度下降法更新权重，但仅能解决线性可分问题，简单的异或问题都无法解决，同时受限于彼时的计算能力，神经网络的研究陷入了停滞状态。

（2）联结主义阶段。20 世纪 80 年代，联结主义浪潮兴起，科学家从大脑的神经系统得到启示，认为认知是网络的整体性活动，网络由类似于神经元的基本单元或节点构成，大量神经元的共同作用可以表现出智能。与此同时，分布式知识表达和反向传播算法的提出，促进了第二次神经网络研究的兴起，但是由于反向传播算法在训练深层神经网络中存在许多问题，如：1）训练时易陷入局部最优值而非全局最优值；2）深层神经网络的训练需要大量的数据，但彼时数据量较小；3）彼时的计算能力有限，训练深层神经网络比较困难；4）反向传播过程中，存在梯度消失的问题，若采用 sigmoid 函数作为激活函数，由于 sigmoid 函数具有饱和特性，会导致权值的修正随着层数的增加逐渐削弱，无法对前层进行有效的学习。由于上述的各种问题，以及其他的浅层神经网络（如 SVM 等）取得突破性进展，深层神经网络的研究继续陷入停滞状态。

（3）深度学习阶段。在第二次浪潮中，浅层学习模型获得了极大的发展，但是浅层学习模型的浅层结构特征构造能力有限，对于复杂问题的泛化效果不是很好，人们意识到只有更深层次的网络才能够更好地表征原始数据，解决更复杂的问题，故而学者尝试去改善深层神经网络梯度消失等问题，2006 年，Geoffrey Hinton 教授提出了改进的训练算法——无监督逐层预训练和有监督微调，该方法解决了梯度消失的问题，打破了深层神经网络发展的瓶颈，同时得益于此时计算能力的提升和数据量的增大，深度神经网络重新焕发生机，同时促进了人工智能第三次浪潮的出现。

6.1.2 深度学习和传统机器学习的差异

传统的机器学习算法，比如 BP 神经网络、支持向量机、决策树等，在进行建模时，需要人工筛选合适的特征作为模型的输入，模型的最终效果很大程度上取决于人工选取的特征，可以说，只要特征选取得合适，建模就成功了 80%。对于简单的问题，人工提取特征并不难，但是对于复杂的问题，比如图像、语音问题等，如何提取出最优的、和预测目标关联度最大的特征，是当前的一大难点，也是制约传统浅层机器学习算法应用于复杂问题的一个重要原因。深度学习则不同，在建模的过程中，特征由模型通过多层隐藏层自动提取出来，省去了人工提取的步骤，解决了传统浅层机器学习算法针对复杂问题建模时精度不高的问题。深度学习的本质是模拟人类的视觉系统的分层处理机制，人类视觉系统在处理信息的过程中，首先由视网膜获得输入，输入依次被送到 V1 区、V2 区、V4 区，分别进行边缘特征提取、目标的基本形状或局部信息判断、目标整体的判断，如果问题比较复杂，最后还会被传送到更高层的前额叶皮层进行分类等。总体来看，人脑视觉系统的本质是分层处理的，低层特征进行组合形成更复杂的高层特征，高层特征是低层特征更进一步的抽象和概括，高度概括的高层特征可以对原始输入进行表征。深度学习便借鉴了人脑视觉处理机制，通过多层的网络，实现对特征的自动提取。

传统机器学习算法流程如图 6-1 所示。

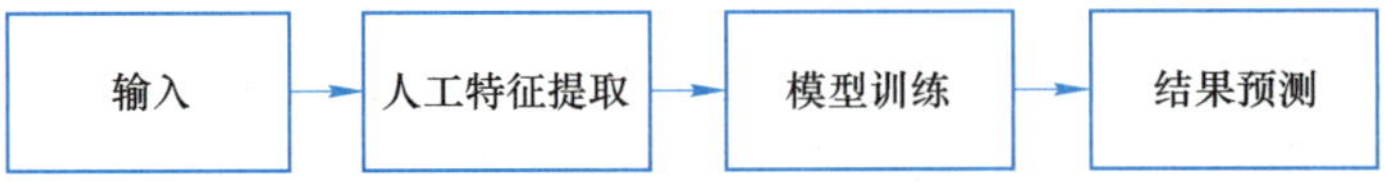

图 6-1　传统机器学习算法流程

深度学习算法流程如图 6-2 所示。

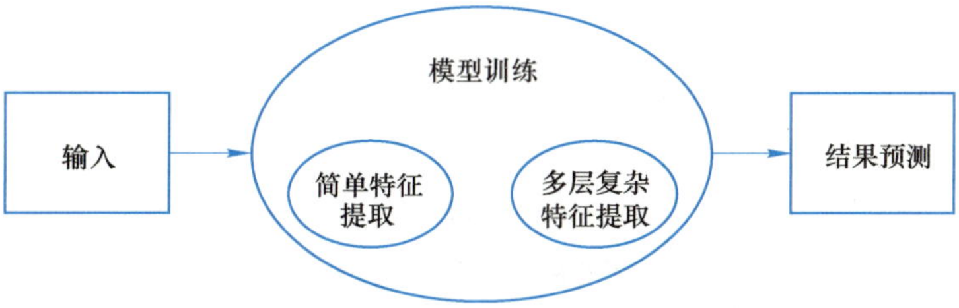

图 6-2 深度学习算法流程

6.1.3 深度学习典型网络介绍

深度学习网络虽然有很多种，但是其基本的逻辑仍然和传统的机器学习中的神经网络相同，网络运行的核心还是前向运算和反向传播，反向传播过程又有梯度下降算法、随机梯度下降算法、小批量梯度下降算法等。

6.1.3.1 卷积神经网络

卷积神经网络（convolutional neural network，CNN）是一类包含卷积计算并且具有深度结构的前馈神经网络，是深度学习领域最典型的算法之一，卷积神经网络相较于浅层神经网络，具有表征学习能力，可以自动提取输入数据的特征。虽然卷积神经网络近年来才被大众所熟知，但是卷积神经网络已经发展了 40 余年，人们对卷积神经网络的研究始于 20 世纪 80 至 90 年代，卷积神经网络仿造生物的视知觉机制构建，可以进行监督学习和无监督学习。

卷积神经网络的结构和传统的全连接神经网络有很大的不同，不同于传统的全连接神经网络每层的神经元都与上一层和下一层的所有神经元相连接，卷积神经网络的神经元只与上一层中的部分神经元相连，并且不同的神经元共享权值。卷积神经网络适用于处理图像、语音等维度较高且传统的全连接神经网络无法很好处理的问题，通过对图像、语音进行下采样或者降采样，可以将相似的特征合并起来，并且由于相近的像素之间以及相近的语音信号之间的值通常是高度相关的，进行相似特征的合并，并不会影响整个目标，从而达到特征自动提取的目的。

A 卷积

卷积操作是卷积神经网络中用于特征自动提取的操作，也是卷积神经网络和普通浅层神经网络结构上的主要差异，应用卷积神经网络建模时，输入经过网络结构中一系列中间隐藏层的变换得到输出，不同于以往的普通浅层神经网络，完成操作的中间变量不再是神经网络中的向量，而是立体结构，即卷积神经网络可以保留输入数据的形状（传统的浅层神经网络在处理诸如图像之类本身包含形状的输入数据时，需要将多维数据拉平展开为一维数据）。当输入数据是图像时，卷积层会以 3 维数据的形式接收输入数据，并同样以 3 维数据的形式输出至下一层。因此，在 CNN 中，可以（有可能）正确理解图像等具有形状的数据。卷积运算相当于图像处理中的“滤波器运算”，其目的是分层提取输入数据的特征，并将其组合成高级特征，以一个具体的例子来展示卷积操作的流程，如图 6-3 所示。

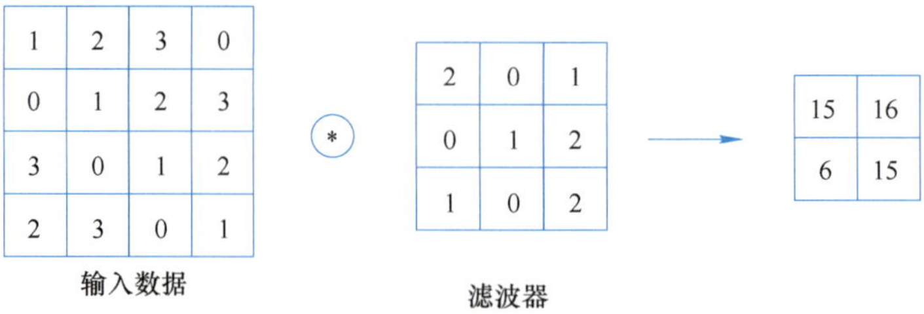

图 6-3　卷积运算示例

在上述的例子中，输入数据是有高长方向的形状的数据，滤波器（卷积核）也是有高长方向的数据，若用（height，weight）表示数据和滤波器的形状，则在本例中，输入大小是（4，4），滤波器大小是（3，3），输出大小是（2，2），对于输入数据，卷积运算以一定间隔滑动滤波器的窗口并应用。这里所说的窗口是指图 6-4 中灰色的 3×3 的部分，即指卷积核。如图 6-4 所示，将各个位置上滤波器的元素和输入的对应元素相乘，然后再求和（乘积累加运算）。之后，将这个结果保存到输出的对应位置，将这个过程在输入数据的所有位置都进行一遍，就可以得到卷积运算的输出。CNN 中的卷积操作除了权重之外，还有偏置操作，CNN 中，滤波器的参数即为权重，包含偏置的操作如图 6-5 所示，向应用了滤波器的数据加上了偏置。偏置通常只有 1 个（1×1）（本例中，相对于应用了滤波器的 4 个数据，偏置只有 1 个），这个值会被加到应用了滤波器的所有元素上。

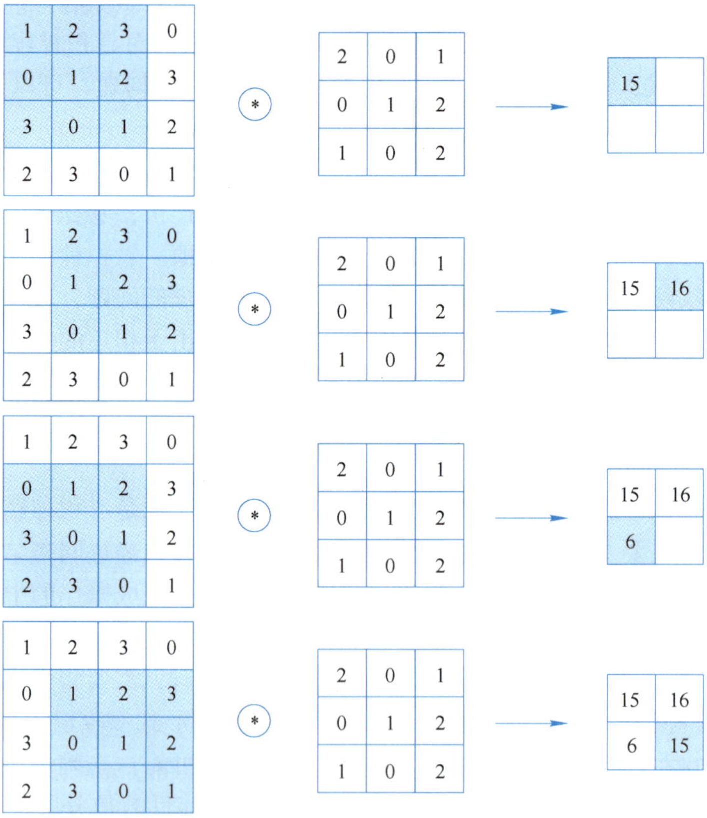

图 6-4　卷积运算的次序

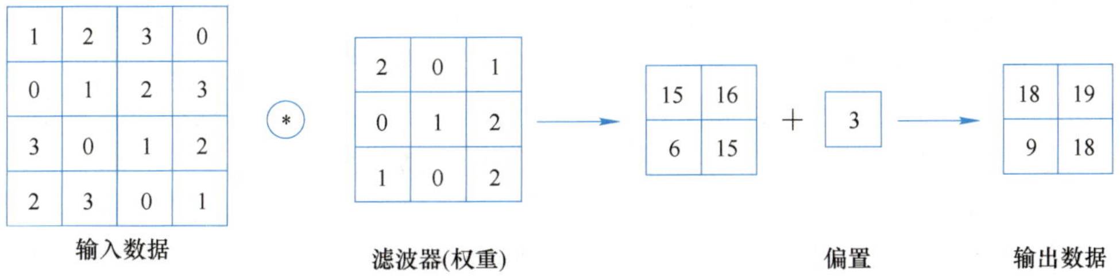

图 6-5 卷积运算的偏置

B 池化

池化操作也称为汇聚操作，一般在卷积层和激活层之后进行，池化具体是指将输入数据体通过下采样在空间上进行压缩，从而降低特征图的空间分辨率，下采样操作在每个特征图中独立进行，假设输入的维度是 128×128×64，池化核的大小为 2×2，经过下采样操作，图像在高和宽的方向上各缩小了一半，而深度方向没有改变，变成了 64×64×64，池化操作有多种，最常见的是最大池化（maxpooling），即将池化核按照一定的步幅在输入数据上平移滑动，将输入数据上 $k\times k$（k 表示池化层的宽和高）区域集约成一个元素，即用 $k\times k$ 区域内的最大值代替整个区域的操作。例子如图 6-6 所示。

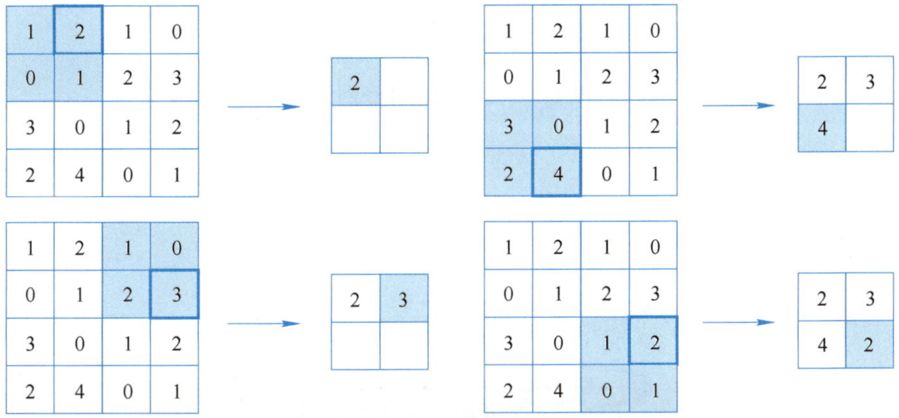

图 6-6 Max 池化的操作顺序

示例中的操作按步幅 2 进行 2×2 的 Max 池化时的处理顺序。“Max 池化”是获取最大值的运算，“2×2”表示目标区域的大小。如图 6-6 所示，从 2×2 的区域中取出最大的元素，因为我们将步幅设为了 2，所以 2×2 的窗口的移动间隔为 2 个元素。池化的窗口大小经常会和步幅设定成相同的值。比如，3×3 的窗口的步幅会设为 3，4×4 的窗口的步幅会设为 4。除了最大池化外，还有平均池化（averagepooling），平均池化指的是从目标区域中取平均值来代替整个目标区域，除此之外，其余的操作均与最大池化相同，这里便不再赘述。

6.1.3.2 循环神经网络

循环神经网络因其特别的结构被广泛应用于数据预测和序列数据建模的问题。序列数据，顾名思义是一组多个或者无限个有时间先后顺序的数据，例如股票价格随时间的变化趋势，人们希望由之前时刻股票的价格以及变化趋势去预测之后时刻股票的价格走向，以取得更好的经济收益。循环神经网络因具有特殊的网络结构，故而对序列数据有较好的处理效果。传统的神经网络结构，例如，前馈神经网络，具有输入层、隐藏层和输出层，隐藏层的层数可以根据需要设置，如图 6-7 所示，输入层与隐藏层、隐藏层与隐藏层、隐藏层与输出层之间的节点都是全部连接的，其中隐藏层的节点之间互不影响。然而循环神经网络中隐藏层的各个节点之间是前后连接的，前一个时刻隐藏层的输出作为下一个时刻的输入，因此，当前时刻隐藏层的输出由当前时刻的输入与前一个时刻隐藏层的输出共同决定，上一时刻隐藏层的输出由上一时刻的输入和上一时刻的前一个隐藏层的输出决定，这样就构成了一个循环的过程，如图 6-8 所示。因此，对序列数据集进行建模时通常选择循环神经网络结构。

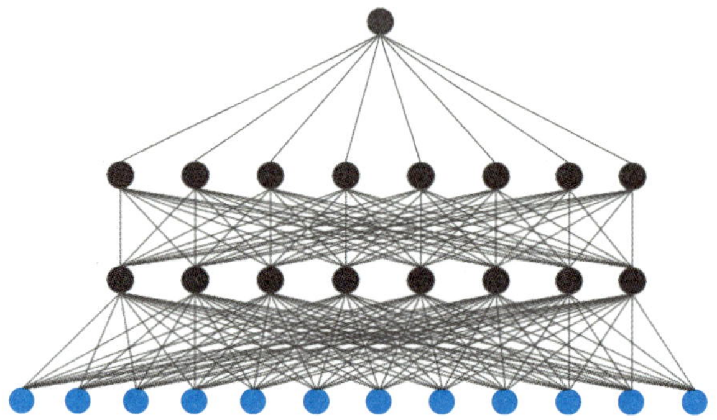

图 6-7 传统前馈神经网络

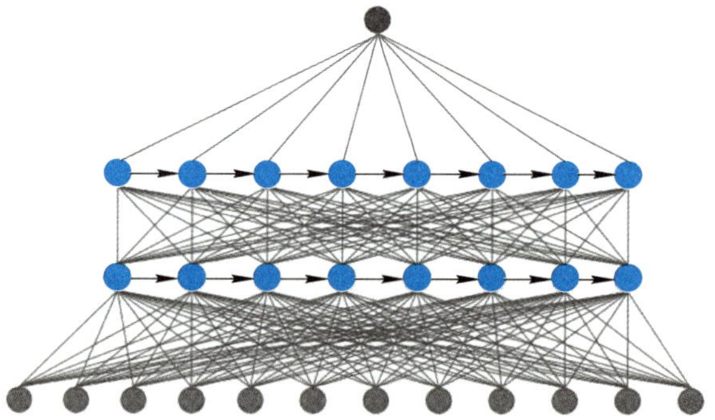

图 6-8 循环神经网络

循环神经网络经过多年的发展，形成了多种结构，比如 LSTM（长短时循环神经网络），但是其最基本的 RNN（recurrent neural networks）结构始终不变，如图 6-9 所示。

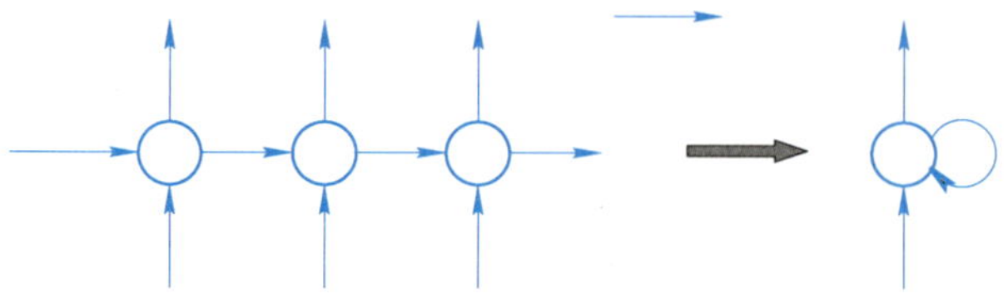

图 6-9 最基本的 RNN 网络结构

在图 6-9 中，输入单元为 $\{x_0, x_1, \cdots, x_{t-1}, x_t, x_{t+1}, \cdots\}$，输出单元为 $\{y_0, y_1, \cdots, y_{t-1}, y_t, y_{t+1}, \cdots\}$，隐藏层单元的输出标记为 $\{h_0, h_1, \cdots, h_{t-1}, h_t, h_{t+1}, \cdots\}$。循环神经网络的层数一般是从下往上数，实际上还可以从左向右数，图 6-9 从左向右数有三个神经网络层，且这三个层的结构基本相同，因此循环神经网络也可以用一个结构来代替。下面简单介绍一下基本 RNN 的计算过程，x_t 表示 t 时刻 RNN 网络的输入；t 时刻隐藏层的计算公式 $h_t = f(Ux_t + Wh_{t-1})$，其中 f 表示非线性激活函数，U 代表输入数据 x_t 的权重，W 表示前一个时刻隐藏层的值在当前时刻所占的比重，t 时刻输出层的计算公式为 $y_t = \text{softmax}(Vh_t)$，$V$ 表示权重。在传统的神经网络中，层与层之间的权重参数是不相同的，没有必然的关系，而在循环神经网络中，不同时间步的权重参数是相同的，即图中的三个 U、V、W 都是相同的，这可以明显减少模型所需训练的参数。

6.1.4 应用案例——基于 LSTM 的 VOD 精炼炉终点预报模型

近年来，不锈钢在社会生活中的需求大大增加，如何优质高效地进行不锈钢的生产，是当前钢铁企业的一大难题。不锈钢的主要特点是低碳高铬，生产过程的难点即为脱碳保铬。VOD 精炼法是当前应用于不锈钢生产的主要精炼方法之一，在真空条件下，进行顶吹氧操作除碳，同时底吹氩加强搅拌，促进脱气。对于 VOD 精炼过程而言，最重要的环节是钢水终点参数的精准确定，其中终点碳温的确定尤为重要，由于 VOD 终点碳温的影响因素较为复杂，是一个复杂的非线性过程，传统的预测方法难以保证其精度。

6.1.4.1 互信息和 LSTM 的 VOD 终点碳温预测

智能模型输入特征的获取：首先通过对精炼机理进行分析得到对终点碳温有影响的输入参数，其次针对 VOD 冶炼参数众多、参数之间非线性、冗余的特点，采用基于最大相关最小冗余的互信息特征选择方法，减少了模型的参数和冗余性。

LSTM 模型的建立：长短期记忆（long short term memory，LSTM）是一种特殊的循环神经网络，因其具有长短期记忆而得名，可以更好地处理长序列问题。对于一些具有时间序列特点的问题，例如发电机组排放物预测、用水量预测等，循环神经网络（recurrent neural network，RNN）能取得比传统方法更好的效果。RNN 在处理时间序列问题时，能够将过去时间的输入信息保留在神经元中，在后续的预测中能够提供有效信息。而堆叠多层 RNN 的方法加深了网络结构，对网络的非线性表达能力和记忆能力有所提高，能够取得更好的预测效果。RNN 通过环形的连接方式，本质上属于人工神经网络（artificial neural network，ANN）的范围，经典的 ANN 结构以层状的方式连接起来。

RNN 因其独有的结构限制，存在着一些缺点。由于网络结构变深，使得网络对先前的信息学习能力减弱，难以对长期信息进行记忆。LSTM 便是为了解决这个问题被提出来，LSTM 通过引入输入门、遗忘门、输出门来对信息的流动进行控制，从而减少梯度消失和梯度爆炸的可能性。LSTM 特殊的细胞单元结构设计，可以对信息进行筛选和更新，只保留那些关键的有用信息。LSTM 的提出使得许多问题有了新的解决方法，在各类时间序列问题中表现出优于 RNN 的效果，不仅能处理短期依赖问题，也能处理长期依赖问题。具体建模步骤如下所示。

（1）通过对工艺流程和机理分析初选得到 VOD 精炼炉终点碳温预报模型的所有输入特征变量；

（2）对数据进行预处理，基于“最大相关最小冗余”原则，采用互信息的方法对输入特征变量进行筛选，并将数据划分为训练集和测试集，作为模型的输入；

（3）利用深度学习框架 Keras 搭建 LSTM 的终点碳温预测模型，初始化模型超参数：学习率（learning rate）、时间步长（time steps）、网络层数（LSTM layers）、神经元个数（units）、批次（batch size）大小、迭代次数（epochs）；

（4）训练模型，前向传播过程计算前向传播的输入层、隐含层和输出层各个单元的输出；

（5）反向传播计算 LSTM 沿时间方向和网络层级的误差项，并且计算相应的梯度，更新模型的权重参数；

（6）通过多次实验得到模型的近似最优超参数，代回 LSTM 模型。

6.1.4.2 模型建立与结果分析

采用的数据集为来自某钢厂的实际生产数据，共 2000 条，模型训练集大小为 1600 条，验证集大小为 200 条，测试集大小为 200 条，取最后 100 个样本可视化展示，经过多次实验，确定了 LSTM 模型的最优参数的值如表 6-1 所示。

表 6-1 LSTM 模型参数设置

模型	Neurons	Time_steps	Layers	Batch_size	Epochs
碳模型	128	4	1	8	200
温度模型	128、64	10	2	8	150

该模型采用均方误差作为模型的评判指标，均方误差（mean squared error，MSE）是误差的平方的期望，理论上，*MSE* 越接近 0，模型的预测效果越好，计算式如下：

$$MSE = \frac{1}{n}\sum_{i=1}^{n}(y_i - y_i')^2 \tag{6-1}$$

式中，y_i 表示数据的真实值，y_i' 表示模型的预测值，n 表示数据集的个数。

LSTM 训练误差下降曲线分别如图 6-10 和图 6-11 所示。其中，实线表示训练集的误差下降曲线，虚线表示验证集的误差下降曲线。图 6-10 显示，在模型训练初期，验证集上的误差出现了较大波动，随着训练次数的增加，加之训练过程对学习率的衰减调整，训练过程很快变得平稳且快速收敛到一定值，训练集和验证集的误差逐渐趋于稳定，模型最终根据提前停止策略，完成整个训练过程。

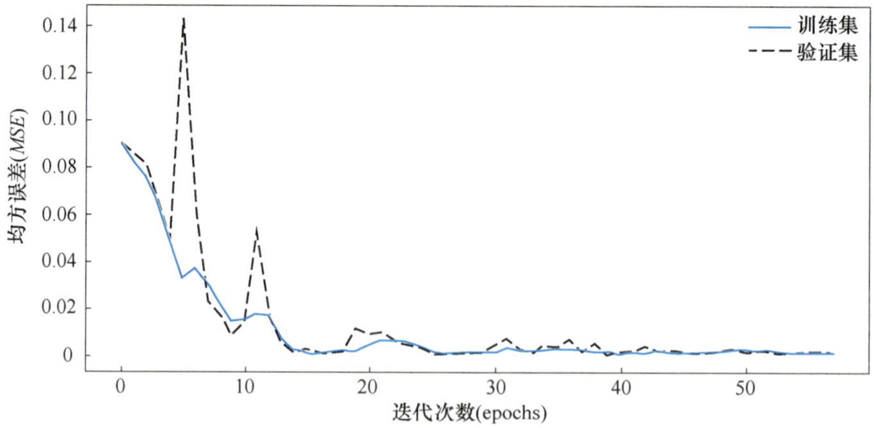

图 6-10 LSTM 碳含量模型损失下降曲线

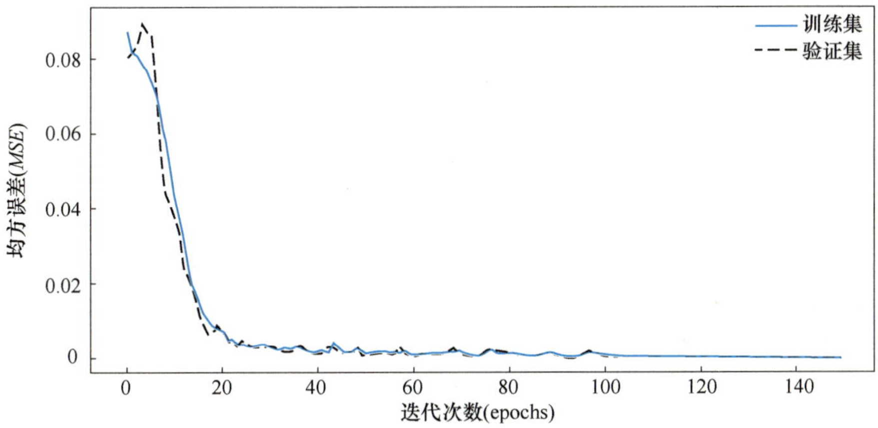

图 6-11 LSTM 温度模型损失下降曲线

LSTM 对测试集的碳含量、温度预测效果如图 6-12、图 6-13 所示。其中，实线表示模型的预测值，虚线表示模型的实际值。

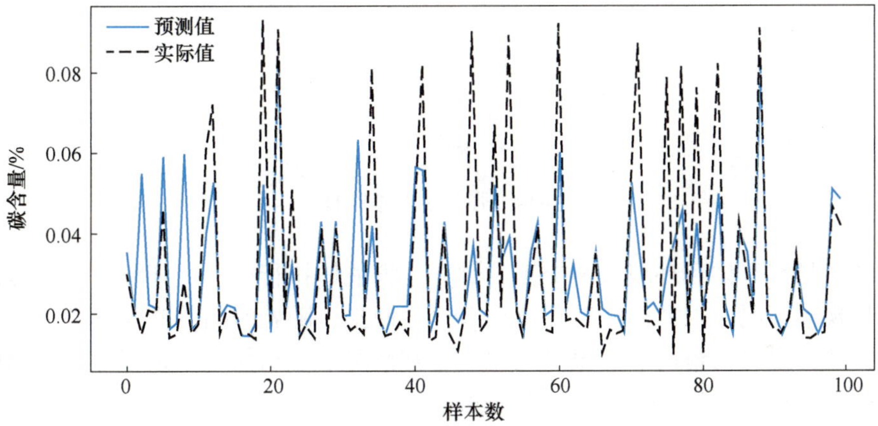

图 6-12 LSTM 碳含量预测效果

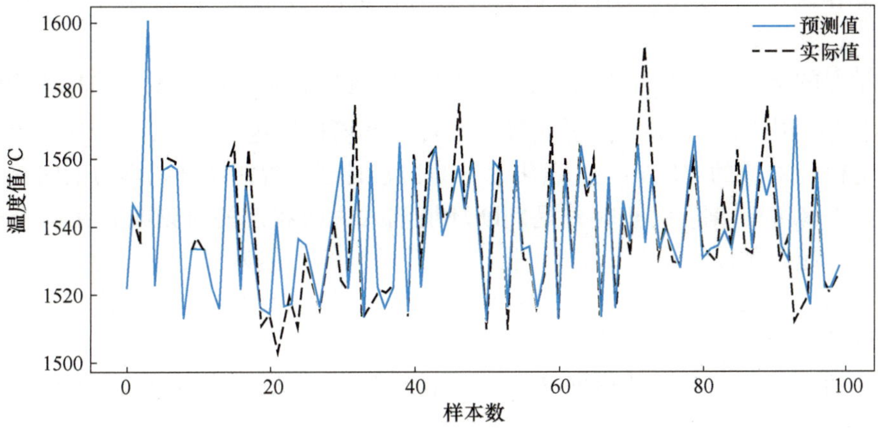

图 6-13 LSTM 温度预测效果

6.2 深度强化学习

6.2.1 强化学习

强化学习作为机器学习领域最著名的算法之一，强调如何基于环境而行动，以取得最大化的预期利益，是一种智能体在与环境的交互过程中自学习并向目标优化的方法，无需人们预先给定数据，其中学习和决策者称为智能体，与智能体进行交互的对象为环境。强化学习的框架如图 6-14 所示。

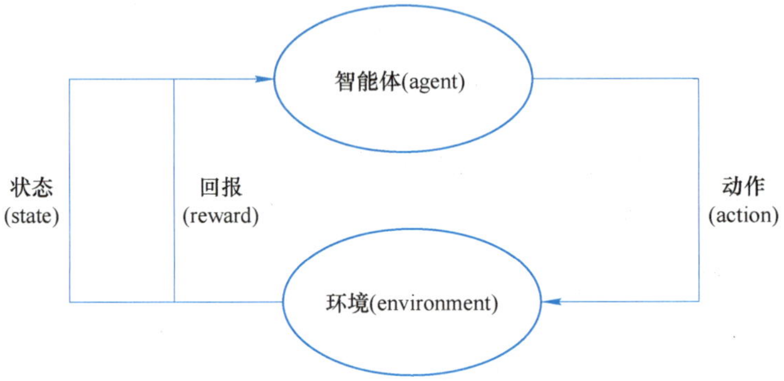

图 6-14 强化学习基本框架

强化学习是智能体和环境不断交互的过程，智能体执行操作，环境对操作做出响应并向智能体呈现新情况。与此同时，环境也会产生回报，随着时间的推移，智能体会不断试错和改进，使得最终获得的总回报最大化。通常情况下，动作可以是学习时做出的任何决定，而状态可以是所知道的任何可能对决策有用的信息。

强化学习在学习过程中，通过交互环境的状态 $s \in S$ 、智能体的动作 $a \in A$ 和环境的奖励 r 实现。其中 S、A 分别为环境的状态集合和智能体的动作集合。t 时刻智能体在状态 S_t 下选择动作 a_t，环境采取动作 a_t 得到的奖励会在 $t+1$ 时刻得到，用 r_{t+1} 来表示。

6.2.1.1 强化学习原理

强化学习的交互过程具体表现为：环境在 t 时刻产生状态 $s_t \in S$，此时智能体根据状态 s_t 在动作集合中选取动作 a_t，并传递至环境，环境执行这一动作，在 $t+1$ 时刻生成下一状态 s_{t+1} 和 a_t 对应的奖励 r_{t+1}。强化学习的初始时刻是智能体开始学习的时刻，即环境产生初始状态 s_0 的时刻。终止时刻是判断环境陷入失败状态的时刻或者在一个回合内的时间达到或者超出预设结束节点的时刻。一次开始至终止称为强化学习的一个回合，也叫做强化学习的一轮迭代。一般而言，智能体达到较优的学习需要大量的回合，通过不断试错，缓慢调整模型参数。

智能体的策略 π 指智能体根据状态 s_t 采取动作 a_t 的依据，智能体依据策略 $\pi(a_t|s_t)$ 选择动作，通过学习到的策略对环境决策或控制。引入奖励函数 R_s 和收获 G_t 的概念，以将全部时刻的奖励对当前的影响进行表征，奖励函数：

$$R_s = E(s_{t+1} \mid s_t = s) \tag{6-2}$$

该函数表示由 t 时刻的状态转移到 $t+1$ 时刻各种可能的状态时获得奖励的期望，我们可以通过评判执行动作 $a_t \in A$ 后所达到的效果来引导智能体的学习方向。收获函数：

$$G_t = r_{t+1} + \gamma r_{t+2} + \gamma^2 r_{t+3} + \cdots = \sum_{k=0}^{¥} \gamma^k r_{t+k+1} \tag{6-3}$$

式中，γ 为奖励衰减系数，取值范围为 [0, 1]。若 $\gamma = 0$，则收获仅由当前即时奖励确定，与后续延时奖励无关，若 $\gamma = 1$，则表示当前即时奖励与后续延时奖励对整体收获的影响别无二致。

6.2.1.2 马尔科夫决策过程

马尔科夫性是对每个状态性质的假设，指系统的下一状态 s_{t+1} 的概率分布只依赖于前一状态 s_t。具体表述为：对 $\forall t$，$\forall s_t$，$s_{t+1} \in S$，均有：

$$P(s_{t+1} \mid s_t) = P(s_{t+1} \mid s_1, s_2, \cdots, s_t) \tag{6-4}$$

状态转移概率可以表述为 $P_{SS'} = E(s_{t+1} = s' \mid s_t = s)$，同样地，在马尔科夫性假设下，策略函数可以表示为 $\pi(a \mid s) = P(a_t = a \mid s_t = s)$。

马尔科夫随机过程指的是每个状态均具有马尔科夫性质的随机变量序列，由状态和状态转移概率唯一决定，可以用二元组 (S, P) 来表示。马尔科夫奖励过程指对 (S, P) 添加奖励函数 R 和衰减系数 γ 的约束，由状态、状态转移概率和收获函数唯一决定，可以用四元组 (S, P, R, γ) 进行表示。马尔科夫决策过程是在奖励过程的基础上考虑对动作集 A 的影响，由状态、动作、状态转移概率及收获决定，可以用五元组 (S, A, P, R, γ) 来表示。上述决策过程的状态转移概率 P 和奖励 R 都应与状态集合 S 中的具体状态和动作集合 A 中的具体的动作对应，即：

$$\begin{gathered} P_{SS'}^a = E(s_{t+1} = s' \mid s_t = s, a_t = a) \\ R_S^a = E(r_{t+1} \mid s_t = s, a_t = a) \end{gathered} \tag{6-5}$$

由上式可知，当给定一个马尔科夫决策过程：(S, A, P, R, γ) 和一个策略 π 时，状态序列 s_1, s_2, … 是一个马尔科夫随机过程：(S, P^π)，即策略 π 使智能体在状态中进行选择；状态奖励联合序列 s_1, r_2, s_2, r_3, … 是一个马尔科夫奖励过程：(S, P^π, R^π, γ)，表示不同策略产生的奖励过程存在不同的状态和奖励。马尔科夫决策过程满足：

$$\begin{cases} P_{SS'}^\pi = \sum\limits_{a \in A} \pi(a \mid s) P_{SS'}^a \\ R_S^\pi = \sum\limits_{a \in A} \pi(a \mid s) R_S^a \end{cases} \tag{6-6}$$

一般情况下，所有的序列是无法被穷尽的，但是可以通过价值来评估收益。智能体在策略 π 和状态 s 时采取行动后的状态价值 $v_\pi(s)$ 指的是某一状态 s 起到的回报的期望，即：

$$v_\pi(s) = E_\pi(G_t \mid s_t = s) \tag{6-7}$$

对上式在马尔科夫假设下进行递归求解，可以得到 t 时刻的状态 s_t 与其下一时刻的状态 s_{t+1} 满足的递推式为：

$$v_\pi(s) = E_\pi(r_{t+1} + \gamma v_\pi(s_{t+1}) \mid s_t = s) \tag{6-8}$$

即一个状态的价值可以由该状态产生的奖励和后续状态的价值按一定比例衰减组成，该递推式就是著名的贝尔曼方程。

考虑到状态 s 和动作 a 联合的价值，动作价值函数 $q_\pi(s, a)$ 及其贝尔曼方程为：

$$q_\pi(s, a) = E_\pi(G_t \mid s_t = s, a_t = a)$$

$$q_\pi(s, a) = E_\pi(r_{t+1} + \gamma q_\pi(s_{t+1}, a_{t+1}) \mid s_t = s, a_t = a) \tag{6-9}$$

设 $t+1$ 时刻（下一时刻）的状态为 s'，由上述各式可以推出价值状态和动作价值之间的转化关系为：

$$\begin{cases} v_\pi(s) = \sum\limits_{a \in A} \pi(a \mid s) q_\pi(s, a) \\ q_\pi(s, a) = R_s^a + \gamma \sum\limits_{s' \in S} P_{SS'}^a v_\pi(s') \end{cases} \tag{6-10}$$

将上式相互结合可以得到价值函数的递推公式为：

$$\begin{cases} v_\pi(s) = \sum\limits_{a \in A} \pi(a \mid s)(R_s^a + \gamma \sum\limits_{s' \in S} P_{SS'}^a v_\pi(s')) \\ q_\pi(s, a) = R_s^a + \gamma \sum\limits_{s' \in S} P_{SS'}^a \sum\limits_{a' \in A} \pi(a' \mid s') q_\pi(s', a') \end{cases} \tag{6-11}$$

强化学习的求解过程是获取最优策略的过程。对智能体而言，最优策略指的是在环境的交互中，获得最多收获的策略。寻找最优策略，可以采取求局部最优解的方式，即通过比较若干不同策略的优劣从而选取当前的最优解。若通过价值函数求解 $\nu^*(s) = \max\limits_\pi \nu_\pi(s)$ 或 $q^*(s, a) = \max\limits_\pi q_\pi(s, a)$，$\nu^*(s)$ 或 $q^*(s, a)$ 所对应的策略 π^* 即为强化学习问题的解。基于 $q^*(s, a)$ 的最优策略可以定义为：

$$\pi^*(a \mid s) = \begin{cases} 1 & a = \arg\max\limits_{a \in A} q^*(s, a) \\ 0 & \text{其他} \end{cases} \tag{6-12}$$

综上所述，不难看出马尔科夫决策过程是一个序贯决策的数学模型，同时也是强化学习的本质。

6.2.1.3 时序差分法

正常情况下，完整的状态序列无法被完全穷尽，这也就意味着每个状态的收获无法被准确获取。受贝尔曼方程的启发，产生了时序差分法，即用 $r_{t+1} + \gamma v_\pi(s_{t+1})$ 近似代替回报 G_t。应用时序差分法求解强化学习问题只需要两个连续的状态及其对应的奖励。若假设价值函数为 $V(s)$，则 $r_{t+1} + \gamma V(s_{t+1})$ 称为 *TD* 目标值，$r_{t+1} + \gamma V(s_{t+1}) - V(s_t)$ 被称为 *TD* 误差。时序差分法用 *TD* 目标值近似代替收获 G_t。时序差分法的每轮迭代首先进行价值评估，并计算出当前价值，然后根据一定的方法更新当前策略 π，最后根据最优价值 ν^* 得到最优策略 π^*。

价值计算迭代的思路由蒙特卡洛提出，也被称为蒙特卡洛法。假设序列完整，对 t 时刻的固定状态 s，对整个序列求此状态下的收获 G_t，并取平均值。即：

$$v_\pi(s) \approx \text{average}(G_t), \quad \text{s. t. } s_t = s$$

$$G_t = r_{t+1} + \gamma r_{t+2} + \gamma^2 r_{t+3} + \cdots + \gamma^{T-t-1} r_T \tag{6-13}$$

使用累进更新平均值的方法求解，即若求 x_k 的均值 μ_k，则：

$$\mu_k = \frac{\sum\limits_{j=1}^{k} x_j}{k} = \frac{(k-1)\mu_{k-1} + x_k}{k} = \mu_{k-1} + (x_k - \mu_{k-1})/k \tag{6-14}$$

当第 k 次迭代计算当前轮收获均值 μ_k 时，需要使用上一轮保存的收获均值 μ_{k-1} 以及获取当前轮次的收获 x_k。将状态、收获、价值代入上式，可以得到迭代公式如下：

$$N(s_t) \leftarrow N(s_t) + 1$$

$$V(s_t) \leftarrow V(s_t) + (G_t - V(s_t))/N(s_t) \tag{6-15}$$

由于时序差分法没有完整的序列，无法获得 $N(s_t)$ 的值，若使用系数 $\alpha \in [0, 1]$ 代替 $N(s_t)$，并将 *TD* 目标值代入上式，即可对时序差分法的状态价值函数进行更新，更新为：

$$V(s_t) \leftarrow V(s_t) + \alpha(r_{t+1} + \gamma V(s_{t+1}) - V(s_t)) \tag{6-16}$$

同样地，假设 t 时刻动作价值函数为 $Q(s_t, a_t)$，则时序差分法的动作价值函数更新为：

$$Q(s_t, a_t) \leftarrow Q(s_t, a_t) + \alpha(r_{t+1} + \gamma Q(s_{t+1}, a_{t+1}) - Q(s_t, a_t)) \tag{6-17}$$

基于价值函数的策略更新方法一般使用 ε- 贪婪法。ε- 贪婪法的 ε 通常取较小的值，策略更新时，将使用 $p = 1 - \varepsilon$ 的概率选择目前认为有最大价值的行为，使用 $p = \varepsilon$ 的概率从所有行为中随机选择。即 ε- 贪婪法下的策略函数为：

$$\pi(a|s) = \begin{cases} \dfrac{\varepsilon}{m} + 1 - \varepsilon & a^* = \arg\max\limits_{a \in A} q(s, a) \\ \dfrac{\varepsilon}{m} & \text{其他} \end{cases} \tag{6-18}$$

其中，m 为所有可选行为的个数。即在智能体的训练过程中，会有 $p=\varepsilon$ 的概率不去选择使当前回合的迭代价值最大的动作，而是在动作空间中任意选择。$\varepsilon = 0$ 时，该策略更新方法成为贪婪法。在实际应用过程中，我们往往会人工对 ε 施加一些规则，人工施加准则时，大致遵循以下思路，即训练前期鼓励算法积极探索，在有足够的训练样本后期，算法变得保守，以贪婪为主，从而使算法收敛更加稳定，同时训练时间也不会过长。

6.2.2 深度强化学习模型算法介绍

深度强化学习的主要方法如图 6-15 所示，其中基于价值函数和策略梯度的深度强化学习方法是无模型的，基于搜索和监督功能的方法则是有模型的。

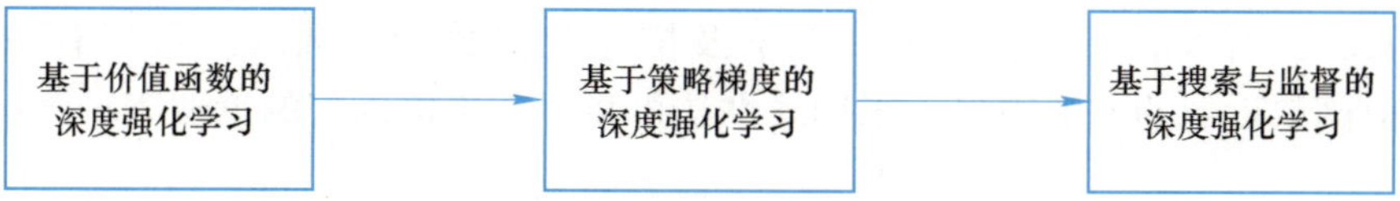

图 6-15 深度强化学习主要方法及发展历程

基于价值函数的深度强化学习方法发展最早、应用最为广泛。起源于 Mnih 等人为解决视觉相关的控制问题提出的深 Q 网络（deep Q network，DQN）算法。替代传统 Q 学习（Q-learning）算法中的动作价值表，深度 Q 网络将动作价值函数近似为一个卷积神经网络（convolutional neural networks，CNN），并称为动作价值网络。除此之外，深度 Q 网络还创新性地使用了经验回放机制，使用经验回放记忆库来存储每次和环境交互得到的奖励与状态，用于更新迭代动作价值网络的参数。深度 Q 网络的改进版使用同构网络产生一个作为目标的动作价值，以此减少当前和目标动作价值之间的关联，提升算法的稳定性。同时，研究者在实验中使用同一套训练网络和算法参数处理不同的视觉感知复杂任务，以此说明了深度 Q 网络的通用性。

基于策略梯度的深度强化学习方法主要用于解决基于动作价值的算法存在的诸多问题，如对连续动作的处理能力尚且不足等。Actor-Critic 算法是其与价值函数方法的结合实现。在此基础上，Silver 等人和 Lillicrap 等人使用确定性策略梯度的原理，提出了深度确定性策略梯度（deep deterministic policy gradient，DDPG）算法。实验表明，该算法在连续动作空间中比较稳定，优化策略的求解速度也相较基于动作价值的计算方式更快。

基于搜索和监督功能的深度强化学习方法广泛应用于游戏博弈中的行动规划问题。AlphaGo 围棋算法将深度神经网络与经典的启发式搜索方式——蒙特卡洛树搜索法（Monte-Carlo tree search，MCTS）相结合，并通过额外的人为监督促进策略搜索。该算法使用蒙特卡洛树搜索法近似估计价值函数，并基于此价值函数使用卷积神经网络评估围棋布局。AlphaGo 也成为首个在国际围棋比赛中胜出了的人工智能机器人。

6.2.2.1 价值函数方法

深度强化学习的价值函数起源于传统强化学习中的一种使用时序差分法来求解离线控制问题的经典方法——Q 学习。Q 学习直接使用一张联合状态和动作构建的表格（矩阵）存储动作价值，称为 Q 表。动作从动作对应的动作价值中按照给定策略选取。除此之外，Q 学习的动作选择和价值函数更新是两个不同的策略。对于当前时刻的状态 s，Q 学习首先使用 ε-贪婪法的学习策略，从初始化的 Q 表中选择动作 a 下发到环境，随后得到奖励 r 和下一时刻的状态 s'，此过程的动作价值的迭代更新式为：

$$Q(s, a) \leftarrow Q(s, a) + \alpha(r + \gamma \max_{a} Q(s', a) - Q(s, a)) \tag{6-19}$$

可以看出，价值函数的更新贪婪地选择了使 $Q(s', a)$ 最大的动作 a'，但此动作并没有在实际回合中执行。环境中实际使用的动作将在 $Q(s, a)$ 更新后根据状态 a'使用 ε-贪婪法从 Q 表中直接选择。

Q 学习使用的状态是离散的有限个状态集合，对于复杂的离散状态集合乃至连续的状态，维护特别大的 Q 表将消耗大量内存。应对此类问题，可以考虑对价值函数使用函数进行近似表示，引入状态价值近似函数 $\hat{v}$ 及描述此函数的参数 w，希望有 $\hat{v}(s, w) \approx v(s)$。价值函数近似的方法很多，采用线性法可将状态价值函数的近似表示为：

$$\hat{v}(s, w) \approx f(s)^{\mathrm{T}} w \tag{6-20}$$

式中，$f(s)$ 是状态 s 的特征向量。价值近似方法除线性表示法外还可以使用决策树、傅里叶变换等，而最常见最广泛的方法是使用神经网络。这样，无论多大维度的状态 s，都可以通过矩阵运算的方式将其降维输出为单值。

同样地，对于动作价值函数，希望有 $\hat{q}(s, a, w) \approx q_{\pi}(s, a)$，这种表示方法同时对状态和动作进行了降维。也可以只对状态降维，只输入状态 s 的特征向量，对动作空间的所有动作就均输出其期望价值函数的近似。即对每个 a_i 输出一个 $\hat{q}(s, a, w)$。

深度 Q 学习算法的基本思路来源于 Q 学习，它将式（6-20）的动作价值计算替换为一个神经网络并称其为动作价值网络（简称 Q 网络）。动作价值网络没有对神经网络结构进行具体要求，输入层是状态 s 对应的状态向量 $\phi(s)$，输出层是一个值，表示所有动作在该状态下的动作价值。除此之外，深度 Q 学习算法还创新性地使用一个经验回放记忆库保存每次的状态、动作、奖励与状态更新情况，随后从经验回放记忆库中采样这些数据来训练神经网络，这个过程称为经验回放（experience replay）。训练的目标动作价值是通过时序差分法定义的，即：

$$y_j = r + \gamma \max_{a'} Q(s', a', w) \tag{6-21}$$

动作价值网络的误差是网络计算的动作价值和经验回放得到的目标动作价值的均方。即网络训练的损失函数为：

$$L(w) = E[(r + \gamma \max_{a'} Q(s', a', w) - Q(s, a, w))] \tag{6-22}$$

深度 Q 学习算法目标动作价值的计算使用了当前要训练的动作价值网络参数，与此同时目标动作价值又作为优化的目标对动作价值网络参数进行更新，两者的循环依赖不利于算法收敛。一个可行的改进方法是使用两个结构完全相同的 Q 网络，一个用来进行动作的选择和模型参数的更新，另一个专门用于目标动作价值的计算。目标网络的参数并非每次训练都更新，而是采取延时更新的方式，减少目标和当前动作价值间的关联。改进后算法的目标动作价值计算式为：

$$y_j = r_j + \gamma \max_{a'} Q'(s_j', a_j', w') \tag{6-23}$$

Q 网络训练的损失函数为：

$$L(w) = E[(r + \gamma \max_{a'} Q'(s', a', w') - Q(s, a, w))^2] \tag{6-24}$$

上述方法的目标动作价值都是通过贪婪法得到的，这种最大化的方式快速使动作价值向可能优化的方向靠拢，但与此同时也极易导致过估计（overestimation），即出现：

$$E(\max(y_1, y_2, \cdots)) \geqslant \max(E(y_1, y_2, \cdots)) \tag{6-25}$$

的情况，使算法模型有较大的偏差。过度估计的消除需要将目标动作价值的动作选择和结果计算这两步相互分离。首先，当前网络计算出最大动作价值对应的动作，即：

$$a^{\max}(s_j', w) = \arg\max_{a'} Q(s_j', a, w) \tag{6-26}$$

然后，目标网络利用此动作计算目标动作价值。即：

$$y_j = r_j + \gamma Q'(s_j', a^{\max}(s_j', w), w') \tag{6-27}$$

综合上述两个式子，可以得到双深度 Q 网络的目标动作价值计算式：

$$y_j = r_j + \gamma Q'(s_j', \arg\max_{a'} Q(s_j', a, w), w') \tag{6-28}$$

综上，价值函数方法即对动作价值函数使用神经网络进行建模，同时使用 *TD* 目标值作为神经网络模型优化的目标进行有监督学习。

6.2.2.2 策略梯度优化

同价值函数方法类似，策略梯度优化对策略函数 π 进行近似表示，即引入描述此函数的参数 θ，希望有：

$$\pi_\theta(s, a) = P(a|s, \theta) \approx \pi(a|s) \tag{6-29}$$

策略 π 经过抽象后是一个连续函数，而最常用的连续函数优化方法为梯度上升法。那么若以初始状态收获的期望为梯度优化的目标，则优化目标表示为：

$$J(\theta) = V_{\pi_\theta}(s_1) = E_{\pi_\theta}(G_1) \tag{6-30}$$

上式求导的梯度可以表示为：

$$\nabla_\theta J(\theta) = E_{\pi_\theta}(\nabla_\theta \log\pi_\theta(s,\ a) Q_\pi(s,\ a) \tag{6-31}$$

式中，$\nabla_\theta \log\pi_\theta(s,\ a)$ 称为分值函数。策略函数往往根据实际情况选择，如从高斯分布 $N(f(s)^{\mathrm{T}}\theta,\ \sigma^2)$ 中产生高斯策略的行为对应的分值函数为：

$$\nabla_\theta \log\pi_\theta(s,\ a) = (a - f(s)^{\mathrm{T}}\theta) f(s)/\sigma^2 \tag{6-32}$$

蒙特卡罗策略梯度强化算法是最简单的策略梯度计算方法，使用梯度上升法更新参数 θ，并将策略梯度式中的 $Q_\pi(s,\ a)$ 用状态价值函数 $v(s)$ 近似替代，表示为：

$$\theta \leftarrow \theta + \alpha \nabla_\theta \log\pi_\theta(s_t,\ a_t) \nu_t \tag{6-33}$$

6.2.2.3 Actor-Critic

Actor-Critic 算法中，将生成动作并和环境交互的策略模块称为演员（actor）；将评估策略的表现并进一步指导其动作生成的价值模块称为评价者（critic），智能体简化结构如图 6-16 所示。

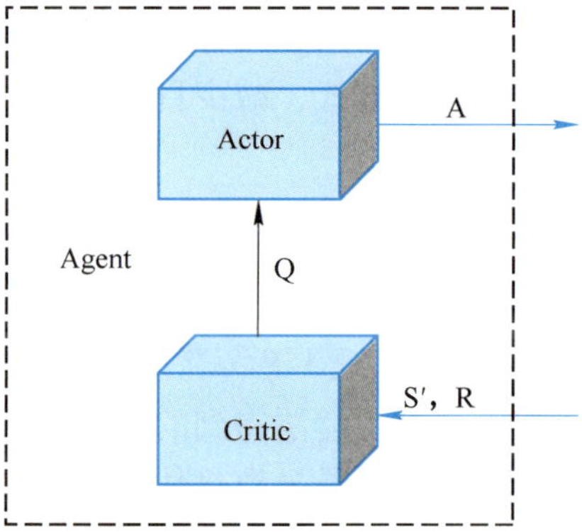

图 6-16 Actor-Critic 智能体简化结构

具体来说，Actor-Critic 算法依照下面四个步骤逐步迭代更新：

（1）价值模块计算一个最优动作价值 Q；

（2）策略模块使用最优动作价值 Q 更新策略函数的参数 θ，随后将动作 A 下发到环境中，得到奖励 R 和新的状态 S′；

（3）价值模块使用奖励 R 和状态 S′更新价值函数的参数 w；

（4）价值模块使用更新后的网络参数 w 帮助策略模块计算状态的最优动作价值。不难看出，Actor-Critic 算法是使用价值函数方法的策略梯度优化方法，扬长避短，具有良好的实用价值。

6.2.3 应用案例——基于深度强化学习的训练样本自适应目标检测算法

在目标检测方法中，模型通过对训练样本的学习对目标物体进行定位和识别。与单纯识别的图像分类任务不同，目标检测中物体的定位任务要求模型对于物体的空间信息保持敏感。目标检测模型会根据物体表达的形式来预设参考位置，例如候选框和锚框，这些参考位置与物体产生位置交集从而产生了相对位置关系。目标检测定位任务通过回归来学习这些相对位置关系，达到预测目标位置的目的。为了检测到所有目标，参考位置覆盖了整幅图像，这种高密度的参考位置又被称为密集采样。样本的采集根据参考位置与物体实际位置的相对关系（例如 IoU）被划分为正训练样本和负训练样本两类，模型通过正负训练样本来学习前景目标和背景。但前景相比于背景所占空间比重太低，导致了负训练样本的数量远大于正训练样本，导致了模型在训练的过程中更偏向于学习识别简单的背景而非目标本身。合理的正负样本比例是解决类不平衡导致模型学习偏见的关键，因此基于数据驱动的动态划分策略是重要手段，这有效缓解了因为固定划分阈值导致的大量负训练样本；基于深度强化学习的智能体以动态阈值为依据，通过形变操纵将负训练样本转化为正训练样本。在两种手段的干预下，调整正负训练样本比例。

6.2.3.1 基于深度强化学习的训练样本自适应方法 RTSA

在模型的框架结构上采用 RetinaNet 的设置，在骨干网络（backbone）的选择上选择 ResNet，从骨干网络输出对接到模型的颈部网络（neck）上，模型选用的是 FPN 网络，从颈部网络输出 5 种尺度的特征图，这些特征图会传输到模型的检测头（head）部分，用来对目标进行位置和类别的预测。RetinaNet 是一种基于框式表达的目标检测模型，所以对于目标的位置和类别的预测是建立在锚框（anchor）的基础上。模型通过检测头生成的锚框来对图像中的目标进行采样学习，在这个环节上就涉及样本划分策略问题，RTSA 就是作用在这个环节上的。模型通过样本划分（bboxassigner）来决定回传给模型的样本类型，即正负样本。

样本划分策略 RTSA 由两个模块构成，分别是判断模块和优化模块。判断模块的作用在于对采样的锚框进行训练样本划分，从中挑选出用来进行定位和分类的正训练样本和用来做背景的负训练样本。与以往目标检测方法通过设置特定的阈值来划分正负训练样本不同，划分策略 RTSA 是一种通过样本自身统计属性确定阈值的动态划分方法。受到样本划分策略 ATSS 的启发，RTSA 通过 L_2 距离挑选出离目标几何中心最近的一组锚框 $A = \{A^1, A^2, \cdots, A^l\}$，然后对锚框进行数理统计计算得到动态阈值 Tg。

优化模块在判断模块之后，其作用在于优化经过判断模块判别后的负训练样本，即通过引入强化学习机制，样本划分策略通过智能体操控负训练样本锚框的位置、宽高比、大小来达到正样本阈值的标准，以此实现在提升正训练样本数量的同时降低负样本的数量，进一步缓解样本比例失衡带来的训练问题。训练样本划分策略 RTSA 算法的伪代码如下所示。

算法：训练样本划分策略 RTSA 算法

输入：图像 I

输出：正训练样本采样集合 P，负训练样本采样集合 N

初始化定义：图像中的目标真值边界框 $g \in G$

金字塔特征层数量 l

在第 i 层特征层的锚框 $A_i \in A$

目标真值 g 的正训练样本候选集合 g：$C_g \leftarrow \varnothing$

智能体动作集合定义：

action $a \in$ (Up, down, left, right, zoom, out, zoom, in, stop)

for each $g \in G$ do
  for each level $i \in [1, l]$ do
    In A_i, select the k anchors that are closest to the center point of g
    based on the L2 distance $\rightarrow S_i$
    $C_g = C_g \cup S_i$
    end for
IoU threshold for g: $T_g = \text{mean}(\text{IoU}(C_g, g)) + \text{std}(\text{IoU}(C_g, g))$
  for each $c \in C_g$ do
    if $\text{IoU}(c, g) \geqslant T_g$ and center of c in g then
      $P = P \cup c$
    end if
  end for
end for
$N = A - P$
for each $c \in N$ do
  agent adopts a series of a to act on c according to the feedback r
  until it satisfies formula 3. 2
  $P = P \cup c$
end for

6.2.3.2 实验数据及结果分析

实验数据采用医疗图像领域中的手术数据集，为了论证训练样本划分策略算法 RTSA 的效果，选择了同种类型且网络结构相似的算法 ATSS 算法和 AutoAssign 算法进行对比。随后利用基于 RTSA 样本划分策略的目标检测方法对腹腔镜手术中的医疗器械进行识别并分析对手术效果进行评估。

6.2.3.3 实验环境和设置

在 Ubuntu16. 04LTS 的系统环境下实现，实验硬件配置为：Intel ® Core^{TM} i7-8700 CPU 处理器，32G 内存，GeForce RTX 2080ti，搭建的底层环境中 Python3. 7，PyTorch 1. 7. 1，CUDA 10. 1。在实验中，采用 ResNet 作为骨干网络。随机梯度下降（SGD）优化器用于训练。随着 500 次迭代的预热，初始学习率设置为 0. 01，并且在每个衰减步骤学习率降低 0. 1 倍。动量和权重衰减分别设置为 0. 9 和 0. 0001。

6.2.3.4 实验数据集

本文选用 m2cai16-tool-locations 和 AJU-Set 作为数据集来对 RTSA 和其他目标检测方法做对比，以此在公平的环境中测试它们在特殊专业场景下的各项性能。数据集 m2cai16-

tool-locations 来源于外科医生在 m2cai16-tool 中对手术工具空间位置信息的扩展。m2cai16-tool 包含 15 个 25fps 记录的腹腔镜手术视频，通过标签处理以每秒 1 帧的速度获得 12541 个测试样本和 23287 个训练样本。对于自动评估手术工具使用情况的任务，m2cai16-tool 仅包含手术工具是否存储的信息，无法满足需求。为了满足任务需要，在外科医生的协助下，从 m2cai16-tool 中选取了 2532 帧进行空间信息标注。按照经典的划分策略，将数据集按照 50%、30%、20%的比例划分为训练集、测试集和验证集。考虑到手术环境的复杂背景，单个数据集可能会降低目标检测模型的性能。为了解决这个问题，在吉林大学第二医院的协助下，获得了 20 个腹腔镜胆囊切除手术视频，形成了一个新的数据集 AJU-Set。AJU-Set，具有相同的记录率和标记率为 m2cai16-tool-locations，包含 3164 个标记帧，并保持相同的数据集划分比例。在专业外科医生的协助下，视频中的所有手术工具均已准确标注。

6.2.3.5 准确率对比实验

在这一部分，本节将设置两组实验，实验 1 在统一的骨干网络结构下对比测试训练样本划分策略算法 RTSA、ATSS、AutoAssign 在数据集上的准确率表现。从模型设计上来看，骨干网络（backbone）统一采用 ResNet，这是由于 RTSA 和 ATSS 均在 RetinaNet 的基础上改进实现，而 AutoAssign 是在 FCOS 的基础上改进实现。在对比实验中，将 RetinaNet 也作为基线方法来进行比对，以此来观察训练样本划分策略和损失函数两种影响因素对于正负样本不平衡引发的模型训练问题的效果。实验 2 将训练样本划分策略算法 RTSA 应用在当前主要的目标检测方法上，以此来进一步验证 RTSA 的有效性和扩展性。从表 6-2 中可以观察到，实验 1 中训练样本划分策略 RTSA 相比 ATSS 和 AutoAssign 给予了基础方法 RetinaNet 在准确率上更高的提升。因为 RTSA 策略算法是在 ATSS 的基础上改进而来的，所以证明 RTSA 中基于深度强化学习的优化模块对于负训练样本的转化操作产生了正面效果，同时也说明优化正负训练样本比例可以从根本上缓解由训练样本失衡造成的模型性能损失。从表中可以观察到在训练样本划分策略应用的 RetinaNet 上添加目标损失函数优化并没有带来准确率上的提升，这说明样本划分策略和损失函数两种对于正负样本不平衡问题上的优化效果无法叠加。实验 1 的对比结果验证了训练样本划分策略 RTSA 算法的有效性，尤其验证了引入强化学习机制带来的作用。实验 2 中的数据表明了在引入了训练样本划分策略 RTSA 算法后，为目标检测模型带来了准确度上不同幅度的提升，相比于两阶段目标检测方法，对于一阶段目标检测方法的提升幅度更显著，这验证了两阶段目标检测方法得益于其预处理阶段的效果，正负训练样本比例较一阶段目标检测模型更加平衡。实验 2 的对比结果说明 RTSA 算法在训练样本比例失衡条件下的模型上更有效果，适用于一阶段目标检测模型。

表 6-2 准确率对比实验

方法		骨干网络	mAP/% (m2cai16-tool-locations)	mAP/% (AJU-Set)
实验 1	RetinaNet	ResNet-50	65.5	70.7
	AutoAssign	ResNet-50	70.1	77.3

续表 6-2

方法		骨干网络	mAP/% (m2cai16-tool-locations)	mAP/% (AJU-Set)
实验 1	ATSS	ResNet-50	68.1	74.8
	RTSA	ResNet-50	72.3	79.5
实验 2	Faster R-CNN	ResNet-50	68.2	74.6
	Cascade R-CNN	ResNet-50	70.1	77.3
	GA-RPN	ResNet-50	70.7	78.1
	FoveaBox	ResNet-50	63.9	70.7
	FSAF	ResNet-50	65.2	72.1
	Faster R-CNN (RTSA)	ResNet-50	68.4 (↑0.2)	74.9 (↑0.3)
	Cascade R-CNN (RTSA)	ResNet-50	70.2 (↑0.1)	77.7 (↑0.4)
	GA-RPN (RTSA)	ResNet-50	72.0 (↑1.3)	80.3 (↑2.2)
	FoveaBox (RTSA)	ResNet-50	65.5 (↑1.6)	72.6 (↑1.9)
	FSAF (RTSA)	ResNet-50	66.6 (↑1.4)	74.2 (↑2.1)

6.3 生成式对抗神经网络

生成式对抗神经网络由 Ian J. Goodfellow 等人于 2014 年提出，是深度学习模型的一种，同时也是近年来在复杂分布上进行无监督学习的最具前景的方法之一，生成式对抗神经网络主要由生成器和判别器构成，通过生成器和判别器的相互博弈，来得到较好的输出结果。在原始的生成式对抗网络的理论中，并不要求生成器和判别器均为神经网络，只要是能够拟合响应生成和判别的函数即可，但是在实际应用中，采用深度神经网络来搭建生成器和判别器取得了较好的结果。因此，实际应用中，人们一般采用深度神经网络来搭建生成器和判别器。

6.3.1 生成式对抗神经网络的基本结构及原理

生成式对抗神经网络由一个生成器单元 G 和一个判别器单元 D 组成，整个网络结构的示意图如图 6-17 所示，生成器 G 的目标是学习到目标域样本的数据分布，以便更好地生成与目标域样本类似的样本数据；判别器 D 的目标是对输入样本来源做出准确判别，即精准地区分出输入判别器 D 的输入样本是真实的样本数据还是生成器 G 的生成样本数据。生成器单元和判别器单元通常由多层感知机或深度神经网络搭建，以实现更优的特征学习和样本拟合能力，整个网络的具体实现流程如下：生成器 G 接收到随机变量 z，并基于该变量生成样本 $G(z)$；判别器 D 一方面接收真实样本 x，另一方面接收生成样本 G

(z)，通过判别后，输出该样本为真实样本的概率。在训练的过程中，生成器 G 和判别器 D 不断进行博弈并提升各自性能，生成器 G 逐步学习目标域样本的数据分布，并尽可能地生成与目标域样本类似的数据去欺骗判别器 D，最大程度上提高判别器 D 出错的概率；判别器 D 的目标是尽可能地将真实样本和生成样本区分开来。最终，在较为理想的情况下，生成器 G 准确学习到了目标域样本的数据分布，生成能够“以假乱真”的样本数据；同时，判别器 D 无法对真实样本和生成样本做出正确判别，整个网络达到了纳什均衡的状态。

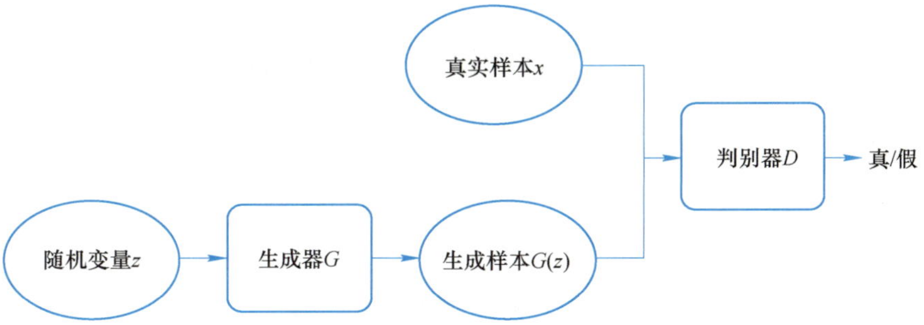

图 6-17　生成式对抗网络示意图

训练生成式对抗网络的损失函数在数学上可以表示为：

$$\min_{G}\max_{D}V(D,\ G)=E_x[\log D(x)]+E_z[\log(1-D(G(z)))] \tag{6-34}$$

式中，G 表示生成器；D 表示判别器；x 表示真实样本；z 表示随机变量；E 表示取期望；$D(x)$ 表示判别器 D 判别输入样本为真实样本的概率，取值范围在0和1之间，数值越大，表示判别器 D 认为其为真实样本的概率越大。生成器 G 的目标是最小化该损失函数，即让判别器 D 判别生成器 G 的生成样本为真实样本，实现 $D(G(z))=1$；判别器 D 的目标是最大化该损失函数，即准确分辨出真实样本和生成样本，实现 $D(x)=1$ 和 $D(G(z))=0$。在训练生成式对抗网络时，生成器 G 和判别器 D 两者间交替着进行训练，首先固定生成器 G，对判别器 D 进行训练，训练的目的是提高判别器 D 对真实数据和虚假数据的判别能力，使其能够精准地判断数据的来源。若数据为真，则判别器 D 将输出 1 代表真；若数据为通过生成器 G 生成的虚假样本，判别器 D 将输出 0 代表假。继而固定判别模型，对生成模型进行训练，使得生成模型尽可能地生成判别模型会判别为真的虚假数据。生成式对抗神经网络的核心思想即为生成模型和判别模型的相互博弈，在博弈中共同提升各自的能力，直至纳什平衡，其训练算法如图 6-18 所示。

生成式对抗神经网络自提出以来，在各大领域中取得了杰出的成果，但是在实际应用过程中，人们发现该算法还存在一些问题，比如生成模型和判别模型的训练不同步，生成模型生成的数据准确率很低且无法对生成数据进行人工干预，将模型训练至纳什平衡比较困难等，学者们为解决上述问题，提出了生成式对抗神经网络的衍生模型。

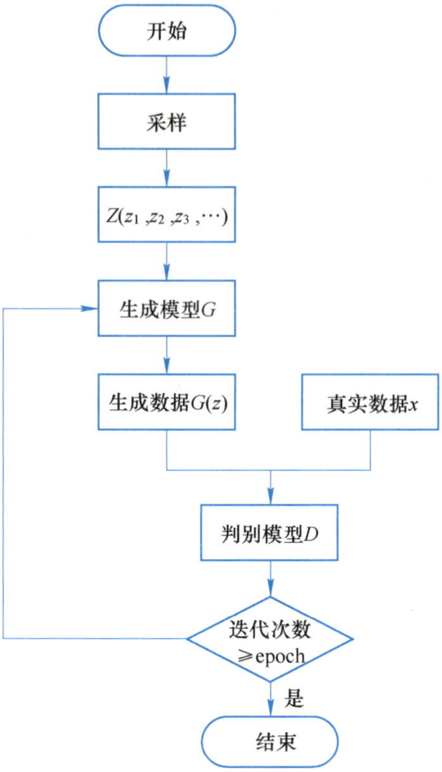

图 6-18　对抗神经网络训练算法图

6.3.2 生成式对抗神经网络的衍生模型

6.3.2.1　条件式生成对抗网络

生成式对抗网络无需预先假设目标域样本的数据分布，可通过训练直接对数据分布进行学习和拟合，并在理论上完全逼近目标域样本的数据分布曲线。但该生成方式在数据生成的过程中缺少约束，尤其是在面对图像数据等较为复杂的数据时，数据的生成效果往往不够理想，并且有较多的噪声。为了解决该问题，Mirza 等人提出了条件式生成对抗网络，该模型通过对生成器和判别器增加额外信息作为约束条件，来指导目标域数据样本的生成。额外的附加条件可以是各种有意义的信息，比如标签信息、图像信息等，甚至可以是来自不同模态的数据。条件式生成对抗网络的示意图如图 6-19 所示，其中 y 代表附加的额外信息。

条件式生成对抗网络的损失函数在数学上可以表示为：

$$\min_G \max_D V(D, G) = E_x[\log D(x|y)] + E_z[\log(1 - D(G(z|y)))] \tag{6-35}$$

式中，y 表示额外附件信息；G 表示生成器；D 表示判别器；x 表示真实样本；z 表示随机变量；E 表示取期望；$D(x|y)$ 表示判别器 D 判别输入样本为真实样本的概率，取值范围在 0 和 1 之间，数值越大，表示判别器 D 认为其为真实样本的概率越大。生成器 G 的目标是最小化该损失函数，即让判别器 D 判别生成器 G 的生成样本为真实样本，实现

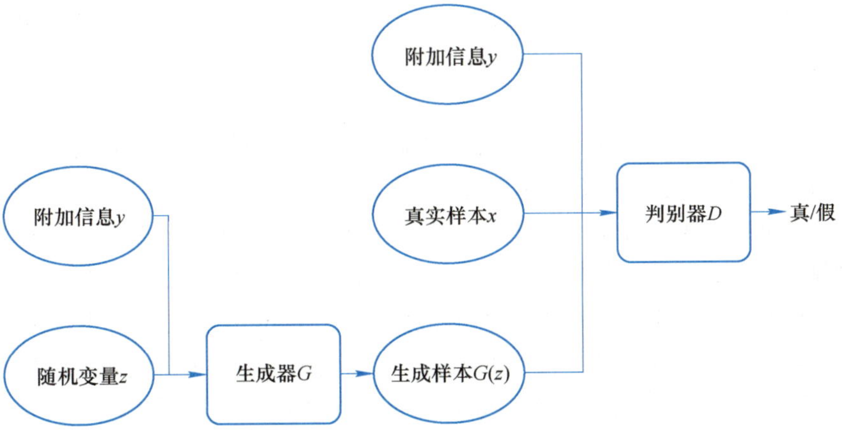

图 6-19 条件式生成对抗网络流程图

$D(G(z|y))=1$；判别器 D 的目标是最大化该损失函数，即准确分辨出真实样本和生成样本，实现 $D(x|y)=1$ 和 $D(G(z|y))=0$。

基于条件式生成对抗网络，Isola 等提出了一个从图像到图像转换的通用框架 pix2pix，如图 6-20 所示。其中，x 表示源域图像，y 表示目标域图像，G 表示生成器，D 表示判别器，$G(x)$ 表示生成器根据源域图像生成的目标域图像。

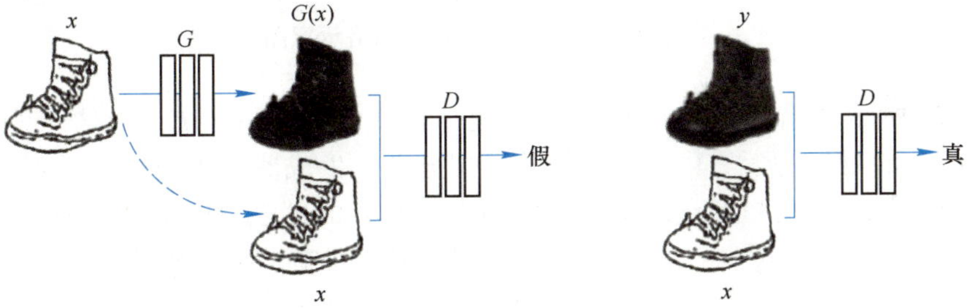

图 6-20 pix2pix 示意图

判别器 D 的目标是准确分辨出目标域真实图像和生成器输出的生成图像；生成器 G 的目标是根据输入的源域图像生成与目标域图像类似的图像数据，进而混淆判别器，使其无法作出正确判断。与普通的生成式对抗神经网络相比，该网络结构最大的不同就是在生成器和判别器都附加输入了源域图像，即生成器可以根据输入的源域图像，来进行图像数据的生成，而不是根据噪声信号进行生成，极大地改善了图像生成的效果。判别器也可以参照源域图像来对输入图像进行准确判别，极大地提高了判别性能。在此条件下，与普通的生成式对抗神经网络类似，生成器和判别器交替训练，各自性能不断提升，最终达到生成器可以生成“以假乱真”的目标图像的理论目标。目前，pix2pix 框架已经广泛应用于图像分类、图像风格转换、图像去雨、图像生成等图像处理任务中，并展示出了良好的图像生成效果。

6.3.2.2 循环式生成对抗网络

基于 pix2pix 的通用框架在图像生成领域展现出了良好的性能，但在该框架下，训练网络需要成对的图像数据所构建的数据集。但在实际应用中，受外界条件、采集设备、成本控制等因素的限制，获取成对的图像数据并不是一件很容易实现的事情。为了克服这个问题，Zhu 等提出了循环式生成对抗网络（cycle-consistent generative adversarial networks，CycleGAN），该网络可以在没有成对图像作为训练数据的条件下，完成图像从源域到目标域的转换。循环式生成对抗神经网络的示意图如图 6-21 所示。其中，X 表示源域；Y 表示目标域；G 表示正向生成器；F 表示反向生成器；D_X 表示源域判别器；D_Y 表示目标域判别器；x 表示源域图像；y 表示目标域图像；$\hat{X}$ 表示目标域图像经过反向生成器后生成的图像；$\hat{Y}$ 表示源域图像经过正向生成器后生成的图像；$\hat{x}$ 表示 $\hat{Y}$ 经过反向生成器后生成的图像；$\hat{y}$ 表示 $\hat{X}$ 经过正向生成器后生成的图像；“cycle-consistency loss” 表示循环一致性损失约束。与传统的生成式对抗神经网络的单向生成数据不同，循环式生成对抗神经网络是双向生成数据的，整个网络形成一个环形，故而该网络被称为 CycleGAN。

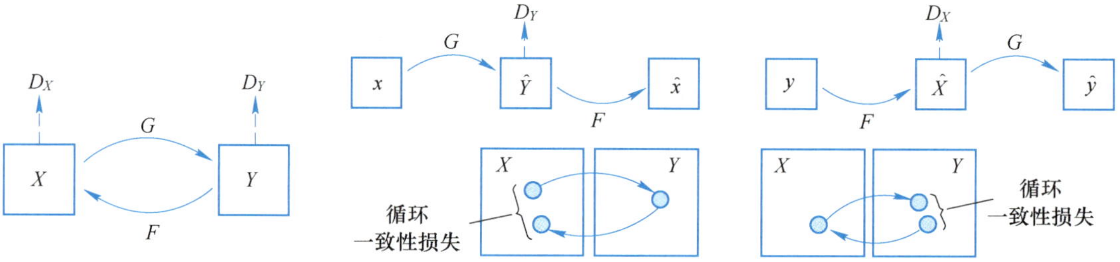

图 6-21　循环式生成对抗网络示意图

如图 6-21 所示，循环式生成对抗网络包括两个生成器 G、F，和两个判别器 D_X、D_Y。生成器 G 的目标是学习目标域图像的数据分布，生成器 F 的目标是学习源域图像的数据分布，判别器 D_X 的目标是对源域图像和生成器 F 的生成图像做出准确辨别，判别器 D_Y 的目标是对目标域图像和生成器 G 的生成图像做出准确判断。整个网络的运转过程如下：首先从源域图像数据集中随机选取一张图像，经过生成器 G 后生成 $\hat{Y}$；其次，再将 $\hat{Y}$ 经过生成器 F 生成 $\hat{x}$；同时，从目标域图像数据集中随机选取一张图像，经过生成器 F 后生成 $\hat{X}$；接着，再将 $\hat{X}$ 经过生成器 G 生成 $\hat{y}$。如果采用传统生成式对抗网络单向生成数据的方式，那么在利用非成对图像数据训练的过程中将会出现模式崩溃问题，即无论输入什么图像，生成器 G 或 F 都会直接忽略图像的内容信息，并生成一张可以混淆判别器 D_X 或 D_Y 的固定图像。在此类情况下，生成器 G 或 F 在训练中并不会得到优化，生成的图像也与预期不符。为了避免此类现象的出现，Zhu 等提出了循环一致性约束，该约束的核心思想是通过环形图像的生成来尽可能地使循环后的生成图像和原始图像保持一致，即 $x \rightarrow G(x) \rightarrow F(G(x)) \approx x$ 和 $y \rightarrow F(y) \rightarrow G(F(y)) \approx y$。在此约束下，生成器 G 或 F 会根据输入图像内容来生成图像，避免了模式崩溃问题的出现，保障了网络在训练过程中的有效运转。循环式生成对抗网络在训练时仅需提供一组源域图像，和一组目标域图像，且图像之间无需匹配，这点特性让其广泛应用于图像风格变换、图像复原等图像生成领域。

训练循环式生成对抗网络的损失函数主要由两部分组成，一部分是对抗损失，主要用于学习数据分布；另一部分是循环一致性损失，主要用于避免出现模式崩溃问题。对于生成器 G 和判别器 D，对抗损失函数在数学上可以表示为：

$$L_{\mathrm{GAN}}(G, D_Y, X, Y) = E[\log D_Y(y)] + E\{\log[1 - D_Y(G(x))]\} \tag{6-36}$$

式中，x 表示源域图像；y 表示目标域图像。生成器 G 的目标是最小化损失函数，判别器 D_Y 的目标是最大化该损失函数。类似地，对于生成器 F 和判别器 D_X，对抗损失函数在数学上可以表示为：

$$L_{\mathrm{GAN}}(F, D_X, Y, X) = E[\log D_X(x)] + E\{\log[1 - D_X(F(y))]\} \tag{6-37}$$

循环一致性损失用来约束 $F(G(x)) \approx x$ 和 $G(F(y)) \approx y$，在数学上可以表示为：

$$L_{\mathrm{cyc}}(G, F) = E[\| F(G(x)) - x \|_1] + E[\| G(F(y)) - y \|_1] \tag{6-38}$$

最终，总的损失函数可以表示为：

$$L(G, F, D_X, D_Y) = L_{\mathrm{GAN}}(G, D_Y, X, Y) + L_{\mathrm{GAN}}(F, D_X, Y, X) + \lambda L_{\mathrm{cyc}}(G, F) \tag{6-39}$$

其中，λ 为权重参数。

6.3.2.3 密集连接网络

在深度卷积神经网络中，随着网络深度的不断加深，训练过程中的梯度消失问题也愈加明显。很多学者为解决该问题，提出了一些新的网络结构，如 ResNet、HighwayNet、FractalNet 等，这些方法的核心在于创建浅层网络特征层到深层网络特征层的直接连接，使得梯度信息在反向传播的过程中能直接传递到浅层网络中，有效地避免了梯度消失问题。在延续该思路的基础上，学者提出了密集连接网络，该网络结构在保证网络中不同特征层之间最大信息流传输的前提下，直接将所有的特征层进行了连接。将该网络用于 SVHN、ImageNet 等多个数据集中进行测试和验证，最终均取得了较优的性能和效果，证明了该结构的可行性。

密集连接网络中，x 表示网络特征层，H 表示 BN-ReLU-Conv 操作序列，BN 表示批标准化操作，ReLU 表示线性整流激活函数，Conv 表示卷积操作。该网络最大的特点在于：对于每一个网络特征层，其均将前面所有的特征层视为输入，同时其自身也被后续的特征层视为输入，即网络中所有的特征层之间均进行了连接，在传统的卷积神经网络中，L 个特征层中通常包括 L 个直接连接，而在密集连接网络中，L 个特征层中共包含了 $\frac{L(L+1)}{2}$ 个直接连接，密集连接网络脱离了加深网络层数或者拓宽网络宽度，从而提升网络性能的定式思维。通过加强特征的重复利用，在大幅减少网络参数量的同时，缓解了训练过程中的梯度消失问题，同时该网络中每个网络特征层均可以直接获取由损失函数计算得到的反向传播梯度，更加有利于网络训练和深度网络建模。

在传统的神经网络中，不同网络特征层之间的信息传递形式为：

$$x_l = H_l(x_{l-1}) \tag{6-40}$$

式中，x 表示网络特征层；l 表示特征层索引；H 可被视为是任意复合函数操作序列，包含了卷积、池化、批标准化、线性整流激活函数等操作。

ResNet 通过建立前后两个网络特征层之间的跳跃连接，来避免训练过程中的梯度消失问题，数学表示形式为：

$$x_l = H_l(x_{l-1}) + x_{l-1} \tag{6-41}$$

不同于 ResNet 网络的对特征层进行叠加操作，密集连接网络对网络特征层进行了特征联合操作，数学表示形式为：

$$x_l = H_l\left([x_0, x_1, \cdots, x_{l-1}]\right) \tag{6-42}$$

式中，$[x_0, x_1, \cdots, x_{l-1}]$ 表示的是网络特征层 x_l 前面的所有特征层。

密集连接网络中不同网络特征层进行连接时，需要保证特征层的分辨率大小一致。然而，不同计算机视觉任务对输出结果的形式要求不同，例如分类任务需要输出一个向量、分割任务需要输出一个二维图像、检测任务需要输出检测框的位置信息和目标的类别信息，因此在网络推理过程中需要改变特征层的分辨率大小。针对此问题，学者们将整个密集连接网络拆分成了多个紧密连接的密集连接模块，每两个模块间包含一个过渡层，利用卷积和池化操作根据需求改变特征层的分辨率大小。一个包含了 3 个密集连接模块的密集连接网络示意图如图 6-22 所示。其中，Convolution 表示卷积操作，Pooling 表示池化操作，Linear 表示线性连接操作。

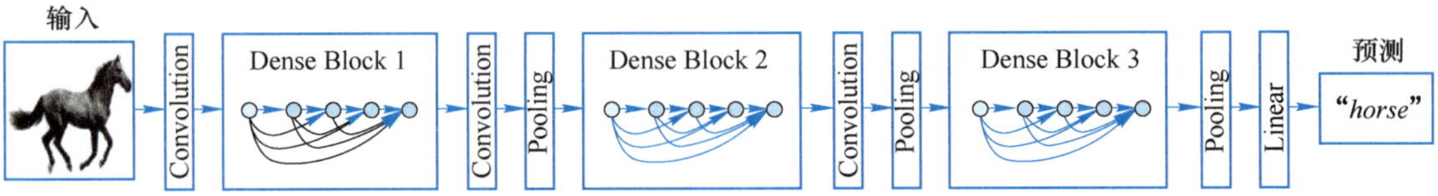

图 6-22 密集连接网络示意图

6.3.3 应用案例——基于生成式对抗神经网络的气动建模与优化方法

航空领域的研究进展状况是一个国家现代化程度的重要标志，而航空领域的研究进展状况和进步与空气动力学研究息息相关。随着空气动力学的不断发展，各种复杂、多样的气动数据不断涌现，面对诸多来源的气动数据，如何从中进行有效的分析和建模成了困扰该领域专家的难题。当前针对空气动力学的研究手段主要有三种技术，分别是数值计算、风洞实验和飞行试验。数值计算是在计算空气动力学中较为常用，能提供高精度的流场数值仿真结果。空气动力学偏微分方程组数值求解难度大，拟合准确度被网格划分大小和复杂模型等缺点所限制，且该方法会消耗大量的计算资源、时间资源。风洞实验主要用于对飞行器特性和性能进行基本的评估。但风洞实验过程复杂、成本较高，难以模拟真实的飞行环境，并存在支架、洞壁等多种干扰因素。飞行试验是开展飞行器真实飞行情况预测最通用的方法，预测的准确度最高，而且很接近于现实状况，通常情况下可以用来评估其他方法的精确度。但试飞的成本高、风险大、测量困难以及数据量小等问题使得该方法的应用也受到限制。寻找一种效率高、成本低、飞行包线覆盖范围广的代理模型已成为空气动力学领域的主要研究方向。神经网络是数据驱动学习方法，在诸多热门领域中解决了各种业界难题，有着出色的表现。这些工作表明神经网络具有在短时间内从训练集中学习到输入数据和输出数据之间的关系的能力。随着神经网络的成熟，神经网络和空气动力学的结合逐渐成为了人们探讨的热点。

6.3.3.1 实验环境

在 Ubuntu18.04 的系统环境下实现，实验硬件配置为：Intel XeonE5-2650-v3 处理器，125G 内存，NVIDIA Tesla K80，搭建的底层环境中 Python，Tensorflow 1.18。

6.3.3.2 实验数据

采用的数据为 N-S 方程圆柱层流案例数据，采用 SU2 求解器进行求解，其中计算网格的设计如图 6-23 所示，具有 26193 个三角形元素和 13346 个点，针对圆柱周围的层流，设计了带有二阶重构的雷诺迎风法；使用平均梯度的方法来计算黏性项。本实验计算了 5000 个数据量，其中圆柱层流案例数据集的具体统计信息如表 6-3 所示。

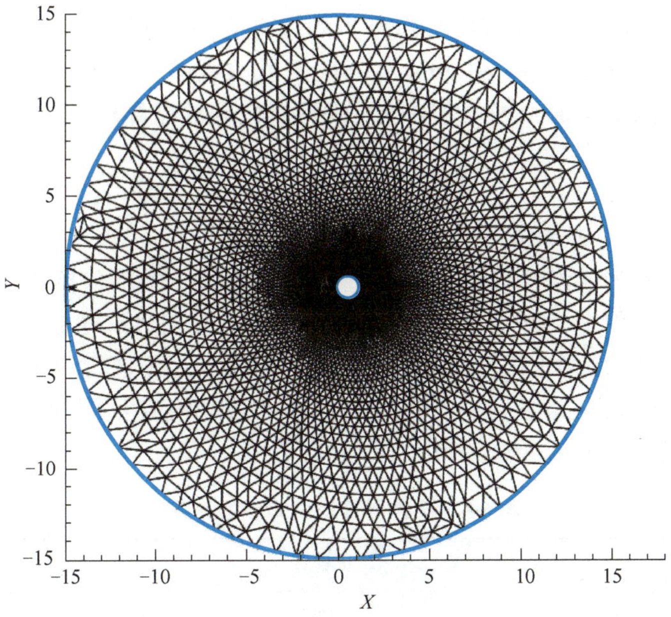

图 6-23 N-S 方程圆柱层流计算网格图

表 6-3 N-S 方程数据集具体统计信息表

N-S 圆柱层流	输入值			输出值			
	X	*Y*	*Ma*	*P*	*PC*	SFC_X	SFC_Y
数量	5000	5000	5000	5000	5000	5000	5000
平均值	0.50	−0.0018	0.18	1.03	−0.36	0.17	0.00
标准差	0.35	0.35	0.04	0.26	0.69	0.18	0.20
最小值	0.00	−0.50	0.11	0.70	−1.01	−0.02	−0.42
最大值	1.00	0.50	0.24	1.60	1.20	0.49	0.42

表 6-3 中，圆柱层流的输入值包括坐标 *X*、坐标 *Y*、马赫数 *Ma*，输出值包括压力 *P*、压力系数 *PC*、*X* 方向上的表面摩擦力系数 SFC_X、*Y* 方向上的表面摩擦力系数 SFC_Y。

6.3.3.3 实验评价指标

实验评价指标即指模型验证误差，模型拟合的效果可直观地从模型预测值和真实值之间的差距得知。所以任何一个可以衡量真实值和模型预测值之间差距的函数都可作为误差函数，误差值越小代表模型拟合效果越好，预测出的值越接近真实值。本书作为回归问题的研究，选用以下误差函数作为评价指标：

（1）平均绝对误差（mean absolute error，MAE）。平均绝对误差指的是模型预测值 y'_i 和真实值 y 之间距离的平均值，数值越小，模型的拟合精度越高，如式（6-43）所示：

$$MAE = \frac{1}{N}\sum_{i=1}^{N} |y_i - y'_i| \tag{6-43}$$

式中，N 为数据样本的个数；y_i 为第 i 个样本的真实值；y'_i 为第 i 个样本预测值。

（2）均方误差（mean squared error，MSE）。均方误差值指的是模型预测值 y' 和真实值 y 之间距离平方的平均值，可以直观地反映两者之间的差异程度。如式（6-44）所示：

$$MSE = \frac{1}{N}\sum_{i=1}^{N} (y_i - y'_i)^2 \tag{6-44}$$

6.3.3.4 实验过程及结果分析

在进行实验之前需要设计三种网络模型的网络参数，主要包括生成模型 G 的隐层数和各个隐层节点数、判别模型 D 的隐层数和各个隐层节点数。在多次实验对比之后，生成器和判别器均设置为 1 个隐层的 GAN 拟合效果较好，为了进行对照实验，同样将 RBF-GAN 的生成器和判别器也设置为一个隐层。然后为隐层设置不同的节点数进行实验对比分析。两种网络模型的详细参数如表 6-4 所示。

表 6-4 两种网络模型的详细参数表

模型名称	学习率	迭代次数	批处理	优化器	激活函数	随机种子
CGAN	0.0001	2000	128	Adam	Lrelu	547
RBF-GAN	0.0001	2000	128	Adam	Lrelu	547

6.3.3.5 CGAN 和 RBF-GAN 在 N-S 圆柱层流数据集上的对比实验

结合表 6-4 的网络参数设计，根据每个网络隐层节点数做了 6 组实验，同时对于拟合效果较差的网络结构做出优化，重新进行对比实验，CGAN 每组实验的结果如表 6-5 所示，RBF-GAN 的每组实验结果如表 6-6 所示，加粗的实验方案为最优结果，其中 VAL_MAE 代表验证集平均绝对误差，VAL_MSE 表示验证集均方误差。因为在 N-S 数据集上的实验进行了数据集的划分，所以同样展示了测试集的 MAE 和 MSE，其中 TEST-MAE 代表测试集的平均绝对误差，TEST-MSE 代表测试集的均方误差。

表 6-5 CGAN 在 N-S 圆柱层流数据集上的实验结果表

实验方案	隐层结构		CGAN				是否发散
	G-layer	D-layer	VAL_MAE	VAL_MSE	TEST_MAE	TEST_MSE	
1	32 * 1	32 * 1	4.14E−02	8.53E−03	5.93E−02	1.49E−02	否
2	64 * 1	64 * 1	5.02E−02	1.01E−02	1.27E−01	3.41E−02	否
3	128 * 1	128 * 1	4.65E−02	9.43E−03	6.03E−02	1.31E−02	否
3_op	128 * 2	128 * 1	2.60E−02	2.20E−03	2.73E−02	4.84E−03	否
4	256 * 1	256 * 1	—	—	—	—	是

续表 6-5

实验方案	隐层结构		CGAN				是否发散
	G-layer	D-layer	VAL_MAE	VAL_MSE	TEST_MAE	TEST_MSE	
4_op	256 * 2	256 * 1	2.26E-02	3.24E-03	2.61E-02	5.66E-03	否
5	512 * 1	512 * 1	—	—	—	—	是
5_op	512 * 2	512 * 1	**1.93E-02**	**2.15E-03**	**2.10E-02**	**3.98E-03**	**否**
6	1024 * 1	1024 * 1	—	—	—	—	是
6_op	1024 * 2	1024 * 1	1.97E-02	3.73E-03	2.08E-02	5.21E-03	否

表 6-6 RBF-GAN 在 N-S 圆柱层流数据集上的实验结果表

实验方案	隐层结构		RBF-GAN				是否发散
	G-layer	D-layer	VAL_MAE	VAL_MSE	TEST_MAE	TEST_MSE	
1	32 * 1	32 * 1	4.00E-02	8.81E-03	2.70E-02	4.82E-03	否
2	64 * 1	64 * 1	4.56E-02	7.59E-03	3.43E-02	9.74E-03	否
3	128 * 1	128 * 1	2.63E-02	7.11E-03	4.62E-02	8.84E-03	否
3_op	128 * 2	128 * 1	1.12E-02	2.33E-04	1.23E-02	2.80E-04	否
4	256 * 1	256 * 1	3.25E-02	7.26E-03	4.21E-02	8.53E-03	否
4_op	256 * 2	256 * 1	1.24E-02	3.23E-04	1.45E-02	1.13E-03	否
5	512 * 1	512 * 1	3.57E-02	7.33E-03	3.24E-02	1.29E-02	否
5_op	512 * 2	512 * 1	**9.01E-03**	**1.47E-04**	**1.11E-02**	**2.60E-04**	**否**
6	1024 * 1	1024 * 1	4.37E-02	8.23E-03	3.20E-02	1.24E-02	否
6_op	1024 * 2	1024 * 1	9.53E-03	1.86E-04	1.49E-02	6.90E-04	否

实验结果表明，对 CGAN 网络和 RBF-GAN 网络而言，实验方案 5_op 均为最优，且 RBF-GAN 的预测效果优于 CGAN。

6.4 多模态学习

6.4.1 多模态学习的定义

相较于图像、语音、文本等多媒体（multi-media）数据划分形式，“模态”是一个更为精细的概念，同一媒介下可存在不同的模态。概括来说，“多模态”主要有以下三种形式：

（1）描述同一对象的多媒体数据。如互联网环境下描述某一特定对象的视频、图片、语音、文本等信息。图 6-24 即为典型的多模态信息形式。

图 6-24 “下雪”场景的多模态数据（图像、音频与文本）

（2）来自不同传感器的同一类媒体数据，如医学影像学中不同的检查设备所产生的图像数据，包括 B 超（B-scan ultrasonography）、计算机断层扫描（CT）、核磁共振等，物联网背景下不同传感器所检测到的同一对象数据等。

（3）具有不同的数据结构特点、表示形式的表意符号与信息，如描述同一对象的结构化、非结构化的数据单元；描述同一数学概念的公式、逻辑符号、函数图及解释性文本；描述同一语义的词向量、词袋、知识图谱以及其他语义符号单元等。

因此，从语义感知的角度切入，多模态数据涉及不同的感知通道如视觉、听觉、触觉、嗅觉所接收到的信息；在数据层面理解，多模态数据则可被看作多种数据类型的组合，如图片、数值、文本、符号、音频、时间序列，或者集合、树、图等不同数据结构所组成的复合数据形式，乃至来自不同数据库、不同知识库的各种信息资源的组合。对多源异构数据的挖掘分析可被理解为“多模态学习（multimodal machine learning）”，其相关概念有“多视角学习”和“多传感器信息融合”。来自不同数据源或由不同特征子集构成的数据被称作多视角数据，每个数据源、每种数据类型均可被看作一个视角。卡内基梅隆大学的 Morency 在 ACL2017 的 Tutorial 报告中，将大量的多视角学习方法归类为多模态机器学习算法。“多视角学习”强调对数据“视角”的归纳和分析，“多模态学习”则侧重“模态”感知和通道。“视角”和“模态”的概念是相通的，一个模态即可被视作一个视角。“多传感器信息融合（multi-sensor information fusion）”为在物理层面与“多模态学习”相关的术语，即对不同传感器采集的数据进行综合利用，其典型应用场景有物联网、自动驾驶等。

6.4.2 多模态学习的基本准则

多模态学习的优势在于集成多模态输入并有效利用模态间潜在的关联信息。而传统多模态学习方法通常基于两个重要准则：互补性准则和一致性准则。值得注意的是，当不同模态性能差异间隔较小时，互补性准则可以看成潜在的一致性准则。

互补性准则（complementary principle）。每个模态的数据包含了其他模态欠缺的信息，在学习过程中可以相互提供辅助信息，即综合考虑多模态数据可以更全面地描述对象本身。借助此思想提出了协同训练方法和众多衍生方法，这类方法前提基于三个假设：(1) 充分性：每个模态自身含有充分的信息达到弱分类器；(2) 兼容性：每个模态具有共现特征能够大概率预测一致的标签；(3) 条件独立性：给定类别标签模态条件独立。其中充分性和条件独立性是理论解释的关键因素。以两模态为例，假设数据集 X 包含两个模态：X_1 和 X_2，每个样本可以表示为（x_i^1，x_i^2，y_i），其中 y_i 是标记信息，该类方法的主体思想是利用每个模态的模型在未标记样本中挑选最置信的样本，并标记伪标记提供给其他模态进行模型更新。理论解释上，如果两个模态条件独立，那么协同训练则可以有效地提升性能。具体地，如每个模态的概念类是 PAC 可学习模型，且满足条件独立的假设，那么在弱学习器的初始情况下，协同训练可以学习到最优分类器。进一步采用协同训练的 PAC 形式来描述泛化错误率，具体地，概念类 h 表示从 X 到标记集合 $\{1, 2, \cdots, k, \perp\}$ 的映射，其中 k 是类别的个数，$\perp$ 表示 h 为空集。那么通过 X 获得的模型对 h_1，h_2 至少以 $1-\delta(0 \leqslant \delta \leqslant 1)$ 的概率保证：如果有 $\gamma_i(h_1, h_2, \delta/2)$，那么：

$$P(h_1 = i \mid f(y) = i,\ h_1 \neq \perp) \leqslant \frac{1}{\gamma_i(h_1, h_2, \delta)}\left(\varepsilon_i(h_1, h_2, \delta) + \hat{P}(h_1 \neq i \mid h_2 = i,\ h_1 \neq \perp)\right) \tag{6-45}$$

其中：

$$\varepsilon_i(h_1, h_2, \delta) = \sqrt{\frac{\ln 2(|h_1| + |h_2| + ln2/\delta)}{2|S(|h_2 = i,\ h_1 \neq \perp|)}} \tag{6-46}$$

$$\gamma_i(h_1, h_2, \delta) = \hat{P}(h_1 = i \mid h_2 = i,\ h_1 \neq \perp) - \hat{P}(h_1 \neq i \mid h_2 = i,\ h_1 \neq \perp) - 2\varepsilon_i(h_1, h_2, \delta) \tag{6-47}$$

可以看出，若样本集足够大，则 $\varepsilon_i(h_1, h_2, \delta)$ 很靠近 0。同样 h_1，h_2 很一致且不为 $\perp$，那么 $\gamma_i(h_1, h_2, \delta)$ 几乎为 0。但是模态条件独立这一假设在现实应用中很难保证，因此后续的理论工作放松了条件独立这一假设并给出相关泛化界。

一致性准则（consistency principle）。该准则旨在最大化不同模态间的一致性。具体包括：不同模态共享隐含子空间上特征的一致性、不同模态预测上的一致性、不同模态模型参数上的一致性。考虑当前多模态方法通常利用深度模型作为基分类器，而不同模态的深度网络结构差异很大，所以大多数方法着重考虑前两种一致性。借助此类思想提出了协同正则化和众多衍生方法。这类方法主要约束不同模态对齐的无标记数据投影到相同子空间的特征表示一致，或不同模态模型在对齐的无标记数据上预测一致。理论方面，假设空间之间的一致性和错误率之间的关联：

$$P(h_1 \neq h_2) \geqslant \max\{P_{\text{err}}(h_1),\ P_{\text{err}}(h_2)\} \tag{6-48}$$

可以得出两个独立假设空间不一致概率是两个假设空间最大错误率的上限。因此，通过最小化两个假设空间的不一致，单个模态的假设空间错误率将最小化。

6.4.3 多模态学习技术

多模态学习技术主要有以下 5 种：（1）模态表示学习；（2）模态映射学习；（3）模态对齐学习；（4）模态融合学习；（5）模态协同学习。其中，模态表示学习旨在利用模态的关联性为每个模态提取最具有判别性的特征表示；模态映射学习意在构建将源域模态的特征到目标域模态的特征空间的映射函数；模态对齐学习试图建立关联不同模态样本间的对应关系；模态融合学习侧重综合考虑不同模态的特征输入或预测输出，如模态挑选、加权预测等；模态协同学习旨在利用不同模态进行相互学习，提升模型性能。本质上，上述 5 种技术分别借助了互补性准则或一致性准则，其中模态融合学习、模态协同学习借助互补性准则，而模态表示学习、模态映射学习和模态对齐学习借助一致性准则。

多模态融合本质上可看成是考虑不同模态的置信度进行集成学习，例如利用多模态多核学习中的决策函数可以定义为：

$$f(X) = \sum_{k=1}^{M}\sum_{i=1}^{N} w_k a_{ik} K_k(X_{ik},\ X_k) + b \tag{6-49}$$

式中，w_k 是第 k 个模态的权重；$a_{ik} \in \boldsymbol{R}^{N\times c}$，$k=\{1,\ 2,\ \cdots,\ M\}$，$M$ 是模态数；K_k 是第 k 个模态的核矩阵。f 可以表示成不同模态预测的线性组合，每个模态的核函数可以定义为不同的形式。多模态协同学习主要源于协同训练方法，是一类基于分歧思想的方法。不同模态学习器之间的分歧性可以凸显模态间的互补性。具体地，首先每个模态基于有标记样本分别训练一个分类器，然后每个分类器挑选最置信的未标记样本标记伪标签，并将伪标记样本提供给另一个分类器作为新增的有标记样本重新训练。

模态表示学习、模态映射学习和模态对齐学习的核心思想是保证不同模态数据间的信息一致。特征一致旨在通过对齐的多模态特征获得一个共享子空间，这类方法本质上假设不同模态都是从共享子空间生成的。预测一致则是约束不同模态未标记的预测概率的一致性。对齐则是希望找到两个模态序列中样本级别之间的关联关系。特征一致性通常运用于无监督学习，经典的方法是典型相关性分析（canonical correlation analysis，CCA）。CCA 将高维的两个模态分别降维到 d 维子空间，通过最大化不同模态之间相关系数进行优化，模型可以表示为：

$$\rho = \operatorname{tr}\left(\frac{w_1^{\mathrm{T}} X_1 X_2^{\mathrm{T}} w_2}{\sqrt{(w_1^{\mathrm{T}} X_1 X_1^{\mathrm{T}} w_1)(w_2^{\mathrm{T}} X_2 X_2^{\mathrm{T}} w_2)}}\right) \tag{6-50}$$

式中，$X_1 \in \boldsymbol{R}^{d_1\times N}$，$X_2 \in \boldsymbol{R}^{d_2\times N}$ 是两个不同维度的模态；w_1 和 w_2 是不同模态的投影矩阵。进一步，特征一致也可以扩展为由特征构造的其他表示的一致性，如不同模态相似性矩阵的一致性。

预测一致性主要约束不同模态的模型在未标记样本预测一致，通常应用于半监督学习，可以描述为$f_1(X_{i1}) - f_2(X_{i2})_F^2$，也可以用平方根函数提高鲁棒性，减少异常样本的干扰。这类方法的主体思想在于约束不同模态在无监督数据上预测的一致性，对模型参数和输入数据没有要求。

多模态学习不仅在技术取得可喜的进展，而且在实际应用中也取得较好的效果，如在视听语音识别方面，通过“麦格克效应”，利用视觉信息补充语音信息，有效提升语音识别率。在多媒体检索方面，利用深度模型挖掘多模态的关联性搜索视觉和更广泛的多模态内容，较之于基于关键字检索的技术更精准、高效。当前，围绕多模态交互的新兴领域也逐渐受到关注，例如情感识别中利用抓取的脸部图片信息以及语音信息分析用户情绪、媒体描述中利用图片、视频自动生成描述信息等。

总体上看，目前多模态学习技术成功的应用主要集中在与图片、文本、语音三个模态相关的应用上，如利用微博平台收集的海量图片、文本模态，可实现：(1) 利用图片辅助文本进行多语义分析，如“苹果”拥有手机、水果等多重含义，可以使用图片的辅助信息确定文本语义；(2) 利用文本可以给图片提供语义标记，即图片对应文本信息可以提取更准确精细的标签信息。又如优酷平台通常拥有视频、文本和语音模态，可实现：(1) 利用文本、语音等多模态检索视频，利用更具有判别性的视频语义信息有助于提升搜索性能；(2) 利用视频语音生成字幕，综合对齐的视频图片帧和语音片段可以有效地自动生字幕信息；(3) 利用文本和视频自动生成宣传海报，通过用户提供的文本信息和视频信息针对不同用户设计不同的宣传海报。此外，还有众多利用多模态信息的应用场景，表 6-7 给出了上述 5 种多模态技术在实际场景中的相关应用。

表 6-7　多模态计算应用

应　用	多模态学习技术				
	表示学习	映射学习	对齐学习	融合学习	协同学习
视听语音识别	√		√	√	√
（视觉）语音合成	√	√			
动作分类	√			√	√
多媒体时间检测	√			√	√
情感识别	√		√	√	√
情感合成	√	√			
图片描述	√	√	√		√
视频描述	√	√	√		√
语音问答	√		√	√	√
媒体总结	√	√		√	
跨模态搜索	√	√	√		√
跨模态哈希	√				√

6.4.4 多模态学习的相关算法

考虑到基本思想的通用性，仅给出两类最经典的方法介绍。

6.4.4.1 协同训练类方法

基于互补性准则的方法通常是利用模态本身独有的信息辅助其他模态，协同训练是最早利用这一思想的半监督多模态学习方法。该方法假设样本有两个条件独立的模态，其中包括 L 个有标记样本和 U 个无标记样本，目标是通过互相标注最置信的无标记样本，获得更好的单模态学习器。具体训练过程如下：

步骤 1：无放回地从无标记数据 U 构造大小为 u 的数据池 U'；

步骤 2：分别用两个模态 X_1，X_2 的有标记数据训练两个朴素贝叶斯学习器（可以替换为其他弱学习器）h_1，h_2；

步骤 3：每个模态用训练好的学习器在 U' 中挑选 p 个最置信的正例和 n 个最置信的负例，标上伪标记加到 L 中重训练。以此 X_1 可以获得 X_2 互补的信息，X_2 也可以获得 X_1 互补的信息；

步骤 4：从 U 中重新填充 $2p+2n$ 个样本到数据池 U'。

值得注意的是，一方面协同训练类型方法的数据假设过强，另一方面训练过程数据池大小 u、基分类器 h_1 和 h_2、置信样本数量 p 等超参对性能十分敏感。

6.4.4.2 协同正则化类方法

本节主要介绍考虑特征一致性和预测一致性的两种基于一致性准则的经典方法。无监督多模态学习主要考虑共享子空间上特征的一致性。无监督多模态深度网络 MMDL（multi-model deep learning）是最早考虑此思想的方法之一，此后很多的工作也有着异曲同工之妙。

MMDL 的核心思想在于利用深度网络学习不同模态间的共享隐含表示。MMDL 基于自动编码器（auto-encoder）思想为不同模态构造深度网络。一种方法通过单独的音频输入编码得到隐含表示，并解码重构对应的视频信息和音频本身信息，计算两者的重构损失进行整体的网络优化，进而在无监督的设定下得到音频和视频的一致表示，用于后续检索等操作。另一种方法考虑视频和音频作为片行输入编码学习共享的隐层表示，再解码重构视频和音频，计算重构损失进行网络优化。两者的目的都是学习不同模态在同一子空间共享的隐含表示，前者较之于后者的优势在于测试阶段仅需要单模态的数据输入即可重构不同模态的表示形式。

监督学习方法协同正则化则是考虑不同模态预测上的一致性约束。具体地，以两模态为例，给定少量的有标记数据 (x_i^1, x_i^2, y_i)，$1 \leqslant i \leqslant N_l$ 和大量的无标记数据 (x_i^1, x_i^2)，$N_l+1 \leqslant i \leqslant N_l+N_u$。协同正则化目标是考虑不同模态在对齐的无标记数据上潜在的预测一致性，具体可以表示为：

$$\min_{f_1 \in H_1,\ f_2 \in H_2} = \sum_{i=1}^{N_l} [l(f_1(x_{i1}), f_2(x_{i2}), y_i)] + \gamma_1 \| f_1^2 \|_{H_1} + \gamma_2 \| f_2^2 \|_{H_2} + \sum_{i=N_l+1}^{N_l+N_u} [f_1(x_{i1}) - f_2(x_{i2})_F^2] \tag{6-51}$$

式中，$f_1 \in H_1$，$f_2 \in H_2$ 分别是两个模态的学习器；H_1，H_2 是假设空间；N_l，N_u 是有标记数

据和无标记数据的大小。$l(f_1(x_{i1}), f_2(x_{i2}), y_i)$ 计算两个模态预测集成结果和真实标签之间的损失。不失一般性，$l(\cdot)$ 可以用平方损失，$\| y_i - (f_1(x_{i1}), f_2(x_{i2}))/2 \|_F^2$，$\gamma_1 \| f_1^2 \|_{H_1}$，$\gamma_2 \| f_2^2 \|_{H_2}$ 这两项运用再生核希尔伯特空间（reproducing kernel hilbert space，RKHS）范数度量模型复杂度。最后一项 $\| f_1(x_{i1}) - f_2(x_{i2}) \|_F^2$ 强制不同模态在无监督数据预测上的一致性。

6.4.5 应用案例——基于深度多模态特征融合的短视频分类

搭建基于音频模态的私有域、视觉模态的私有域及音视觉模态的公有域组合而成的域分离网络，使用相似性损失函数探寻不同模态由公有域网络提取到的特征相似性，使用差异性损失函数探寻同一模态私有域网络和公有域网络提取到的特征差异性，并使用分类损失指导视频全局特征的分类。

6.4.5.1 深度多模态特征融合分类算法

为了挖掘短视频视觉及音频模态的时域信息，利用 3D 卷积网络分别获取视频的视觉模态和音频模态各自的私有域特征及视觉模态和音频模态的公有域特征。针对视觉模态，按照 224×224 的尺寸从短视频中提取连续的 32 帧视频帧序列；针对音频模态，先通过从整个短视频中按照等间隔将短视频分为 32 个视频片段，再提取这 32 个视频片段的音频片段并将其转换成为频谱图表示这段音频的变化规律。需要注意的是，频谱图相比较视频帧而言只具有单通道。通过对比不同 3D 卷积网络的准确性和训练的复杂度，决定采用 I3D 网络作为特征提取网络，在该网络的基础上微调了网络的输出通道，增加了平均池化层，删除了最后用于分类的全连接层，最终输出的特征向量维度为 512 维。

在网络整体结构设计上，将整个网络按照特征提取的角度划分为视觉模态信息的私有域网络、音视觉模态信息的公有域网络及音频模态信息的私有域网络 3 个模块。通过降低整体损失函数的数值来优化网络模型的参数，实现短视频的特征提取和分类。整个损失函数的实现包含 3 部分：(1) 相似性损失 L_S，用于探寻不同模态间（即视觉模态信息公有域特征和音频模态信息公有域特征）的相似性；(2) 差异性损失 L_D，用于衡量同一模态内的差异性，即视觉模态信息的私有域特征和公有域特征之间及音频模态信息的私有域特征和公有域特征之间；(3) 分类损失 L_C，用于将最后获得的融合后的全局特征进行分类。整个损失函数表示为：

$$L = \alpha L_S + \beta L_D + \gamma L_C \tag{6-52}$$

式中，α 表示平衡相似性损失在整个损失中的权重；β 表示平衡差异性损失在整个损失中的权重；γ 表示平衡分类损失在整个损失中的权重。

6.4.5.2 数据准备和实验分析

实验数据集选择 AI-challenger-mlsv-2018 数据集，整个数据集包含大约 200000 个短视频，涉及类别有 63 类。由于研究目标针对的是短视频单标签的分类，此次实验对存在多标签的短视频数据约 11323 个进行了排除工作，将处理后的短视频数据按照 10∶3 的比例划分为训练集和测试集，每个短视频的视频长度不超过 12s。

将从实验结果的角度对提出的网络进行系统全面的分析，在整个实验分析中包含以下 4 种指标：AR（average recall）、AP（average precision）、Micro-F1、Macro-F1。

整个网络的实现由于采用的是 3 个结构相同的 3D 卷积神经网络分别探寻音频模态的私有域特征、视觉模态的私有域特征、音视觉模态的公有域特征 3 部分，而不是采用普遍的音频模态特征提取网络和视觉模态特征提取网络 2 部分，网络模型的参数量和输出的特征总数要高于现在普遍使用的特征融合网络。在时间复杂度上，因为同时要优化 3 个网络模型的参数及引入相似性损失、差异性损失计算损失，整个网络模型的时间复杂度要高于现阶段的视频分类网络。

对比表 6-8 中 5 种多模态特征融合分类算法（Slow Fast Network、C3D（multimodal）、I3D（multimodal）、TSN、CTSN）与本节算法在达到网络效果最好时所需要的迭代次数，发现本节算法需要的迭代次数最少，为 52 次，较为明显地减少了训练次数的时间成本。分析整个优化过程，由于多模态算法通过计算差异性损失和相似性损失，加速了对网络私有域特征和公有域特征的分离，同时也加速了整个网络的收敛和参数的优化。

表 6-8 不同网络短视频分类性能对比

分类算法	AR	AP	Micro-F1	Macro-F1
Slow Fast Network	0.780	0.782	0.794	0.781
C3D（multimodal）	0.612	0.623	0.632	0.617
I3D（multimodal）	0.751	0.763	0.772	0.755
TSN	0.763	0.772	0.781	0.770
CTSN	0.771	0.780	0.785	0.773
本节算法	0.782	0.795	0.813	0.789

通过观察表 6-8 的数据可以发现，本节算法在 AI-challenger-mlsv-2018 数据集中 AR、AP、Micro-F1、Macro-F1 取值分别为 0.782、0.795、0.813、0.789，这些数据反映了网络在短视频分类任务中的有效性。

6.5 迁移学习

迁移学习原是心理学领域的概念，是人类的一种天赋能力，特指一种知识、技能的学习对另一情境下学习的帮助作用，例如，学习了“C 语言程序设计”再学习“JAVA 语言”便更加容易上手。2005 年杨强教授将迁移学习引入到计算机领域，此后便引起了大量研究者的讨论，迁移学习与传统机器学习在数据分布、数据标签和模型学习上都有着显著的区别，具体如表 6-9 所示。与机器学习相比，迁移学习不需要满足严格的约束条件，因此被广泛地应用于各个领域。迁移学习的主要工作是找到新任务和原任务之间的关系，迁移机器学习过的知识。对有标签数据进行充分的利用，提高新任务的准确率成为了迁移学习的研究方向。

表 6-9 机器学习与迁移学习的区别

比较项目	机器学习	迁移学习
数据分布	训练和测试数据服从相同分布	训练和测试数据服从不同分布
数据标签	需要足够的标签用来训练	不需要充足的标签训练
模型学习	每个任务都需要建模	模型可以在不同任务间迁移

6.5.1 迁移学习基本原理

迁移学习侧重于跨领域进行知识迁移，具体是指从一个已知领域中进行相关知识的学习，然后将学习到的有用知识转移到一个相关但不同的新领域中去，从而有效地实现知识的传递。迁移学习过程如图 6-25 所示。在该过程中涉及两个定义：域和任务。

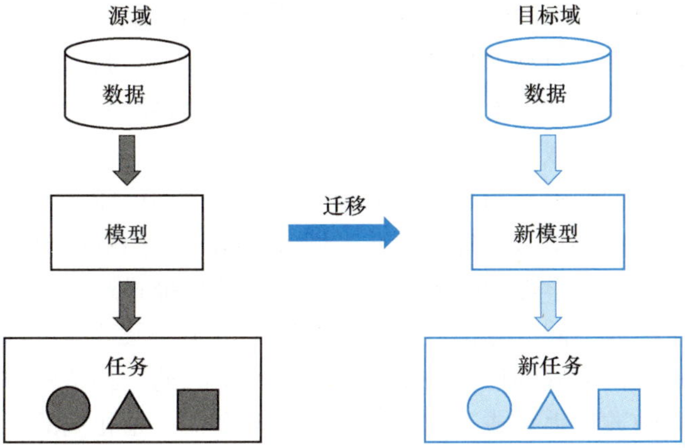

图 6-25 迁移学习

域（domain）可以表示为 $D=\{X, P(X)\}$，其中 $P(X)$ 表示边缘概率的分布情况，是对数据的一种描述，可分为边缘概率分布和条件概率分布，分别对应着数据的整体分布情况和类间分布情况。X 为特征空间，即 $X=\{x_1, x_2, \cdots, x_n\}$。任务（task）表示为 $T=\{y, f(x)\}$，其中 y 表示标签空间，$f(x)$ 为目标域的预测函数，$f(x)$ 也可看作是一个条件概率函数 $P(y|x)$。领域 D 由源域 D_s 和目标域 D_t 两个部分组成，在迁移学习的过程中，源域是包含大量已知标签信息的领域，是具有足够样本的数据集，而目标域通常是没有标签信息的研究对象，即需要利用源域对目标域中的数据进行相应的标签预测。

迁移学习基本思想是，对于给定的一个目标域 D_t 的学习任务 T_t，要从源域 D_s 的学习任务 T_s 上迁移潜在的知识，从而来提高预测函数 $f_T(\cdot)$ 对学习任务 T_t 的性能。

6.5.2 迁移学习类型划分

依据目前的迁移学习类型，大体上按照四个方向划分：按照迁移学习意境划分、按照特征空间划分、按照学习方法划分、按照离线和在线状态划分，如图 6-26 所示。

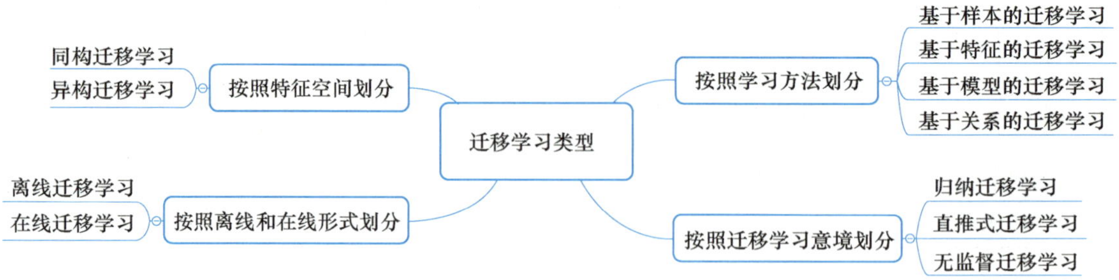

图 6-26 迁移学习类型

(1) 依据迁移学习意境可分为归纳式迁移学习、直推式迁移学习和无监督迁移学习。

归纳式迁移学习定义为：源域和目标域所包含的标签空间相同，但是目标函数不同，迁移的前提条件是目标域需要有带标签数据用于帮助目标领域构建分类或回归模型。按照源域是否带有标注数据，可将归纳式迁移学习细分为两种情况：一是源域中有足够的带标签数据，此时归纳式迁移学习与多任务学习大致一样，区别是归纳式迁移学习需要从源域中迁移有用知识来实现目标域函数任务，而多任务学习是将源域和目标域的函数任务集中到一起共同学习；二是源领域中不含有大量带标签数据，此时归纳式迁移学习与自我学习有相似之处，自我学习方法中，源域和目标域所包含的类别可能并不一致，此时不能迁移源域数据，这与归纳式迁移学习方法中源域带标签数据不可用的情况相似。

直推式迁移学习是迁移学习的一种重要分类，对于直推式迁移学习，源任务和目标任务相同，但源域和目标域不同，标记数据仅在源域中可用。域适应可以利用一个或多个相关源域的标记数据解决目标域的任务，是直推式迁移学习的一种特殊类型。域适应假设源域和目标域具有不同的数据表示或不同的分布，但两个任务是相同的，它可以解决源域和目标域之间数据不匹配的问题。一般来说，深度域适应方法可以分为三类：基于差异的方法、基于对抗的方法和基于重构的方法。基于差异的方法，利用目标域的数据对源域训练的深度网络进行微调，从而减少域偏移，使训练的模型适用于目标域。在基于对抗的方法中，源域和目标域之间的距离通常是利用域判别器，通过对抗性目标鼓励域混淆。基于重构的方法，假设重构源或目标样本的数据可以帮助提高域适应的性能，该方法试图创建两个域之间的共享表示，同时维护每个域独有的特征。

在无监督迁移学习定义中，源域和目标域的任务函数互不相同，并且都没有带标签的数据，这种方式的迁移学习主要用来设置无监督学习任务，如聚类、降维和密度估计等。

(2) 依据特征空间可分为同构迁移学习和异构迁移学习。

同构迁移学习的源域和目标域的特征维度和空间分布都相同，此类方法能够减少迁移学习中不同领域结构之间的概率分布差异。

异构迁移学习的源域目标域空间分布和数据维度都不一样，此时可将两个领域进行空间变换共同映射至一个低维空间来减小差异，比如文本到图片的迁移。

(3) 依据学习方法可分为基于样本的迁移学习、基于特征的迁移学习、基于模型的迁移学习以及基于关系的迁移学习。

基于样本的迁移学习方法，又称基于实例的迁移，是按照权重比例的高低顺序对源域和目标域的样本进行知识迁移，实质是对源域数据样本特征进行重新利用，按照样本的差异依次选择与其相匹配的权重，即对有利于目标任务的源域数据增大权重，而对不利于目标任务的源域数据减小权重。此类方法尽管易于实施，但一般适用于域间数据分布差异较小的情景，且权重选择较为依赖经验，主要应用于分类问题。

基于特征的迁移学习方法是经过特征变换提取两个领域相似特征进行迁移，实质是将仅仅有一些交叉特征的源域和目标域映射到同一特征空间，最后利用传统机器学习将源域和目标域的分布差异不断减少。这种方法因特征选择和变换可以取得较好的效果而被广泛使用，但该过程往往是一个优化问题，难以求解。近年来，基于特征的迁移学习方法大多应用于深度神经网络中，在神经网络的训练中应用基于特征和模型的迁移。

基于模型的迁移学习方法，也被称为参数共享的模型迁移，主要是创建共同的参数模型，将已有的源域模型参数迁移到目标域中帮助创建目标域模型。实质是将一些在某种任务中性能表现优秀的模型的参数从源域迁移到目标域中，重利用对源域和目标域均有益的参数，一般微调策略的应用大多基于此类情况。这种方法主要应用于神经网络，因为神经网络的结构特点，可以进行多重网络的组合，当然其训练出的参数也可以共享，将训练好的模型应用于其他模型，使得源域和目标域模型间存在一定的相似性，简化了网络训练流程以及所需时间，当然模型参数不易收敛的缺点也较为突出。比如，神经网络最经典的微调方法就是基于模型参数的迁移学习。

基于关系的迁移学习方法是依据源域与目标域的逻辑关联进行迁移。假设 D_s 和 D_t 之间的数据存在一定的关系，比如在特征空间中数据特征间因某种属性相似而呈现同种分布或者属性差异较大而呈现不同分布。基于关系的迁移学习方法借助的是源域和目标域之间的关联，当源域和目标域各有分类或者回归任务，如果源域中的数据之间的分布规律和目标域中的数据关系有关联之处，便可以利用这种相似关联进行迁移学习。可以先利用源领域训练一种逻辑关系网络，再将这种相似性关联运用于目标域任务中。此类迁移学习方法在实际中的应用范围较少。

(4) 依据离线和在线状态可分为离线迁移学习和在线迁移学习。

离线迁移学习方法中的源域和目标域数据都是已知的，可直接进行数据迁移，但是离线迁移学习只能迁移一次，这使得既定的算法不能对更新的数据执行相应操作，也不能对算法模型进行调整。目前，大部分的迁移学习方法都是离线式的，而在线迁移学习方法可以随着数据的实时添加，按照某种规则对迁移模型进行更新，因此，在线迁移学习更适用于动态环境。

6.5.3 深度迁移学习

深度学习算法能提取数据的高级特征，结合迁移学习可以解决训练数据不足问题。在深度迁移学习中，从源域成功迁移到目标域主要利用的是深度神经网络的此种能力，而模型迁移成功的保障在于源域和目标域之间存在一定的共性，并且可以将源域的知识迁移到目标域。

(1) 基于实例的深度迁移学习。基于实例的深度迁移学习，以 D_s 和 D_t 间的数据存在差异但 D_s 数据可通过附加权值被 D_t 利用为假设，将 D_s 中的部分样本经过适当的权值相乘作为 D_t 训练集的补充进行构建。

（2）基于映射的深度迁移学习。基于映射的深度迁移学习，以 D_s 和 D_t 间的数据可以通过某种很相似的方式映射到某个数据空间中为假设，以映射的方式将域间的数据样本映射到高维数据空间，最后进行域间数据相似性构建。

（3）基于网络的深度迁移学习。基于网络的深度迁移学习，以从源域得到的预训练深度神经网络是连续且可过程迭代作为假设，用迁移预训练模型的相关参数及架构去解决目标域中的特定任务。

（4）基于对抗的深度迁移学习。基于对抗的深度迁移学习，借鉴了生成对抗网络（generative adversarial network，GAN）的思想，在域适应中生成器不再生成样本而是作为特征提取器，从源域和目标域中提取出可供迁移的特征，使得判别器无法区分所提取的特征是来自哪个域。

6.5.4 相似性度量准则

度量两域之间的差异程度是迁移学习的重要前提，其主旨是通过特定的变换缩小源域和目标域的差异，以确保所采用的方法的精度。

迁移学习中，常用的几种度量准则有：距离分析、相似度分析、特征映射。定义空间中的两个数据集分别为 $X=(x_1, x_2, \cdots, x_m)$ 和 $Y=(y_1, y_2, \cdots, y_n)$。

6.5.4.1 距离分析

距离分析以度量个体在空间上存在的距离为目标，度量值越大代表个体间的差异越大。常用的距离分析方法有欧式距离、闵可夫斯基距离、马氏距离和库尔贝克-莱布勒（Kullback-Leibler，KL）散度，其计算公式如下：

（1）欧式距离：

$$d_{\text{Euclidean}} = \sqrt{\sum_{i=1}^{m}\sum_{j=1}^{n}(x_i - y_j)^2} \tag{6-53}$$

（2）闵可夫斯基距离（p 阶距离）：

$$d_{\text{Minkowski}} = \left[\sum_{i=1}^{m}\sum_{j=1}^{n}(x_i - y_j)^p\right]^{1/p} \tag{6-54}$$

$p=1$ 时，为曼哈顿距离，$p=2$ 时则为欧氏距离。

（3）马氏距离：

$$d_{\text{Mahalanobis}} = \sqrt{\sum_{i=1}^{m}\sum_{j=1}^{n}(x_i - y_j)^T \sum -1(x_i - y_j)} \tag{6-55}$$

式中，$\sum$ 是数据分布的协方差。

（4）在迁移学习中的相似性度量中，KL 散度被广泛应用，它是衡量两个概率分布 $P(x)$，$Q(x)$ 的距离的，其计算为：

$$D_{\text{KL}}(PQ) = \sum_{i=1} P(x)\log\frac{P(x)}{Q(x)} \tag{6-56}$$

6.5.4.2 相似度分析

（1）余弦相似度：

$$\cos(X, Y) = \frac{X \cdot Y}{|X| \cdot |Y|} \tag{6-57}$$

（2）互信息：

$$I(X, Y)=\sum_{x\in X}\sum_{y\in Y}p(x, y)\log\frac{p(x, y)}{p(x)p(y)} \tag{6-58}$$

（3）皮尔逊相关系数：

$$\rho_{X, Y}=\frac{\mathrm{cov}(X, Y)}{\sigma_X\sigma_Y} \tag{6-59}$$

在相似性分析任务中，上述三种分析方法也被广泛使用，其值越大表明数据集越相似。

6.5.4.3 特征映射

（1）最大均值差异（MMD）。最大均值差异是迁移学习中常用的度量方法，MMD 是将向量映射到再生核希尔伯特空间，计算研究变量在该空间中的分布距。MMD 是一种核学习方法，会把多个域高维希尔子空间中，并学习它们各个间的数据敏感特点。MMD 是一种基本的信息几何度量，广泛应用到深度学习的各种衡量数据差异下。研究表明，当系统由分布式非线性系统给出时，该测度可分解为传递熵和随机相互作用两个信息论测度的函数。更具体地说，当为分布式系统选择候选模型时，这些措施是适用的，其中单个子系统通过潜在变量耦合，表示为一个有向无环图，来表征子系统之间的单向耦合。由于隐藏变量的存在，训练网络的标准方法不适用。MMD 距离的计算如式（6-60）所示，一般取该公式的平方值作为变量间的度量值。

（2）A-distance。2007 年，Ben 提出了 A-distance 方法，用于分类任务。A-distance 的主旨是使用线性分类器度量数据间的 hinge 损失，其计算公式为：

$$A(D_s, D_t)=2(1-2\mathrm{err}(h)) \tag{6-60}$$

其中，$\mathrm{err}(h)$ 代表分类器的损失。

6.5.5 应用案例——迁移学习识别热轧卷缺陷

迁移学习是将任务相近的已经训练好的模型应用到新的任务中，这些模型都是基于超大数据集训练出来的，有很好的泛化能力。ResNet 和 InCeption 是两种典型的卷积神经网络结构，这两种迁移学习模型逐渐成为工业产品表面质识别的研究和应用热点。

所使用的原始缺陷数据采集于某企业热轧产线表面检测系统，缺陷图片由工艺专业人员标注，共有 34 类图像类型合计 10485 张，涉及的主要缺陷类型包括：划伤、垃圾和黏铁、大翘皮、夹杂、夹渣、孔洞、异物压入、折痕、擦伤铁皮、氧化铁皮、点状缺陷、红铁皮、轧破、边部翘皮、边部裂口、边部裂纹、铜脆、除鳞铁皮、面翘皮和黑线等 34 种表面缺陷或伪缺陷。由于原始数据集不同缺陷种类的标注图片数量非常不均衡，通过数据增强的方法实现数据集的均衡处理。数据增强也叫数据扩增，是在不外加数据的情况下，通过对已有的原始数据做一些系列的处理改变，来产生更多的新数据，让有限的数据产生更多价值的同时也提高分类模型的识别正确率和泛化能力。

主要采取有监督的数据增强方式，即使用一些预设的规则做些颜色变换和几何变换，包括：尺寸变换、水平、垂直翻转，饱和度、裁剪、亮度、平移、对比度、锐化、对比度、缩放、分辨率、色彩抖动、添加噪声、旋转等操作，通过图像增强处理，以此来提升训练的图片质量，进而来提升模型的性能。如图 6-27 所示，为对翘皮缺陷通过翻转的方式实现数据增强。

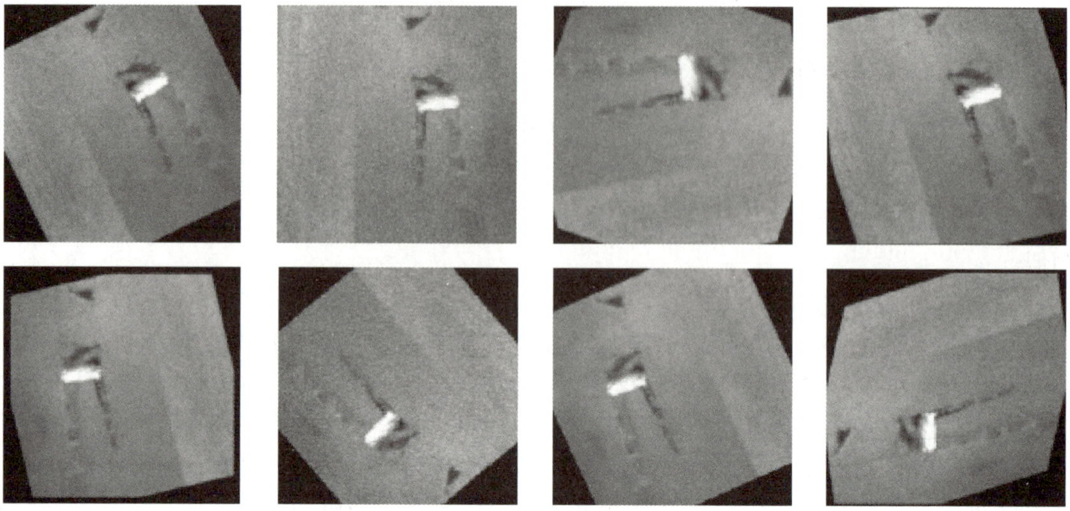

图 6-27 有监督数据增强效果图示例

另外，通过生成对抗网络 GAN 模型随机生成的含有多种分辨率的热轧板卷表面缺陷数据图像来实现无监督的数据增强，从实验结果图看，如图 6-28 所示，生成的缺陷图片逼真而且质量较高。

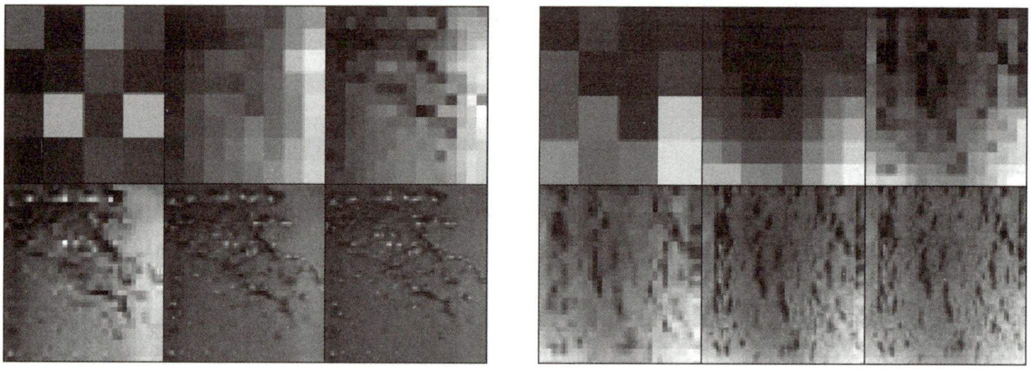

图 6-28 GAN 数据增强效果图

迁移学习使用修改后的网络进行训练以执行新的识别任务，短时间内能达到比较高的缺陷识别效果。具体步骤如下：

（1）从图片数据集文件中读取所有图片列表并按训练、验证、测试数据随机分开；

（2）在训练集中每次获取批量（batch）图片数据进行训练；

（3）加载已经除去后三层的预训练模型，处理图片，提取其特征向量；

（4）加载特征迁移层和输入节点的名称，用于恢复对应变量的计算方法；

（5）获取特征迁移层的输出特征；

（6）特征迁移层的输出特征作为新的输入，设计新的全连接层；

（7）构建 softmax 层、损失函数等；

（8）构建新的分类输出层；

（9）训练新的模型，当模型训练完成后，使用模型在测试集数据上计算最后的准确率。

在经过均衡的样本集上，采用迁移学习的模式，InceptionV3 和 ResNet50 两种模型在测试集上的平均分类准确率分别可达 95.1%和 84.9%。

思考题

1. 试简述深度学习和普通的人工神经网络的异同点。
2. 深度学习会导致计算量增大，试简述轻量化深度学习框架有哪些及其主要原理。
3. 深度强化学习是对深度学习和强化学习的融合，试简述该算法如何将二者有机地结合。
4. 试简述生成式对抗神经网络的核心思想。

参考文献

[1] 何直蒙．基于深度学习的高分辨率遥感影像建筑物提取研究［D］．南京：南京信息工程大学，2022.

[2] 顾铁捷．基于深度学习的特定电磁结构建模与优化设计研究［D］．杭州：浙江大学，2022.

[3] 牛威杨．基于深度学习的多目标车辆跟随识别算法研究［J］．信息技术与信息化，2022（9）：200-203.

[4] 龚波涛，汪孔屏，张雷．基于深度学习的智能机器人自主跟随算法研究［J］．电子设计工程，2022，30（14）：25-29.

[5] 王影．基于深度学习的生活垃圾图像分类算法研究［D］．重庆：重庆理工大学，2022.

[6] 赵灵然．视频监控下安全帽佩戴检测的深度学习算法研究［D］．北京：北方工业大学，2022.

[7] 魏翼飞，汪昭颖，李骏．深度学习——从神经网络到深度强化学习的演进［M］．北京：清华大学出版社，2021.

[8] 苏新，孟蕾蕾，周一青，等．基于深度强化学习的海洋移动边缘计算卸载方法［J］．通信学报，2022，43（10）：13.

[9] 张梦钰，豆亚杰，陈子夷，姜江，等．深度强化学习及其在军事领域中的应用综述［J］．系统工程与电子技术，2022（10）：17.

[10] 朱家政，张宏立，王聪，等．基于深度强化学习的模糊作业车间调度问题［J］．控制与决策，2022（10）：9.

[11] 冯聪．基于深度强化学习的交通信号控制方法研究［D］．上海：东华大学，2022.

[12] 王光耀．基于深度强化学习的目标检测算法与应用研究［D］．长春：吉林大学，2022.

[13] 吴映锋．基于深度强化学习的双足机器人跳远运动控制的研究［D］．东莞：东莞理工学院，2022.

[14] 罗佳．基于生成式对抗网络的机械故障诊断方法研究［D］．太原：中北大学，2021.

[15] 王兵．基于生成式对抗网络的气动建模与优化方法［D］．成都：电子科技大学，2021.

[16] 姜鑫．基于生成式对抗网络的图像去雾算法研究［D］．长春：中国科学院大学（中国科学院长春光学精密机械与物理研究所），2022.

[17] 谭宏卫．基于生成式对抗网络的无监督图像生成研究［D］．重庆：西南大学，2020.

[18] 王海运．基于图像的生成式对抗网络模型研究［D］．秦皇岛：燕山大学，2021.
[19] 金蒙．基于生成式对抗网络的红外图像盲元补偿和超分辨率重建算法研究［D］．南京：南京信息工程大学，2020.
[20] 鱼丽源．生成式对抗网络的风格迁移技术研究与应用［D］．北京：北方工业大学，2020.
[21] O'Halloran K L. Interdependence, interaction and metaphor in multi-semiotic texts［J］. Social Semiotics, 1999, 9（3）: 317.
[22] Morency L P, Baltrusaitis T. Tutorial on multimodal machine learning［R］. Language Technologies Institute, 2016.
[23] Xu C , Tao D , Xu C . A Survey on Multi-view Learning［J］. Computer Science, 2013.
[24] 张丽娟，崔天舒，井佩光，等．基于深度多模态特征融合的短视频分类［J］．北京航空航天大学学报，2021，47（3）：478-485.
[25] 张金萍．基于迁移学习的建筑用能预测方法及应用［D］．济南：山东建筑大学，2022.
[26] 王晋东．迁移学习简明手册［M］．北京：中国科学院计算技术研究所，2018.
[27] Ben-David S, Blitzer J, Crammer K, et al. Analysis of representations for domain adaptation［C］// International Conferenceon Neural Information Processing Systems. MITPress, 2006.
[28] 张琳，张云贵，邓泽先，等．基于深度学习的热轧板卷表面缺陷识别模型研究［C］//2020 中国自动化大会（CAC2020）论文集．2020：834-837.

7 工业应用案例

本章课件

本章提要

本章通过具体的钢铁工业应用案例为读者进行理论和实践相结合的展示，分别对钢铁生产过程作业计划优化、炼钢过程钢水温度预测、高效板坯连铸结晶器漏钢预报等7个模型的工业化应用进行详细阐述。本章分别介绍了不同模型的应用现状及意义、应用场景、建模方法以及实例分析，为读者了解钢铁工业的模型应用提供参考。

7.1 钢铁生产过程作业计划优化

7.1.1 研究背景及意义

钢铁生产过程中，炼钢-连铸作业计划是钢铁生产全流程智能化建设的重要环节之一，也是钢铁企业信息系统建设的基础和科学决策执行的重要体现。目前，许多大型钢铁企业已经有了较为成熟的企业资源计划（enterprise resource planning，ERP）系统。该系统主要是将合同订单转化为生产订单，再转化为车间生产计划。生产计划下发到生产车间后，通过车间制造执行系统（manufacturing execution system，MES）将其转化为生产作业计划（又称静态调度）后下发到各个工序进行执行。

但对于大多数炼钢厂而言，生产作业计划的编制更多还是依靠人工去完成，主要的问题是人更能够了解生产过程的具体情况，也就是系统对于炼钢厂的实情了解不够，难以编制出符合实际情况的生产作业计划。由于这种更多依靠人工经验编制的生产作业计划方法生产效率低，编制出的结果也因个人经验的不同有所差异，并不能保证整个钢铁生产过程作业效率更高，生产节奏更加地紧凑。

近年来，随着钢铁工业为适应智能化、绿色化和品牌化发展趋势的要求，钢铁行业既面临着挑战，也紧握着机会。国家对各行各业的智能制造进行不断地推进，使得钢铁行业也越来越重视钢铁生产流程的智能化、信息化，在科学决策的前提下积极推进分层次信息系统的建设和全流程的智能管控。在此背景下，本案例以钢铁生产流程的炼钢厂为对象，构建了钢铁生产过程炼钢-连铸区段的生产作业计划模型，并用改进的遗传算法进行求解，研究为提升钢铁生产流程的连续化程度和稳定性打下基础。

7.1.2 问题描述

炼钢-连铸过程生产作业计划是炼钢-连铸批量计划的执行预案，其驱动铁素物质流从液态铁水到固态坯料的转变。炼钢-连铸区段是钢铁生产流程的关键环节，包括转炉、精炼、连铸等工序，每道工序含有多个工位，即有多台并行机可供选择。在炼钢厂组织生产时，炉次有选择性地通过各工序某一工位，形成并行交错的生产流程网络图。炼钢-连铸生产作业计划的编制效果直接决定了铁素物质流在流程中的运行情况，或动态有序运行，或杂乱无章。炼钢-连铸生产作业计划编制内容主要包括确定铸机的开浇时间、为各炉次在各加工工序指定加工工位、确认每个炉次在工位上的开始加工和结束加工时间。

炼钢-连铸生产作业计划问题常视为混合流水车间的作业排序问题。在编制炼钢-连铸生产作业计划前，一般还需为批量计划中的浇次计划指定生产铸机，并确定各铸机上的浇次排序，这些工作往往由企业自身生产特点（铸机特点、钢轧衔接）决定，本案例根据以上描述，在建立作业计划数学模型前，做出以下假设：

（1）炼钢-连铸区段生产批量计划已知；

（2）各生产铸机上的浇次计划排序已知；

（3）炉次在各生产工序上的标准作业周期、在工序间的运输时间已知；

（4）各加工工序上每台设备的最早可使用时间已知。

7.1.3 模型及求解

7.1.3.1 符号定义

炼钢-连铸过程的生产作业计划数学模型涉及的各符号定义如表 7-1 所示。

表 7-1 生产作业计划的符号定义

符 号	含 义
i	炉次序号，共有 N 个炉次
l	浇次序号，共有 Q 个浇次
k	工序 j 的工位编号
j	生产流程中的工序编号，共有 M 道生产工序，其中 $j \in [1, M]$
j'	炉次 i 在加工路径中工序 j 的紧后工序
i'	工序 j 工位 k 上紧邻炉次 i 的后一炉次
l'	浇次 l 中最后一个炉次编号
k'	工序 j' 上的工位编号
$\sigma_{M,k}$	工序 M 上工位 k 的设备调整时间
Ω	全部炉次集合，$\Omega = \{i \mid i \in [1, N]\}$
Ω_l	浇次 l 包含的炉次集合
U_i	炉次 i 加工过的工序集合
S_j	工序 j 上的工位集合
$X_{i,j,k}$	炉次 i 在工序 j 工位 k 上开始作业时间
$P_{i,j,k}$	炉次 i 在工序 j 工位 k 上的作业时间
$T(j, j')$	炉次 i 在工序 j 和工序 j' 间的运输时间

7.1.3.2 数学模型：

（1）目标函数：

$$\min Z_4 = \sum_{i=1}^{N} \sum_{\substack{j,\ j' \in U \\ k,\ k' \in S_j}} X_{i,\ j',\ k'} - (X_{i,\ j,\ k} + P_{i,\ j,\ k} + T(j,\ j')) \tag{7-1}$$

其含义是最小化各个炉次在工序之间的等待时间。

（2）约束条件：

$$X_{i,\ j',\ k'} - (X_{i,\ j,\ k} + P_{i,\ j,\ k} + T(j,\ j')) \geqslant 0$$
$$(i \in \Omega;\ j,\ j' \in U_i;\ k,\ k' \in S_j) \tag{7-2}$$

其含义是炉次加工工艺约束，即对于同一个炉次 i，在工序 j' 上的开始作业时间要不小于在工序 j 上的开始时间、作业时间以及工序 j 和工序 j' 之间的运输时间之和。

$$X_{i',\ j,\ k} \geqslant X_{i,\ j,\ k} + P_{i,\ j,\ k} \qquad (i,\ i' \in \Omega;\ j \in U_i;\ k \in S_j) \tag{7-3}$$

其含义是机器加工不冲突约束，工序 j 的工位 k 上，前后两个炉次之间开始作业时间之差，即同一工序的同一工位上只能工作一个炉次。

$$X_{i',\ M,\ k} = X_{i,\ M,\ k} + P_{i,\ M,\ k} \qquad (i,\ i' \in \Omega;\ k \in S_M) \tag{7-4}$$

其含义是浇次内的炉次连浇约束，工序 M 是最后一道工序，对于本模型来说，即为连铸工序。

$$X_{l'+1,\ M,\ k} = X_{l',\ M,\ k} + P_{l',\ M,\ k} + \sigma_{M,\ k} \qquad (l'+1 \in \Omega_{l+1},\ l' \in \Omega_l,\ k \in S_j) \tag{7-5}$$

其含义是连铸机上相邻两个浇次间的时间约束。

7.1.3.3 模型求解

炼钢-连铸过程生产作业计划的主要目的：一是保证连铸机的连续浇铸；二是当多个浇次在同一时间范围内生产时，解决在各个工序为浇次内炉次指派具体生产工位时造成的工位间冲突。对此，结合 JIT 的逆推思想和遗传算法对作业计划问题进行求解。首先保证连铸机一个浇次内炉次连续浇铸的前提下，为浇次中所有炉次指派连铸加工工位，再逆推确定各炉次在前序各工序各工位上的开始作业和结束作业时间。其具体的求解步骤如下：

步骤 1：初始化参数。输入炉次计划、浇次计划的生产顺序、最后一道工序（连铸工序）各加工工位的最早可用时间以及各炉次在工序上加工的标准作业周期、运输周期以及同工位上相邻浇次之间的调整时间。

步骤 2：确定炉次在最后一道工序的开始和结束作业时间。确认最后一道工序各工位的生产浇次，将该工位的最早可用时间作为在工位上第一个浇次的开浇时间，计入第 j 道工序炉次作业开始时间集；也即此浇次中第一个炉次的开始作业时间，根据连铸机“连浇原则”，即约束式（7-5）。依次计算该浇次后续炉次的作业开始时间，也即当前炉次的作业结束时间，将每个炉次的作业开始和结束时间计入第 j 道工序炉次作业开始和结束时间集，同理，其余浇次计划类似。

步骤 3：指定炉次在第 $j-1$ 道工序的加工工位，并确定炉次在第 $j-1$ 道工序的开始作业和结束作业时间。

（1）将第 j 道工序炉次开始作业时间集中的时间从大到小排列，记录排序后的炉次号集合；

（2）按照“后到后加工”（即顺流程生产时，先指定最晚到达工序炉次的加工工位）的原则，由遗传算法依次为炉次在第 $j-1$ 道工序指定生产工位；

（3）采用 JIT 思想，根据第 j 道工序时间集由大到小排序，依次逆推算炉次在第 $j-1$ 道工序上的作业开始和结束时间：

如果炉次在紧前工序 j' 指定的设备无炉次作业，根据炉次在工序间的标准运输时间，倒推该炉次在紧前工序 j' 指定设备的作业结束时间，根据该炉次在工序的标准作业时间，计算其在当前设备的作业开始时间，记录到第 $j-1$ 道工序作业时间集；

如果炉次在紧前工序 j' 指定的设备有炉次作业，则根据约束式（7-4），计算该设备的最早可用时间，并以此作为炉次在紧前工序 j' 指定设备的作业结束时间，根据该炉次在工序的标准作业时间，计算其在当前设备的作业开始时间，记录到第 $j-1$ 道工序作业时间集；

判断第 j 道工序时间集中的炉次是否全部完成安排，如果未安排完，转步骤 1，否则转步骤 4，令 $j=j-1$。

步骤 4：采用以上相同办法，指定炉次在第 $j-1$ 道工序的加工工位，并确定炉次在第 $j-1$ 道工序的作业开始和结束时间；如果 $j-1>1$，令 $j=j-1$，转步骤 4，否则，转步骤 5。

步骤 5：输出炼钢-连铸区段生产作业计划。

对于上述建立的生产作业计划模型，采用 IEGA 算法进行求解，但根据实际情况，对如下方面的步骤有所改变：

（1）染色体的编码和解码。基于炼钢-生产作业计划模型，通过染色体编码确定炉次的加工工位。在编码前，首先确定炉次加工所经过的工序数目，标记为 M；其次，确定第 j 个工序的并行机（加工工位）数目，标记为 M_j。之后根据批量计划中待生产炉次总数 N，构建 $A=N\times M$ 的二维矩阵，形成问题解的染色体结构，如式（7-6）所示。即行数表示炉次数目，列数表示炉次加工所通过的工序数目，每一行代表一个炉次的加工路径，由 M 个随机正整数组成，所有炉次都经过相同的加工工序，但在每个工序中指派的设备不同，因此，利用各工序设备编号代表染色体基因。以式（7-6）中第一行为例，$a_{11}\in[1, M_1]$，$a_{12}\in[1, M_2]$，$a_{1M}\in[1, M_j]$，本案例将 a_{iM} 设置为指定值，则 a_{11}，a_{12}，…，a_{1M} 构成第一个炉次的加工工艺路径，依次类推形成所有炉次的加工工艺路径，即作业计划问题的一个可行解，继而根据染色体结构初始化种群。

$$A=\begin{bmatrix} a_{11} & a_{12} & \cdots & a_{1M} \\ a_{21} & a_{22} & \cdots & a_{2M} \\ \vdots & \vdots & \ddots & \vdots \\ a_{N1} & a_{N2} & \cdots & a_{NM} \end{bmatrix} \tag{7-6}$$

（2）遗传算子。

1）选择算子。采用精英保留，即在进化过程中让种群前 20%的优秀个体直接进入下一代，剩下部分采用轮盘赌的方法进行选择复制。

2）交叉算子。本模型中染色体结构是二维矩阵的形式，进行染色体交叉时，根据选择概率，依次在区间 [1，N] 之间产生两个不重复的随机数正整数，确定二维矩阵中需要交叉的位置，将染色体对应位置的基因全部互换，这样保证每个炉次在工序作业时的并行机编号均在容许范围内，避免了染色体的修复策略。

3）变异算子。根据变异概率，先后在区间 [1，N] 和 [1，M_i] 之间各产生一个随机正整数，然后对需要变异的炉次内部的加工工位进行变异。

7.1.4 案例分析

为验证炼钢-连铸过程生产作业计划模型和算法的可行性，以批量计划结果（3 浇次、10 炉次）作为作业计划的初始参数。各个工序设备的处理时间如表 7-2 所示，各个工序设备间的运输时间如表 7-3 所示。处理时间和运输时间都可以根据炼钢厂的生产能力实现定制化，它们都是算法的输入参数。生产路径也可实现定制化，本次求解根据精炼的不同选择主要设定为三种生产路径，即转炉—三种精炼方式—连铸。遗传算法参数设置为种群数目 popsize = 200，迭代步数取 maxgen = 50，交叉概率 $P_c = 0.85$，变异概率 $P_m = 0.10$，实验环境为 python3.7，计算平台为 JetBrains PyCharm Community Edition 2019.2.1。

表 7-2　工序设备的处理时间

工序设备	处理时间/min	工序设备	处理时间/min	工序设备	处理时间/min
BOFA	25	LF	30	CCM1	35
BOFB	25	RH	30	CCM2	40
BOFC	25	CAS	30	CCM3	30

表 7-3　工序设备间的运输时间　　(min)

项目	BOFA	BOFB	BOFC	CCM1	CCM2	CCM3
LF	10	8	6	5	5	5
RH	6	6	6	10	10	10
CAS	15	12	15	5	5	8

通过运用上述的算法，得到结果将其转为甘特图，如图 7-1 所示。

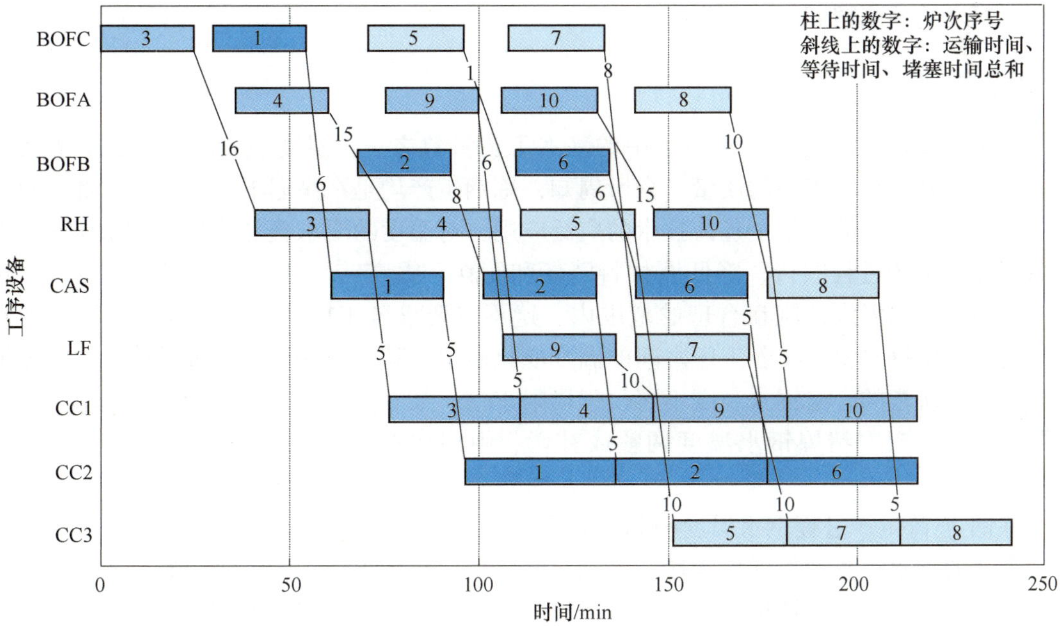

图 7-1　优化后的作业计划甘特图

7.2 炼钢过程钢水温度预测

7.2.1 研究背景及意义

随着国内冶金行业连铸技术的普及和发展，各企业的现代钢铁制造流程对炼钢过程钢水温度的精确要求就显得尤为重要，实时、准确的钢水温度预报对于完善冶炼操作，保证成品钢质量有重要的意义。时间、温度和物质量是冶金流程中的三个基本参数。钢水温度对保证连铸生产过程顺行、降低原材料和能量消耗、提高铸坯质量均有很大影响。温度过高不仅易造成拉漏、溢钢等事故，而且会增加转炉的热负荷，降低炉龄，增加转炉冶炼成本，进而影响铸坯质量；温度过低的钢水流动性较差，易堵水口，回炉率高。

随着钢铁工业技术的不断进步，市场对于优质钢材的需求量增加，这要求钢铁生产进一步提高生产水平，降低成本，增强竞争力，因而必然对炼钢-连铸过程中的钢水温度控制提出更严格的要求，钢水温度必须控制在一个较窄的范围内，才能适应高效连铸生产的要求。在现代连铸生产中，稳定的钢水温度条件是稳定连铸生产的保证，合适的钢水过热度是获得优质铸坯的重要条件，而钢水温度的有效预测和控制是保证生产节奏顺畅有序的关键。因此，无论是从保证连铸的顺行，保证连铸坯的质量，还是优化炼钢连铸的时间节奏方面，加强炼钢连铸过程钢水温度研究都是十分重要的。

自从 20 世纪 80 年代以来，国内外钢铁界为了进一步降低钢的生产成本，提高钢的质量，大力发展了钢水的精炼处理技术，RH、LF、CAS 等精炼处理工艺应运而生；但是，精炼处理延长了钢水的运输时间，增加了钢水处理操作工序，而且也大大增加了钢水的温降。由于钢水温度在连铸、节能等方面的重要性和潜在的重大经济效益，因此，本案例建立了基于案例推理的钢水温度预测模型，从而降低转炉出钢温度和精炼过程的调温幅度，提高了温度的预测精度。

7.2.2 问题描述

钢水温度是炼钢-连铸生产过程中的基本工艺参数之一，温度控制的好坏影响着炼钢厂系统的平稳运行和铸坯的质量。众所周知，炼钢生产均是在高温下进行的，因此对钢水温度的要求很高，尤其是全连铸技术的广泛应用，对温度的要求更加严格。钢水温度对保证炼钢连铸生产过程顺行、降低原材料消耗和能耗、提高铸坯质量均有很大的影响。因此，必须把钢水温度控制在合理的范围内，这不仅要求各工序的钢水温度控制要相对稳定，而且要求钢水温度在各工序之间的温度变化稳定。随着钢铁制造流程整体水平的不断提高，这里所指的合格钢水温度不再仅仅局限于钢厂某一工序，而是包括钢包运输过程钢水温度损失、二次精炼钢水温度调整或补偿、中间包钢水温度的稳定或调整多方面的内容。

炼钢-连铸生产过程钢水温度控制的核心是钢包和中间包内钢水温度及其过热度的稳定，合适的钢水过热度将促使铸坯的等轴晶区增长，铸坯组织结构致密，有利于减少铸坯中心偏析和疏松，改善铸坯质量和提高铸机的产量。钢水温度高，有利于中间包和结晶器内钢水的流动性，但会促使铸坯柱状晶发展，进而导致严重的中心偏析；并会加快耐火材料侵蚀，特别是塞棒的侵蚀严重造成塞棒失控；铸坯坯壳减薄将会增加拉漏的危险，降低铸机的生产率；增加转炉的热负荷，降低炉龄，降低合金的回收率；钢水二次氧化加剧，钢中气体和夹杂物含量升高，恶化钢水质量，进而影响铸坯质量。反之，如果钢水温度过低，钢水流动性差，则会有钢水冷凝在钢包或中间罐水口内，造成连铸过程中断，还会对铸坯表面质量造成不良影响。

因此，寻找稳定控制钢包和中间包内钢水温度的有效途径和保证炼钢-连铸生产过程温度因素的合理和高效显得尤为重要。连铸技术的不断发展，尤其是全连铸的实现、高效连铸技术的广泛应用，使人们逐渐认识到钢厂温度控制应走过程整体优化之路，通过了解过程各工序温度调控功能以及钢包、中间包周转过程热状态，制定钢包和中间包内合理的钢水目标温度，将其控制在较窄的范围内，进而降低出钢温度，实现炼钢-连铸过程钢水温度的优化。

7.2.3 模型及求解

案例推理原理和人类的认知行为相似，是一种基于记忆的推理过程，即当人遇到突发的新情况时，会从过去的记忆中寻找类似情况，推理出解决新问题的答案。与传统的基于规则推理的方法相比，案例推理不再提取数据间的规则，因此不再局限于数据或者领域知识，避免了知识获取瓶颈，特别是在工业生产中，由于原理十分复杂，参数无法进行量化的情况下，具有良好的应用前景。同时案例推理技术具有增量式的学习功能，且自学习功能十分简单和便捷，随着新的、好的案例不断地添加到历史案例库中，案例库的问题覆盖范围也随之增大，案例解决方案也随之越多，使用效果也越好。特别是在大数据时代的背景之下，随着数据量的增大，案例推理技术的应用效果将会得到提高，因此，本案例通过案例推理的方法对炼钢到连铸过程温度进行预测。

当有新案例需要解决方案时，通过案例描述找出案例库中与新案例相同或相似的历史案例，如果历史案例库中存在与新案例的所有特征属性完全相同的历史案例，则输出该历史案例的解决方案；如果历史案例库中不存在与新案例的所有特征属性完全相同的历史案例，那么就对最相似一个或多个案例进行修改得出优化的解决方案后，再输出给用户。若用户对输出的解决方案不满意，则重新对解决方案进行修改优化直至用户满意为止。而新的案例也可以通过检验来确定是否保留在数据库中。

案例推理的 4R 过程已在本书第 5 章叙述过，应用在本问题时，案例检索的过程如下。

7.2.3.1 数据预处理

本案例采用的数据预处理方法是五数概括法，五数概括法的步骤如下：

（1）统计五数。这里的五数是指统计学中的最小值、下四分位数 Q_L（25%的百分位数）、中位数（50%的百分位数）、上四分位数 Q_U（75%的百分位数）和最大值；

（2）计算四分展布 H，计算公式如下：

$$H = Q_U - Q_L \tag{7-7}$$

（3）计算数据有效范围：

$$(Q_L - 1.5H,\ Q_U + 1.5H) \tag{7-8}$$

通常认为在这个范围之外的数据值为异常值。

7.2.3.2 数据归一化

在计算案例属性的权重时，不同属性的单位和取值范围不同，导致权重计算不准确，因此为了将不同的属性限制在一定范围，需要对数据进行归一化。常用的归一化方法有：［0，1］归一化和［-1，1］归一化。

（1）［0，1］归一化：

$$Y = \frac{X - X_{\min}}{X_{\max} - X_{\min}} \tag{7-9}$$

式中，$X_{\max}$为数据中的最大值；$X_{\min}$为数据中的最小值；X为归一化前的值；Y为归一化后的值。

（2）［-1，1］归一化：

$$Y = -1 + 2\frac{X - X_{\min}}{X_{\max} - X_{\min}} \tag{7-10}$$

7.2.3.3 权重计算

在计算相似度时，需要先确定因素的权重，常用的权重方法有均权法、熵权法、层次分析法和 ID3 算法等。本案例使用前两种方法。

（1）均权法。每个属性的权重相同，假设案例有 n 个属性，则每个属性的权重为 $1/n$。

（2）熵权法。熵权法是先计算各个因素的信息熵并由此计算各自的熵权值，再通过熵权对各个因素的权重进行修正，从而得到影响因素的权重。具体计算步骤如下：

1）数据归一化，公式如下：

$$r_{ij} = \frac{x_{ij} - \min_i(x_{ij})}{\max_i(x_{ij}) - \min_i(x_{ij})} \tag{7-11}$$

式中，i 是数据个数；j 是第 j 个影响因素；min 是原始数据中的最小值；max 是原始数据中的最大值；x_{ij} 是归一化前的值；r_{ij} 是归一化后的值。

2）计算第 j 个因素的信息熵，公式如下：

$$H_j = -k\sum_i^N f_{ij} \cdot \ln f_{ij} \tag{7-12}$$

$$f_{ij} = \frac{1 + r_{ij}}{\sum_i^N (1 + r_{ij})} \tag{7-13}$$

$$k = \frac{1}{\ln N} \tag{7-14}$$

式中，N 是原始数据的行数。

3）计算第 j 个因素的权重：

$$W_j = \frac{1 - H_j}{M - \sum_{j=1}^{M} H_j} \tag{7-15}$$

式中，M 是影响因素的个数。

7.2.3.4 相似度计算

本案例介绍两种相似度计算方法：欧氏距离相似度和灰色距离相似度。

（1）欧氏距离相似度。欧氏距离：假设案例的影响因素个数为 n，案例库中案例的第 j 个因素是 X_j，在目标案例中第 j 个影响因素为 Y_j，而第 j 个因素的权重为 W_j，则目标案例和案例库中案例之间的欧氏距离公式如下：

$$d(X, Y) = \sqrt{\sum_{j=1}^{n} W_j[(Y_j - X_j)^2]} \tag{7-16}$$

则目标案例和案例库中案例之间的相似度为：

$$G_{\mathrm{sim}}(X, Y) = \frac{1}{1 + d(X, Y)} \tag{7-17}$$

（2）灰色距离相似度。假设目标案例为 s_0，案例库为 $\{s_i | i = 1, 2, \cdots, m\}$，$m$ 为案例库中的案例数，则案例 s_0 和 s_i 在 n 维空间上的灰色相似度为：

$$G_{\mathrm{sim}} = \frac{1}{1 + \sqrt{\sum_{k=1}^{n} [G_{\mathrm{d}}(s_0(k), s_i(k))]^2}} \tag{7-18}$$

式中，$G_{\mathrm{d}}(s_0(k), s_i(k))$ 为案例 s_0 和 s_i 在特征向量的第 k 个属性上的灰色距离，计算公式如下：

$$G_{\mathrm{d}}(s_0(k), s_i(k)) = \frac{1}{G_{\mathrm{c}}(s_0(k), s_i(k))} - 1 \tag{7-19}$$

式中，$G_{\mathrm{c}}(s_0(k), s_i(k))$ 为案例 s_0 和 s_i 在特征向量的第 k 个属性上的关联系数，计算公式如下：

$$G_{\mathrm{c}}(s_0(k), s_i(k)) = \frac{\min\limits_i \min\limits_k [w_k |s_0(k) - s_i(k)|] + \zeta \max\limits_i \max\limits_k [W_k |s_0(k) - s_i(k)|]}{w_k |s_0(k) - s_i(k)| + \zeta \max\limits_i \max\limits_k [W_k |s_0(k) - s_i(k)|]} \tag{7-20}$$

式中，$\zeta \in [0, 1]$ 为分辨系数，一般取 $\zeta = 0.5$；W_k 为特征向量的第 k 个属性的权值。

根据检索出来的匹配案例解决方案来得到新案例解决方案的过程叫做案例重用。案例的重用可以是对一个相似案例进行，也可以是对多个相似案例重组和修正。案例的调整和修改是 CBR 的一个难题，许多领域的 CBR 系统一般都还停留在检索阶段，且案例调整是针对特定的领域知识来进行的，因此不存在普遍的适用方法。本案例通过选取与目标案例相似度最大的 N 个案例进行优化求解，计算公式如下：

$$T = \frac{\sum_{i=1}^{N} G_i \times T_i}{\sum_{i=1}^{N} G_i} \tag{7-21}$$

7.2.4 案例分析

7.2.4.1 精炼开始温度预测模型

A 影响因素解析

影响精炼开始钢水温度的工序主要包括转炉出钢过程和转炉出完钢到精炼工序的运输过程。

出钢过程：钢水流散热方式主要为对流和热辐射，出钢时热损失与出钢温度、出钢量、出钢口使用次数、出钢口直径、出钢时间、钢水流股形态等因素有关。

运输过程：钢水热损失主要来自钢包内壁吸收钢水的热量，运输时间越长，钢包热状态越差，温降越大，因此该过程主要与钢包的热状态和运输时间有关。

通过以上分析可以得出精炼开始钢水温度预报模型的影响因素，如表 7-4 所示。

表 7-4 精炼开始温度预报模型影响因素

项 目	钢包热状态	生产调度	物料性质
在线钢包精炼开始温度预报模型	待用时间；在线烘烤时间；包龄	出钢时间；转炉出完钢到精炼开始的时间	转炉出钢温度；出钢量
离线钢包精炼开始温度预报模型	待用时间；在线烘烤时间；离线烘烤时间；包龄	出钢时间；转炉出完钢到精炼开始的时间	转炉出钢温度；出钢量

B 样本数据预处理

精炼开始温度预报模型样本数据预处理如表 7-5 所示。

表 7-5 精炼开始温度预报模型样本数据五数分布

项 目	转炉出钢温度 /℃	出钢量 /t	精炼开始温度 /℃	出钢时间 /s	转炉出完钢到精炼开始的时间/min
最小值	1623	190.278	1562	351	2
上四分位数	1673	219.792	1611	422	9
中位数	1681	222.338	1619	445	12
下四分位数	1688	225	1625	469	15
最大值	1717	234.607	1662	642	77
H	15	5.208	14	47	6
上边界	1650.5	211.98	1590	351.5	0
下边界	1710.5	232.812	1646	539.5	24

经过五数概括法筛选后剩余 1953 组数据，其中，在线钢包数据为 1550 组，离线钢包数据为 403 组。

C 影响因素权重计算

经过数据预处理和数据归一化后，利用均权法和熵权法计算精炼开始温度预报模型的影响因素的权重如表 7-6 和表 7-7 所示。

表 7-6 在线包精炼开始温度预报模型影响因素权重

项　目	待用时间	在线烘烤时间	包龄	出钢量	出钢时间	转炉出完钢到精炼开始时间
均权法	0. 1666	0. 1666	0. 1666	0. 1666	0. 1666	0. 1666
熵权法	0. 1084	0. 0967	0. 1269	0. 137	0. 1060	0. 1776

表 7-7 离线包精炼开始温度预报模型影响因素权重

项　目	待用时间	在线烘烤时间	离线烘烤时间	包龄	出钢量	出钢时间	转炉出完钢到精炼开始时间
均权法	0. 1428	0. 1428	0. 1428	0. 1428	0. 1428	0. 1428	0. 1428
熵权法	0. 1383	0. 0901	0. 2214	0. 1149	0. 0791	0. 1015	0. 1259

D 模型结果计算

历史数据中的精炼开始钢水温度不需要修正，本案例选择与目标案例相似度最高的 5 个案例的解决方案优化得到结果，计算方法如式（7-19）所示。

E 温度预测结果

本案例将 1603 组数据作为案例库，350 组数据作为验证数据，为了验证模型的预报命中率，利用 BP 神经网络算法进行了同样的预报，预报结果对比如表 7-8 所示。

表 7-8 精炼开始温度预报命中率

项　目	[-5，5]	[-10，10]	[-15，15]	[-20，20]
案例推理（欧氏距离+熵权）	40. 86	72. 86	87. 43	95. 71
案例推理（欧氏距离+均权）	43. 66	75. 33	88. 00	96. 00
案例推理（灰色距离+熵权）	43. 00	71. 33	87. 00	95. 33
案例推理（灰色距离+均权）	41. 33	74. 67	87. 00	95. 33
BP 神经网络	39. 33	74. 33	87. 67	95. 67

从表 7-8 可以看出，采用欧式距离相似度和均权法的精炼开始温度预报模型的精度最高，误差在 [-5，5] 范围内达到 43. 66%，在 [-10，10] 范围内达到 75. 33%，同时预报精度高于 BP 神经网络模型。

7.2.4.2 精炼结束温度预测模型

A 影响因素解析

本案例选择的精炼工艺为 RH 精炼，RH 需吹入氩气，是钢水在真空室内循环的驱动力，加入合金调成分，钢水经上升管进入真空室，并经下降管流回包内，形成钢液循环。

在精炼过程中，氩气起驱动力作用，与钢水直接作用，会带走部分钢水热量，因此吹入氩气的总量会影响钢水温降；在真空过程处理阶段，钢水被抽到真空室脱气，由生产数据可知，真空室的烘烤温度在1000℃左右低于钢水温度，因此钢水在真空室内的热传导会影响温降，在精炼时还需要脱氧、调成分、调温。脱氧需要加入的脱氧铝粒，调整成分需要加入合金，调温时根据钢水温度的高低选择吹氧升温或添加调温废钢，以上的工艺操作都会对钢水温度造成影响。由于盛装钢水蓄热，钢包热状态发生改变，此时的钢包蓄热时间为转炉结束到精炼开始时间。

通过以上分析可以得到精炼结束钢水温度预报模型的影响因素如表7-9所示。

表7-9 精炼结束温度预报模型影响因素

项　目	钢包热状态	生产调度	物料性质
在线钢包精炼结束温度预报模型	待用时间；在线烘烤时间；蓄热时间；包龄	精炼周期	精炼钢水量；合金加入量；脱氧铝加入量；渣层厚度；精炼开始温度；吹氧量；调温废钢量；氩气消耗量
离线钢包精炼结束温度预报模型	待用时间；在线烘烤时间；离线烘烤时间；蓄热时间；包龄	精炼周期	精炼钢水量；合金加入量；脱氧铝加入量；渣层厚度；精炼开始温度；吹氧量；调温废钢量；氩气消耗量

B 样本数据预处理

精炼结束温度预报模型样本数据预处理如表7-10和表7-11所示。

表7-10 精炼结束温度预报模型样本数据五数分布

项　目	精炼周期 /min	精炼钢水量 /t	合金加入量 /t	脱氧铝加入量 /kg	精炼开始温度 /℃
最小值	19	185.9	0.048	14	1562
上四分位数	30	218	0.84	246	1611
中位数	35	221.5	1.045	293	1619
下四分位数	45	224.4	1.754	345	1625
最大值	92	239	7.123	630	1662
H	15	6.4	0.914	99	14
上边界	7.5	208.4	-0.531	97.5	1590
下边界	67.5	234	3.125	493.5	1646

表 7-11 精炼结束温度预报模型样本数据五数分布

项目	渣层厚度 /mm	调温废钢量 /t	吹氧量 /Nm^3	氩气销量 /Nm^3	精炼结束温度 /℃
最小值	55	0	0	22	1575
上四分位数	76	0	0	38	1589
中位数	80	0	0	45	1592
下四分位数	83	0.95	55	56	1595
最大值	98	4.6	367	519	1615
H	7	0.95	55	18	6
上边界	65.5	-1.425	-82.5	11	1580
下边界	93.5	2.375	137.5	83	1604

经过五数概括法筛选后剩余 1810 数据，其中，在线钢包数据为 1434 组，离线钢包数据为 376 组。

C 影响因素权重计算

经过数据预处理和数据归一化后，利用均权法和熵权法计算精炼结束温度预报模型的影响因素的权重如表 7-12 和表 7-13 所示。

表 7-12 在线钢包精炼结束温度预报模型影响因素权重

项目	在线烘烤时间	待用时间	包龄	蓄热时间	渣层厚度	精炼钢水量
均权法	0.0769	0.0769	0.0769	0.0769	0.0769	0.0769
熵权法	0.0083	0.1015	0.0741	0.0279	0.0155	0.0091

项目	脱氧铝加入量	精炼开始温度	吹氧量	调温废钢量	合金加入量	氩气消耗	精炼周期
均权法	0.0769	0.0769	0.0769	0.0769	0.0769	0.0769	0.0769
熵权法	0.3318	0.0099	0.0226	0.2287	0.0614	0.0645	0.0448

表 7-13 离线钢包精炼结束温度预报模型影响因素权重

项目	在线烘烤时间	待用时间	离线烘烤时间	包龄	蓄热时间	渣层厚度	精炼钢水量
均权法	0.0714	0.0714	0.0714	0.0714	0.0714	0.0714	0.0714
熵权法	0.0080	0.1366	0.0499	0.0512	0.0152	0.0067	0.0069

项目	脱氧铝加入量	精炼开始温度	吹氧量	调温废钢量	合金加入量	氩气消耗	精炼周期
均权法	0.0769	0.0769	0.0769	0.0769	0.0769	0.0769	0.0769
熵权法	0.3318	0.0099	0.0226	0.2287	0.0614	0.0645	0.0448

D 模型结果计算

历史数据中的精炼结束钢水温度不需要修正，本案例选择与目标案例相似度最高的5个案例的解决方案优化得到结果，计算方法见如式（7-19）所示。

E 预测结果

本案例将1460组数据作为案例库，350组数据作为验证数据，为了验证模型的预报命中率，利用BP神经网络算法进行了同样的预报，预报结果对比如表7-14所示。

表7-14 精炼结束钢水温度预报命中率

项 目	[-5，5]	[-10，10]
案例推理（欧氏距离+熵权）	74.57	98.00
案例推理（欧氏距离+均权）	75.14	98.86
案例推理（灰色距离+熵权）	75.43	97.71
案例推理（灰色距离+均权）	78.29	98.29
BP神经网络	73.33	96.67

从表7-14可以看出，采用灰色距离相似度和均权法的精炼结束温度预报模型的精度最高，误差在[-5，5]范围内达到78.29%，在[-10，10]范围内达到98.29%，同时预报精度高于BP神经网络模型。

7.2.4.3 连铸开浇钢水温度预测模型

A 影响因素解析

影响连铸开浇温度是精炼到连铸的传搁过程，此过程的钢水温度变化相对精炼过程要简单，连铸开浇温度预报模型的影响因素如表7-15所示。

表7-15 连铸开浇温度预报模型影响因素

项 目	钢包热状态	生产调度	物料性质
在线钢包精炼结束温度预报模型	待用时间；在线烘烤时间；蓄热时间；包龄	精炼到连铸传搁时间	精炼结束钢水温度；钢水量
离线钢包精炼结束温度预报模型	待用时间；在线烘烤时间；离线烘烤时间；蓄热时间；包龄	精炼到连铸传搁时间	精炼结束钢水温度；钢水量

B 样本数据预处理

连铸开浇温度预报模型样本数据预处理如表7-16所示。

表7-16 连铸开浇钢水温度预报模型样本数据五数分布

项 目	连铸开浇温度/℃	精炼结束温度/℃	钢水量/t	精炼到连铸传搁时间/min
最小值	1545	1575	181.2	2
上四分位数	1555	1589	216	25

续表 7-16

项　目	连铸开浇温度/℃	精炼结束温度/℃	钢水量/t	精炼到连铸传搁时间/min
中位数	1558	1592	219.2	30
下四分位数	1561	1595	222.6	37
最大值	1572	1615	327.2	68
H	6	6	6.6	12
上边界	1546	1580	206.1	7
下边界	1570	1604	232.5	55

经过五数概括法筛选后剩余 2039 组数据，其中在线钢包数据为 1612 组，离线钢包数据为 427 组。

C　影响因素权重计算

经过数据预处理和数据归一化后，利用均权法和熵权法计算连铸开浇温度预报模型的影响因素的权重如表 7-17 和表 7-18 所示。

表 7-17　在线钢包连铸开浇温度预报模型影响因素权重

项目	在线烘烤时间	待用时间	蓄热时间	包龄	精炼结束温度	钢水量	精炼到连铸传搁时间
均权法	0.1429	0.1429	0.1429	0.1429	0.1429	0.1429	0.1429
熵权法	0.1403	0.1840	0.0820	0.1229	0.2026	0.0895	0.1788

表 7-18　离线钢包连铸开浇温度预报模型影响因素权重

项目	在线烘烤时间	待用时间	蓄热时间	离线烘烤时间	包龄	精炼结束温度	钢水量	精炼到连铸传搁时间
均权法	0.125	0.125	0.125	0.125	0.125	0.125	0.125	0.125
熵权法	0.0676	0.0638	0.1697	0.0915	0.1192	0.2144	0.1296	0.1443

D　模型结果计算

本案例选择与目标案例相似度最高的 5 个案例的解决方案优化得到结果，计算方法如式（7-19）所示。

E　预测结果

本案例将 1739 组数据作为案例库，300 组数据作为验证数据，为了验证模型的预报命中率，利用 BP 神经网络算法进行了同样的预报，预报结果对比如表 7-19 所示。

表 7-19　连铸开浇温度预报命中率

项　目	[-5, 5]	[-10, 10]
案例推理（欧氏距离+熵权）	68.67	95.67
案例推理（欧氏距离+均权）	65.67	95.33

续表 7-19

项 目	[-5, 5]	[-10, 10]
案例推理（灰色距离+熵权）	67.33	94.33
案例推理（灰色距离+均权）	65.67	95.33
BP 神经网络	71.33	93.67

从表 7-19 可以看出，采用欧式距离相似度和熵权法的连铸开浇温度预报模型的精度最高，误差在 [-5, 5] 范围内达到 68.67%，在 [-10, 10] 范围内达到 95.67%，同时在 [-10, 10] 范围内预报精度高于 BP 神经网络模型。

7.3 高效板坯连铸结晶器漏钢预报

7.3.1 研究背景及意义

以高拉速为核心的恒速高效连铸技术得到了快速发展，对结晶器过程的在线监控水平提出了更高的要求。作为结晶器过程监控的主要手段，结晶器漏钢预报和热像图可视化技术的开发和应用，对保证高拉速连铸生产顺行和生产高质量铸坯具有重要的意义。高拉速连铸引发出更复杂的结晶器传热、摩擦和润滑等问题，导致黏结漏钢事故增加，黏结漏钢成为制约高拉速连铸的关键因素之一。

目前国内大部分结晶器漏钢预报系统都是从国外引进，虽然一定程度上减少了连铸过程的漏钢事故，但仍存在较高的漏报率和误报率。每一次误报会导致铸机突然降速或停机，严重影响了铸坯质量和铸机的高效化生产，和漏钢事故一样都会造成巨大的经济损失。所以，针对国外系统模型算法受保密及部分参数无法调整，或算法本身的局限性，无法适应实际生产过程的变化因素等问题，开发高预报准确率、低误报率的漏钢预报模型至关重要，以避免高拉速条件下黏结漏钢，从而为连铸拉速水平的提高等工艺优化奠定基础。

7.3.2 问题描述

某炼钢厂的板坯连铸机是从国外引进的高效板坯连铸机，并配置了 Danieli 结晶器漏钢预报系统，自投入运行以来，出现了多次漏钢事故，且出现频繁的误报，导致该铸机高拉速的特点一直没有发挥出来。本案例从现行 Danieli 结晶器漏钢预报系统出发，分析黏结或黏结漏钢数据，找出 Danieli 漏钢预报模型漏报和误报的原因。同时，基于连铸过程历史数据，对黏结或黏结漏钢的形成原因和影响因素做深入的研究。基于结晶器铜板热电偶温度等实测数据，重点分析黏结时的铜板温度变化特征，以此为依据，建立智能化的漏钢预报模型，在保证预报高准确率的基础上，进一步降低误报率。

7.3.3 模型及求解

7.3.3.1 模型算法设计的准则

(1) 根据对实际黏结过程结晶器铜板温度变化特征的分析可知，黏结处单个热电偶温度在时间上表现了先升后降的变化规律，且具有一定的温度变化速率和持续时间；黏结处热电偶温度变化在纵向和横向传播表现了“时滞性”；黏结列热电偶温度变化表现了“温度倒置”特征，但温度倒置的时间较晚，且有时倒置温差很小。以上这些特征都是逻辑判断规则设计的依据，对应的逻辑判断规则有温度上升检查、温度变化延迟检查、温度传播速率检查和温度倒置逻辑判断等，这些规则需合理选择，有效组合。

（2）根据黏结传播行为分析可知，在现有热电偶布置下，以纵向判断为主、横向判断为辅设计漏钢预报模型较合适。

（3）模型逻辑规则设计时要考虑平衡性，某一判断条件较为严格时，其他条件则需要适当放宽，在提高预报准确率和降低误报率之间寻找平衡点。

（4）模型逻辑规则设计还应考虑报警的时效性，缩短报警响应时间，为避免漏钢进行拉速的合理控制创造有利条件。从而避免不报警和报警不及时的现象，实现“有报警不漏钢”的目标。

（5）在一些非稳态的浇铸条件下，为了避免误报，应增加合适的条件限制模型报警。

7.3.3.2 模型的建立

根据以上设计准则建立逻辑判断模型，如图 7-2 所示。其中，TC（i，j）表示第 i 排第 j 列热电偶。

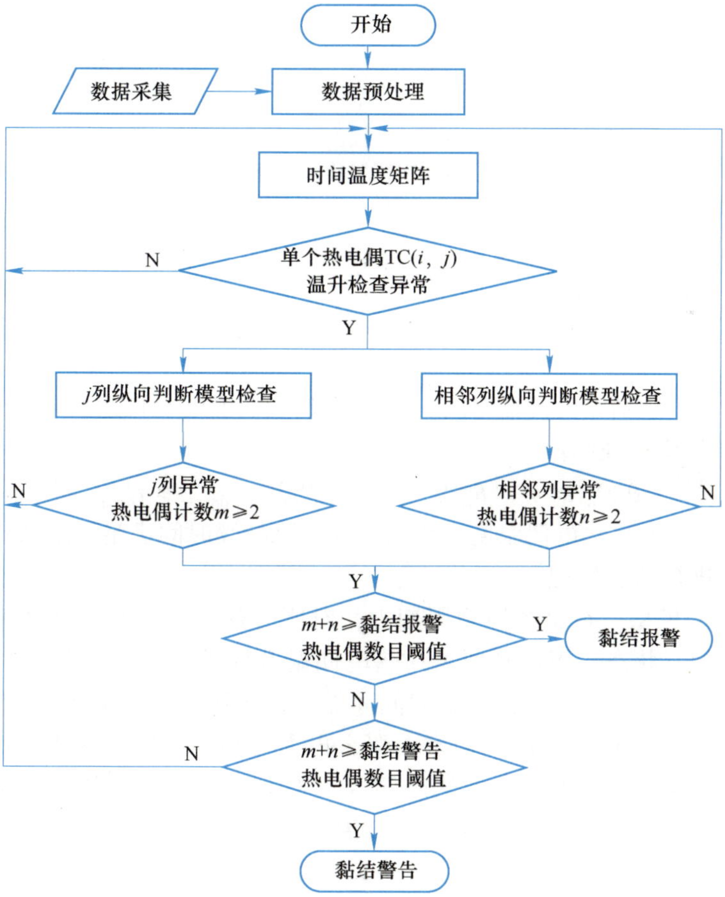

图 7-2 新模型逻辑判断流程图

（1）数据预处理：

$$T_{\max} \geqslant T \geqslant T_{\min} \tag{7-22}$$

如果热电偶温度不满足式（7-22），即不在有效范围内，则该热电偶不参与模型计算，直到满足以上条件。

（2）温度上升检查规则：

$$\theta_{\mathrm{up}}^{\max} \geqslant \theta \geqslant \theta_{\mathrm{up}}^{\min} \quad 且 \quad t_{\mathrm{up}}^{\max} \geqslant t_{\mathrm{up}} \geqslant t_{\mathrm{up}}^{\min} \tag{7-23}$$

如图 7-3 所示，如果热电偶温度变化速率和温升持续时间满足式（7-23），则认为该热电偶温升异常，进行状态标记。

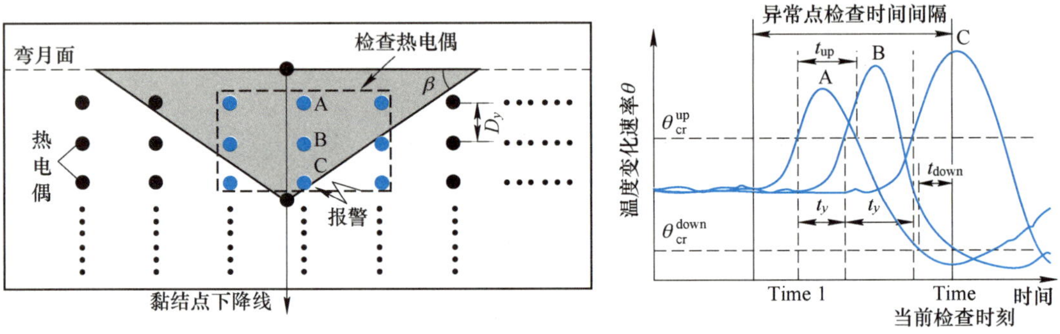

图 7-3　黏结漏钢预报模型逻辑判断检查

（3）黏结纵向传播速度检查规则：

$$\alpha_{\max} v_{\mathrm{c}} \geqslant v_{\mathrm{y}} = \frac{D_{\mathrm{y}}}{t_{\mathrm{y}}} \geqslant \alpha_{\min} v_{\mathrm{c}} \tag{7-24}$$

如图 7-3 所示，黏结纵向传播时间 t_y 为两个热电偶温度变化速率异常开始时间差。

（4）温度下降检查规则：

$$\theta_{\mathrm{down}}^{\max} \geqslant \theta \geqslant \theta_{\mathrm{down}}^{\min} \quad 且 \quad t_{\mathrm{down}}^{\max} \geqslant t_{\mathrm{down}} \geqslant t_{\mathrm{down}}^{\min} \tag{7-25}$$

如图 7-3 所示，如果热电偶温度变化速率和温降持续时间满足以上条件，则认为该热电偶温降异常，进行状态标记。

（5）纵向判断模型。在每个检测周期内，对所有热电偶进行温度速率异常检查，并标记温升或温降异常状态。当检测到某一热电偶温升异常时，比如图 7-3 中的热电偶 C，则从当前时刻检查过去一个异常点检查时间间隔内，该列该热电偶以上其他热电偶是否温升异常，假设热电偶 A 和 B 也温升异常，那么再进行黏结纵向传播速度检查，如果也满足，则然后对该列第一个温升异常的热电偶 A，从 Time 1 时刻开始在一个温度下降检查时间间隔内，或者到当前 Time 时刻内，检查温降是否异常。如果以上条件都符合，则统计该列异常热电偶数目 m。

（6）以纵向判断为主、横向判断为辅的面判断模型。如果某列异常热电偶数目 m 大于等于 2，如图 7-3 所示，同时对相邻列该排及以上其他热电偶用纵向判断模型进行检查，并统计异常热电偶数目 n，如果 n 也大于等于 2，则该列与相邻列异常热电偶数目总数为 $m+n$，否则为 0。若 $m+n$ 大于等于黏结报警热电偶数目阈值，则对该列热电偶 C 发出黏结报警，并采取降拉速措施。若 $m+n$ 大于等于黏结警告热电偶数目阈值，则对该列热电偶 C 发出黏结警告，提醒操作者注意，改善保护渣等浇铸条件。

（7）模型报警的屏蔽条件。

1）报警前 120s 内结晶器液位超出预设最小值和最大值范围，模型不报警；

2）报警前 120s 内拉速低于预设不报警拉速时，模型不报警；

3）报警前 120s 内拉速变化速率超过预设不报警拉速变化速率时，模型不报警；

4）开浇阶段判断，当浇铸长度小于预设不报警浇铸长度时，模型不报警；

5）黏结报警后 60s 内，模型不报警。

7.3.4 案例分析

利用黏结或黏结漏钢等实测样本对以上新逻辑判断模型进行仿真。其中，模型参数可参考第 3 章统计和分析初步确定大致范围，然后通过仿真测试和报警分析进一步调整和优化，最终确定模型最佳参数如表 7-20 所示。样本仿真结果如表 7-21 所示。

表 7-20 新逻辑判断模型参数设置

模型参数	值	模型参数	值
温度最小值/℃	50	黏结纵向传播速度范围/m · min^{-1}	$(0.38\sim1.50)v_c$
温度最大值/℃	200	异常点检查时间间隔/s	30
温度上升梯度最小值/℃ · s^{-1}	0.18	温度下降检查时间间隔/s	25
温度上升梯度最大值/℃ · s^{-1}	2.20	黏结警告热电偶数目阈值	3
温度下降梯度最大值/℃ · s^{-1}	−0.17	黏结报警热电偶数目阈值	6
温度下降梯度最小值/℃ · s^{-1}	−2.00	不报警浇铸长度/m	3.0
温度变化速率计算时间间隔/s	5	不报警拉速/m · min^{-1}	0.5
温度上升持续时间最小值/s	3	不报警拉速变化速率/m · (min · s)$^{-1}$	0.006
温度上升持续时间最大值/s	25	结晶器液位最小值/mm	80
温度下降持续时间最小值/s	5	结晶器液位最大值/mm	120

表 7-21 新逻辑判断模型仿真结果

序号	断面 /m^2	正常拉速 /m · min^{-1}	Danieli 模型报警时间	新模型报警时间	拉速变化时间	液位变化时间	实际检查情况
1	1500×230	1.10	漏报	00：22：21	00：22：46	00：22：42	黏结漏钢
2	1554×230	1.20	漏报	05：04：26	05：04：44	05：04：39	黏结漏钢
3	1554×230	1.20	漏报	04：59：17	04：59：41	04：59：37	黏结漏钢

续表 7-21

序号	断面 /m²	正常拉速 /m·min⁻¹	Danieli 模型报警时间	新模型报警时间	拉速变化时间	液位变化时间	实际检查情况
4	2006×230	0.90	漏报	06:17:56	06:18:36	06:18:31	黏结漏钢
5	1502×230	1.10	漏报	21:20:33	21:20:51	21:20:55	黏结漏钢
6	1502×230	1.00	漏报	00:52:55	00:53:18	00:53:16	黏结漏钢
7	1802×230	0.90	漏报	00:54:48	00:55:03	00:54:59	黏结漏钢
8	1502×230	0.90	12:33:58	12:33:57	12:33:58	12:33:58	黏结修复
9	1802×230	0.90	00:10:40	00:10:33	00:10:40	00:10:40	黏结修复
10	1802×230	0.90	01:01:06	01:01:01	01:01:06	01:01:06	黏结修复
11	1802×230	0.90	01:08:23	01:08:22	01:08:23	01:08:23	黏结修复
12	1802×230	0.90	18:23:22	18:23:12	18:23:22	18:23:22	黏结修复
13	1802×230	0.90	漏报	23:43:45	—	—	黏结自动修复
14	1802×230	0.90	23:46:16	23:46:23	23:46:16	23:46:16	黏结修复
15	1602×230	1.25	误报	误报	15:05:24	15:05:24	正常
16	1856×230	1.05	误报	误报	04:02:09	04:02:09	正常
17	1502×230	1.10	误报	—	14:46:33	14:46:33	正常
18	1804×230	0.90	误报	—	00:56:37	00:56:37	正常

由表 7-21 可知，7 组黏结漏钢样本新逻辑判断模型可全部报出，且报警时刻比漏钢时刻平均提前约 20s。7 组黏结修复样本新逻辑判断模型全部报出，Danieli 模型漏报一次，此次没有发生漏钢，结果检查发现是由于黏结自动修复了。在 18 组仿真样本中新逻辑判断模型误报 2 次，报出 14 次，无漏报，而 Danieli 模型误报 4 次，报出 6 次，漏报 8 次。同时，序号 8 至序号 12 样本新模型报警时间均比 Danieli 模型早 1~10s，序号 14 样本，新模型报警时间比 Danieli 模型晚 7s，但不影响采取降速措施避免漏钢。由上述分析可知新逻辑判断模型明显优于现行 Danieli 模型。其中，新逻辑判断模型黏结真报警的预报过程和出现误报的原因分析如下。

7.3.4.1 新逻辑判断模型黏结真报警分析

以序号 6 样本为例，对新逻辑判断模型黏结真报警进行分析，如图 7-4 所示。该样本新模型报警记录是：2012-07-19 00:52:55，黏结报警：活动侧 F 列 4 行；异常热电偶数目：6。检查报警时刻前后一段时间内报警列和相邻列热电偶温度变化和温度梯度变化曲线，如图 7-4~图 7-10 所示。

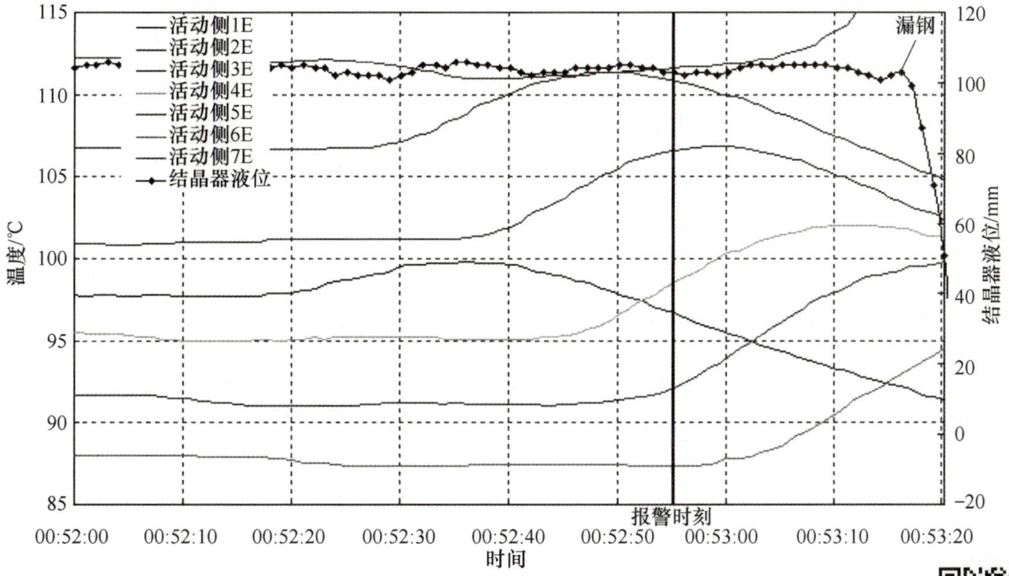

图 7-4 活动侧 E 列温度变化曲线

彩色原图

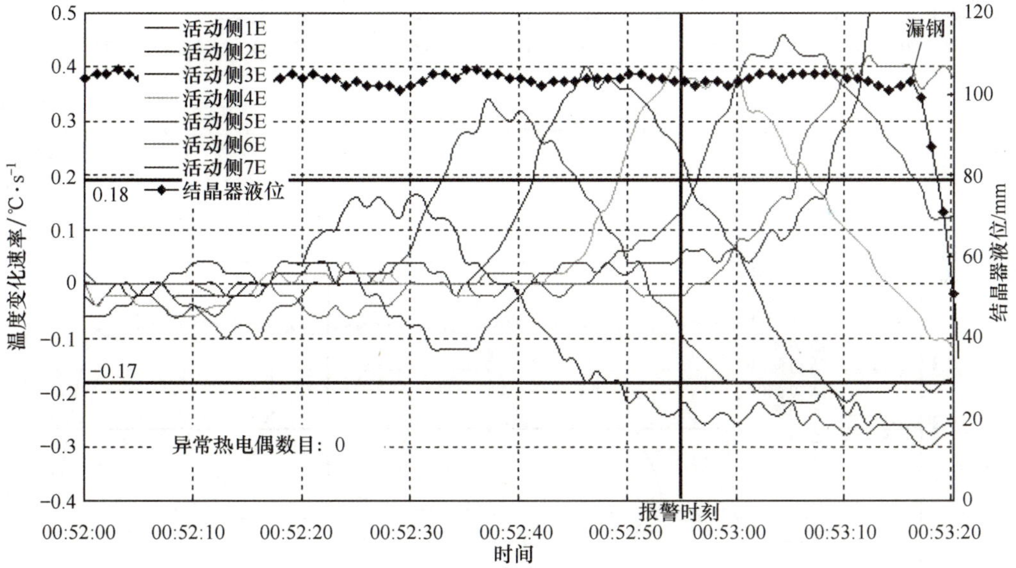

图 7-5 活动侧 E 列温度梯度变化曲线

根据新逻辑判断模型算法和活动侧 E 列温度梯度变化曲线可知，在报警时刻前 30s 内该列异常热电偶数目为 0，是由于前 30s 内，1E 热电偶温度上升速率过小，达不到上升梯度最小值（0.18℃/s），所以，2E 热电偶是该列第一个温度上升异常热电偶，需进行下降检查，但由图 7-5 可知，2E 热电偶温度从上升异常开始时刻到报警时刻这段时间内，温度下降速率达不到温度下降梯度最大值（−0.17℃/s）。

对于活动侧 F 列，根据新逻辑判断模型算法和温度梯度变化曲线可知，在报警时刻前 30s 内该列异常热电偶数目为 4，如图 7-7 所示。对于活动侧 G 列，根据新逻辑判断模型算法和温度梯度变化曲线可知，在报警时刻前 30s 内该列异常热电偶数目为 2，异常热电偶是 1G 和 2G，3G 热电偶温度上升速率虽然超过上升梯度最小值（0.18℃/s），但持续时间未达到设定值。所以，报警时刻活动侧 F 列和 G 列第 4 行及以上异常热电偶总数为 6。

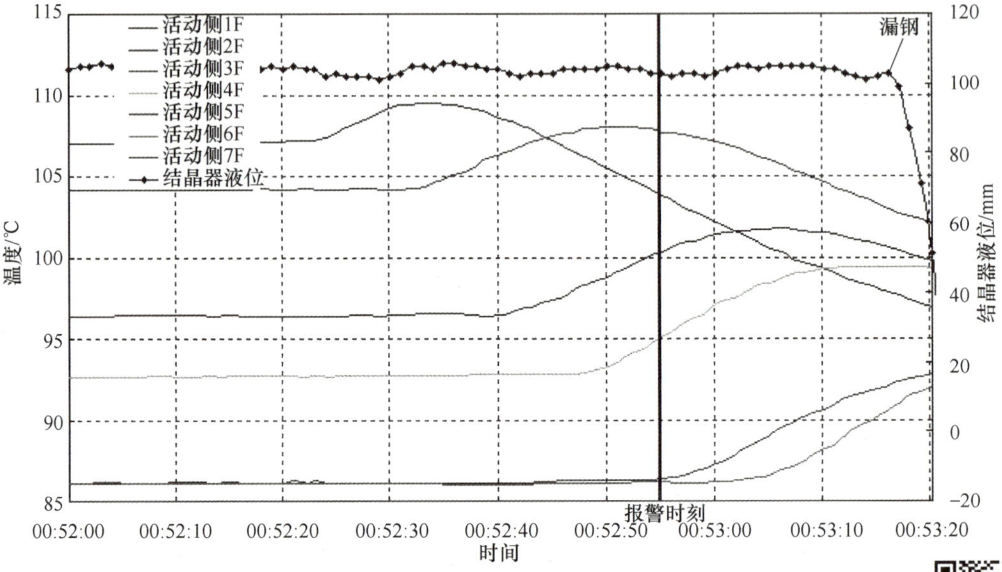

图 7-6　活动侧 F 列温度变化曲线

彩色原图

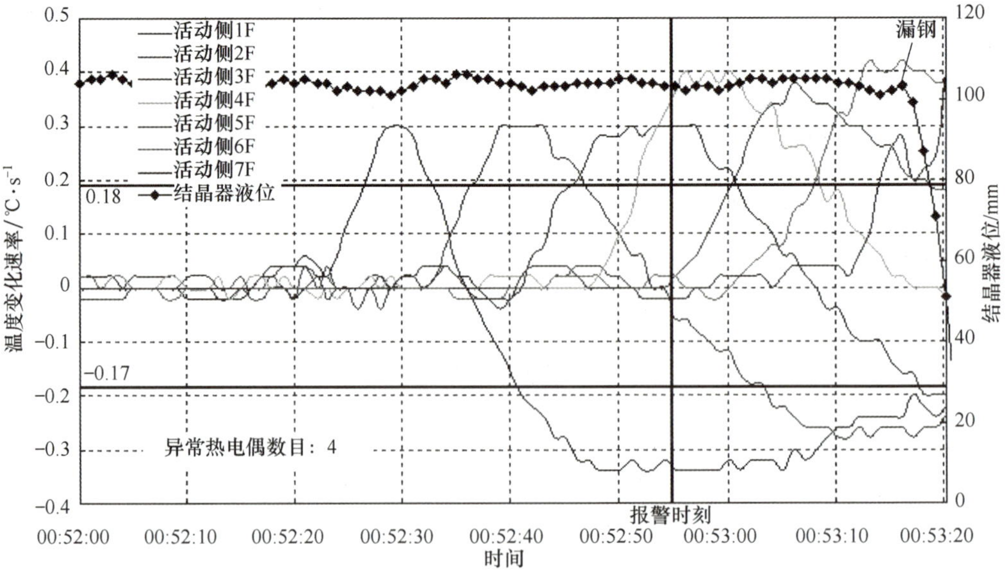

图 7-7　活动侧 F 列温度梯度变化曲线

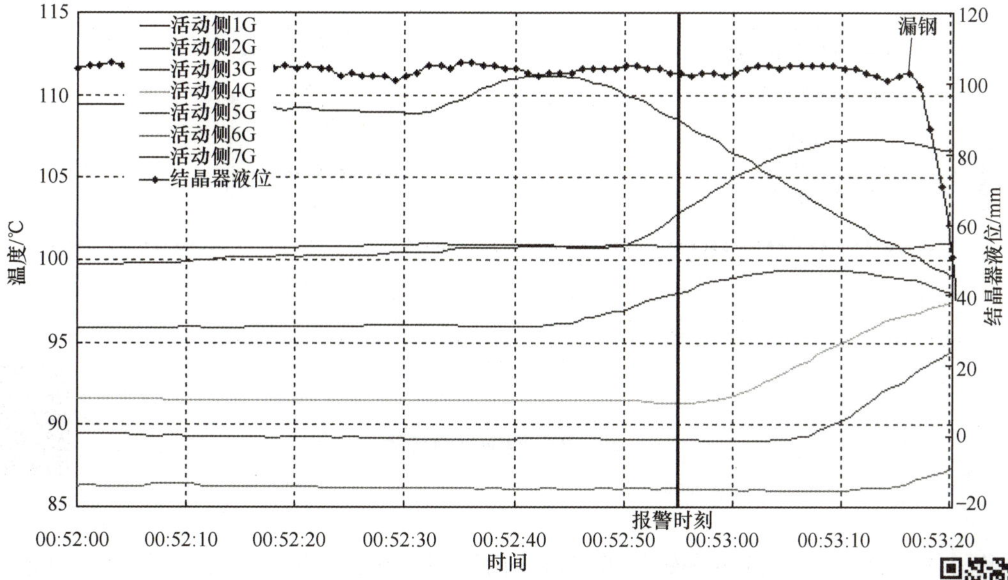

图 7-8 活动侧 G 列温度变化曲线

彩色原图

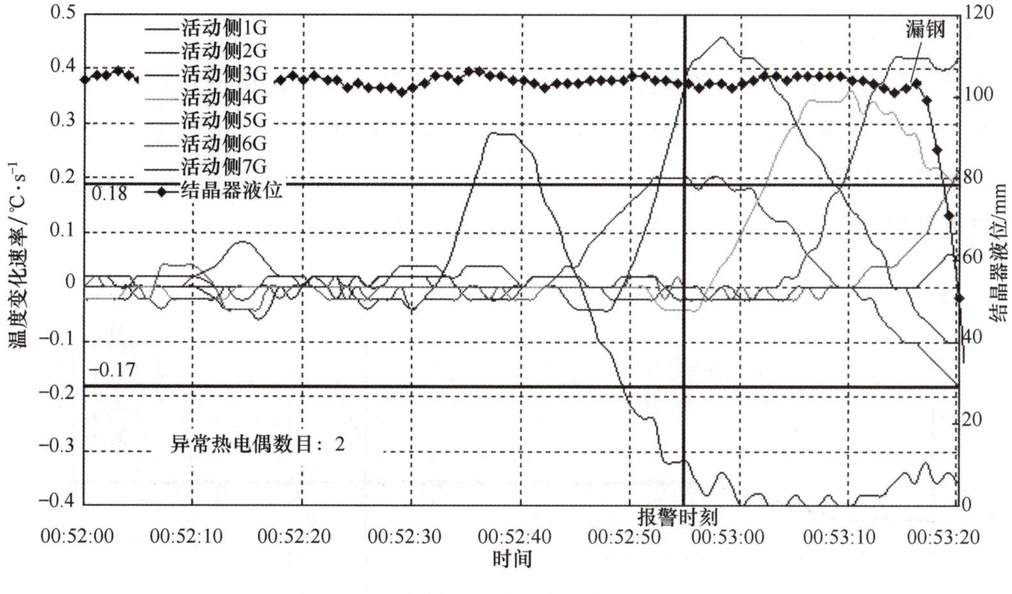

图 7-9 活动侧 G 列温度梯度变化曲线

由图 7-4~图 7-10 可知，新模型报警时刻比漏钢时刻提前 21s，如果在报警时刻采取降拉速措施将有足够的时间避免此次漏钢。同时，由图 7-4 、图 7-6 和图 7-8 可知，第 1 行热电偶与同列其他热电偶不一定出现温度倒置，或温度倒置时间较晚，或倒置温差很小。所以，基于温度倒置的逻辑判断模型容易导致漏报或报警不及时，Danieli 模型正是这种情况。关于 Danieli 模型误报情况多是由于第一行热电偶温度过大波动引起。由此可知，Danieli 模型的稳定性、可靠性和抗干扰能力均较差。

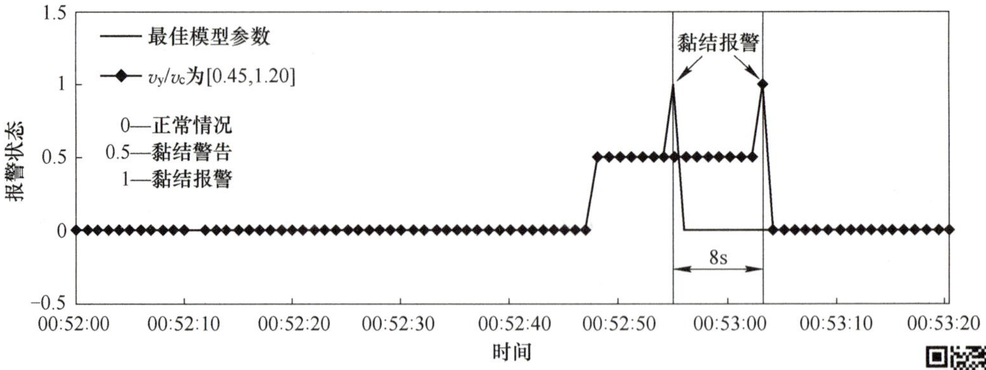

图 7-10　漏钢报警趋势

彩色原图

图 7-10 为该样本对应的漏钢报警趋势。由该图可知，如果将 v_y/v_c 范围从最佳参数调整为［0.45，1.20］时，其他参数不变，黏结报警时间将比最佳模型参数时晚 8s，会明显增加漏钢的风险。尽可能早的发出报警并采取降拉速措施才有利于黏结修复和避免漏钢。所以在模型参数调整时，黏结报警时间也应该考虑。

7.3.4.2　新逻辑判断模型黏结误报分析

新逻辑判断模型出现 2 次误报的原因，以序号 15 样本为例进行分析，如图 7-11～图 7-14 所示。该样本新模型报警记录是：2012-03-13 15：10：28 黏结报警：活动侧 I 列 5 行；异常热电偶数目：6。检查报警列与相邻列热电偶温度变化可知，活动侧 H 列和 I 列异常热电偶数目分别为 3，均是由于温度异常波动引起。

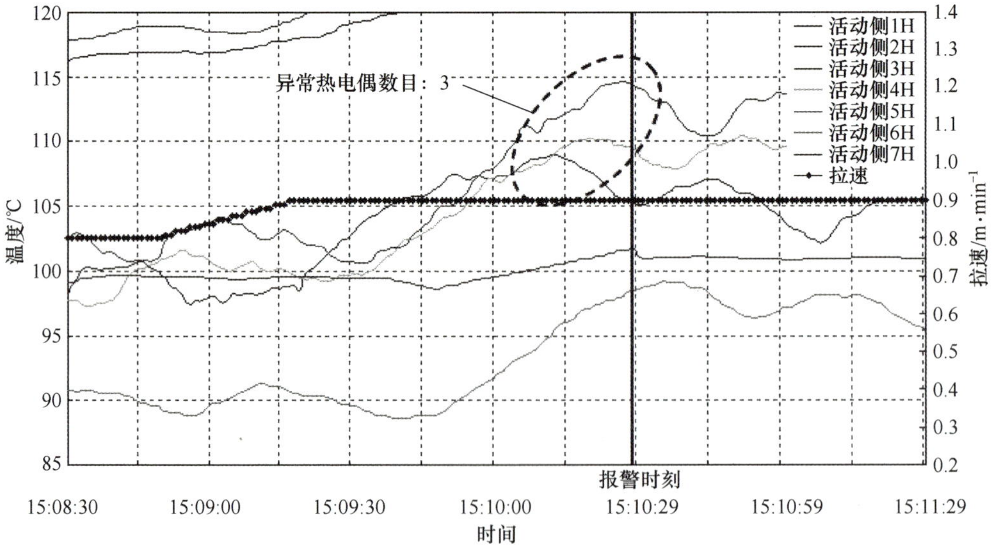

图 7-11　活动侧 H 列温度变化曲线

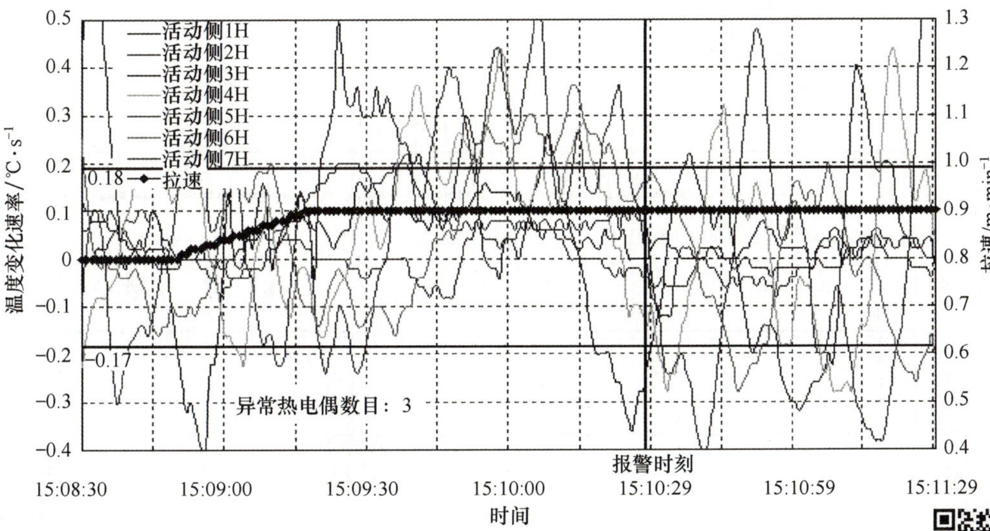

图 7-12　活动侧 H 列温度梯度变化曲线

彩色原图

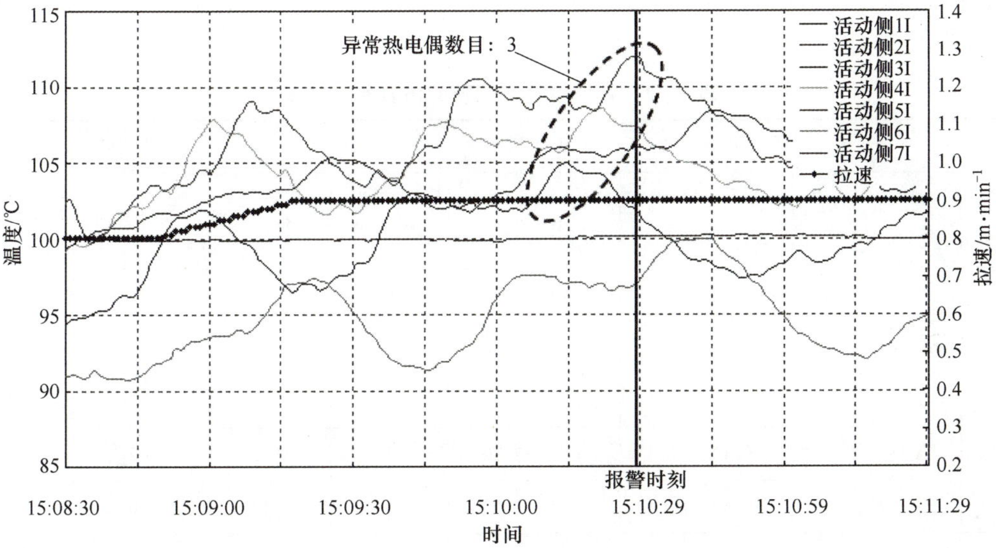

图 7-13　活动侧 I 列温度变化曲线

7.3.4.3　新逻辑判断模型参数调整过程

关于新模型参数调整的仿真实验，共采用 97 个历史炉次，其中有 14 次黏结，仿真结果如表 7-22 所示。在仿真实验中，采用真报警次数、漏报次数和误报次数三个参数来评估和比较新模型的性能。由表 7-22 可知，方案 6 为最优方案，即最优模型参数。对于方案 6，黏结全部被报出，且误报次数降到最低。由模型参数的调整过程也可知，当某一参数设置得较为宽松时，其他参数设置时可适当严格，如 v_y/v_c 范围从［0.45，1.20］调整到［0.38，1.50］时，漏报次数虽然减少，但误报次数增加，此时如果将 $N_{TC(alarm)}$ 从 5 调整

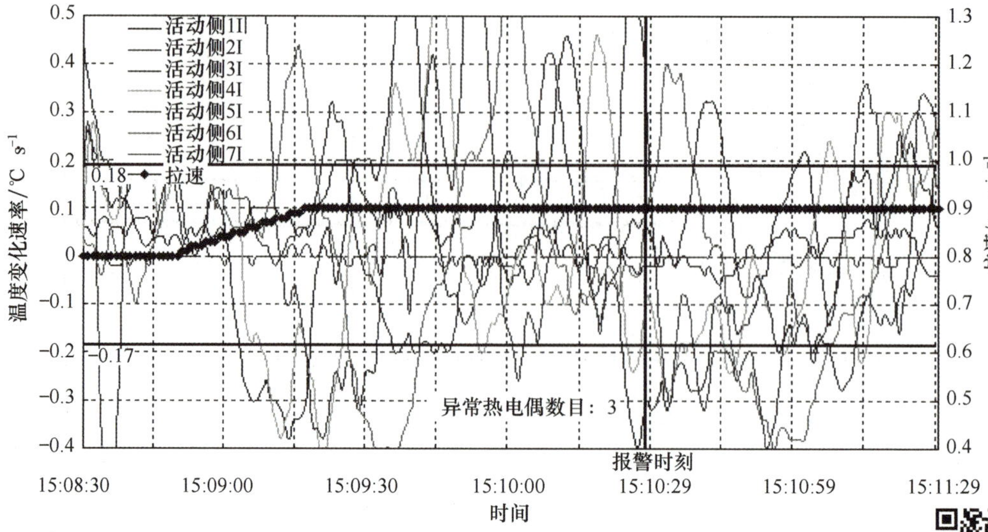

图 7-14 活动侧 I 列温度梯度变化曲线

彩色原图

为 6，不仅漏报次数为 0，而且误报次数也进一步减少。其中，$N_{TC(alarm)}$ 是黏结报警热电偶数目阈值。

表 7-22 新模型参数调整的仿真实验结果

方案	关键参数（其他参数不变，如表 7-20 所示）						实验结果		
	θ_{up}^{min} /℃ · s^{-1}	t_{up}^{min} /s	θ_{down}^{max} /℃ · s^{-1}	t_{down}^{min} /s	v_y/v_c	$N_{TC(alarm)}$	真报警次数	漏报次数	误报次数
1	0.23	6	−0.14	3	[0.45, 1.20]	5	7	7	4
2	0.18	3	−0.14	3	[0.45, 1.20]	5	10	4	8
3	0.18	3	−0.17	5	[0.45, 1.20]	5	9	5	3
4	0.18	3	−0.17	5	[0.38, 1.20]	5	12	2	4
5	0.18	3	−0.17	5	[0.38, 1.50]	5	14	0	4
6	0.18	3	−0.17	5	[0.38, 1.50]	6	14	0	2

7.4 钢铁流程静态能量流网络数学建模及求解

7.4.1 研究背景及意义

2021 年我国的粗钢产量达到 10.33 亿吨，占全球粗钢总量的 54.02%。目前钢铁生产主要有两种路径，即高炉—转炉（BF-BOF）路线和电弧炉（EAF）路径，我国大约 90% 的粗钢产量由高炉—转炉的长流程生产路径。2015 年，中国钢铁行业的能耗约占全社会总能源消耗的15%，CO_2 排放占全国 CO_2 排放总量的15.4%，每生产1t粗钢 CO_2 的排放量大约为1.9t。钢铁行业存在流程长、能耗高、排放大，环保压力大、产能过剩、市场竞争大等问题。近年来，随着环境污染日益严重，国家对环保的重视程度也越来越高，中国相继提出“碳达峰、碳中和”的相关政策，钢铁工业的节能减排刻不容缓。

钢铁流程是一个大规模的物质能量输入输出系统，注重二次能源的回收、转换和利用，构建静态能量流网络模型，在进行产品制造的同时，充分发挥钢铁流程的能源转换功能，是实现钢铁企业高层次系统节能的路径之一。目前虽然针对钢铁企业能量流网络优化的研究较多，但大多都集中在钢铁企业能源动态优化调度，缺乏整个钢铁企业能量流网络优化设计的研究。另外，当前钢铁企业的能量流网络设计主要依据经验，缺乏对能量流网络整体能源结构和转换效率的评估，从而无法从能源结构上进行能量流网络的优化。因此，需要对静态的能量流网络进行数学建模和分析，对实现更高层次的系统节能具有重要意义。

7.4.2 问题描述

近年来，钢铁行业迅猛发展，形成了颇具规模的产业集群，为能量网络化及其充分利用提供了基础条件，然而仍然面临着节能减排和降低成本的巨大压力。目前，以能量流网络优化为主的系统节能是解决钢铁企业问题的关键，相关的研究不但能够解决我国钢铁企业的问题，而且能够促进世界其他钢铁企业实现系统节能以及多产业的相互融合。

钢铁企业能量流主要研究的是参与和辅助各个生产转换环节进行正常生产的各种能源的平衡，这些能源介质沿着钢铁企业生产流程和能源系统的网状路径流动，形成了钢铁流程的能量流网络。当前对能量流网络的构建主要是依据经验进行，缺乏对能量流网络整体能源结构和转换效率的评估，无法从能源结构上优化能量流网络，然而构建优化的静态能量流网络能够很好解决以上问题，因此本案例将构建钢铁生产制造流程的静态能量流网络。众所周知，钢铁制造流程工序众多，功能各异，各种能源介质在其中并存，相互影响，大量的能源被消耗，同时也有大量的能源产生，为了简化问题，本案例以吨钢能耗为单位，基于实际的能量流网络，对钢铁生产制造流程各工序的能源介质进行解析研究，主要包括高炉煤气（BFG）、焦炉煤气（COG）、转炉煤气（LDG）、蒸汽、电、技术气体等20余种能源介质，进而获得各能源介质的结余或补充量，如煤气富余量、外部输入电量、蒸汽余量等。结合生产实际，建立各能源介质的优化分配利用模型，通过各能源介质的优化分配，得到优化的静态能量流网络，实现对能源结构进行优化调整，为能量流网络的动态策略管控研究奠定基础，为多产业的融合提供指导。

7.4.3 模型及求解

7.4.3.1 模型假设

钢铁生产制造流程中，影响各工序用能设备的因素众多且较为复杂，此外，能源介质种类众多，交互并存，相互影响，因此，对优化分配模型进行以下几条假设：

（1）不考虑能源设备容量约束，认为能源介质完全消耗。原因是能源结构设计、设备容量可以调节。

（2）不考虑能源储存装置，储存量为零。原因是对于静态模型而言，储存装置既不产生能源，也不消耗能源，对模型没有影响，没有实际意义，因此储存量设为零。

（3）给定生产条件下，认为主生产工序产能恒定，即主生产工序能源消耗恒定。原因是本案例主要研究剩余能源介质的优化分配及合理利用，因此需要保证主生产工序产能恒定，便于后续的对比分析。

（4）认为各能源介质之间的相互替换不影响工序产能。

（5）能源转换工序/设备若生产的是多产品，则以主产品为主，其他按比例输出。

7.4.3.2　目标函数

建立钢铁企业能源介质优化分配模型，主要是为了构建优化的能量流网络，合理利用钢铁企业的能源介质，提高能源利用率，继而提高企业经济效益。对于企业来说，最关心的莫过于经济效益的好坏，而以最大经济效益为目标，详尽考虑了能源外购量、外销量、放散量以及能源介质市场价格等因素的影响，进而达到整体收益最大化。因此，模型的目标函数选取了 n 种能源介质，以经济效益最大为目标，构建了目标函数，如下所示：

$$\max(f(U_i)) = \max\left(\sum_{i=1}^{n}(C_i \cdot U_i)\right) \tag{7-26}$$

式中，C_i 为能源介质 i 的市场价格；U_i 为能源介质 i 的盈余量，若 U_i 小于零，表示能源介质 i 需要从外部购进，若能源介质 i 等于零，表示能源介质 i 在钢铁企业内部达到供需平衡，若 U_i 大于零，则表示能源介质 i 向外供应。

7.4.3.3　约束条件

约束条件反映了在实际情况下系统内部各物理量之间的关系以及外界对系统的整体要求。根据钢铁流程实际运行情况，归纳出了静态能量流网络数学建模所涉及的几种约束条件。

A　能源供需平衡约束

在钢铁企业生产过程中，当企业生产状况给定时，包括主生产工序、能源转换工序、辅助工序等整个流程的能源消耗和发生量就会确定，进而就可以建立钢铁企业整个能源系统的供需平衡关系，具体表现形式如式（7-27）所示：

$$\begin{bmatrix} U_1 \\ U_2 \\ \vdots \\ U_n \end{bmatrix} = \begin{bmatrix} \sum_{j=1}^{m} r_1^j - v_1^j \\ \sum_{j=1}^{m} r_2^j - v_2^j \\ \vdots \\ \sum_{j=1}^{m} r_n^j - v_n^j \end{bmatrix} + \begin{bmatrix} \sum_{j=m+1}^{m+k} r_1^j - v_1^j \\ \sum_{j=m+1}^{m+k} r_2^j - v_2^j \\ \vdots \\ \sum_{j=m+1}^{m+k} r_n^j - v_n^j \end{bmatrix} + \begin{bmatrix} \sum_{j=m+k+1}^{m+k+l} r_1^j - v_1^j \\ \sum_{j=m+k+1}^{m+k+l} r_2^j - v_2^j \\ \vdots \\ \sum_{j=m+k+1}^{m+k+l} r_n^j - v_n^j \end{bmatrix} - \begin{bmatrix} b_1 \\ b_2 \\ \vdots \\ b_n \end{bmatrix} \tag{7-27}$$

式中，U_i 为能源介质 i 的盈余量，与目标函数中的意义一样；r_i^j 为能源 i 在工序 j 中的回收量；v_n^j 为能源 i 在工序 j 中的使用量；b_i 为能源介质 i 的放散量；m 为主生产系统共有 m 种工序/设备；k 为能源转换系统共 k 种工序/设备；l 为辅助系统共 l 种工序/设备。

B 能源介质约束

当钢铁生产流程的生产情况确定时，各能源介质的产生量和需求量也随之确定。对于煤气、蒸汽等能源介质来说，要求能源系统各用户能源介质的使用量和放散量的和不大于能源介质的产生量，具体描述如下：

$$\sum_{j=1}^{m+k+l} v_i^j + b_i \leqslant \sum_{j=1}^{m+k+l} r_i^j \tag{7-28}$$

对于除煤气、蒸汽以外的能源介质来说，要求钢铁生产的需求量、最大外销量以及放散量的和不大于能源介质的产生量：

$$\sum_{j=1}^{m+k+l} v_i^j + b_i + E_{i,\ \max}^{\mathrm{sk}} \leqslant \sum_{j=1}^{m+k+l} r_i^j \tag{7-29}$$

式中，$E_{i,\ \max}^{\mathrm{sk}}$ 为能源介质 i 的最大外销量。

C 用能设备的操作约束

用能设备的操作约束主要反映了各用能工序/设备的工艺操作需求，即在使用某种煤气时，需要保证加热设备的温度要求，而加热温度直接取决于煤气热值的大小，热值过低，达不到加热温度要求，过高又对加热产生不利影响，因此需要把煤气的热值维持在一定的范围内，具体表现形式如下：

$$Q_{j,\ \min} \leqslant Q_j \leqslant Q_{j,\ \max} \tag{7-30}$$

$$Q_j = \frac{v_{\mathrm{BFG}}^j \cdot Q_{\mathrm{BFG}} + v_{\mathrm{LDG}}^j \cdot Q_{\mathrm{LDG}} + v_{\mathrm{COG}}^j \cdot Q_{\mathrm{COG}}}{v_{\mathrm{BFG}}^j + v_{\mathrm{LDG}}^j + v_{\mathrm{COG}}^j} \tag{7-31}$$

式中，Q_j 为工序 j 混合煤气的热值；Q_{BFG}，Q_{LDG}，Q_{COG} 分别为 BFG、LDG、COG 的热值，$Q_{j,\ \min}$，$Q_{j,\ \max}$ 分别为工序 j 需求煤气热值的最小值和最大值。

D 物料转换平衡约束

在钢铁生产制造流程中，某些工序发挥着能源转换功能，将一种形式的能源介质转换成另一种的能源介质，它们之间存在着一定的平衡，具体表现为：

$$r_i^j = \sum_{i=1,\ l\neq i}^{n} (v_l^j \cdot T_{l-i}^j) \tag{7-32}$$

式中，T_{l-i}^j 为能源介质 l 在 j 工序转换为能源介质 i 的转换效率。

E 能量平衡约束

能量平衡约束主要分为两类：一类是根据能量守恒定律，能量在转换过程中总量始终保持不变，这里主要是指煤气、蒸汽、电力之间的相互转换过程之中的能量平衡；另一类是指能源介质之间的替换，需要保持能量总量的恒定，进而保证生产产能的恒定，这里主要是指加热炉能源介质的替代导致的能量总量的平衡。具体描述如下：

（1）煤气—电转换能量平衡：

$$v_{\mathrm{BFG}}^{j} \cdot Q_{\mathrm{BFG}} + v_{\mathrm{LDG}}^{j} \cdot Q_{\mathrm{LDG}} + v_{\mathrm{COG}}^{j} \cdot Q_{\mathrm{COG}} = \frac{r_{\mathrm{ele}}^{j} \cdot h_{\mathrm{ele}}}{\eta_j} \tag{7-33}$$

（2）煤气—蒸汽转换能量平衡：

$$v_{\mathrm{BFG}}^{j} \cdot Q_{\mathrm{BFG}} + v_{\mathrm{LDG}}^{j} \cdot Q_{\mathrm{LDG}} + v_{\mathrm{COG}}^{j} \cdot Q_{\mathrm{COG}} = \frac{h_{\mathrm{S1}} \cdot r_{\mathrm{S1}}^{j} + h_{\mathrm{S2}} \cdot r_{\mathrm{S2}}^{j} + h_{\mathrm{S3}} \cdot r_{\mathrm{S3}}^{j}}{\eta_j} \tag{7-34}$$

（3）蒸汽—电力转换能量平衡：

$$h_{\mathrm{S1}} \cdot v_{\mathrm{S1}}^{j} + h_{\mathrm{S2}} \cdot v_{\mathrm{S2}}^{j} + h_{\mathrm{S3}} \cdot v_{\mathrm{S3}}^{j} = \frac{r_{\mathrm{ele}}^{j} \cdot h_{\mathrm{ele}}}{\eta_j} \tag{7-35}$$

（4）加热炉能源介质相互替换能量平衡：

加热炉存在蓄热式加热技术，因此可以利用高炉煤气替代焦炉煤气使用，建立以下平衡约束：

$$\begin{aligned} & v_{\mathrm{BFG,\ initial}}^{j} \cdot Q_{\mathrm{BFG}} + v_{\mathrm{LDG,\ initial}}^{j} \cdot Q_{\mathrm{LDG}} + v_{\mathrm{COG,\ initial}}^{j} \cdot Q_{\mathrm{COG}} \\ = & v_{\mathrm{BFG}}^{j} \cdot Q_{\mathrm{BFG}} + v_{\mathrm{LDG}}^{j} \cdot Q_{\mathrm{LDG}} + v_{\mathrm{COG}}^{j} \cdot Q_{\mathrm{COG}} \end{aligned} \tag{7-36}$$

上述式中，η_j 对于发电工序代表工序发电效率，对产汽工序代表工序热效率；S1，S2，S3分别表示高压、中压、低压三种蒸汽；h_{ele} 表示电的热值；h_{S1}，h_{S2}，h_{S3} 分别表示三种蒸汽的焓值；$v_{\mathrm{BFG,\ initial}}^{j}$，$v_{\mathrm{LDG,\ initial}}^{j}$，$v_{\mathrm{COG,\ initial}}^{j}$ 表示当钢铁流程生产恒定时，工序 j 高炉煤气、转炉煤气、焦炉煤气的初始消耗量。

F 其他约束

（1）非负约束：

$$v_i^j、r_i^j、b_i \geqslant 0 \tag{7-37}$$

（2）初始值约束：

$$v_i^j、r_i^j、b_i = \text{initial value} \tag{7-38}$$

非线性规划问题是数学规划问题的一种，通常情况下是指具有非线性目标或条件的一类问题。一般非线性规划可以描述为：

$$\max f(x)$$
$$\text{s. t.} \begin{cases} g_i(x) \geqslant 0 & i = 1, \cdots, m \\ h_j(x) = 0 & j = 1, \cdots, p \end{cases} \tag{7-39}$$

7.4.3.4 模型求解

非线性规划问题的求解方法一般有一维最优化方法、无约束最优化方法以及约束最优化方法，其中一维最优化方法主要有切线法、黄金分割法以及插值法等，无约束最优化法主要分为解析法和直接法，而约束最优化方法主要包括拉格朗日乘子法、近似型算法、可行方向法、制约函数法等四种。

传统非线性规划的求解算法主要为外点罚函数法，其原理是将问题中的约束条件转变成合理的惩罚函数，进而利用罚函数重新构建目标函数，将约束化问题转换为无约束化的问题，由此完成求解。但是传统的非线性规划求解算法具有精度不高、计算繁琐以及稳定性差等缺陷，并且对函数以及函数的性质要求较高，易使求解陷入局部最优。而遗传算法作为一种鲁棒性很强的全局启发式搜索算法，能够克服传统的非线性规划算法精度差、易陷入局部最优等缺陷，因此本案例将采用遗传算法进行求解计算。

遗传算法是基于生物进化过程和遗传机理的全局启发式搜索算法，具有群体搜索策略，搜索依赖于适应值信息，而不依赖于其他辅助信息等特点，被广泛地用于各个领域，如函数优化、生产调度问题、组合优化、自动控制、人工生命、机器人智能控制、机器学习、图像处理等。

使用遗传算法求解时，通常要求完成以下五个步骤：

（1）确定合适的表达方案；

（2）确定适应度函数以及适应值度量；

（3）选择适当的参数和变量；

（4）确定停止计算的准则和指定结果的方法；

（5）模型的求解计算。

遗传算法求解非线性规划需要解决的核心问题是如何满足约束条件，目前主要有四项技术来解决此问题，分别为：拒绝方法技术、修复方法技术、改善遗传算子方法技术以及惩罚函数法技术。其中罚函数法是遗传算法中求解约束化问题普遍采用的方法，实质上是通过构建惩罚函数限制不可行解，进而将约束化问题转换为无约束的简单问题。将适应值函数改造为带有惩罚项的函数，通常可以采用加法或乘法的形式进行构建。

其中加法形式为：

$$\mathrm{eval}(x)=f(x)+p(x) \tag{7-40}$$

式中，x 表示遗传算法的染色体；$f(x)$ 为求解的目标函数；$p(x)$ 为惩罚函数。

对于不同问题，加法形式的 $p(x)$ 的选择如表 7-23 所示。

表 7-23　加法形式惩罚函数 $p(x)$ 的选择

最大化问题	最小化问题
$\begin{cases} p(x)=0 & \text{若 } x \text{ 可行} \\ p(x)<0 & \text{其他} \end{cases}$	$\begin{cases} p(x)=0 & \text{若 } x \text{ 可行} \\ p(x)>0 & \text{其他} \end{cases}$

另一种乘法形式为：

$$\mathrm{eval}(x)=f(x)\cdot p(x) \tag{7-41}$$

对于不同问题，乘法形式的 $p(x)$ 的选择如表 7-24 所示。

表 7-24　乘法形式惩罚函数 $p(x)$ 的选择

最大化问题	最小化问题
$\begin{cases} p(x)=1 & \text{若 } x \text{ 可行} \\ 0\leqslant p(x)<1 & \text{其他} \end{cases}$	$\begin{cases} p(x)=1 & \text{若 } x \text{ 可行} \\ p(x)>1 & \text{其他} \end{cases}$

结合约束条件，本案例利用乘法形式构造了优化问题的适应值函数，并利用 Java 编写了遗传算法程序，对所构建的数学模型进行了求解计算，模型求解流程图如图 7-15 所示。

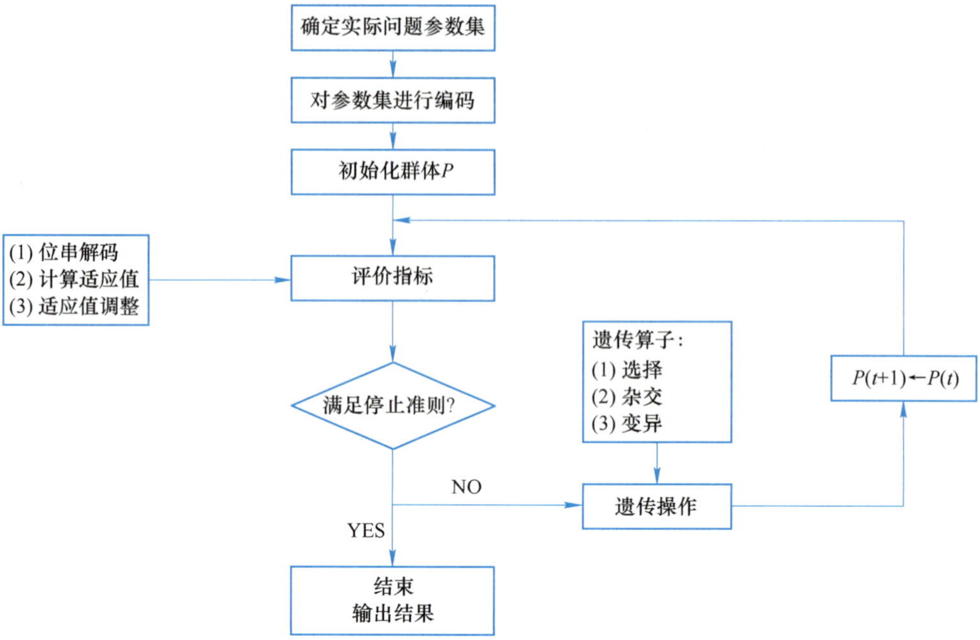

图 7-15　遗传算法流程框图

7.4.4　案例分析

以国内某钢铁联合企业为例，该企业所使用的煤气主要有高炉煤气、转炉煤气以及焦炉煤气，其低发热值分别为 3066kJ/m^3、7136kJ/m^3、17960kJ/m^3。蒸汽管网涉及了三种形式的蒸汽，分别为压力 2.0~3.8MPa、温度 450℃ 的 S1 蒸汽，压力 0.78~1.27MPa、温度 170~280℃ 的 S2 蒸汽，压力 0.3~0.78MPa、温度 140~170℃ 的 S3 蒸汽。各能源介质的市场价格或企业内部能源价格如表 7-25 所示。结合钢厂实际生产数据，获得了主工序各能源介质的盈余量（盈余量为负，表示需外购），以吨钢为单位，如表 7-26 所示，并绘制了该企业实际生产情况的桑基图，能够清楚地反映该企业能量流的流动情况，如图 7-16 所示。

表 7-25　各能源介质的价格表

能源介质	价　格	单　位
BFG	0.05	元/m^3
LDG	0.1	元/m^3
COG	0.4	元/m^3
电	0.5	元/(kW·h)
蒸汽	0.1	元/kg
氧气	0.55	元/m^3

续表 7-25

能源介质	价 格	单 位
氮气	0.25	元/m^3
氩气	1.75	元/m^3
液氧	0.74	元/kg
液氮	0.65	元/kg
除盐水	11.25	元/m^3
压缩空气	0.15	元/m^3
氢气	1.76	元/m^3
甲醇	2.14	元/kg
尿素	2.15	元/kg
动力煤	0.4	元/kg
粗盐水	5.6	元/m^3

表 7-26 能量流网络能源介质盈余量或外购量

能源介质	介质属性	数 量	单 位
高炉煤气	盈余	599.36	m^3/t 钢
焦炉煤气	盈余	98.03	m^3/t 钢
转炉煤气	盈余	49.05	m^3/t 钢
电	外购	339.05	kW · h/t 钢
氧气	外购	124.35	m^3/t 钢
氮气	外购	109.94	m^3/t 钢
氩气	外购	2.66	m^3/t 钢
S1 蒸汽	外购	105.29	kg/t 钢
S2 蒸汽	盈余	132.46	kg/t 钢
S3 蒸汽	外购	3.31	kg/t 钢
压缩空气	外购	232.12	m^3/t 钢
除盐水	外购	1.85	m^3/t 钢

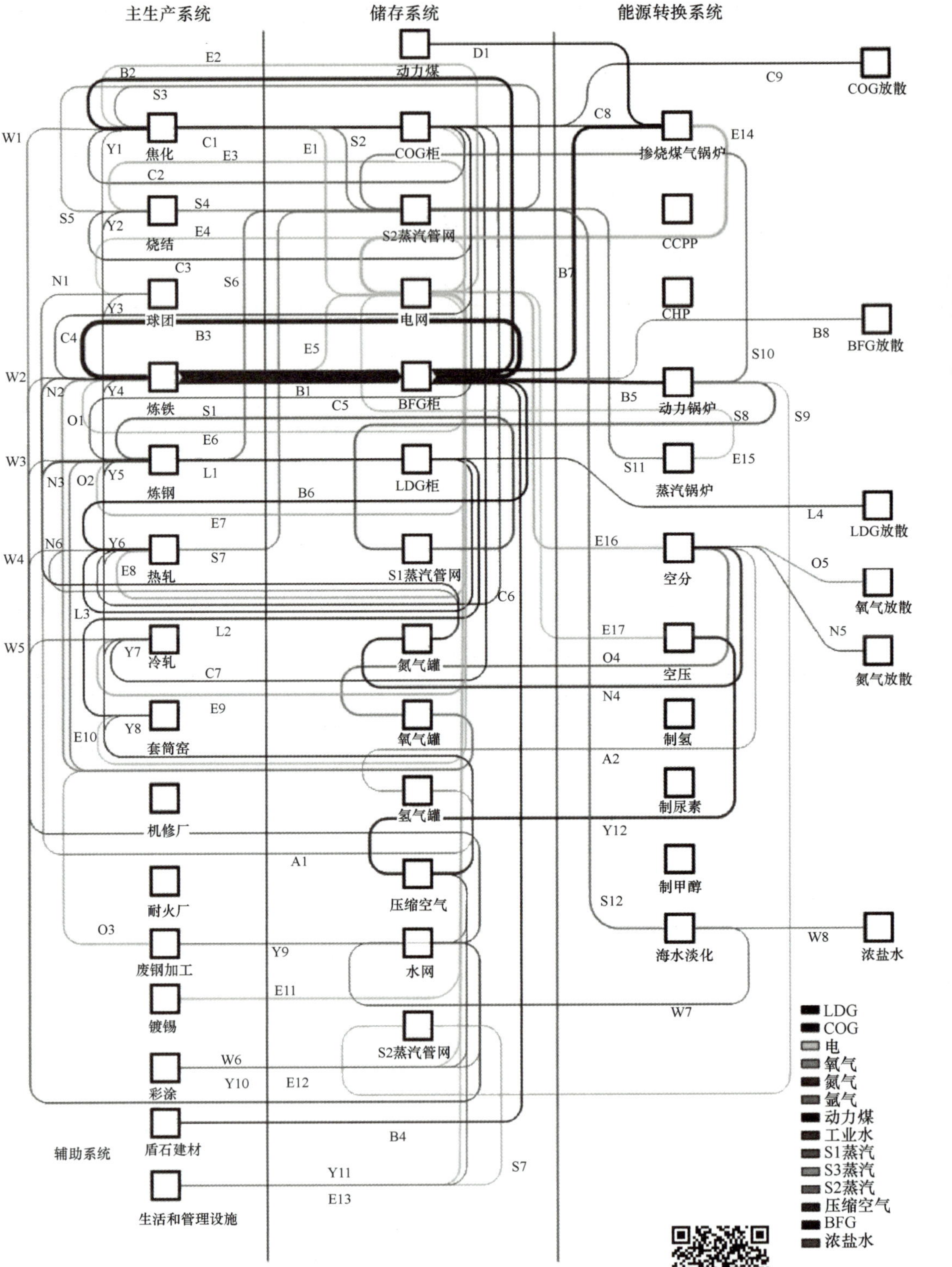

图 7-16 某企业实际能量流网络图

彩色原图

在该企业正常生产，给定生产工艺各能源介质的刚性需求，保证正常产能的情况下，利用遗传算法对模型进行求解，获得了各能源介质的优化分配方案，图 7-17 为进化过程与运行结果图。模型优化结果对比如表 7-27 所示。

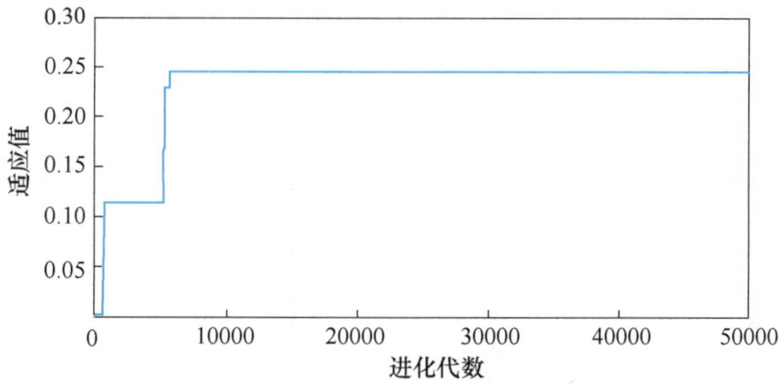

图 7-17 遗传算法进化过程变化曲线

表 7-27 模型优化结果对比

变 量	实际值	现有设备优化	设计优化值	单位
掺烧煤气发电机组用高炉煤气量	299.01	260.58	0.28	m^3/t 钢
CCPP 用高炉煤气量	0	0	1.12	m^3/t 钢
CHP 用高炉煤气量	0	0	233.87	m^3/t 钢
动力锅炉用高炉煤气量	215.70	15.37	143.81	m^3/t 钢
加热炉用高炉煤气量	31.24	323.41	220.29	m^3/t 钢
高炉煤气放散量	53.55	0	0	m^3/t 钢
掺烧煤气发电机组用转炉煤气量	0	18.73	0.11	m^3/t 钢
CCPP 用转炉煤气量	0	0	7.8	m^3/t 钢
CHP 用转炉煤气量	0	0	8.57	m^3/t 钢
动力锅炉用转炉煤气量	0	14.17	0.85	m^3/t 钢
加热炉用转炉煤气量	27.34	15.87	31.74	m^3/t 钢
煤气柜储存量	16.05	0	0	m^3/t 钢
转炉煤气放散量	5.03	0	0	m^3/t 钢
掺烧煤气发电机组用焦炉煤气量	45.29	71.21	0.32	m^3/t 钢
CCPP 用焦炉煤气量	0	0	14.28	m^3/t 钢
CHP 用焦炉煤气量	0	0	14.88	m^3/t 钢

续表 7-27

变　量	实际值	现有设备优化	设计优化值	单位
动力锅炉用焦炉煤气量	0	26.10	1.74	m^3/t 钢
加热炉用焦炉煤气量	44.81	0.57	11.60	m^3/t 钢
制氢用焦炉煤气量	0	0	4.40	m^3/t 钢
制尿素用焦炉煤气量	0	0	45.79	m^3/t 钢
制甲醇用焦炉煤气量	0	0	4.77	m^3/t 钢
焦炉煤气放散量	7.95	0	0	m^3/t 钢
掺烧煤气发电机组发电量	492.77	537.05	331.52	kW · h/t 钢
CCPP 发电量	0	0	40.64	kW · h/t 钢
CHP 发电量	0	0	120.00	kW · h/t 钢
蒸汽发电量	2.20	0.11	1.10	kW · h/t 钢
空分装置耗电量	94.67	89.94	95.81	kW · h/t 钢
空压机耗电量	29.25	25.56	18.26	kW · h/t 钢
制氢耗电量	0	0	1.00	kW · h/t 钢
制尿素耗电量	0	0	43.50	kW · h/t 钢
制甲醇耗电量	0	0	2.17	kW · h/t 钢
空分装置产氧气量	130.76	124.23	130.87	m^3/t 钢
氧气放散量	6.41	0	0	m^3/t 钢
空分装置产氮气量	137.3	165.22	174.07	m^3/t 钢
氮气放散量	7.05	0	0	m^3/t 钢
空分装置产氩气量	2.66	3.23	3.40	m^3/t 钢
空分装置产液氧量	0	0	13.21	kg/t 钢
空分装置产液氮量	0	0	4.25	kg/t 钢
海水淡化装置产水量	1.85	1.85	1.66	m^3/t 钢
动力锅炉 S1 蒸汽产生量	105.29	105.29	105.29	kg/t 钢
CHP S2 蒸汽产生量	0	0	25.00	kg/t 钢
动力锅炉 S2 蒸汽产生量	61.75	53	13.00	kg/t 钢

续表 7-27

变　量	实际值	现有设备优化	设计优化值	单位
海水淡化 S2 蒸汽使用量	185.00	185	165.83	kg/t 钢
蒸汽锅炉 S2 蒸汽使用量	9.21	0.46	4.63	kg/t 钢
动力锅炉 S3 蒸汽产生量	3.31	3.31	3.31	kg/t 钢
空压机压缩空气产生量	265.66	230.66	165.85	m^3/t 钢
氢气产生量	0	0	2.00	m^3/t 钢
制氢解析气产生量	0	0	2.20	m^3/t 钢
制氢解析气发电量	0	0	6.44	kW · h/t 钢
甲醇产生量	0	0	2.17	kg/t 钢
尿素产生量	0	0	45.79	kg/t 钢
海水淡化浓盐水产生量	1.85	1.85	1.66	kg/t 钢
动力煤外购量	126.29	131.96	126.10	kg/t 钢
经济效益	-24.16	-1.11	65.95	CNY/t 钢

从表 7-27 可以看出，未经过优化前，经济效益的实际值为-24.16 CNY/t 钢，在现有装备技术条件下，通过模型优化后，现有设备优化后的经济效益为-1.11 CNY/t 钢，优化后的结果显著高于优化前的结果。由此可以得出，在稳定生产的情况下，模型给出了各能源介质的优化分配方案，优化后的经济效益显著高于实际情况，验证了模型有效性。

利用模型对设计的能源结构进行优化，从表 7-27 中可以看出，优化后企业经济效益为 65.95 CNY/t 钢，优化前的企业经济效益为-24.16 CNY/t 钢，优化后的经济效益显著高于实际生产情况。分析原因可知，优化后的能量流网络具有更加完善的能源结构，相比与优化前的能源结构，增加了 CCPP、CHP、制氢、制甲醇、制尿素等能源转换效率较高的用户，使高炉煤气、转炉煤气、焦炉煤气等能源介质得到了更加充分的利用，减少其放散率，提高了企业整体能源转换效率，进而提高了企业能源效率。反观优化前的能量流网络，结构较为单一，缺少高效的能源转换设备，煤气、技术气体等能源介质的放散率相对较高，导致钢铁流程能源效率降低，进而影响钢铁企业整体经济效益。因此可以得出一个相对完善的能源结构对企业提高能源利用效率，提升企业经济效益，促进多产业融合具有重要意义。根据模型计算所得数据，利用桑基图软件构建了优化的静态能量流网络，如图 7-18 所示。

彩色原图

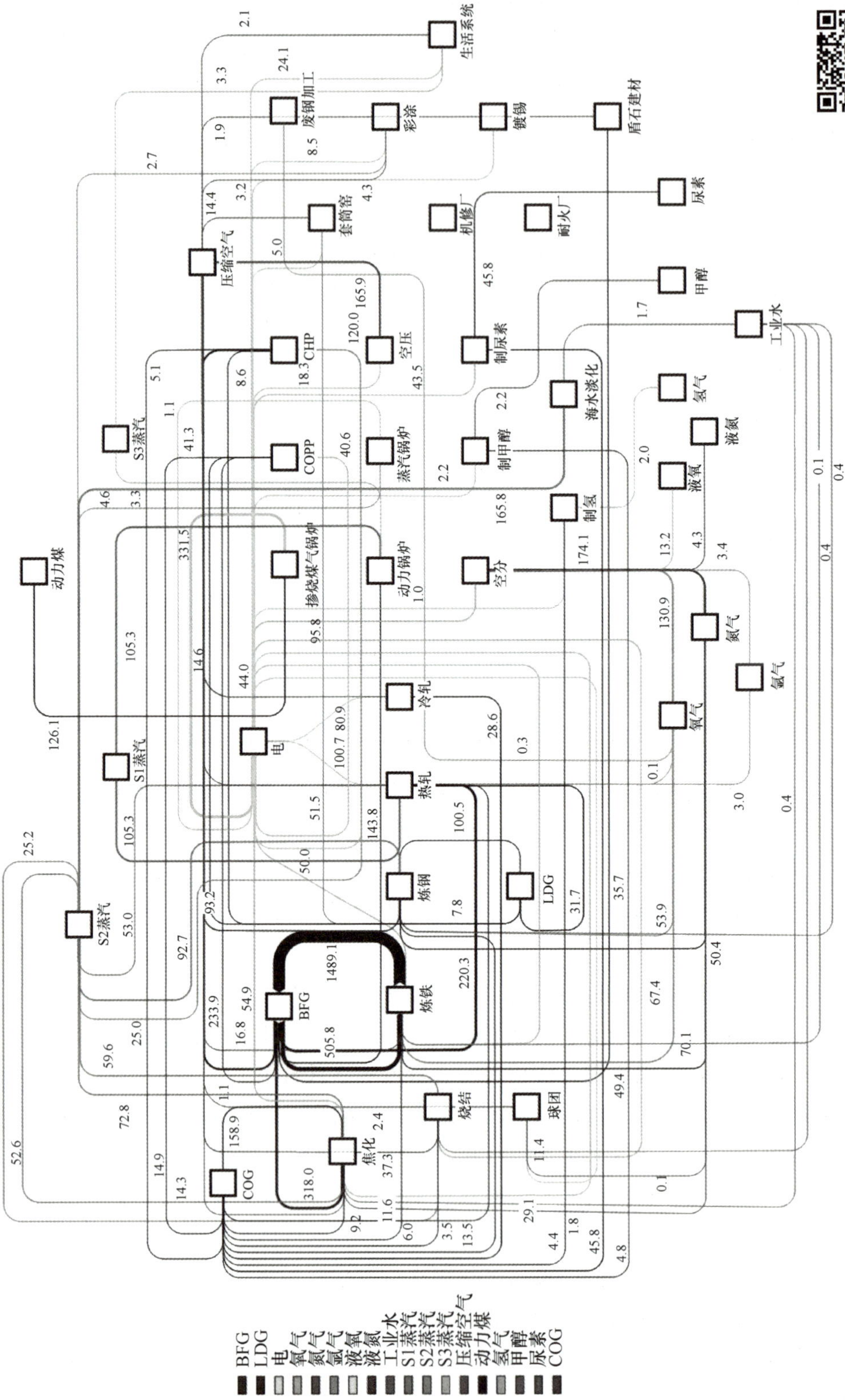

图 7-18 某企业优化后的能量流网络图

7.5 钢铁企业能量流网络动态运行优化

7.5.1 研究背景及意义

目前，我国能源资源形势复杂严峻，能源资源人均拥有量不足且质量较差，能源生产技术水平较低，生产效率低下；能源资源分布不平均，交通运输不发达，制约了工业产业的发展；能耗水平高，能源利用率低下，节约能源是我国国民经济发展的一项长远战略方针，是保护资源、改善环境的重要手段。面对能源紧张的问题，我国制定了“坚持开发与节能并重，把节约放在突出的位置”的方针政策。

典型的钢铁生产流程分别由焦化、烧结、球团、高炉、转炉、连铸、热轧等工序组成，生产过程伴随蒸汽（低压蒸汽、中压蒸汽和高压蒸汽）、煤气（焦炉煤气、高炉煤气和转炉煤气）和电力（自备电和外购电）的转换和使用。在实际生产过程中，副产煤气的产耗时常存在不平衡，煤气柜作为缓冲装置可暂时解决这种不平衡，但由于煤气柜的容量有限，经常出现副产煤气过剩或短缺，从而导致运行成本的增加，煤气放散污染环境、甚至影响正常生产。因此，通过动态优化钢铁企业能源介质的调度和分配，对于减少气体的放散或短缺具有重要的意义，最终达到钢铁生产系统能源利用的最大化，为实现更高层次的系统节能提供了有力支持。

7.5.2 问题描述

钢铁企业的煤气、蒸汽、电力系统中的煤气、蒸汽、电力生产需求量是具有不确定性的。副产煤气的放散或不足往往在煤气用户消耗量波动时产生。对于焦炉工序、烧结工序、高炉工序、转炉工序以及轧钢工序等，这部分的煤气消耗常常恒定，几乎不怎么变化。而缓冲用户如自备电站，蒸汽锅炉等煤气使用通常会在一定范围内变化，变负荷地进行生产，其大量使用富余煤气，并将其转换为蒸汽与电力等能源。

钢铁企业能量流网络动态运行，首先应保证主工序生产的正常运行，即满足主工序对煤气、蒸汽、电力的需求，蒸汽的来源主要为蒸汽锅炉，电力的来源主要为电站、电网外购、干熄焦发电，蒸汽发生量刚好满足工序所需即可，避免造成浪费，电力发生量不足或富余均可通过电网自动平衡。在保证主工序对蒸汽、电力需求量的基础上，以煤气零放散为目标，根据各设备效率的高低，对不同设备设定煤气耗量的优先级，提高煤气的利用率，同时降低外购燃料耗量，以此来达到节能降耗的目的，提高企业经济效益。

7.5.3 模型及求解

7.5.3.1 模型假设

在本案例中，有必要做如下的假设简化项目的实际操作：

(1) 模型只包括锅炉与电站（现场发电厂）之间剩余气体的最优分配；

(2) 假定锅炉和现场电站的效率为固定值，而不考虑整个系统的水损失；

(3) 我们考虑的气体污染物和温室气体是氮氧化物、二氧化硫和二氧化碳。

7.5.3.2 目标函数

本案例的目标函数是该时段系统运行的能源成本。第一项表示的是外购煤的成本，第二项表示的是煤气使用的成本，第三项表示的是煤气放散成本，第四项表示的是电力的效益（综合了外购电和外卖电）、第五项表示煤气柜的波动成本、第六项表示设备的维护成本、第七项表示环境破坏成本、最后一项表示煤气在锅炉中波动造成的成本。通过设定一定的惩罚系数，将这些因素以和的形式表达出来，得到目标函数为：

$$\begin{aligned}\min G = {} & C^{\mathrm{coal}}\sum_{t=1}^{T}F_{i,t}^{\mathrm{coal}} + \sum_{t=1}^{T}\sum_{j}\sum_{g}C_{g}^{\mathrm{Gas}}F_{j,t}^{\mathrm{g}} + \sum_{t=1}^{T}\sum_{g}C_{\mathrm{rel},g}^{\mathrm{Gas}}R_{g,t} + \\ & \left(C_{\mathrm{buy}}^{\mathrm{ele}}\sum_{t=1}^{T}\sum_{i}P_{\mathrm{buy},i,t}^{\mathrm{ele}} - C_{\mathrm{E}}^{\mathrm{ele}}\sum_{t=1}^{T}\sum_{i}P_{\mathrm{E},i,t}^{\mathrm{ele}}\right) + \\ & \sum_{t=1}^{T}\sum_{g}W_{g}^{\mathrm{Gas}}S_{g,t}^{\mathrm{Gas}} + \left(\sum_{t=1}^{T}\sum_{i}C_{m,i}\cdot M_{i,t} + \right.\\ & \left.\sum_{t=1}^{T}\sum_{j}C_{m,j}\cdot P_{j,t}\right) + \sum_{t=1}^{T}\sum_{j}C_{i,v}\cdot V_{i,t} + \\ & \sum_{t=2}^{T}\sum_{i}\sum_{g}C_{i,g}W_{i,g,\Delta t}\end{aligned} \tag{7-42}$$

式中，G 为煤气—蒸汽—电力系统的总成本，CNY；符号 $i(j)$，t 分别为设备编号和周期数；C^{coal}，C_{g}^{Gas}，$C_{\mathrm{buy}}^{\mathrm{ele}}$ 和 $C_{\mathrm{E}}^{\mathrm{ele}}$ 分别为外购煤的价格、煤气使用价格、外购电价格、外卖电价格；$F_{i,t}^{\mathrm{coal}}$，$F_{j,t}^{\mathrm{g}}$，$R_{g,t}$，$P_{\mathrm{buy},i,t}^{\mathrm{ele}}$，$P_{\mathrm{E},i,t}^{\mathrm{ele}}$ 分别为在 t 周期内设备 i 消耗的外购煤粉量、设备 j 消耗的煤气量、煤气放散量、外购电量和外卖电量；$C_{\mathrm{rel},g}^{\mathrm{Gas}}$，$W_{g}^{\mathrm{Gas}}$ 和 $S_{g,t}^{\mathrm{Gas}}$ 分别为煤气放散成本、煤气柜波动成本和煤气柜波动量；$C_{m,i}$，$M_{i,t}$，$C_{m,j}$，$P_{j,t}$，$C_{i,v}$，$V_{i,t}$，$C_{i,g}$，$W_{i,g,\Delta t}$ 分别为产汽设备维护成本、产汽设备产汽量、发电设备维护成本、发电设备发电量、污染物排放量、污染物排放成本、燃料波动成本、相邻两周期的燃料波动量。

7.5.3.3 约束条件

（1）能量平衡：其中包含着蒸汽与电力，煤蒸汽与电力的能量转换平衡。

$$v_{i,t}^{\mathrm{BFG}}\cdot Q_{\mathrm{BFG}} + v_{i,t}^{\mathrm{LDG}}\cdot Q_{\mathrm{LDG}} + v_{i,t}^{\mathrm{COG}}\cdot Q_{\mathrm{COG}} + v_{i,t}^{\mathrm{coal}}\cdot Q_{\mathrm{coal}} = \frac{r_{i,t}^{\mathrm{ele}}\cdot h_{\mathrm{ele}}}{\eta_i} \tag{7-43}$$

$$v_{i,t}^{\mathrm{BFG}}\cdot Q_{\mathrm{BFG}} + v_{i,t}^{\mathrm{LDG}}\cdot Q_{\mathrm{LDG}} + v_{i,t}^{\mathrm{COG}}\cdot Q_{\mathrm{COG}} + v_{i,t}^{\mathrm{coal}}\cdot Q_{\mathrm{coal}} = \frac{h_{\mathrm{S1}}\cdot r_{i,t}^{\mathrm{S1}} + h_{\mathrm{S2}}\cdot r_{i,t}^{\mathrm{S2}} + h_{\mathrm{S3}}\cdot r_{i,t}^{\mathrm{S3}}}{\eta_i} \tag{7-44}$$

式中，η_i 为对于发电工序代表工序的发电效率，对产汽工序代表工序热效率；$v_{i,t}^{\mathrm{BFG}}$，$v_{i,t}^{\mathrm{COG}}$，$v_{i,t}^{\mathrm{LDG}}$ 分别为 t 时刻 i 设备高炉煤气、焦炉煤气、转炉煤气的消耗量，$\mathrm{m^3/h}$；Q_{BFG}，Q_{COG}，Q_{LDG} 分别为三种煤气的热值，$\mathrm{kJ/m^3}$；S1，S2，S3 分别为三种中低压蒸汽；$r_{i,t}^{\mathrm{S1}}$，$r_{i,t}^{\mathrm{S2}}$，$r_{i,t}^{\mathrm{S3}}$ 分别为 t 时刻 i 设备 S1、S2、S3 蒸汽的产生量，kg/h；h_{S1}，h_{S2}，h_{S3} 分别为 S1、S2、S3 蒸汽的焓值，kJ/kg；$r_{i,t}^{\mathrm{ele}}$ 为 t 时刻 i 设备电力的产生量，kW · h；h_{ele} 为电的热值，kJ/(kW · h)。

（2）物质平衡：煤气、蒸汽和电力供应平衡。

$$h_{S1} \cdot v_{i,t}^{S1} + h_{S2} \cdot v_{i,t}^{S2} + h_{S3} \cdot v_{i,t}^{S3} = \frac{r_{i,t}^{ele} \cdot h_{ele}}{\eta_i} \tag{7-45}$$

$$\sum_i r_{i,t}^{S} = r_t^{S} \tag{7-46}$$

$$\sum_i (P_{buy,t}^{ele} + P_{i,t}^{ele}) = r_t^{ele} \tag{7-47}$$

式中，$r_{i,t}^{S}$ 为 t 时刻设备 i 中蒸汽 S 的产生量，kg/h；r_t^{S} 为 t 时刻蒸汽 S 的需求量，kg/h；$P_{i,t}^{ele}$ 为 t 时刻设备 i 发电量，kW · h；r_t^{ele} 为 t 时刻电力的需求量，kW · h。

（3）设备容量约束：锅炉煤气操作约束和发电设备的发电功率与蒸汽产生量约束以及锅炉所需最小热值约束。

$$v_{B,i,t}^{min,g} \leqslant v_{B,i,t}^{g} \leqslant v_{B,i,t}^{max,g} \tag{7-48}$$

$$r_{i,t}^{min,ele} \leqslant r_{i,t}^{ele} \leqslant r_{i,t}^{max,ele} \tag{7-49}$$

$$r_{i,t}^{min,S} \leqslant r_{i,t}^{S} \leqslant r_{i,t}^{max,S} \tag{7-50}$$

$$\frac{v_{i,t}^{BFG} Q_{BFG} + v_{i,t}^{LDG} Q_{LDG} + v_{i,t}^{COG} Q_{COG}}{v_{i,t}^{BFG} + v_{i,t}^{LDG} + v_{i,t}^{COG}} \geqslant Q_i \tag{7-51}$$

式中，$v_{B,i,t}^{min,g}$ 为 t 时刻锅炉 i 的副产煤气 g 的最小流量，m^3/h；$v_{B,i,t}^{max,g}$ 为 t 时刻锅炉 i 的副产煤气 g 的最大流量，m^3/h；Q_i 为设备 i 的混合煤气的热值，kJ/m^3；$r_{i,t}^{min,S}$ 为 t 时刻设备 i 的中低压蒸汽 S 的最小抽汽量，kg/h；$r_{i,t}^{max,S}$ 为 t 时刻设备 i 的中低压蒸汽 S 的最大抽汽量，kg/h；$r_{i,t}^{min,ele}$ 为 t 时刻设备 i 的最小发电量，kW · h；$r_{i,t}^{max,ele}$ 为 t 时刻设备 i 的最大发电量，kW · h；$r_{i,t}^{coal}$ 为 t 时刻设备 i 消耗的煤粉量，kg/h；Q_{coal} 为煤粉的热值，kJ/kg。

（4）煤气柜柜位约束：

$$S_{g,t}^{Gas} \leqslant S_g^{max} \tag{7-52}$$

$$V_{g,LL}^{Gas} < V_{g,t}^{Gas} < V_{g,HH}^{Gas} \tag{7-53}$$

式中，$S_{g,t}^{Gas}$，S_g^{max}，$V_{g,t}^{Gas}$，$V_{g,HH}^{Gas}$，$V_{g,LL}^{Gas}$ 分别表示周期 t 内煤气柜 g 的波动量、一个周期内煤气柜 g 柜位最大的改变值、t 周期煤气柜 g 的柜位值、煤气柜 g 的安全运行的最高柜位值和最低柜位值，m^3。

（5）非负约束：公式中的所有变量不小于零（除了电力的盈余量）。

7.5.4 案例分析

为了验证模型的准确性，以在中国的一个钢铁企业（S 钢厂）为例实际地进行研究。在企业中，蒸汽动力系统的配置如图 7-19 所示。

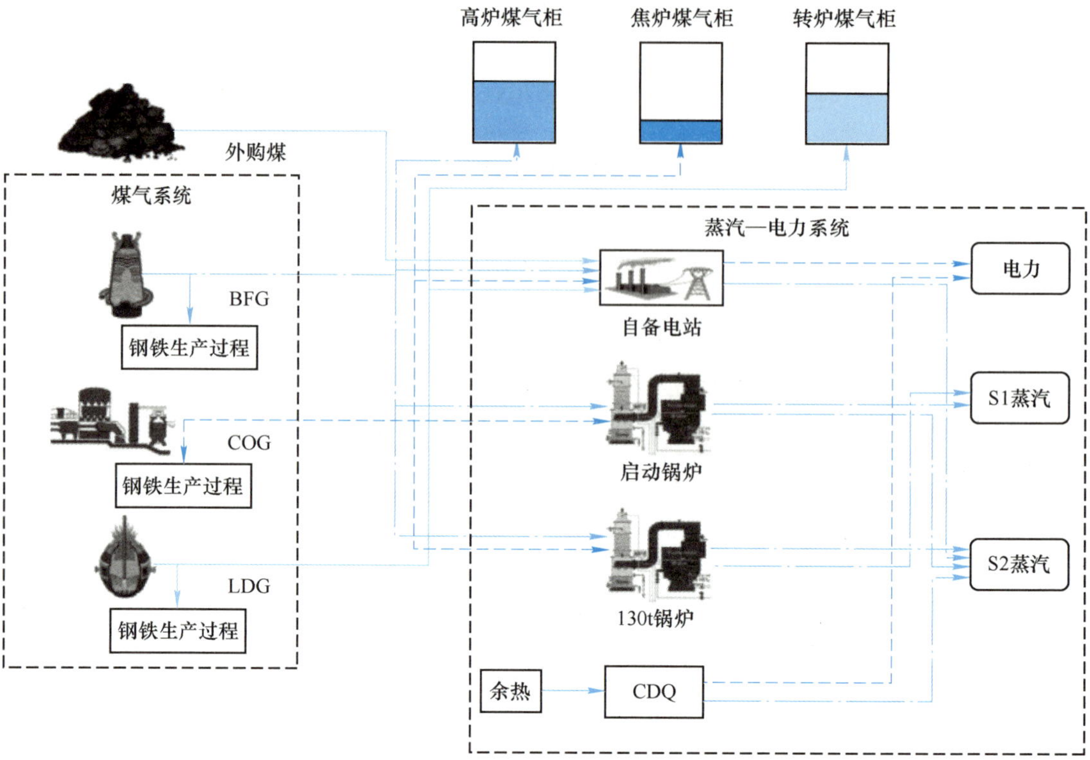

图 7-19 S 钢铁厂能源系统配置图

7.5.4.1 输入参数

S 钢厂热电站系统主要由普通锅炉、130t 锅炉（两套）、干熄焦发电机组（CDQ）和自备电站等设备组成。表 7-28 和表 7-29 分别列出了煤气、蒸汽、电力系统中锅炉、汽轮机及相关能源介质的参数。普通锅炉、130t 锅炉、热电联产锅炉、热电联产汽轮机、涡轮机和干熄焦热效率分别是 0.82、0.85、0.85、0.44 和 0.47。锅炉使用的混合煤气的最低热值要求为 3600kJ/m^3。考虑到 S 钢铁厂的煤气成本和设备运行费用，设定目标函数的惩罚系数如表 7-30 所示。在不同的柜位水平偏离中间煤气柜惩罚系数如表 7-31 所示。表 7-32 为煤气柜的柜位划分情况。

表 7-28 锅炉和汽轮机参数

参　数	普通锅炉	130t 锅炉	CHP 锅炉	参数	CHP 汽轮机	CDQ 汽轮机
BFG/m^3·h^{-1}	0~60000	0~290000	0~360000	电力/MW	0~600	0~60
COG/m^3·h^{-1}	0~10000	0~20000	0~45000	S1 蒸汽/t·h^{-1}	—	—
LDG/m^3·h^{-1}	—	—	45000	S2 蒸汽/t·h^{-1}	0~160	0~150
蒸汽生产/t·h^{-1}	0~70	0~260	—	S3 蒸汽/t·h^{-1}	0~220	—

表 7-29 能源介质参数

参 数	热 值	焓 降
BFG/kJ · kg^{-1}	3066	—
COG/kJ · kg^{-1}	17960	—
LDG/kJ · kg^{-1}	7136	—
S1 蒸汽/kJ · kg^{-1}	—	3300
S2 蒸汽/kJ · kg^{-1}	—	3050
电力/kJ · $(kW \cdot h)^{-1}$	3600	—
外购煤/kJ · kg^{-1}	21800	—

表 7-30 惩罚系数

惩罚项	数值	惩罚项	数值
C^{coal}	0.6	C_{BFG}^{Gas}	0.04
$C_{rel,BFG}^{Gas}$	0.05	C_{COG}^{Gas}	0.35
$C_{rel,COG}^{Gas}$	0.4	C_{LDG}^{Gas}	0.08
$C_{rel,LDG}^{Gas}$	0.1	$C_{buy}^{ele}/C_{E}^{ele}$	0.5

表 7-31 不同煤气柜表

项 目	HH	H	Middle	L	LL
高炉煤气柜	10000	0.04	0.02	0.04	10000
焦炉煤气柜	20000	0.35	0.25	0.35	20000
转炉煤气柜	10000	0.08	0.05	0.08	10000

表 7-32 煤气柜的柜位划分

项 目	HH	H	Middle	L	LL
高炉煤气柜	260000	200000	150000	100000	50000
焦炉煤气柜	130000	100000	80000	60000	40000
转炉煤气柜	70000	60000	40000	20000	10000

7.5.4.2 优化结果分析

本案例选取实际生产中的某一段时间的煤气产生和电力，蒸汽需求量的数据，如表 7-33 所示。每个周期时间间隔为 5min，一共选取 15 个周期。优化结果如表 7-34 和表 7-35 所示。

表 7-33 各周期实际煤气富余和蒸汽电力需求序列

时间	BGF/km³ · h⁻¹	COG/km³ · h⁻¹	LDG/km³ · h⁻¹	电力/MW	S1/t · h⁻¹	S2/t · h⁻¹
8:00	558	45	42	607.6	50.24	243.38
8:05	555	42	40	606.4	50.84	247.1
8:10	559	41	41	608.4	51.11	242.71
8:15	555	43	44	608.9	49.83	235.62
8:20	555	43	47	610.8	50.59	238.36
8:25	560	43	47	605.2	49.95	254.36
8:30	550	40	46	607.8	50.75	248.55
8:35	557	45	47	610.2	50.82	241.6
8:40	552	43	42	606.3	49.77	242.53
8:45	559	43	42	609.8	51.02	240.72
8:50	556	40	44	606.3	49.97	254.84
8:55	557	40	43	608.3	50.59	252.28
9:00	557	45	46	608.4	49.82	255.7
9:05	556	44	43	610.2	50.53	250.87
9:10	555	41	40	608.9	49.85	242.84
9:15	552	44	40	606.8	49.84	237.19

该实例分析模型应用 LINGO 优化软件进行计算求解，通过优化计算，富余气体的优化分配结果如表 7-34 所示。电力和蒸汽的生产结果如表 7-35 所示。模型优化与实际情况对比结果如表 7-36 所示。

表 7-34 富余煤气的优化分配 （km^3/h，t/h）

周期	普通锅炉		130t 锅炉（2 套）		热电站锅炉			
	BFG	COG	BFG	COG	BFG	COG	LDG	外购动力煤
8:00	33.49	1.25	191.95	20.00	341.40	21.75	59.16	170.60
8:05	33.71	1.25	192.01	20.00	341.40	21.75	59.16	170.60
8:10	33.71	1.25	192.01	20.00	341.40	21.75	59.16	170.60
8:15	33.70	1.25	191.92	18.32	341.40	21.75	59.14	170.60
8:20	33.70	1.25	191.92	19.04	341.40	21.75	59.14	170.60
8:25	33.70	1.25	191.92	20.00	341.41	21.75	59.14	170.60

续表 7-34

周期	普通锅炉		130t 锅炉（2套）		热电站锅炉			
	BFG	COG	BFG	COG	BFG	COG	LDG	外购动力煤
8:30	33.68	1.25	191.92	20.00	341.41	21.75	59.14	170.60
8:35	32.98	1.23	191.86	19.89	341.41	21.76	59.12	170.60
8:40	32.98	1.23	191.86	19.85	341.40	21.76	59.12	170.60
8:45	32.98	1.23	191.86	19.75	341.41	21.76	59.12	170.60
8:50	33.90	3.15	191.90	20.00	341.45	21.20	60.51	170.60
8:55	33.90	3.17	191.91	19.94	341.46	21.20	60.51	170.60
9:00	33.90	3.64	191.91	20.00	341.46	21.20	60.51	170.60
9:05	33.90	2.80	191.91	20.00	341.46	21.20	60.51	170.60
9:10	33.90	2.80	191.91	18.25	341.46	21.20	60.51	170.60
9:15	33.90	2.80	191.91	17.12	341.46	21.20	60.51	170.60

表 7-35 优化的电力与蒸汽生产 （t/h，MW）

周期	普通锅炉		130t 锅炉		自备电站		CDQ	
	S1 蒸汽	S2 蒸汽	S1 蒸汽	S2 蒸汽	S2 蒸汽	电力	S2 蒸汽	电力
8:00	0.00	33.62	50.24	209.76	0.00	600	0	0
8:05	0.00	33.84	50.84	209.16	4.10	598	60	60
8:10	0.18	33.65	50.93	209.06	0.00	600	0	0
8:15	13.65	19.07	36.18	216.55	0.00	600	60	60
8:20	31.27	0.00	19.32	238.36	0.00	600	0	0
8:25	0.00	33.83	49.95	210.05	10.48	596	60	60
8:30	0.00	33.81	50.75	209.18	5.56	597	0	0
8:35	0.00	33.11	50.82	208.49	0.00	600	60	60
8:40	9.89	22.41	39.88	220.12	0.00	600	0	0
8:45	11.75	20.39	39.27	220.33	0.00	600	60	60
8:50	0.00	43.13	49.97	210.01	1.70	599	0	0
8:55	4.68	38.19	45.91	214.09	0.00	600	60	60
9:00	0.00	45.52	49.82	210.18	0.00	600	0	0
9:05	0.72	40.68	49.81	210.19	0.00	600	60	60

续表 7-35

周期	普通锅炉		130t 锅炉		自备电站		CDQ	
	S1 蒸汽	S2 蒸汽	S1 蒸汽	S2 蒸汽	S2 蒸汽	电力	S2 蒸汽	电力
9:10	14.43	25.84	35.42	217.00	0.00	600	0	0
9:15	14.72	25.54	35.12	211.65	0.00	600	60	60

表 7-36 模型优化与实际情况对比 （CNY）

项 目	实际操作	模型优化
煤气使用成本	50343	56659
煤气放散成本	0	0
煤气柜位偏离成本	4578	1922
动力煤成本	144370	136477
发电效益	34245	34216
污染成本	13400	3467
设备维护成本	87242	87088
燃料波动成本	205	108

7.6 炼钢车间天车智能动态调度

7.6.1 研究背景及意义

随着人工智能的兴起，各国都在大力推进制造业智能化改革，抢占制高点。2011 年，德国提出“工业 4.0”；2012 年，美国提出“工业互联网”；中国政府随后于 2015 年提出了实施制造强国战略第一个十年的行动纲领《中国制造 2025》。《中国制造 2025》中明确指出，“加快推动新一代信息技术与制造技术融合发展，把智能制造作为两化深度融合的主攻方向；着力发展智能装备和智能产品，推进生产过程智能化”，将为钢铁行业带来新一轮的变革和创新驱动。在炼钢厂生产过程中，天车作为衔接上下游生产的主要运输工具，其调度的合理及高效，对充分发挥工序中工位的生产效率，从而提高炼钢厂整体生产效率至关重要，同时也是实现炼钢厂智能制造重要的一环。

然而，现在大多数的炼钢车间还处在依靠人工经验进行天车调度，存在信息获取不全面、调度规范程度低、调度效果不稳定等问题，容易导致钢水运输时间过长，使钢水温降增加。目前，有许多专家学者已经对炼钢车间天车调度问题进行了研究，但是大多数是建立在确定的生产计划上的静态调度研究，而炼钢车间由于工序冶炼周期的波动性，设备出现故障等导致天车任务的产生具有不确定性，天车调度具有高度动态性。因此，目前的研究成果难以直接应用于现场。

基于以上的背景，本案例基于深度强化学习对炼钢厂天车调度展开研究。深度强化学习算法是一种通用的人工智能算法，其具有较强的自学习自适应能力，能够应对炼钢车间天车调度的动态性。所研究的天车调度模型能够根据最佳策略进行天车任务分配和路径规划，有效减少天车冲突，实现高效运输。这对提高炼钢厂生产效率、降低生产成本、提高炼钢厂生产效益和实现炼钢厂智能制造具有一定的作用。

7.6.2 问题描述

天车调度是将天车任务合理分配给天车，最终目的是让天车及时高效地完成任务。天车主要的作业对象为钢包，其任务的定义：在一定时间要求内，将钢包从起点工位运输至指定的终点工位。天车完成任务的过程：首先天车大车通过左右横向移动至起点工位，然后小车纵向移动，将吊钩精准定位至吊包位，吊起钢包，最后大车横向移动至终点工位，小车移动至放包位，放下钢包。一个天车任务的完成过程，实际为多个时序操作动作的组合序列。因此，求解天车调度方案便可转化为，求解每台天车的时序操作动作序列，强化学习是求解此类贯序决策问题的经典有效方法。

本案例将每台天车执行任务过程用强化学习进行描述求解，如图 7-20 所示。将每台天车抽象成单个智能体，天车所在的车间跨抽象成环境，智能体的动作即为天车的操作动作，智能体观测到的状态即为任务信息和跨内所有天车的状态信息。通过目标函数设计奖励函数，引导天车高效完成天车任务。

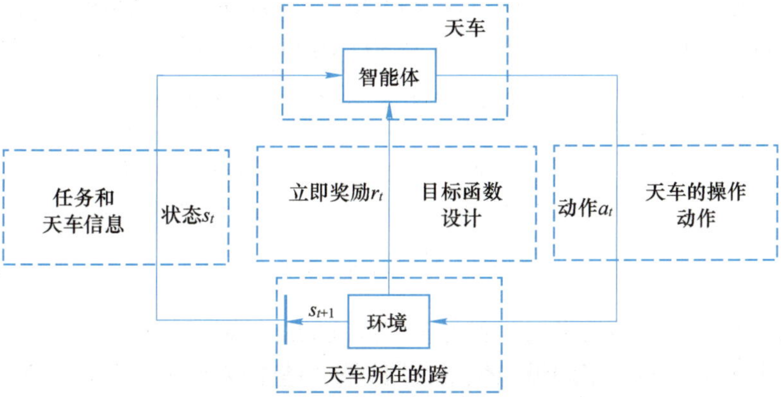

图 7-20 基于强化学习的天车调度机制

在强化学习的框架下，天车的单步动作不仅影响当前奖励，而且会影响环境下一时刻的状态和最终累计奖励值。为了使最终累计奖励值最高，天车在每个状态下必须选择全局最优的动作。因此天车调度问题转化为求解每台天车的最优策略 $\pi^*(a|s)$。本案例采用 DQN 算法求解动作价值网络（Q 网络）间接求解最优策略，如式（7-54）和式（7-55）所示。

$$\theta_{k+1} = \theta_k + \alpha[r_t + \gamma\max_{a_{t+1}}\hat{Q}^{\pi}(s_{t+1}, a_{t+1}|\hat{\theta}_k) - Q^{\pi}(s_t, a_t|\theta_k)]\nabla_{\theta_i}Q^{\pi}(s_t, a_t|\theta_k) \tag{7-54}$$

$$\pi^*(a|s) = \arg\max_a Q^{\pi}(s, a|\theta) \tag{7-55}$$

式中，$Q^{\pi}(s, a|\theta)$ 为 Q 网络，动作价值函数 $Q^{\pi}(s, a)$ 的具体形式；$\hat{Q}^{\pi}(s, a|\hat{\theta})$ 为目标 Q 网络；θ_k 为第 k 次迭代 Q 网络的参数；θ_{k+1} 为第 $k+1$ 次迭代 Q 网络的参数；$\hat{\theta}_k$ 为第 k 次迭代目标 Q 网络的参数。s 为环境的状态；s_t 为 t 时刻环境的状态；a 为智能体的动作；a_t 为 t 时刻智能体的动作；同理 s_{t+1}，a_{t+1} 为下一时刻状态和动作；r_t 为 t 时刻的立即奖励，可通过设定的奖励函数 R 计算得到；α 为学习率，取值范围 0~1；γ 为奖励折扣因子，取值范围 0~1。

根据最优策略 $\pi^*(a|s)$ 和炼钢车间跨实时状态 s_t，求出天车最优的实时动作 a_t，由动作序列便可求解天车调度方案。

7.6.3 模型及求解

7.6.3.1 天车调度方法具体设计

本案例以 S 钢厂出钢跨天车调度为研究对象，以任务完成总时间最少为目标，设计基于深度强化学习的天车调度方法。基于深度强化学习的天车调度方法的核心是，训练天车的 Q 网络模型，需要对状态空间、动作空间、奖励函数、Q 网络结构等基本要素和 Q 网络训练算法进行设计。

7.6.3.2 状态空间设计

状态空间是环境所有状态的集合。环境状态是 Q 网络模型的输入，应包含模型决策所需的所有特征信息。对于天车调度问题，所需要的环境信息为任务起点工位和终点工位在跨中的位置、同一跨中所有天车的位置及状态。为了减少模型网络的复杂度，将车间跨中工位的相对位置等比例缩小到 1/10，用 3×30 的矩阵表示环境的状态，如图 7-21 所示。

	0	1	2	3	4	5	6	7		26	27	28	29
起点工位	0	0	1	0	0	0	0	0	……	2	0	0	0
天车	0	0	0	1	0	0	2	0	……	3	0	0	0
终点工位	0	0	0	0	0	1	0	2	……	0	0	0	0

图 7-21 模型输入状态矩阵

工位和天车在车间跨中的纵向位置对天车调度的结果影响较小，为了简化模型的复杂度，本案例不考虑工位和天车的纵向位置，用矩阵列坐标表示工位和天车在车间跨的横向相对位置。矩阵的第一、二和三行分别是任务起点工位、天车和任务终点工位在跨中的相对位置。任务产生时，矩阵中起始工位与终点工位对应位置的值为任务编号（>0），无任务的位置值为 0。图 7-21 表示当前状态为，有一个任务，起点工位位于位置 2，终点工位位于位置 5，1 号天车位于位置 3，2 号天车位于位置 6，3 号天车位于位置 26，三台天车当前状态为空闲。天车吊起钢包后，起始工位对应位置的值变为 0，天车位置的值变为天车编号和任务编号作为小数的组合，如图 7-22 所示。天车放包的状态表示同理。

	0	1	2	3	4	5	6	7		26	27	28	29
起点工位	0	0	0	0	0	0	0	0	……	2	0	0	0
天车	0	0	1.1	0	0	0	2	0	……	3	0	0	0
终点工位	0	0	0	0	0	1	0	2	……	0	0	0	0

图 7-22 模型输入状态矩阵天车吊包示意图

采用矩阵的方式对车间跨环境信息进行表示，可以对天车任务高度抽象，将各种天车任务具体的工位名变成了位置信息，因此可以对任意的车间跨的任意布局进行表示。模型只关注任务的工位位置，而不是具体的工位类型，因此更具有通用性。

7.6.3.3 动作空间设计

动作空间是智能体与环境交互的可选动作的集合。在实际生产中，天车的操作动作包括大车左移、大车右移、大车静止、小车上移、小车下移、吊包、放包共 7 个动作。但是在大车移动过程中，小车有足够时间移动至目标位置，可以不考虑小车的移动，因此天车的动作空间包含左移、右移、静止、吊包、放包共 5 个动作，分别用 0、1、2、3、4 表示。

7.6.3.4 奖励函数设计

奖励函数是环境对智能体当前采取的动作的评价规则，以立即奖励的方式反馈给智能体，是智能体进行学习改善策略的重要指引信号。奖励函数的设计是强化学习的难点，一般仅设计结束状态时的奖励，中间过程智能体的任意动作的立即奖励都为 0，具体的奖励设置如表 7-37 所示。

表 7-37 天车奖励设置表

动　作	状　态	奖励值
吊包	处在起始工位	5
	不在起始工位	0
放包	处在终点工位	30
	不在起始工位	0
静止	任意状态	0
移动	任意状态	0

本案例的目标是所有任务完成总时间最少，为了让模型达到该目标，设置天车每执行一次动作后，奖励值额外减 0.5。因此，为了使累计奖励最高，天车需要用最少的动作完成所有任务，任务完成总时间则最少。

7.6.3.5 Q 网络结构设计

本案例中共有 3 台天车，若采用一个 Q 网络模型，每个天车 5 个动作，则模型的输出层需要 125 个神经元表示 3 台天车的每一种动作组合，模型复杂度较高，将导致模型训练耗时长，训练难度较大。为了降低模型复杂度，本案例每台天车各有一个结构相同的 Q 网络模型，每个 Q 网络模型的输入为 3×30 的矩阵，输出为 5 个动作的价值，具体网络结构如图 7-23 所示。

模型的输入是环境状态矩阵，该矩阵第一行为起始工位的位置，第二行为天车的位置，第三行为终点工位的位置，具有一定的空间结构意义，因此考虑先采用卷积层进行特征的提取，再通过全连接层进行计算拟合，最终输出 5 个动作各自的 Q 值。该神经网络由 2 层卷积层和 2 层全连接层构成，其中卷积层的卷积核大小为 3×3，全连接层神经元个数为 1024 个，激活函数采用 ReLU 函数。

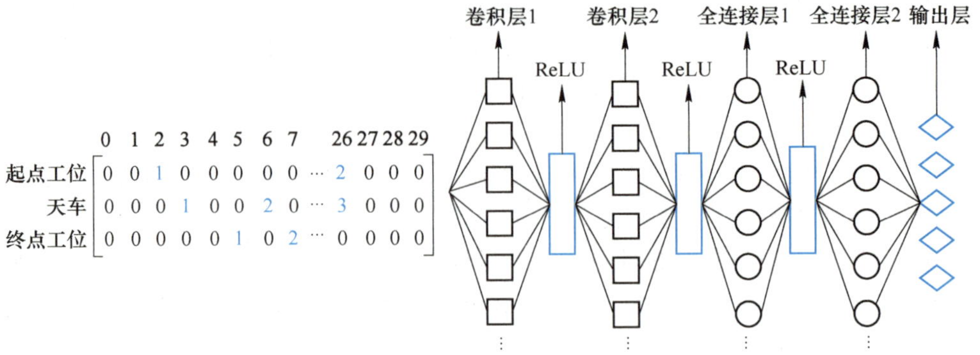

图 7-23 Q 网络结构示意图

7.6.3.6 Q 网络训练算法设计

本案例采用 DQN 算法对 Q 网络模型进行训练。原始的 DQN 算法是针对单个 Q 网络的训练算法，但是本案例中共有三个 Q 网络对应三台天车，因此需要对原始的 DQN 算法进行修改。两台天车的 Q 网络在训练过程中与环境之间的交互过程如图 7-24 所示。

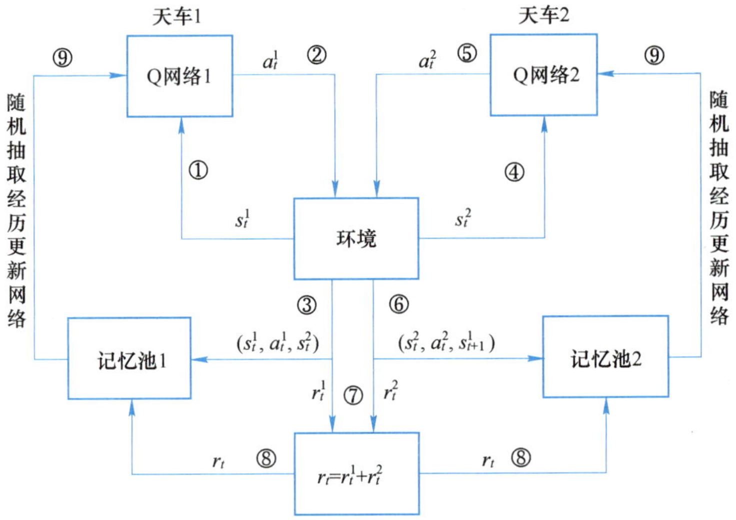

图 7-24 双天车 Q 网络与环境交互示意图

（①~⑨为两台天车 Q 网络训练步骤顺序；s_t^1 为 t 时刻天车 1 所观察到的环境状态；s_t^2 为 t 时刻天车 2 所观察到的环境状态；s_{t+1}^1 为 t+1 时刻天车 1 所观察到的环境状态；a_t^1 为 t 时刻天车 1 的动作；a_t^2 为 t 时刻天车 2 的动作；r_t^1 为 t 时刻天车 1 的立即奖励；r_t^2 为 t 时刻天车 2 的立即奖励；r_t 为 t 时刻两台天车最终的立即奖励）

三个天车 Q 网络的训练过程与两个天车 Q 网络的训练过程思路一样，但三个 Q 网络的示意图略为复杂，不如两个 Q 网络交互示意图清晰，因此仅用两个 Q 网络的训练交互示意图展示。一个单位时间内，三个网络依次根据环境（出钢跨）的状态选择一个动作，先后作用于环境，得到各自奖励值进行求和后作为三个网络模型得到的立即奖励。天车出现路径冲突时，由于它们各自的奖励是三个天车 Q 网络决策得到的立即奖励之和，因此它们会选择最佳的避让方式，使得奖励值最高。

深度强化学习存在一个探索与利用的难题。在训练过程中，智能体根据学到的知识，贪心地选择立即奖励最高的动作，以期望获得累计奖励最高。但是环境往往是复杂的，智能体只学到了部分知识，完全贪心地利用已学的知识进行奖励的获取，容易陷入局部最优。因此，智能体需要对未知环境进行一定的探索，但是探索的奖励是未知的，过多的探索可能会白白耗费精力，因此，为了让网络快速收敛至全局最优，需要平衡智能体的探索与利用。最为简单的解决方法，是在训练过程中，采用 ε-greedy 策略。ε 称为探索率，以 $1-\varepsilon$ 的概率选择 Q 网络输出值最大对应的动作，即利用已有知识获取奖励，以 ε 的概率从动作空间 A 中随机选择动作，即进行随机探索。Q 网络模型训练算法如下所示：

算法：Q 网络训练算法

初始化记忆池 M^1，M^2，M^3；

随机初始化 $Q^{\pi 1}$，$Q^{\pi 2}$，$Q^{\pi 3}$ 网络的参数 θ^1，θ^2，θ^3；

随机初始化目标 $\hat{Q}^{\pi 1}$，$\hat{Q}^{\pi 2}$，$\hat{Q}^{\pi 3}$ 网络的参数 $\hat{\theta}^1$，$\hat{\theta}^2$，$\hat{\theta}^3$；

初始化奖励折扣因子 γ；

初始化探索率 ε；

初始化动作空间 A；

For episode =1，2，…N do

初始化环境 e 得到初始状态 s_0^1；

For t=0，1，2，…，T do

$$a_t^1=\begin{cases}\underset{a}{\text{argmax}}Q^{\pi 1}(s_t^1, a|\theta^1), a\in A, \text{概率 } 1-\varepsilon \\ \text{随机选择动作 } a, a\in A, \text{概率 } \varepsilon\end{cases};$$

执行动作 a_t^1 得到立即奖励 r_t^1 和下一个状态 s_t^2；

$$a_t^2=\begin{cases}\underset{a}{\text{argmax}}Q^{\pi 2}(s_t^2, a|\theta^2), a\in A, \text{概率 } 1-\varepsilon \\ \text{随机选择动作 } a, a\in A, \text{概率 } \varepsilon\end{cases};$$

执行动作 a_t^2 得到立即奖励 r_t^2 和下一个状态 s_t^3；

$$a_t^3=\begin{cases}\underset{a}{\text{argmax}}Q^{\pi 3}(s_t^3, a|\theta^3), a\in A, \text{概率 } 1-\varepsilon \\ \text{随机选择动作 } a, a\in A, \text{概率 } \varepsilon\end{cases}$$

执行动作 a_t^3 得到立即奖励 r_t^3 和下一个状态 s_{t+1}^1；

$r_t=r_t^1+r_t^2+r_t^3$；

将经历（s_t^1，a_t^1，r_t，s_t^2）存入记忆池 M^1 中；

将经历（s_t^2，a_t^2，r_t，s_t^3）存入记忆池 M^2 中；

将经历（s_t^2，a_t^2，r_t，s_t^3）存入记忆池 M^3 中；

从 M^1 中随机抽取经历（s_j，a_j，r_j，s_{j+1}）；

$$y_j=\begin{cases}r_j, & s_{j+1}\text{是结束状态}\\ r_j+\gamma\max\limits_a\hat{Q}^{\pi1}(s_{j+1},\ a\,|\,\hat{\theta}^1), & \text{其他}\end{cases};$$

计算损失函数值 $l_1=\text{smooth}L_1(y_j-Q^{\pi1}(s_j,\ a_j\,|\,\theta^1))$；

采用梯度下降法更新 $Q^{\pi1}$ 网络参数 θ^1；

从 M^2 中随机抽取经历（s_i，a_i，r_i，s_{i+1}）；

$$y_i=\begin{cases}r_i, & s_{i+1}\text{是结束状态}\\ r_i+\gamma\max\limits_a\hat{Q}^{\pi2}(s_{i+1},\ a\,|\,\hat{\theta}^2), & \text{其他}\end{cases};$$

计算损失函数值 $l_2=\text{smooth}L_1(y_i-Q^{\pi2}(s_i,\ a_i\,|\,\theta^2))$；

采用梯度下降法更新 $Q^{\pi2}$ 网络参数 θ^2；

从 M^3 中随机抽取经历（s_k，a_k，r_k，s_{k+1}）；

$$y_k=\begin{cases}r_k, & s_{k+1}\text{是结束状态}\\ r_k+\gamma\max\limits_a\hat{Q}^{\pi3}(s_{k+1},\ a\,|\,\hat{\theta}^3), & \text{其他}\end{cases}$$

计算损失函数值 $l_3=\text{smooth}L_1(y_k-Q^{\pi3}(s_k,\ a_k\,|\,\theta^3))$；

采用梯度下降法更新 $Q^{\pi3}$ 网络参数 θ^3；

$s_t^1=s_{t+1}^1$；

每过 C 步迭代更新目标网络 $\hat{Q}^{\pi1}=Q^{\pi1}$，$\hat{Q}^{\pi2}=Q^{\pi2}$，$\hat{Q}^{\pi3}=Q^{\pi3}$；

End for

End for

输出：$Q^{\pi1}$，$Q^{\pi2}$，$Q^{\pi3}$

在网络模型训练过程中，误差函数采用 $\text{smooth}L_1(x)$ 函数，如式（7-56）所示。与均方误差损失函数相比，$\text{smooth}L_1(x)$ 损失函数在训练过程中更为平稳，使模型更容易收敛。

$$\text{smooth}L_1(x)=\begin{cases}0.5x^2 & \text{当}\,|x|<1\\ |x|-0.5 & \text{其他情况}\end{cases} \tag{7-56}$$

7.6.4 案例分析

7.6.4.1 基于深度强化学习的天车调度模型

采用 100 个天车任务进行天车调度模型仿真实验。天车物理参数设置为：移动速度 1m/s，安全距离 10m，吊放包耗时 10s。模型仿真实验得到的部分天车轨迹图如图 7-25 所示，天车冲突消解局部放大图如图 7-26 所示，部分天车调度方案如表 7-38 所示。

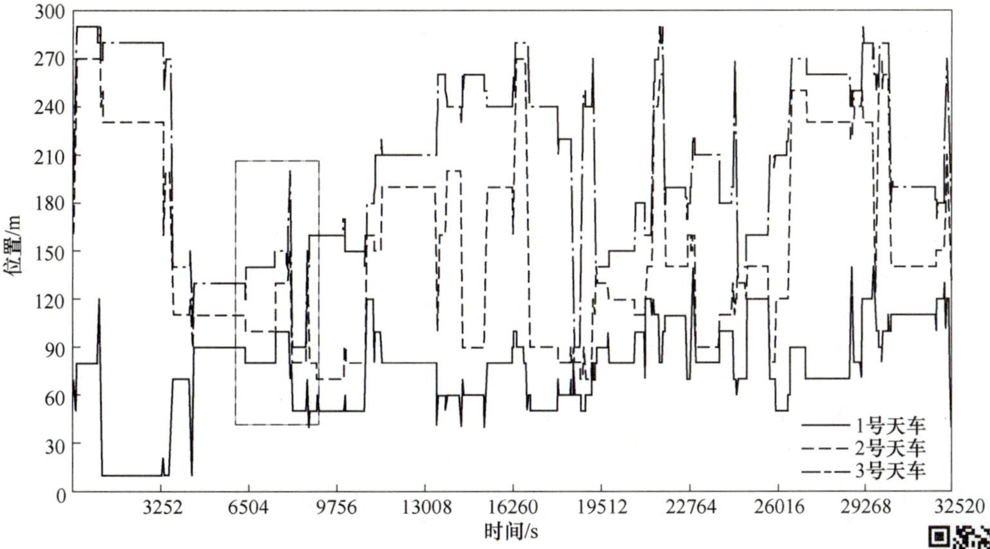

图 7-25 天车部分轨迹图

彩色原图

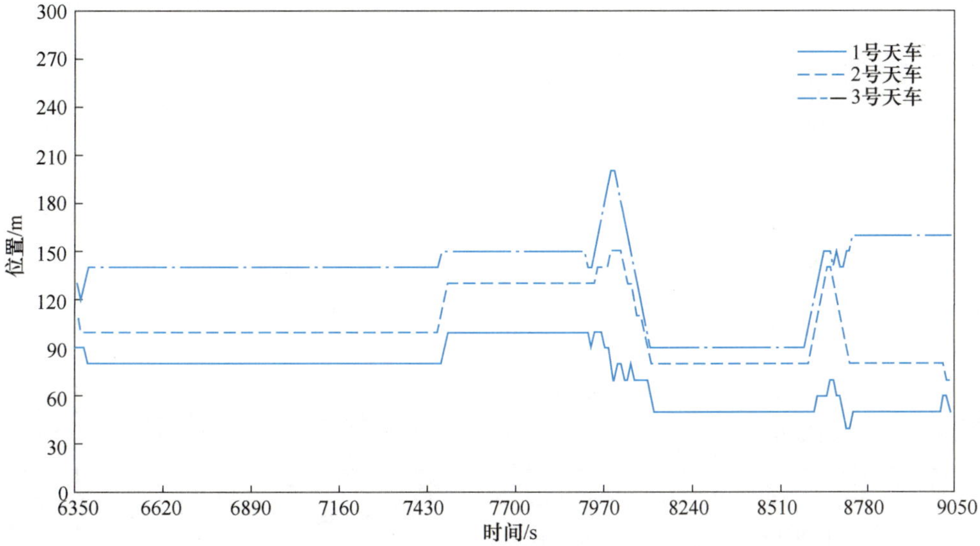

图 7-26 天车冲突消解局部放大图

表 7-38 部分天车调度方案

序号	任务派发-计划结束时间	实际起吊-卸载时间	起点工位	终点工位	天车编号
1	00:00:00-00:10:00	00:00:20-00:02:20	1 号 BOF	3 号 RH1	2

续表 7-38

序号	任务派发-计划结束时间	实际起吊-卸载时间	起点工位	终点工位	天车编号
2	00:15:00-00:23:00	00:16:00-00:18:00	2号 BOF	4号 RH1	1
3	00:55:00-01:04:10	00:56:20-00:57:10	1号 BOF	LF1	2
4	00:59:10-01:24:10	00:59:20-01:08:20	3号 RH1	3号 CC	3
5	01:12:05-01:37:00	01:13:10-01:14:40	4号 RH1	4号 CC	1
6	01:46:15-02:10:00	02:04:30-02:05:00	4号 CC	翻渣位	1
7	02:04:15-02:12:00	02:04:30-02:05:00	翻渣位	2号热修	1
8	02:12:05-02:20:00	02:13:20-02:19:20	LF1	4号 CC	3
9	02:23:10-02:32:00	02:24:20-02:25:30	3号 CC	翻渣位	2
10	02:30:05-02:39:10	02:30:10-02:30:30	翻渣位	1号热修	2
11	02:47:05-02:55:00	02:47:20-02:47:40	4号 CC	翻渣位	2
12	02:59:15-03:19:10	02:59:40-03:01:30	2号热修	1号 BOF	2
13	03:00:05-03:20:00	03:00:20-03:01:20	1号热修	2号 BOF	1
14	03:05:05-03:14:10	03:05:00-03:06:20	翻渣位	2号热修	1
15	03:09:15-03:17:00	03:09:30-03:10:10	1号 BOF	LF2	2

续表 7-38

序号	任务派发- 计划结束时间	实际起吊- 卸载时间	起点工位	终点工位	天车编号
16	03:43:10- 03:57:00	03:44:40- 03:45:50	2 号热修	1 号 BOF	2
17	03:49:15- 03:57:00	03:49:20- 03:50:10	1 号 BOF	LF1	2
18	03:58:10- 04:25:00	03:58:30- 04:00:30	LF2	4 号 CC	2
19	04:13:10- 04:24:10	04:13:40- 04:15:00	2 号 BOF	LF2	2
20	04:30:05- 04:40:00	04:30:40- 04:32:40	1 号 BOF	3 号 RH1	2
21	04:38:00- 05:00:00	04:39:20- 04:41:20	LF1	4 号 CC	2
22	04:58:00- 05:06:10	04:58:20- 04:58:50	4 号 CC	翻渣位	3
23	05:06:10- 05:26:00	05:06:50- 05:26:00	LF2	4 号 CC	3
24	05:12:00- 05:28:00	05:13:10- 05:27:50	1 号 BOF	3 号 RH2	2
25	05:15:00- 05:24:10	05:15:20- 05:15:40	翻渣位	1 号热修	3
26	05:19:10- 05:47:00	05:19:50- 05:33:10	3 号 RH1	3 号 CC	1
27	05:29:10- 05:37:00	05:29:40- 05:30:00	4 号 CC	翻渣位	1
28	05:45:00- 05:54:00	05:45:20- 05:45:50	翻渣位	2 号热修	1
29	05:51:10- 06:15:00	05:51:50- 05:52:50	1 号热修	2 号 BOF	3

续表 7-38

序号	任务派发-计划结束时间	实际起吊-卸载时间	起点工位	终点工位	天车编号
30	05:55:05-06:05:00	05:55:10-06:00:20	1 号 BOF	3 号 RH1	1
31	06:00:00-06:08:00	06:00:40-06:01:00	4 号 CC	翻渣位	2
32	06:02:00-06:24:10	06:02:10-06:04:10	3 号 RH2	3 号 CC	1
33	06:17:00-06:26:10	06:17:30-06:17:50	翻渣位	1 号热修	1
34	06:19:10-06:37:00	06:19:50-06:20:20	2 号热修	2 号 BOF	1
35	06:21:10-06:29:10	06:21:40-06:23:00	3 号 CC	翻渣位	1
36	06:37:00-06:46:10	06:37:10-06:37:40	翻渣位	2 号热修	3
37	06:45:00-07:08:00	06:46:40-06:55:20	3 号 RH1	3 号 CC	1
38	06:53:00-07:16:10	06:53:20-06:54:20	1 号热修	2 号 BOF	2
39	07:07:10-07:15:00	07:07:10-07:12:10	3 号 CC	翻渣位	2
40	07:11:10-07:33:00	07:11:40-07:12:10	2 号热修	2 号 BOF	2
41	07:19:10-07:31:00	07:19:20-07:21:40	2 号 BOF	3 号 RH2	1
42	07:31:10-07:40:00	07:31:20-07:31:40	翻渣位	1 号热修	1
43	07:58:00-08:06:10	07:59:30-08:00:40	3 号 CC	翻渣位	1

续表 7-38

序号	任务派发-计划结束时间	实际起吊-卸载时间	起点工位	终点工位	天车编号
44	08:05:00-08:30:00	08:05:30-08:06:30	1 号热修	2 号 BOF	2
45	08:12:00-08:19:00	08:14:00-08:16:40	2 号 BOF	3 号 RH1	1
46	08:18:00-08:27:00	08:18:20-08:18:50	翻渣位	2 号热修	2
47	08:22:00-08:47:00	08:22:10-08:24:10	3 号 RH2	3 号 CC	1
48	08:52:00-09:10:00	08:52:10-08:52:40	2 号热修	3 号 BOF	3
49	08:57:00-09:14:10	08:58:30-09:02:40	3 号 RH1	3 号 CC	1
50	08:59:10-09:07:00	08:59:40-09:01:50	2 号 BOF	4 号 RH1	2

由图 7-15 和图 7-16 的天车运行轨迹图可以看出，天车仿真运行过程中，未发生天车碰撞。由表 7-38 天车调度方案可以看出，仿真过程中，天车实际完成任务的时间在计划要求的时间范围内，满足生产要求。由此，证明了基于深度强化学习的天车调度模型的可行性。

7.6.4.2 天车调度模型对比实验

目前，炼钢厂现场主要依靠人工经验进行天车调度，多数采用固定分区的方式。根据人工经验，将车间跨划分为与天车数量相等的区域，每台天车负责相应区域内产生的任务。如图 7-27 所示，区域 1 内的工位之间产生运输任务频率相对较大，区域 2 内的工位之间产生运输任务频率相对较大。区域 1 内的工位与区域 2 内的工位之间产生运输任务频率相对较小，因此天车 1 负责区域 1 内产生的任务，而天车 2 负责区域 2 内产生的任务。天车发生冲突时，通常以无任务的天车避让有任务的天车，运输空包的天车避让运输重包的天车的方式进行冲突消解。依靠人工经验进行调度，灵活性较强，适用于现场任务的随机性和突发性。

将基于深度强化学习的天车调度模型与人工经验调度进行 100 个天车任务的仿真对比实验，结果如表 7-39 和图 7-28 所示。

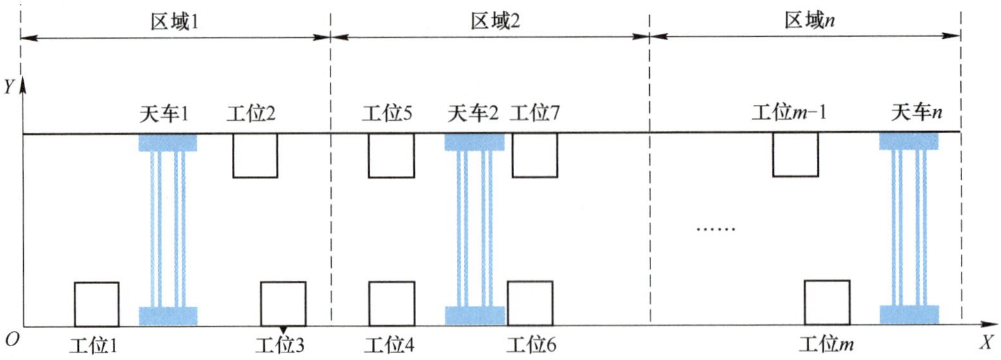

图 7-27 固定分区示意图

表 7-39 不同天车调度模型结果对比

算 法	任务完成总时间/s	天车冲突次数	天车被动运输距离/m
深度强化学习	10970	26	1580
人工经验调度	11960	39	2370

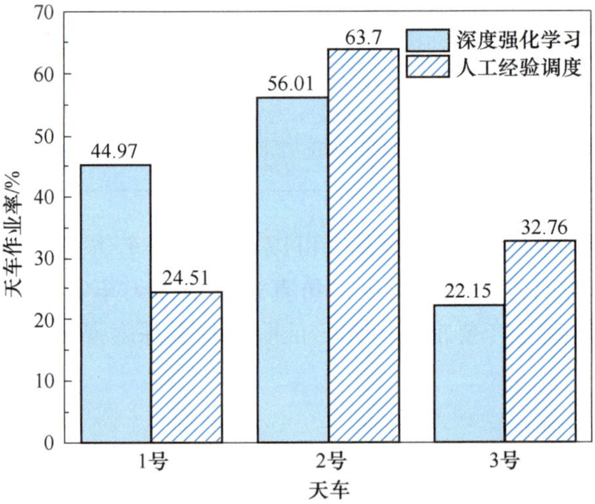

图 7-28 不同天车调度模型天车作业率对比图

根据表 7-39 两种天车调度模型的结果对比，基于深度强化学习的天车调度模型相比于人工经验调度方法，在任务完成总时间上减少了 990s，天车冲突次数减少了 13 次，天车被动运输距离减少 790m。同时由图 7-28 天车作业率对比结果可以看出，两种调度方法得到天车调度方案，天车之间的作业率相差较大，天车负载均衡性都不理想，但基于深度强化学习的天车调度模型的天车作业率相对更均衡。综合比较，基于深度强化学习的天车调度模型优于人工经验调度。

7.7 转炉工序终点预测和控制优化

7.7.1 研究背景及意义

钢铁是国之重器，炼钢是钢铁生产的重中之重。随着智能冶炼的提出与发展，转炉炼钢技术在经历了多年的发展与多次技术改革后，其容积与产量已有了大幅度提升，冶炼终点成分温度合格率也有显著的提高。在这个过程中，转炉终点控制技术也有了长足的发展。然而，受限于各厂炼钢转炉的现代化水平参差不齐，设备和技术水平不在同一层次，且全国各工厂的生产环境、经济条件等各有差异，各厂所用的终点控制技术也不尽相同。现如今，国内外的大容积转炉均已配备有一定的智能控制系统和自动化冶炼设备，冶炼已趋于稳定，但中小型转炉在终点控制技术方面的发展与研究仍较为欠缺，因此中小型转炉的终点控制优化改进技术仍有重要的研究意义。

当前，大部分中小型钢厂仍依靠人工经验判断炼钢终点，由于人为因素的干扰，转炉吹炼的一次命中率较低，二次补吹或高温出钢的情况经常出现，导致产出的钢水质量达不到预期，只能改为更低标准的钢种，这诸多异常冶炼情况都将导致严重的经济损失，影响钢厂生产效益。大型钢厂的大型转炉面对这类问题时，最常使用副枪控制技术对转炉冶炼加以控制，效果显著。但中小型转炉的炉口面积较小，无法满足安装副枪时副枪需与氧枪保持一定距离的硬性要求，且副枪技术所需设备造价高昂，中小型钢厂往往无法承担。

综上，我国中小型转炉需要一项精度较高、成本较低，且能适应实际生产情况的终点控制技术。随着计算机技术与机器学习等智能算法的不断发展，基于生产数据与智能模型的转炉控制技术已有长足发展，是适合中小型转炉的控制技术研究方向。由于转炉冶炼反应复杂，诸多因素共同影响，转炉冶炼经常出现多样的冶炼情况，现场往往会针对性地采取不同的冶炼策略。为充分利用这种规律，从而提高转炉终点预测命中率，改善转炉控制效果，分别进行建模预测工作。

7.7.2 问题描述

现如今，我国大多数中小型转炉仍以人工控制作为终点控制主要方法，缺少智能算法的指导与参考，终点碳温命中率较低，经常需要进行二次补吹，或不得不高温出钢，导致冶炼成本的提高和冶金资源的浪费。基于副枪控制并不适用于中小型转炉，炉气分析控制成本过高，而图像识别预测终点碳温的技术尚不成熟，因此在现阶段，最适合中小型转炉的仍然是基于数据模型的静态控制方法。

在过往的研究中，学者们通过各种方式研发了众多高精度的转炉终点预测模型，但由于转炉冶炼的复杂性，高精度的模型在应用过程中往往达不到预期效果，对实际冶炼的帮助有限。这是由于所用模型大多存在适应性问题，即现有转炉冶炼多在人工经验判断的基础上，根据铁水温度、成分含量和物料种类等炉况不同，采取相应的冶炼策略。若将各类炉况数据混在一起进行建模、预测，遵循不同冶炼策略的炉次数据被混合，将会导致模型的精度降低。

基于前人的研究经验与思路，本案例针对冶炼现场供氧、造渣制度，建立基于机理的吹氧、造渣控制推荐模型，并对其中所需的各项参数进行了分析，运用差分进化算法对模型中难以从生产现场确认或获取的关键参数进行寻优。针对聚类后的多组数据，分别建立基于梯度提升树（GBDT）的转炉终点碳温预测模型。

7.7.3 模型及求解

7.7.3.1 转炉氧枪操作优化推荐

合理的供氧制度包含了多个方面，例如确定合理的氧枪喷头结构、吹炼过程中合理控制氧枪枪位、确定供氧压力、决定供氧总量等。在实际现场冶炼过程中，由于喷头结构已经确定，人为可控的因素主要包括调整氧枪枪位、供氧压力设定和供氧总量。其中，氧枪枪位、供氧压力往往被统称为氧枪操作而同时进行控制。因此，本案例将从氧枪操作和供氧总量两个角度对现有供氧制度进行优化。本节将针对氧枪操作优化进行研究。

转炉中的氧枪操作通常指调节氧枪枪位与供氧压力，实现冶炼过程中前期化渣、中期脱碳升温、后期强化搅拌的目的。转炉炼钢中的氧枪枪位通常指氧枪喷头至平静熔池液面的距离，距离大则认为枪位较高；反之则认为枪位较低。供氧压力则指氧枪喷头出口处的氧压，在知道氧枪喷头结构的情况下可与氧气流量通过经验公式相互换算。以三孔喷头为例，常用的经验公式如下所示：

$$p_{O_2} = 8.33 \times 10^5 \times \frac{Q\sqrt{T}}{d_{喉口}} \tag{7-57}$$

式中，Q 为氧气流量，Nm^3/min；T 为转炉出钢量，t；$d_{喉口}$ 为氧枪喷头的喉口直径，dm。

7.7.3.2 供氧总量优化推荐模型

在根据冶炼流程基本确定正常冶炼时氧枪操作规则的情况下，仍需要依据铁水质量、铁水成分等因素确定氧气总用量，以对氧枪操作时长进行指导与推荐。本案例以转炉氧平衡机理模型为基础，建立了转炉吹氧量的计算模型，并用数据模型方法，对机理模型中无法确认的关键参数进行择优，最终得到优化后的转炉吹氧量推荐模型。

A 供氧总量理论计算模型

转炉冶炼过程中，氧气的消耗量主要包括钢铁料中元素和部分铁被氧化的消耗，烟尘铁的消耗以及炉衬侵蚀导致的碳被氧化所导致的消耗。在开始计算前，将此部分计算涉及的系数的含义分别列于表 7-40 中。

表 7-40 氧气计算模型涉及的参数

参数名称	符号表示	参数名称	符号表示
铁水质量/kg	W_{in}	渣中氧化所得 FeO 含量/-	w_{slg_FeO}
-元素铁水含量/-	$_{-in}$	渣中氧化所得 Fe_2O_3 含量/-	$w_{slg\_Fe_2O_3}$
-元素出钢目标含量/-	$_{-out}$	烟尘占铁水量比	p_{smoke}
废钢加入量/kg	W_{scrap}	烟尘中 FeO 含量/-	w_{sk_FeO}
废钢 i 元素含量/-	W_{scrap_i}	烟尘中 Fe_2O_3 含量/-	$w_{sk\_Fe_2O_3}$

续表 7-40

参数名称	符号表示	参数名称	符号表示
生铁加入量/kg	W_{pi}	侵蚀炉衬占铁水量比/-	p_{lc}
生铁 i 元素含量/-	W_{pi_i}	炉衬中碳含量/-	w_{lc_C}
碳不完全氧化比例/-	p_{CO}	纯度/-	$O_{纯}$
气化脱硫比例/-	p_S	利用率/-	U_O
渣铁比/-	p_{slg}		

首先需计算钢铁料中元素被氧化而消耗的氧。钢铁料中主要发生氧化的元素为碳、硅、锰、磷、硫，以及部分铁，所有元素的氧化反应耗氧量计算公式罗列于表 7-41 中。

表 7-41 钢铁原料中元素氧化耗氧量计算

元素	氧化反应方程式	耗氧量/kg
C	$[C]+\frac{1}{2}O_2 = CO$	$W_{C1}=W_{in}\times(C_{in}-C_{out})\times p_{CO}\times\frac{16}{12}$
C	$[C]+O_2 = CO_2$	$W_{C2}=W_{in}\times(C_{in}-C_{out})\times(1-p_{CO})\times\frac{32}{12}$
Si	$[Si]+O_2 = SiO_2$	$W_{Si}=W_{in}\times(Si_{in}-Si_{out})\times\frac{32}{28}$
Mn	$[Mn]+\frac{1}{2}O_2 = MnO$	$W_{Mn}=W_{in}\times(Mn_{in}-Mn_{out})\times\frac{16}{55}$
P	$2[P]+\frac{5}{2}O_2 = (P_2O_5)$	$W_P=W_{in}\times(P_{in}-P_{out})\times\frac{80}{62}$
S	$[S]+O_2 = SO_2$	$W_{S1}=W_{in}\times(S_{in}-S_{out})\times p_S\times\frac{32}{32}$
S	$[S]+(CaO) = CaS+[O]$	$W_{S2}=W_{in}\times(S_{in}-S_{out})\times(1-p_S)\times\left(-\frac{16}{32}\right)$
Fe	$[Fe]+\frac{1}{2}O_2 = (FeO)$	$W_{Fe1}=W_{in}\times p_{sig}\times w_{sig\_FeO}\times\frac{16}{72}$
Fe	$2[Fe]+\frac{3}{2}O_2 = (Fe_2O_3)$	$W_{Fe2}=W_{in}\times p_{sig}\times w_{sig\_Fe_2O_3}\times\frac{48}{160}$

在元素氧化反应中，由于碳氧化反应限制性环节和冶炼条件限制，将有部分碳反应不完全，因此需要假设碳未完全反应比例参数 p_{CO}，常取经验值 0.9。硫则由于主要由造渣制度脱去，仅部分被氧化，因而需要假设气化脱硫的比例参数 p_S，一般取经验值 0.33。铁氧化消耗氧需根据终渣中 FeO 和 Fe_2O_3 含量进行计算，渣量可以通过统计实际冶炼数据的渣比后取值，渣中 FeO、Fe_2O_3 占比则可通过整理统计的终渣成分数据而取值，这些参数均能自实际生产数据或生产数据再处理过程中获取，较经验参数 p_{CO} 和 p_S 有更高的可信度。

综上，钢铁料（包括废钢与生铁）中元素氧化所用氧量如式（7-58）所示：

$$W_{go} = \sum_{j \in \{C,\ Si,\ \cdots,\ Fe\}} W_j \tag{7-58}$$

式中，j 为各种元素。

第二步需对烟尘中铁氧化物耗氧量进行计算，如式（7-59）所示：

$$W_{yo} = W_{in} \times p_{smoke} \times \left(w_{sk\_FeO} \times \frac{16}{72} + w_{sk\_Fe_2O_3} \times \frac{48}{160} \right) \tag{7-59}$$

式中，p_{smoke} 为烟尘量与铁水量比值，常取经验值 0.016；烟尘中 FeO 含量 w_{sk_FeO} 与 $w_{sk\_Fe_2O_3}$ 均需假设，常取经验值 0.77 与 0.2。

最后需对因炉衬侵蚀进入铁水的碳被氧化导致的氧气消耗进行计算，如式（7-60）所示：

$$W_{lo} = W_{in} \times p_{lc} \times w_{lc\_C} \times \left[p_{CO_2} \times \frac{16}{12} + (1 - p_{CO_2}) \times \frac{32}{12} \right] \tag{7-60}$$

式中，p_{lc} 为炉衬侵蚀量与铁水量的比值，常取经验值 0.005。炉衬中碳含量可通过炉衬砖材料成分获得。炉衬侵蚀所得碳在氧化过程中也会遇到不完全反应的现象，本案例认为这部分碳氧化与铁水中碳完全反应比例相同。

可得到氧气的总消耗量式（7-61）所示：

$$W_{zo} = W_{go} + W_{yo} + W_{lo} \tag{7-61}$$

由于现场冶炼习惯与数据管理需求，需将氧气单位由质量转换为标准体积。在考虑氧气纯度与冶炼现场氧气利用率后，最终求得供氧总量计算式（7-62）：

$$V_{zo} = \frac{W_{zo}}{32} \times 22.4/(O_{纯} U_{O'}) \tag{7-62}$$

针对供氧总量计算公式（7-62）中的所需参数进行分析。铁水质量、铁水元素含量、钢中元素目标含量、炉衬碳含量与氧气纯度 $O_{纯}$ 均可获取实际数据，数据可信度高；w_{slg_FeO}、$w_{slg\_Fe_2O_3}$ 可在统计渣成分数据后得到，在供氧总量计算中有一定的适用性。此时模型中未确定的参数包括碳完全氧化比例 p_{CO_2}、气化脱硫比例 p_S、渣量占铁水量比 p_{slg}、烟尘量占铁水量比 p_{smoke}、炉衬侵蚀量占铁水量比 p_{lc}、氧气利用率 U_O。它们从现场获取难度大，过往机理模型只能在计算过程中取经验值，无法确保其适用于实际冶炼情况。进一步分析时发现，由于研究钢厂铁水在进入转炉冶炼前常经过预处理工序，铁水硫含量处在较低水准，气化脱硫比例 p_S 对计算影响不大，取经验值 0.33 即可。同样，由于烟尘耗氧量占总耗氧量比重很小，炉衬侵蚀更是主要影响转炉造渣制度，对供氧总量的影响很小，因此两者占铁水量比的未确定参数均取经验值即可，p_{smoke} 取 0.016，p_{lc} 取 0.005；另外由于现场条件限制，废钢成分很难实现随批次检测，因此对其中影响最大的废钢碳含量 W_{crap_C} 也进行寻优，废钢其余元素含量则按钢水成分统计值作为设定值。

将可从现场直接获取或间接设定的参数列于表 7-42 中，需要进行寻优的关键参数则列于表 7-43 中。

表 7-42 供氧总量计算模型可确定的模型参数

参数符号	取值	参数符号	取值
W_{in}	—①	w_{slg_FeO}	—
-in	—	$w_{slg\_Fe_2O_3}$	—
-out	—	w_{sk_FeO}	—
W_{crap}	—	$w_{sk\_Fe_2O_3}$	—
W_{crap_i}②	—	$O_{纯}$	0.995
W_{pi}	—	p_S	1/3
W_{pi_i}	—	p_{smoke}	0.016
$w_{dm\_SiO_2}$	—	p_{lc}	0.005

①表示使用从现场获取的实际数据。

②废钢成分中，废钢碳含量需另行设定。

表 7-43 供氧总量计算模型关键参数

参数名称	参数符号	参数名称	参数符号
碳不完全氧化比例/-	p_{CO}	氧气利用率/-	U_O
渣铁比/-	p_{slg}	废钢碳元素含量	W_{crap_C}

综上，为提高模型命中率，降低模型预测误差，我们需要根据现场冶炼情况，针对未确定的 4 个关键参数进行寻优。这实质上是一个带约束的多元函数求解最优化问题。将问题整理后，问题表达式如下：

$$\min f(x_1,\ x_2,\ x_3,\ \cdots,\ x_i,\ \cdots),\ 1 \leqslant i \leqslant 4$$
$$\text{s.t.}\ \min_i \leqslant x_i \leqslant \max_i \tag{7-63}$$

式中，$f(x_1,\ x_2,\ \cdots,\ x_i,\ \cdots)$ 为机理模型计算得出的供氧总量与实际值之间的绝对误差；x_i 为机理模型计算过程中第 i 个无法直接确定的参数。将绝对误差作为问题优化目标，各项参数取值范围作为约束条件，对这个最优化问题进行求解。本案例选用的方法是差分进化法，之后将对差分进化算法原理进行介绍。

B 基于差分进化的氧气总量推荐模型

差分进化（differential evolution，DE）算法是解决全局优化问题的一种简单有效的启发式算法，具有自适应性好、鲁棒性强、搜索效率高的特点。差分进化算法的迭代包括个体初始化、差分变异、交叉、选择四个步骤，并在满足终止准则后停止迭代。以目标问题为例，算法具体进行过程如下：

a 种群初始化

随机生成一个规模（N，M）的数据种群，其中 N 为种群大小，M 为决策变量数，即模型中需要确定的模型参数个数。种群中第 i 个体 x_i 如式（7-64）所示：

$$x_i = \{x_{i,1},\ x_{i,2},\ \cdots,\ x_{i,j},\ \cdots,\ x_{i,M}\} \qquad i = 1,\ 2,\ \cdots,\ N;\ j = 1,\ 2,\ \cdots,\ M \tag{7-64}$$

式中，$x_{i,j}$ 为第 i 个体的第 j 个决策变量的取值。初始化时应保证 $x_{i,j} \in [\min_j,\ \max_j]$，即保证每个个体的所有决策变量都在该决策变量的取值范围内随机均匀初始化，如式（7-64）所示：

$$x_{i,j} = \mathrm{rand}(0,\ 1) \times (\max_j - \min_j) + \min_j \qquad i = 1,\ 2,\ \cdots,\ N;\ j = 1,\ 2,\ \cdots,\ M \tag{7-65}$$

式中，rand(0，1) 为区间 [0，1] 内的一个随机数。

b 差分变异

将挑选的种群内部分个体整体经过缩放后，再与其余相异个体相加，得到变异后新个体的过程。DE 算法的变异过程通常用“DE/a/b”表示，其中“DE”代表差分进化算法；“a”表示选择参与变异的个体的方式，主要包括 rand（随机选择个体）和 best（选择当前适应度值最优的个体）两种方式；“b”表示进行变异操作的个体数。将部分常用的变异策略罗列如下：

“DE/rand/1”：

$$v_i(g) = x_{r_1}(g) + F \times (x_{r_2}(g) - x_{r_3}(g)) \tag{7-66}$$

“DE/best/2”：

$$v_i(g) = x_{\mathrm{best}}(g) + F \times (x_{r_1}(g) - x_{r_2}(g)) + F \times (x_{r_3}(g) - x_{r_4}(g)) \tag{7-67}$$

“DE/current-to-best/1”：

$$v_i(g) = x_i(g) + F \times (x_{\mathrm{best}}(g) - x_i(g)) + F \times (x_{r_1}(g) - x_{r_2}(g)) \tag{7-68}$$

式中，g 代表迭代的代数；$x_{r_1}(g)$，$x_{r_2}(g)$ 等表示在种群中随机选择的个体；$x_{\mathrm{best}}(g)$ 则代表第 g 次迭代中适应度最高的个体；F 为缩放因子，是值域 [0，1] 的随机数。

变异操作过程中，算法需判断新个体的各维数据是否仍在设置的值域范围内。若已超出值域范围，则需进行边界条件处理，处理方式如下：

$$v_i(g) = \begin{cases} \max_j & v_i(g) > \max_j \\ \min_j & v_i(g) < \min_j \end{cases} \tag{7-69}$$

c 交叉

个体间将部分维数据交换，从而产生新实验个体的过程。DE 算法常使用二项式交叉与指数交叉两种方法，二项式交叉公式如下所示：

$$u_i^j(g) = \begin{cases} v_i^j(g) & \mathrm{rand}(0,\ 1) \leq CR \quad 或 \quad j = j_{\mathrm{rand}} \\ x_i^j(g) & 否则 \end{cases} \tag{7-70}$$

式中，$u_i^j(g)$ 为第 g 代第 i 个体第 j 维的值；j_{rand} 为 $\{1,\ 2,\ \cdots,\ M\}$ 中的一个随机数；CR 为交叉概率。

指数交叉时，首先在 $\{1, 2, \cdots, M\}$ 中任选一整数 l 作为交叉的起始位置，再另取一整数 L，作为变异个体中参与变异的维度个数，最终进行指数交叉产生新个体 $u_i^j(g)$。公式如下所示：

$$u_i^j(g)=\begin{cases} v_i^j(g) & j=<l>_M,\ <l+1>_M,\ \cdots,\ <l+L-1>_M \\ x_i^j(g) & \text{否则} \end{cases} \tag{7-71}$$

式中，$<\ >_M$ 为对 M 取模函数。

d 选择

将新个体 $u_i(g)$ 与选择的目标个体 $x_i(g)$ 带回目标函数 $f(x^*)$，进行适应度比较，若实验个体适应度小于等于目标个体，则以实验个体取代目标个体。选择操作如下所示：

$$x_i(g+1)=\begin{cases} u_i(g) & f(u_i(g))\leqslant f(x_i(g)) \\ x_i(g) & \text{否则} \end{cases} \tag{7-72}$$

经过多次迭代与选择后，当算法迭代次数达到预定值或最优解达到精度要求时，即可结束循环，此时得到的最佳个体即是最优化问题所求的解。差分进化算法运算过程整理如图 7-29 所示。对于表 7-43 中无法直接获取的关键参数，以上述介绍的差分进化算法进行最优化求解。

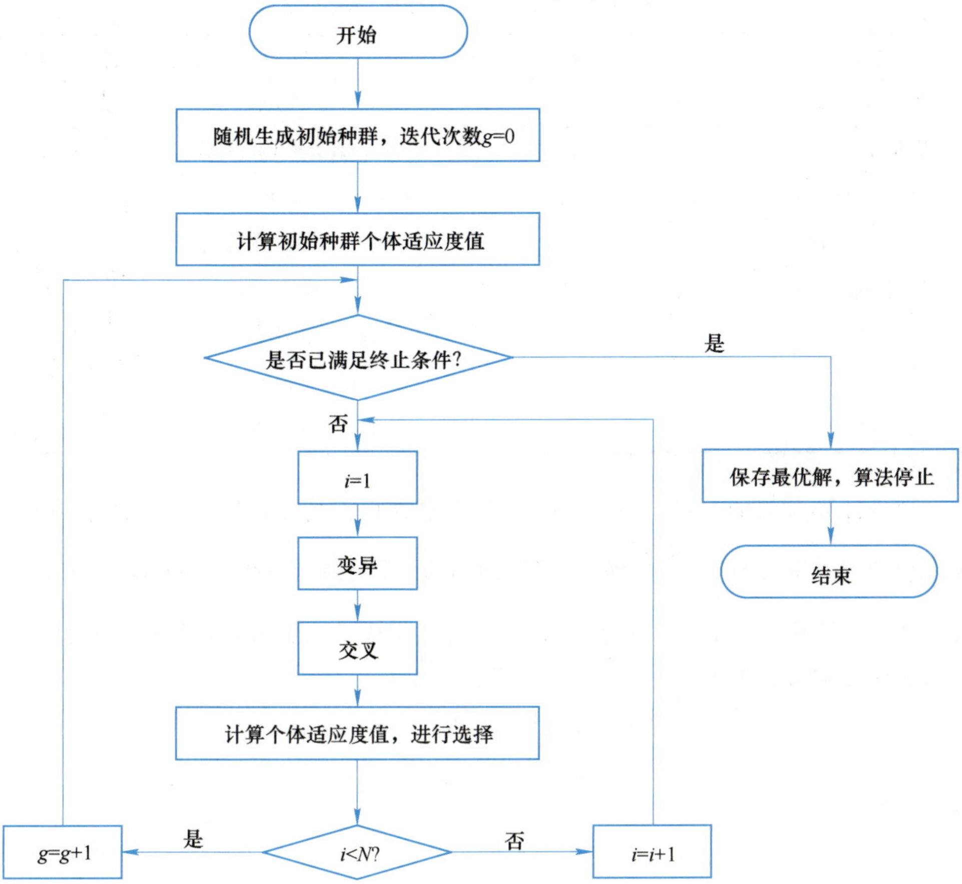

图 7-29 差分优化算法运行过程

7.7.3.3 转炉造渣制度优化控制模型

转炉造渣制度一般包括物料的选择、物料加入总量、物料加入方式等。在对目标钢种的实际生产数据进行研究时发现，冶炼现场所用造渣料的种类较为固定，以自产生石灰、轻烧白云石为主，辅以少量助熔剂、冷却剂和少渣冶炼材料，一般不需要在相同用途的不同物料间进行选择；在物料加入方式方面，由于现场造渣采用单渣法冶炼，约 80%的造渣料都在吹炼刚刚开始的冶炼初期加入，并在冶炼过程中根据化渣情况灵活加入少量造渣料、助熔剂和冷却剂，辅助造渣。另外，少渣冶炼材料加入也有较为固定的加入制度。这些方面均已有较为成熟的控制。但针对生石灰和轻烧白云石两类主要造渣料，存在加入量随意的问题，导致冶炼终渣成分与终渣量有较大的波动。本案例针对现场造渣料种类确定，物料加入方式相对成熟、但造渣料加入量缺乏控制的现状，建立造渣料加入量模型。

A 造渣料加入量理论计算模型

造渣模型需要在转炉吹炼开始前，依据入炉钢铁料成分、温度、质量以及出钢目标成分（训练模型时以实际出钢成分代替）、温度计算生石灰和轻烧白云石的使用量。在开始计算前将模型所需参数含义列于表 7-44 中。有部分参数曾在表 7-40 中出现，为保证数据完整性，将其再次列于表中。

表 7-44 造渣料加入量计算模型涉及的参数

参数名称	符号表示	参数名称	符号表示
铁水质量/kg	W_{in}	渣目标 MgO/-	w_{slg_MgO}
铁水 Si 含量/-	Si_{in}	轻烧白云石中 CaO 含量	w_{dm_CaO}
石灰中 CaO 含量	w_{lime_CaO}	轻烧白云石中 SiO_2 含量	$w_{dm\_SiO_2}$
石灰中 SiO_2 含量	$w_{lime\_SiO_2}$	轻烧白云石中 MgO 含量	w_{dm_MgO}
石灰中 MgO 含量	w_{lime_MgO}	轻烧白云石利用率	U_{dm}
石灰利用率	U_{lime}	侵蚀炉衬占铁水量比	p_{lc}
渣铁比	p_{slg}	炉衬中 CaO 含量	w_{lc_CaO}
渣目标碱度/-	R	炉衬中 SiO_2 含量	$w_{lc\_SiO_2}$

首先初步计算石灰加入量。石灰是造渣的主要物料，其加入量主要由铁水硅含量、铁水磷含量和炉渣碱度 $R = \dfrac{(CaO)}{(SiO_2)}$ 确定，另外炉衬侵蚀与白云石带入的 SiO_2 与 CaO 含量也会对石灰加入量造成影响。白云石造成的影响将在完成白云石板块计算后进行修正，此处暂只考虑炉衬侵蚀带入的 CaO 与 SiO_2，计算公式如下：

$$W_{lc\_CaO} = W_{in} \times p_{lc} \times w_{lc\_CaO} \tag{7-73}$$

$$W_{lc\_SiO_2} = W_{in} \times p_{lc} \times w_{lc\_SiO_2} \tag{7-74}$$

石灰初算结果如下所示：

$$W_{lime初算} = \frac{2.14 \times Si_{in} \times R \times W_{in} + W_{lc\_SiO_2} - W_{lc\_CaO}}{w_{lime\_CaO} - w_{lime\_SiO_2} \times R} \tag{7-75}$$

式中，分母部分为造渣剂石灰的有效 CaO 含量。

接下来确定轻烧白云石加入量，此项需根据渣目标 MgO 含量 w_{slg_MgO} 计算。同时计算时需考虑石灰与炉衬侵蚀中 MgO 对白云石用量的影响，公式如下：

$$W_{lime\_MgO} = W_{lime初算} \times w_{lime\_MgO} \tag{7-76}$$

$$W_{lc\_MgO} = W_{in} \times p_{lc} \times w_{lc\_MgO} \tag{7-77}$$

在考虑实际白云石利用率的情况下，白云石用量计算公式如下：

$$W_{dm} = \frac{\dfrac{W_{in} \times p_{slg}}{w_{lime\_MgO}} - W_{lime\_MgO} - W_{lc\_MgO}}{U_{dm}} \tag{7-78}$$

在得到白云石用量情况下，依据白云石与石灰中 CaO 的含量，同时考虑石灰利用率，对石灰用量进行修正：

$$W_{lime} = \frac{W_{lime初算} - \dfrac{w_{dm\_CaO}}{w_{lime\_CaO} - w_{lime\_SiO_2} \times R} \times W_{dm}}{U_{lime}} \tag{7-79}$$

B　基于差分进化的造渣料加入量推荐模型

针对白云石用量计算公式（7-78）与石灰用量计算公式（7-79）中的所需参数进行分析。铁水质量、铁水成分将在每炉冶炼时获得，可直接使用。石灰、白云石以及炉衬的各项成分需要依据采购信息或处理后信息定期按批次进行更新，也可直接获取，可信度较高；目标成分与目标碱度则需要人为进行确定。常用的终渣碱度 R 确定方法以两种为主：第一种是根据成分要求，设计终渣中的硅酸二钙 C_2S（$2CaO \cdot SiO_2$）、铁酸二钙 C_2F（$2CaO \cdot Fe_2O_3$）、铁铝酸四钙 C_3AF（$4CaO \cdot Al_2O_3 \cdot Fe_2O_3$）等复合化学物质，再据此设定渣中 CaO、$SiO_2$ 等各化合物的比例；第二种是依据采集到的历史炉次的终渣成分数据，结合这些炉次的终点命中情况，选择出较优的终渣碱度。

本案例采用第二种方案。在对终渣成分数据进行分析后，发现渣样中 CaO、SiO_2、MgO 成分数据分布均呈正态分布集中，渣碱度 R 数据集中在 3.5 左右，且随铁水磷含量变化而波动。这是由于冶炼中的不确定性过多，各冶炼班组采用策略不同导致的结果。为稳定终渣成分，将终渣目标碱度 R 定为 3.5。以相同的方法，得到终渣目标 MgO 含量为 0.07。可确定的参数情况列于表 7-45。

表 7-45　造渣料加入量优化模型可确定的模型参数

符号	取值	符号	取值
W_{in}	—①	w_{dm_MgO}	—
Si_{in}	—	w_{lc_CaO}	—
w_{lime_CaO}	—	$w_{lc\_SiO_2}$	—
$w_{lime\_SiO_2}$	—	R	3.5
w_{lime_MgO}	—	w_{slg_MgO}	0.07
w_{dm_CaO}	—	p_{slg}②	—
$w_{dm\_SiO_2}$	—		

①表示使用从现场获取的实际数据；

②p_{slg}的情况将在下文中说明。

表 7-45 中未提及的石灰利用率 U_{lime}、轻烧白云石利用率 U_{dm}、侵蚀炉衬占铁水量比 p_{lc}、渣铁比 p_{slg}，共计 4 个参数无法从历史数据中直接获取。整理问题后发现，这仍是一个多元函数求解最优化问题：

$$\min f(x_1, x_2, x_3, \cdots, x_i, \cdots), \ 0 \leqslant i \leqslant 4$$
$$\text{s. t. } \min_i \leqslant x_i \leqslant \max_i \tag{7-80}$$

同样运用差分进化算法进行参数寻优。由于渣铁比 p_{slg} 在供氧总量推荐模型建模过程中已进行过寻优，为保证前后建模一致性，此处不再进行寻优，仅对侵蚀炉衬占铁水量比 p_{lc}、石灰利用率 U_{lime} 和轻烧白云石利用率 U_{dm} 进行寻优。以石灰与白云石误差绝对值之和最小为目标函数，最终各类别模型的寻优参数的最优取值结果展示于表 7-46 中。

表 7-46 造渣料加入量优化模型寻优参数最优取值

类 别	p_{slg}/−	p_{lc}/−	U_{lime}/−	U_{dm}/−
1	0.07487	0.00549	0.31074	0.34667
2	0.07531	0.00568	0.30420	0.30793
3	0.07519	0.00557	0.30571	0.32298
4	0.07485	0.00559	0.30325	0.31665
5	0.07452	0.00561	0.28331	0.30701
6	0.07463	0.00557	0.31536	0.32807
7	0.07468	0.00555	0.31142	0.33364
8	0.07444	0.00556	0.29119	0.31059
9	0.07376	0.00552	0.30696	0.32435
原数据	0.07469	0.00557	0.30357	0.32199

观察各类别模型寻优参数的最优取值后发现，p_{lc} 取值合理较为稳定，在 0.55%上下浮动，但生石灰利用率 U_{lime} 与白云石利用率 U_{dm} 的取值明显偏低，仅在 30%左右。通过观察数据与现场调研，发现利用率偏低这种情况的发生的原因可能包括有以下几点：

(1) 生石灰、白云石数据记录错误。由于现场数据管理制度条件限制，现如今生石灰、白云石成分未能每批次都进行成分检测，往往多日进行一次成分检测，这导致模型使用生石灰、白云石的成分未必正确，若前后批次间发生成分波动，将对造渣料加入量计算模型造成影响。另外，由于数据存储设备的限制，现场取得的生石灰、白云石使用量数据包括了吹炼结束后溅渣补炉时的加入量，这部分额外的用量数值无法通过数据处理手段进行修正，因此对模型计算和参数寻优的影响巨大。

(2) 人为因素影响。由于缺少成熟的终点控制模型指导，现场冶炼的造渣制度并不完善，且造渣物料成本较低，很多工人进行冶炼操作时在根据经验的基础上，会本着“宁多勿缺”的原则额外加入一些造渣料，导致原本足够的用料变得过剩，造成了资源浪费。若能有成熟的造渣控制模型为造渣进行指导，这方面的影响将会逐渐减弱。

7.7.3.4 基于GBDT的转炉冶炼终点碳含量与温度预测模型

随着机器学习各种算法的发展与其在诸多领域应用，单一机器学习模型的性能已渐渐无法满足要求。在这种情况下，除不断优化单一算法性能的思路外，集成学习算法应运而生。集成学习的代表算法策略有 Boosting、Bagging、Stacking 等，本案例所用梯度提升树算法是基于 Boosting 策略（提升策略）中的提升树算法（boosting tree）的改进算法。Boosting 策略在第5章已有介绍，但在实际运用 Boosting 策略时，有如下一些问题仍需要给出详细的解答，例如如何为样本设置权重，模型学习误差率 e 如何计算，如何获取弱学习器权重系数 α，如何将弱学习器进行结合，凡是运用 Boosting 策略的算法，均需解答这些问题。

在针对回归问题的提升树模型中，损失函数被固定为均方误差函数，而在实际应用过程中，常需根据应用场景的不同条件使用不同的损失函数。面对这个问题，梯度提升树（gradient boosting decision tree，GBDT）算法应运而生。梯度提升树算法能根据使用场景灵活选择合适的损失函数，其灵活性与卓越性能使得它在回归问题领域有优秀的表现，是机器学习算法中最为重要的算法之一。

提升树算法以回归树作为唯一可用的弱学习器种类，其重点在于根据上一棵所得的回归树，通过极小化选择的损失函数，确定下一棵回归树的参数 Θ_m。公式如下：

$$\hat{\theta}_m = \arg\min_{\Theta_m} \sum_{i=1}^{N} L(y_i, f_{m-1}(x_i) + T(x_i; \theta_m)) \tag{7-81}$$

由于提升树算法使用均方误差作为损失函数，可以轻易推导得到用回归树拟合残差的模型训练方式。但当需要根据情况自由选择不同的损失函数时，人们希望能找到一个通用的方式用以求解这个优化问题。

在加法模型中，随着迭代优化的不断进行，模型需确保每增加一个基学习器，都能使所有样本的总损失越来越小，即：

$$L(y, f_{m-1}(x)) - L(y, f_m(x)) > 0 \tag{7-82}$$

由于式中：$f_m(x)$ 为目标模型，为未知量，而 $f_{m-1}(x)$ 为前一步所得模型，是已知量，因此将 $L(y, f_m(x))$ 进行一阶泰勒展开，可得：

$$\begin{aligned} L(y, f_m(x)) &\approx L(y, f_{m-1}(x)) + \left.\frac{\partial L(y, f_m(x))}{\partial f_m(x)}\right|_{f_m(x)=f_{m-1}(x)} \times (f_m(x) - f_{m-1}(x)) \\ &\approx L(y, f_{m-1}(x)) + \left.\frac{\partial L(y, f_m(x))}{\partial f_m(x)}\right|_{f_m(x)=f_{m-1}(x)} \times T(x, \theta_m) \end{aligned} \tag{7-83}$$

通过上述的转换后，模型目标转换为：

$$-\left.\frac{\partial L(y, f_m(x))}{\partial f_m(x)}\right|_{f_m(x)=f_{m-1}(x)} \times T(x, \theta_m) > 0 \tag{7-84}$$

当 $T(x, \theta_m) \approx -\left.\frac{\partial L(y, f_m(x))}{\partial f_m(x)}\right|_{f_m(x)=f_{m-1}(x)}$ 时，即可满足式（7-84）的要求。因此设置弱学习器训练的目标 r_m 如下：

$$r_m(x, y) = -\left[\frac{\partial L(y, f_m(x))}{\partial f_m(x)}\right]_{f_m(x)=f_{m-1}(x)} \tag{7-85}$$

式（7-85）为损失函数对 $f_m(x)$ 的梯度取负值，即负梯度。梯度提升树模型的实质是在提升树的思想下，用回归树对此负梯度进行拟合，这也是梯度提升树模型名称的由来。

将具体的损失函数 $L(y, f(x))$ 每个样本点 (x_i, y_i) 代入式（7-85）中，即可得到 r_{mi}，从而第 m 轮的训练数据集为：

$$T_{mi} = \{(x_1, r_{m1}), (x_2, r_{m2}), \cdots, (x_N, r_{mN})\} \tag{7-86}$$

用回归树拟合上述训练样本，即可得到本轮的模型 $T(x, \theta_m)$。

将梯度提升算法的算法流程整理如下：

算法：梯度提升树算法

输入：训练数据集

$T=\{(x_1, y_1), (x_2, y_2), \cdots, (x_N, y_N)\}$，$x_i \in X \subseteq R^n$，$y_i \in Y \subseteq R$；

输出：梯度提升树模型 $\hat{f}(x)$

步骤 1：初始化

$$f_0(x) = \arg\min_c \sum_{i=1}^{N} L(y_i, c)$$

步骤 2：对 $m=1, 2, \cdots, M$：

a. 对 $i=1, 2, \cdots, N$，计算

$$r_{mi} = -\left[\frac{\partial L(y_i, f_m(x_i))}{\partial f_m(x_i)}\right]_{f_m(x)=f_{m-1}(x)}$$

b. 整理得到新的数据集 $T_{mi}=\{(x_1, r_{m1}), (x_2, r_{m2}), \cdots, (x_N, r_{mN})\}$，并用回归树对其进行拟合，得到第 m 棵树模型 $T(x; \theta_m)$，其包括 J 个叶结点区域 R_{mj}，各节点代表值 c_{mj} 表达式如下：

$$c_{mj} = \arg\min_c \sum_{x_i \in R_{mj}} L(y_i, f_{m-1}(x_i) + c)$$

因此：

$$T(x; \theta_m) = \sum_{j=1}^{J} c_{mj} I(x \in R_{mj})$$

c. 更新 $f_m(x) = f_{m-1}(x) + \sum_{j=1}^{J} c_{mj} I(x \in R_{mj})$

步骤 3：得到梯度提升树模型

$$\hat{f}(x) = f_M(x) = \sum_{m=1}^{M} \sum_{j=1}^{J} c_{mj} I(x \in R_{mj})$$

（1）转炉终点碳含量预测模型。运用 Python 语言，按上述描述建立基于 GBDT 算法的转炉终点碳含量预测模型，所用数据项情况如表 7-47 所示。分别针对上述研究得到的 9 类数据进行训练，并分别进行超参数寻优。

表 7-47　转炉终点碳含量预测模型选用数据项

数据类型	数据项名
模型输入	铁水碳、硅、锰、磷成分含量、铁水质量、铁水温度、废钢用量、供氧总量、生石灰、轻烧白云石、炼铁废块
模型输出	终点碳成分含量

在梯度提升树的建模过程中，有三个超参数需要调整，分别是最大回归树数量 n_{es}，回归树学习步长 l_r 以及损失函数 loss。n_{es} 影响模型拟合效果，过大则模型易过拟合，过小则易欠拟合，因此需在一定范围内选择适中数值，默认 100；l_r 与 n_{es} 共同影响模型拟合效果，取值范围为［0，1］。损失函数 loss 方面，对于回归模型而言，有四种损失函数可供选择，其名称与公式列于表 7-48 中。

表 7-48　损失函数 loss 可选项公式

字段名	损失函数名	公　式
ls	均方误差	$L(y, f(x)) = (y - f(x))^2$
lad	绝对损失	$L(y, f(x)) = \mid y - f(x) \mid$
huber	Huber 损失	$L(y, f(x)) = \begin{cases} \frac{1}{2}(y - f(x))^2 & \mid y - f(x) \leqslant \delta \mid \\ \delta\left(\mid y - f(x) \mid - \frac{\delta}{2} \right) & \mid y - f(x) > \delta \mid \end{cases}$
quantile	分位数损失	$L(y, f(x)) = \sum_{y \geqslant f(x)} \theta \mid y - f(x) \mid + \sum_{y < f(x)} (1 - \theta) \mid y - f(x) \mid$

（2）转炉终点温度预测模型。根据上述相同的方式建立转炉终点温度预测模型。

7.7.4 案例分析

7.7.4.1 氧枪操作优化分析

以某钢铁企业为例进行研究，针对目标钢种实际冶炼过程中的氧枪操作数据进行分析后发现，该钢厂的氧枪操作模式以调整氧枪枪位与氧枪流量为主，且除去部分特殊情况炉次外，氧枪操作规则较为固定，氧枪流量调整次数少，氧枪枪位则基本符合高—低—高—低操作方式。将部分典型炉次冶炼过程的氧枪操作图展示于图 7-30 中，将部分氧枪操作不具代表性炉次的枪位、流量图展示于图 7-31 中。

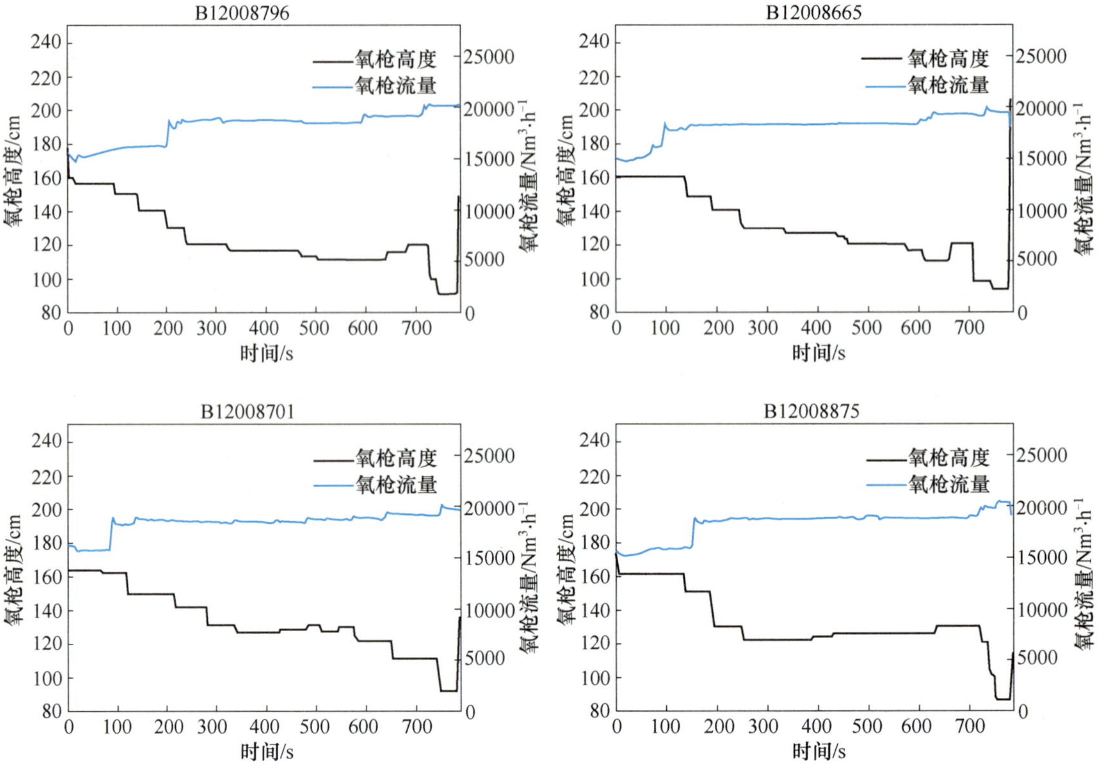

图 7-30 典型炉次氧枪操作图

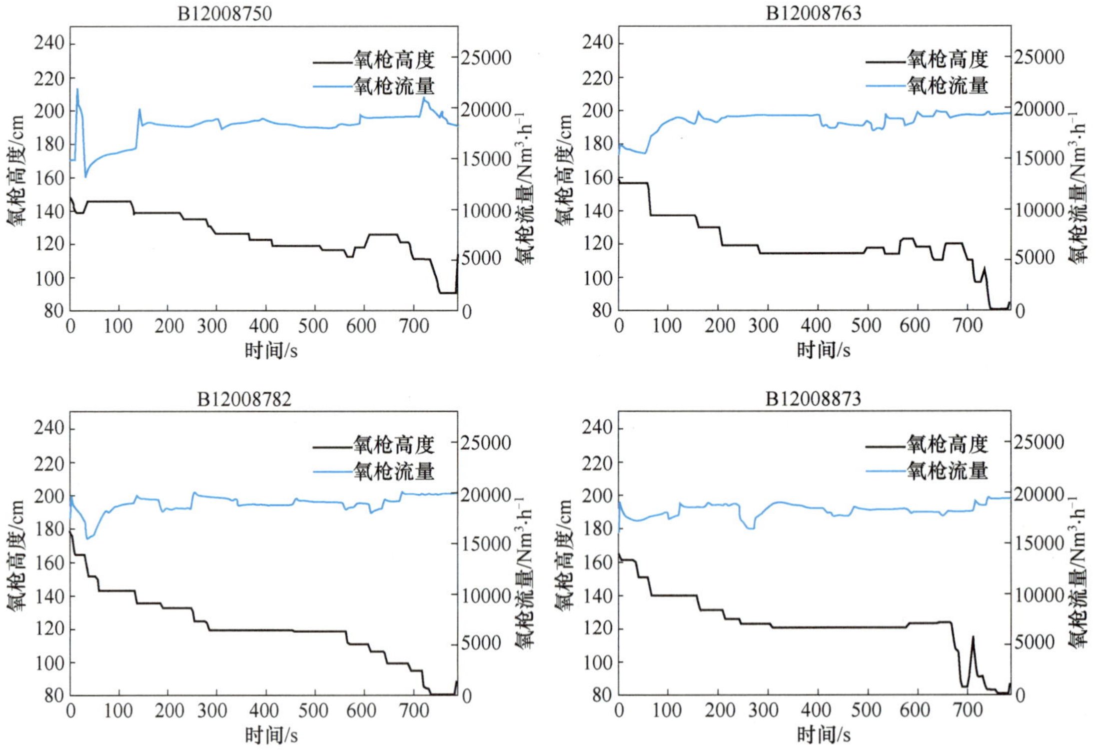

图 7-31 异常炉次氧枪操作图

本案例的目标钢种在冶炼流程中采用低拉增碳式冶炼方法，并且造渣料主要集中在吹炼前期加入，这种情况符合高—低—高—低氧枪操作的适用条件，具体可分为四个阶段：

在吹炼初期，由于石灰等造渣料的大量加入，在将其迅速熔化的过程中，铁水内硅、锰等元素剧烈反应，因此往往将枪位放高，并使流量处于较低水平，以在促进化渣的同时防止喷溅情况发生，并保证吹炼前期脱硫脱磷的效率；在化渣完成后的吹炼中期，为保证熔池中的碳氧反应充分进行，选择降低枪位，增大流量，以增加氧气射流对熔池的冲击、搅拌作用，增大反应面积和反应速度，提高吹炼效率；在吹炼后期，在碳氧反应进入脱碳后期后，为避免炉渣出现返干现象，需将氧枪高度略微提升；在接近吹炼终点时，将氧气流量略微提升，并将枪位下压，以对熔池进行充分的搅拌，一段时间后提枪，结束吹炼过程。

可以发现，正常冶炼的典型炉次，其氧枪操作一般都与上述规则相吻合，偶尔出现枪位提升或流量降低的情况，认为是冶炼过程中发现出现了炉渣返干或喷溅现象而进行的及时调整。在优化生产流程、规范化吹炼造渣制度后，这种现象将会逐渐减少。

在对氧枪操作数据各个阶段的变化情况进行统计后，得到供参考的氧枪操作图如图7-32 所示。

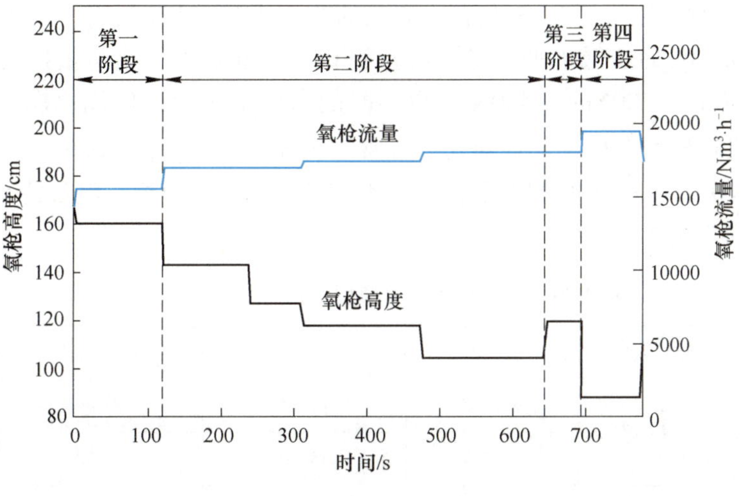

图 7-32 推荐的氧枪操作图

图 7-32 中所给出的枪位与流量分为四个阶段，这符合此前总结的高—低—高—低吹炼规律，其中吹炼时长、氧枪枪位数据及变化、流量值设置均根据对吹炼过程较为稳定、吹炼终点成分温度均命中的优秀炉次枪位和流量数据整理而来。即便如此，所给出的各阶段时长、枪位与流量值仅为推荐的范围值，以供操作工在实际操作中参考，并根据火焰与渣黏度等情况随时进行相应调整。

7.7.4.2 供氧量优化分析

针对前面获得的 9 个类别数据分别进行参数寻优，最终 9 类数据得到的最佳参数列于表 7-49 中。

表 7-49 供氧总量优化模型待寻优参数最优取值

类别	p_{CO}/-	p_{slg}/-	U_O/-	W_{crap_C}/%
1	0.95754	0.07487	0.87342	0.23374
2	0.95007	0.07531	0.89311	0.23429
3	0.95733	0.07519	0.88109	0.23463
4	0.95404	0.07485	0.88593	0.23509
5	0.95851	0.07452	0.86962	0.23240
6	0.95617	0.07463	0.86923	0.23385
7	0.95230	0.07468	0.88513	0.23373
8	0.95674	0.07444	0.87803	0.23340
9	0.94880	0.07376	0.90936	0.23652
原数据	0.95460	0.07469	0.88276	0.23418

观察各类模型寻优参数的最优取值后发现，所有参数选择均处在该参数的合理分布范围内，碳的不完全燃烧率在 0.95 左右，渣比约为 7.4%，氧气利用率约为 88%，废钢碳含量也维持在 0.23%的较低水平，基本与常识相符。分别以供氧总量推荐值与实际值的绝对误差在 150Nm^3、300Nm^3、450Nm^3 以内时的命中率作为评价优化模型的标准。为与未经过优化的机理模型命中率形成对比，以常用的经验参数 $p_{CO}=0.9$、$p_{slg}=0.07$、$U_O=0.88$、$W_{crap\_C}=0.23\%$ 作为模型参数，为各类别的数据进行建模。将最终 9 个供氧总量模型命中率结果列于表 7-50 中。

表 7-50 供氧总量计算模型优化前后命中率对比 (%)

类别	样本数	模型	±150Nm^3	±300Nm^3	±450Nm^3
1	247	未优化	19.84	40.89	66.40
		优化后	33.20	60.32	82.19
2	392	未优化	34.44	60.20	78.06
		优化后	36.48	65.05	83.93
3	294	未优化	32.65	55.44	70.75
		优化后	36.40	67.35	85.71
4	296	未优化	26.35	56.42	75.34
		优化后	35.81	64.53	82.77
5	283	未优化	19.44	39.22	63.61
		优化后	33.22	67.49	82.33

续表 7-50

类别	样本数	模型	±150Nm^3	±300Nm^3	±450Nm^3
6	394	未优化	19.54	42.13	66.24
		优化后	35.79	64.21	83.00
7	263	未优化	28.52	54.37	74.14
		优化后	31.56	65.40	84.79
8	320	未优化	24.69	51.25	70.63
		优化后	35.94	64.38	83.44
9	286	未优化	40.91	64.34	82.17
		优化后	41.26	66.08	82.52
总命中率	2775	未优化	27.42	51.71	72.00
		优化后	35.64	65.01	83.42
原数据	2775	未优化	22.34	43.04	61.38
		优化后	32.31	61.82	80.78

可以看出，机理模型在经过优化后，各类别模型的各维度命中率均有了不同幅度的增长，第 9 类模型增长幅度最小，命中率在±450Nm^3 内仅从 82.17%增长至 82.52%；而第 5 类模型命中率则由 63.61%增长至 82.33%，有很好的改进效果。可见本案例运用差分进化为参数进行寻优的方法对提升机理模型命中率的思路是有效的。图 7-33 以类别 5 为例，展示了各类别模型在优化前后的命中率对比。

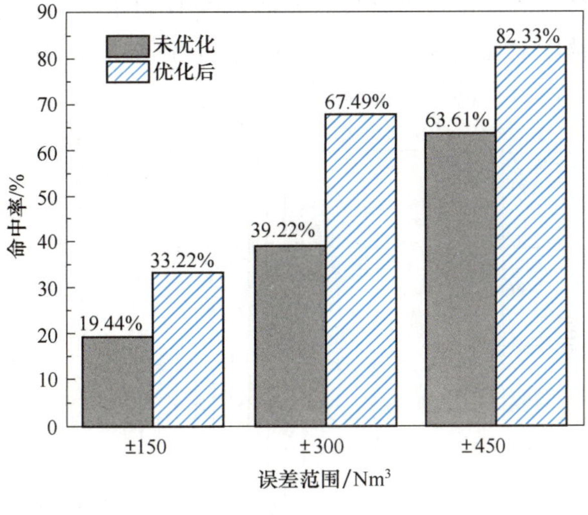

图 7-33 类别 5 机理模型优化前后命中率对比图

另外，通过对聚类所得的 9 类模型命中率进行折算，得到了优化后的各类别机理模型在原数据集的总命中率在±150Nm³ 内为 35.64%，±300Nm³ 内为 65.01%，±450Nm³ 内为 83.42%。而若以差分进化为参数寻优的机理模型建模思路直接对未聚类的原数据集进行建模，所得模型命中率在上述三个维度中分别为 32.31%、61.82%和 80.78%。上述两模型命中率已汇总于表 7-50 中。显然，在经过聚类后，每类数据间的情况更为相似，此时再针对每类数据分别进行参数寻优工作，对提升控制模型精度更加有效。图 7-34 直观地表现了在同样经过参数寻优的前提下，聚类方法对机理模型命中率的影响。

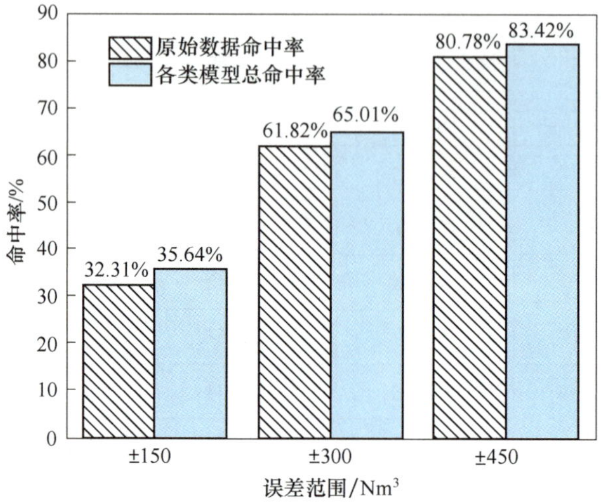

图 7-34 原始数据命中率与聚类模型总命中率对比图

7.7.4.3 造渣量优化分析

分别以生石灰与白云石的推荐值与实际值的绝对误差在 400kg、600kg、800kg 以内时的命中率作为评价优化模型的标准。由于前面所述的两种因素，运用传统经验参数所得的机理模型计算而得的各造渣剂用量大多较真实值偏低 1t 以上，完全没有现场应用的价值，也没有与本模型进行精度对比的必要。图 7-35、图 7-36 展示了用传统机理模型对总数据集计算所得的生石灰、白云石的误差分布图。

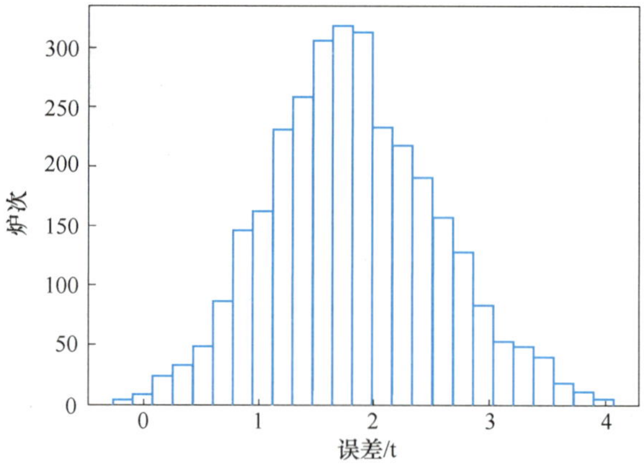

图 7-35 传统机理模型所得生石灰用量误差分布图

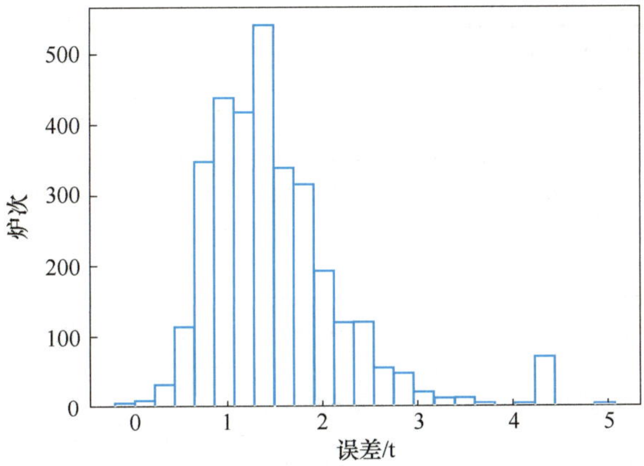

图 7-36 传统机理模型所得白云石用量误差分布图

根据表 7-50 中参数为各类别的数据进行建模，并将优化后模型的命中率展示于表 7-51 和表 7-52 中。

表 7-51 生石灰计算模型优化后命中率 (%)

类别	样本数	±400kg	±600kg	±800kg
1	247	48.58	67.21	78.95
2	392	51.79	68.37	80.61
3	294	48.30	67.35	80.61
4	296	49.66	65.25	83.11
5	283	48.06	69.26	81.98
6	394	47.21	63.45	78.91
7	263	48.29	64.64	80.23
8	320	52.81	69.06	80.94
9	286	47.87	66.43	80.07
总命中率	2775	49.26	66.74	80.57
原数据	2775	46.15	62.84	77.16

表 7-52 白云石计算模型优化后命中率 (%)

类别	样本数	±400kg	±600kg	±800kg
1	247	50.26	73.68	86.64
2	392	53.57	69.39	83.92

续表 7-52

类别	样本数	±400kg	±600kg	±800kg
3	294	54.42	72.45	84.01
4	296	56.08	79.39	90.88
5	283	49.12	69.99	80.92
6	394	48.99	70.31	83.76
7	263	49.81	70.34	86.31
8	320	53.75	70.31	83.75
9	286	52.80	73.78	87.06
总命中率	2775	52.11	72.01	85.12
原数据	2775	45.34	63.96	83.67

以生石灰计算模型为例，通过对聚类所得的 9 类模型命中率进行折算，得到各类别下的优化机理模型在原数据集的总命中率，±400kg 内为 49.26%，±600kg 内为 66.74%，±800kg内为 80.57%，较直接对原数据集进行建模所得的 46.15%、62.84%、77.16%均有一定提升，再次验证了聚类方法对机理模型命中率的有利影响。图 7-37、图 7-38 分别为生石灰计算模型与白云石计算模型的命中率对比图。

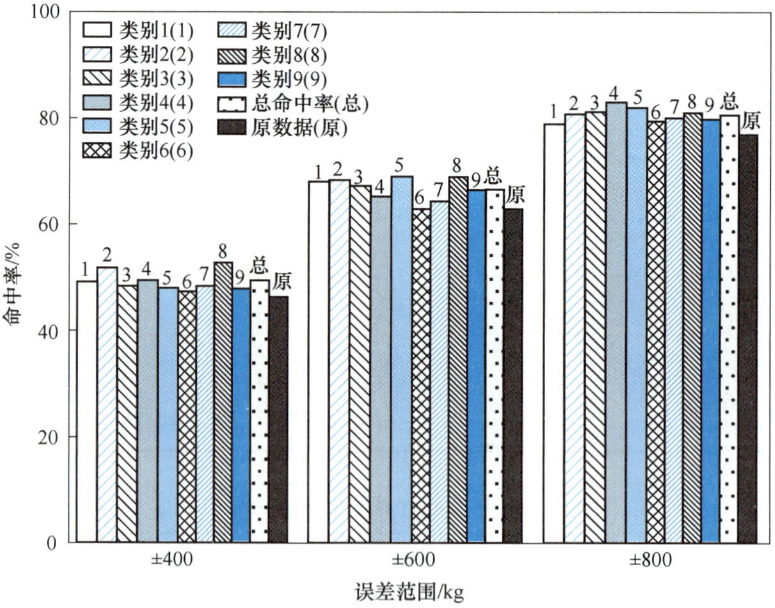

图 7-37　生石灰优化模型命中率对比图

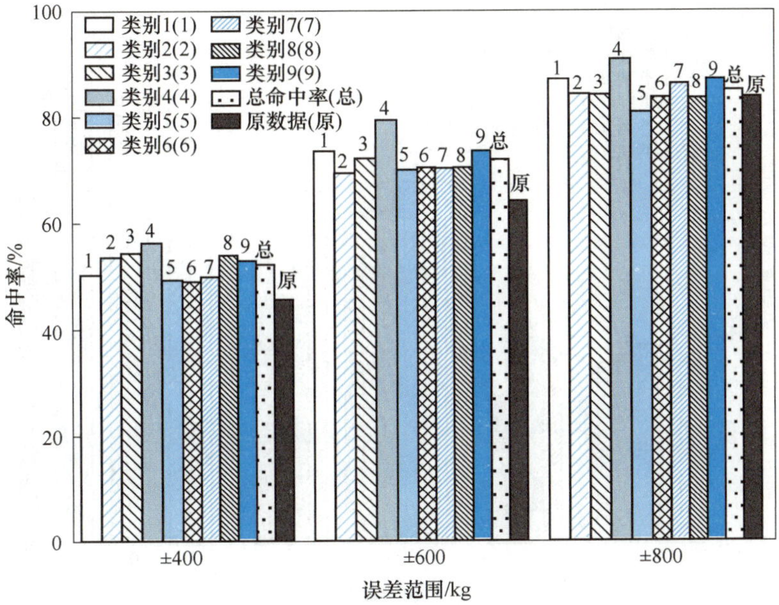

图 7-38 白云石优化模型命中率对比图

7.7.4.4 转炉终点碳含量预测分析

以网格搜索法分别对 9 个模型进行超参数寻优，将最优模型所选参数列于表 7-53 中。作为对比，将未聚类时的最优 GBDT 模型参数也列在其中。

表 7-53 各类别终点 C 预测模型最优参数与命中率 (%)

类别	loss	n_{es}	l_r	|ΔC|≤0. 01%	|ΔC|≤0. 02%	|ΔC|≤0. 03%
1	lad	50	0. 12	34. 15	64. 63	82. 93
2	huber	200	0. 055	37. 69	68. 46	84. 62
3	lad	100	0. 035	37. 76	68. 37	86. 74
4	lad	50	0. 4	35. 71	63. 27	82. 65
5	lad	200	0. 015	34. 04	62. 77	78. 72
6	lad	200	0. 015	30. 53	60. 31	80. 92
7	lad	200	0. 13	35. 63	58. 62	79. 31
8	ls	150	0. 045	38. 68	64. 15	82. 08
9	lad	50	0. 18	38. 95	68. 42	86. 32
总命中率	—	—	—	35. 83	64. 38	82. 73
原始数据	ls	50	0. 005	28. 17	55. 35	76. 53

从绝对误差|ΔC|≤0. 01%、|ΔC|≤0. 02%、|ΔC|≤0. 03%三个角度对各模型性能进行评估，将命中率结果一并列于表 7-53 中。模型命中率对比图展示如图 7-39 所示。

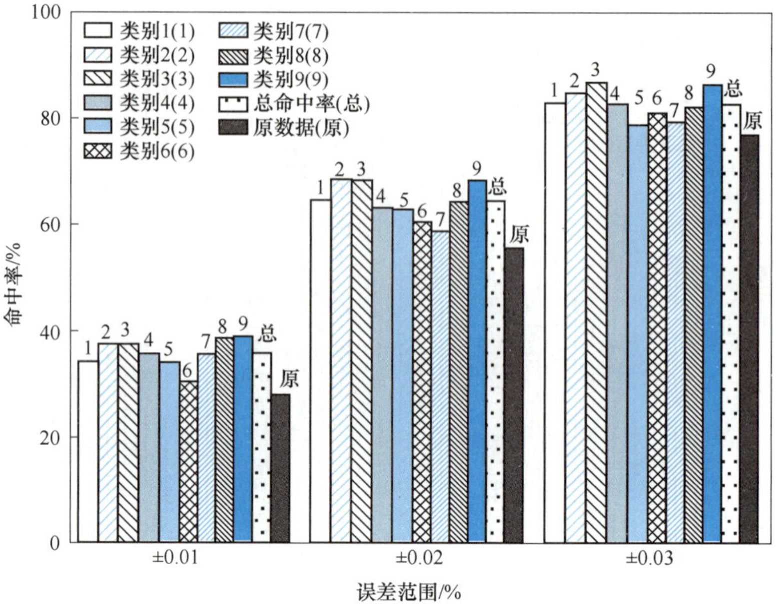

图 7-39 转炉终点碳含量预测模型命中率统计对比图

可以看出，经过聚类处理后，每类模型在 $|\Delta C| \leqslant 0.03\%$ 内的命中率已普遍接近或达到 80%，均较基于原始数据直接建模所得的模型更高，有 3%~13%不等幅度的精度提升。这进一步证明了先聚类再建模的研究思路在转炉终点碳含量预测模型精度提升方向的可行性。

7.7.4.5 转炉终点温度预测分析

转炉终点温度预测模型选用数据项表如表 7-54 所示。

表 7-54 转炉终点温度预测模型选用数据项

数据类型	数 据 项 名
模型输入	铁水碳、硅、锰、磷成分含量、铁水质量、铁水温度、废钢用量、供氧总量、生石灰、轻烧白云石、炼铁废块
模型输出	终点温度

9 个类别和未聚类时的最优模型参数与模型命中率情况列于表 7-55 中，从绝对误差 $|\Delta T| \leqslant 10℃$、$|\Delta T| \leqslant 15℃$、$|\Delta T| \leqslant 20℃$ 三个角度对模型结果进行统计，将结果一并列于表 7-55 中。

表 7-55 各类别终点温度预测模型最优参数与命中率 (%)

类别	loss	n_{es}	l_r	$\|\Delta T\| \leqslant 10℃$	$\|\Delta T\| \leqslant 15℃$	$\|\Delta T\| \leqslant 20℃$
1	lad	250	0.12	45.85	63.42	84.15

续表 7-55

类别	loss	n_{es}	l_r	$\|\Delta T\|\leqslant 10℃$	$\|\Delta T\|\leqslant 15℃$	$\|\Delta T\|\leqslant 20℃$
2	ls	100	0.08	48.46	67.69	79.23
3	ls	50	0.09	47.96	67.35	78.57
4	lad	200	0.18	55.10	67.35	84.69
5	lad	50	0.2	53.19	65.96	80.85
6	lad	400	0.04	46.57	64.89	76.34
7	lad	50	0.5	55.17	65.52	79.31
8	lad	200	0.09	44.34	63.87	77.07
9	huber	50	0.12	54.74	68.42	81.05
总命中率	—	—	—	49.91	66.09	79.88
原始数据	ls	200	0.18	42.68	61.49	73.81

可以看出，经过聚类处理后，每类模型在 $|\Delta T| \leqslant 20℃$ 内的命中率已普遍超过75%，且均较基于原始数据直接建模所得的模型更高，有2%～13%不等幅度的精度提升。这也能验证了聚类后分别建模的研究思路有利于提高转炉终点温度预测精度，在转炉控制模型性能优化领域进行了有益的尝试。将模型命中率与命中率对比图展示于图7-40中。

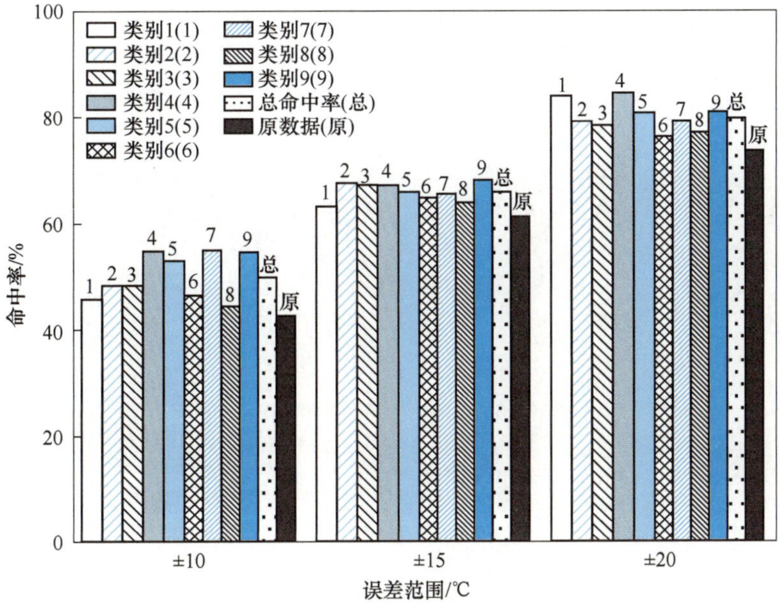

图 7-40 转炉终点温度预测模型命中率统计对比图

思考题

1. 简述钢铁生产过程作业计划优化模型构建的基本方法和步骤。
2. 思考上述工业应用案例中分别使用哪些数学方法？
3. 思考优化模型、预测模型、预报模型和控制模型之间的联系和区别是什么？

参考文献

[1] 于港，田乃媛，徐安军．炼钢-连铸区段生产调度与计算机仿真［J］．北京科技大学学报，2009，31（9）：1183-1188.

[2] 贺东风，何飞，徐安军，等．炼钢连铸流程在线钢水温度控制［J］．北京科技大学学报，2014，S1：200-206.

[3] 谷茂强，徐安军，贺东风，等．基于案例推理的钢水温度在线管控模型［J］．钢铁研究学报，2017，29（6）：468-473.

[4] 殷瑞钰．我国炼钢-连铸技术发展和2010年展望［J］．炼钢，2008，24（6）：1-12.

[5] 郭戈，乔俊飞．连铸过程控制理论与技术［M］．北京：冶金工业出版社，2003.

[6] 贺东风，李宗华，胡正彪．钢铁企业煤气-蒸汽-电力系统复合调度方法［J］．冶金能源，2021，40（2）：3-8.

[7] 贺东风，鲁晓旭，冯凯，等．钢铁企业煤气-蒸汽-电力系统耦合优化调度［J］．钢铁，2018，53（7）：95-104.

[8] 林时敬，徐安军，刘成，等．基于深度强化学习的炼钢车间天车调度方法［J］．中国冶金，2021，31（3）：37-43.

[9] 吕佳．梯度提升回归树算法研究及改进［D］．上海：上海交通大学，2017.

附录　代码实现

本附录对第 4 章、第 5 章的部分分析方法和算法举以实例，并通过 Python 代码的形式呈现，读者可在使用新版 Python 并导入相应第三库的情况下进行复现，供参考。

附录 1　分类分析

（1）随机森林分类器。

附录 1（1）

（2）支持向量机分类器。

附录 1（2）

附录 2　聚类分析

（1）*k*-means 聚类算法。

附录 2（1）

（2）DBSCAN 密度聚类算法。

附录 2（2）

附录 3　关联分析

Apriori 算法模型。

附录 3

附录 4　多元线性回归

多元线性回归。

附录 4

附录 5　支持向量机

（1）支持向量机回归模型。

附录 5（1）

（2）支持向量机分类。

附录 5（2）

附录 6　人工神经网络

（1）BP 神经网络回归模型——画图展示。

附录 6（1）

（2）BP 神经网络回归模型——评估指标。

附录 6（2）

附录 7 决策树

（1）决策树回归模型。

附录 7（1）

（2）决策树分类。

附录 7（2）

附录 8 随机森林

（1）随机森林回归模型。

附录 8（1）

（2）随机森林分类。

附录 8（2）

附录 9 案例推理

案例推理模型。

附录 9

附录 10 Boosting 和 AdaBoost

AdaBoost 回归模型。

附录 10

附录 11 遗传算法

（1）遗传算法——求解函数最大值。

附录 11（1）

（2）遗传算法——求解函数最小值。

附录 11（2）

附录 12 模拟退火

模拟退火——求解函数极值。

附录 12

附录 13 粒子群优化算法

粒子群优化算法——求解函数极值。

附录 13